테마로 읽는

프랑스 문화

Comment lire les thèmes de la culture française?

이숙은 지음

테마로 읽는 프랑스 문화

한양대학교 출판부

머리말

프랑스 문화의 가장 큰 특징은 '다양성'이라고 할 수 있다. 프랑스는 그야말로 모든 문화 분야에 걸쳐 다양한 색깔을 지니고 있다. 한 나라의 사회·문화 안에는 다양한 현상들이 서로 복잡하게 얽혀 있으며, 하나의 동일한 현상도 개인이나 사회집단에 따라 다르게 인식되고 수용되게 마련이다. 아울러 한 나라의 문화에는 전통과 자긍심이 배어 있기에, 그 소중함을 인정하고 이해하려는 자세가 필요하다. 한 문화는 다른 문화와 연관지어 이해할 때, 비로소 그 문화가 도약할 수 있는 발판을 얻게 된다.

문화의 차이는 문화가 단독으로 있을 때가 아니라, 여러 다른 문화가 상호 간에 서로 얽혀 있을 때 일어난다. 여러 문화가 점차 혼용되어가는 현 시점에서 볼 때 고유한 문화의 차이를 인식하는 것이 서로의 이해와 상호 발전에 매우 유익하다 할 수 있겠다. 이때 문화의 차이를 정확하게 인식하는 것이 무엇보다 중요하다. 이 책을 통해서 우리나라와 프랑스 간에 어떤 문화의 차이가 있는지, 아울러 어떠한 유사점이 있는지 함께 잘 비교해 보는 것도 큰 의미가 있을 것이다.

한편 관광의 본질은 바로 '문화'이며, 한 나라의 문화유산은 가장 훌륭한 관광자원이 된다. 이 책에서는 프랑스의 관광자원인 건축, 미술 등의 유적과 유물을 프랑스의 지역·인간·사상·환경·사고방식·문화와 연관 지어 다루고자 한다. 이에 따라 프랑스 문화와 사회의 근간을 이루는 역사·정치·교육·예술·언어·지리·국민성 등 다양한 개괄적 접근을 통해 프랑스의 문화적 전통과 프랑스인의 사고 및 생활양식을 함께 살펴보고자 한다. 아울러 세계적인 문화코드로 자리잡은 프랑스 와인과 음식, 그리고 영화 등에 대해 이해하고, 이를 통해 업그레이드된 글로벌 감각과 매너를 함께 자연스럽게 습득하게 될 것이다.

요컨대 다양한 프랑스 현대문화와 사회의 흐름과 경향을 통해 궁극적으로 국제적인 글로벌 사회문제 인식과 새로운 시각에 대한 자기인식을 형성하게 될 것이다.

이 책은 프랑스 문화를 접하고 배울 때 궁금해할 만한 내용들을 가장 쉽고 흥미롭게 접근할 수 있도록 돕고자 구성되어 있다. 또한 여러 문제에 접근하기 위해 프랑스 문화와 관광의 다양한 형태를 분석해 프랑스를 이해하는 눈을 키우고, 그 실체를 밝히는 데 중점을 두었다.

제1부에서는 〈프랑스의 모습〉에 대해 여러 기본적인 분야별로 프랑스의 전반적인 핵심 사항들을 소개하였다. 제2부에서는 〈프랑스인〉에 대해 여러 특성별로 간략하게 다루었으며, 프랑스 문화를 이해하면서 필수적인 분야 〈프랑스 사회〉와 연관된 내용은 제3부에서 살펴보았다. 제4부에서는 프랑스 문화의 핵심적인 주요 요소들을 〈프랑스 문화〉라는 제목으로 한데 묶었으며, 프랑스 문화에서 빠뜨릴 수 없는 〈프랑스 관광〉 분야와 관련해서는 제5부에서 고찰하였다. 마지막으로 제6부 〈빠리 체류〉에서는 빠리 생활상 여러 분야에 걸친 필수적인 사항들과 유로화 및 유럽연합의 위상을 다루었다.

이제는 문화가 한 나라의 국가 경쟁력이 되는 시대다. 문화는 곧 미래의 산업이며, 이에 대한 투자는 경제적 투자로 직결된다. 바야흐로 문화가 한 나라의 대외 이미지를 좌우하고, 대외 이미지가 곧 그 나라 상품의 가치를 결정짓는 시대이다. 다시 말해 문화산업이 바로 그 어느 것보다도 중요한 성장동력이 되고 있다.

문화는 아는 것만큼 보이며, 또한 즐길 수 있다. 무엇보다 이 책을 통해서 프랑스를 바라보는 시야가 넓어지고, 프랑스를 이해하는 새로운 시각을 갖는 데 보탬이 되며, 프랑스 문화를 익히는 좋은 기회가 되었으면 한다.

아울러 각자 프랑스라는 낯선 사회의 풍경을 바라볼 수 있는 작은 창을 하나씩 열어 쉽고 재미있는 이야기 창, 원하는 사람 어느 누구라도 손쉽게 다가가서 마음 편하게 열어볼 수 있는 소박하고 깊이 있는 창, 나 자신이 직접 보고, 느끼고, 이해한 것들만으로 만들어진 정직한 나만의 창을 만들어보길 진심으로 바란다.

끝으로 한양대학교 글로벌문화통상학부 프랑스학 전공 교수님들과 한양대학교 출판부의 여러 선생님들께 깊은 감사를 드린다.

차례

머리말 **5**

제1부 프랑스의 모습

1 프랑스의 전반적인 특징 14

프랑스는 어떤 나라인가 · 프랑스의 인구 · 프랑스의 정치 · 프랑스의 국경일 · 프랑스의 통화 단위 · 프랑코포니(Francophonie) & 프랑스어의 특성

2 프랑스의 지리적 배경 19

프랑스의 지리적 위치 · 프랑스의 하천 · 프랑스의 산맥 · 프랑스의 기후 · 프랑스의 농업

제2부 프랑스인

1 프랑스인의 기질과 기지 24

프랑스인의 이미지와 생활 패턴 · 프랑스인의 민족 구성 · 프랑스인의 기질 · 프랑스인의 기지 · 프랑스인에 대한 결론

2 프랑스인의 생활상 36

종교관 · 가족 구성 · 결혼 문화 · 벼룩시장

제3부 프랑스 사회

1 프랑스의 인구분포 46

도시 인구 증가 • 외국인

2 노동 52

퇴직연금제 & 주 노동시간 • 프랑스의 최근 노동시장 • 최근 프랑스의 노동 정책사항

3 사회보장제도 60

알로까씨옹(Allocation) • 육아 • 치매 환자와 노인들의 요양 시설 • 최근 프랑스 사회보장제도의 현황 • 앞으로의 사회보장제도 정책사항

4 정치제도 73

프랑스 정치제도의 특징 • 프랑스 정당과 총선 절차 • 프랑스 정치의 '동거 정부' 꼬아비따씨옹(Cohabitation)

제4부 프랑스 문화

1 와인 82

특색있는 와인들 • 와인의 에티켓(étiquette) • 샤또(château)의 이미지 • 포도품종(cépage) • 샹빠뉴(Champagne) 지역의 특징 • 보르도(Bordeaux) 지역의 특징 • 보르도(Bordeaux) 지역의 마을들 • 부르고뉴(Bourgogne) 지역의 특징 • 부르고뉴(Bourgogne) 지역의 마을들 • 남프랑스(Midi France) 지역의 특징 • 술 종류 샹빠뉴(Champagne) & 꼬냑(Cognac)

2 음식 123

프랑스 요리가 다채로운 이유 • 프랑스인들의 식습관 • 프랑스의 대표적인 음식 • 프랑스 식당의 구분 • 프랑스 지방별 향토 요리의 특징

3 패션과 명품 156

품위와 역사를 파는 럭셔리 비즈니스 • 빠리 명소에서의 패션쇼 • 프랑스의 대표 명품 브랜드 • 패셔니스타 루이 14세의 문화강국 만들기 • 코코 샤넬(Coco Chanel)의 패션 • 패션쇼 프레따뽀르떼(prêt-à-porter) & 오뜨꾸뛰르(haute couture) • 프랑스 패션과 명품 문화의 특징 • 프랑스 패션과 명품 문화의 결론

4 **언론 172**

TV 채널 • 라디오 • 정기 간행물 잡지 • 신문 • 문학상 • 출판사 • 인터넷 • 프랑스 언론 문화의 결론

5 **건축양식 188**

고딕(Gothic) 건축과 성당들 • 아르누보(Art nouveau) 건축 • 르 꼬르뷔지에(Le Corbusier)의 근대 건축

6 **학교제도 209**

프랑스 교육의 특징 • 프랑스 학교 방학의 시스템 • 프랑스 교육제도의 구조 • 바깔로레아(Baccalauréat) • 최근 프랑스 교육의 교과과정 • 국립대학교(Université) • 그랑제꼴(Grandes Écoles) • 프레빠(Prépa) 과정 • 사립 전문학교(에꼴, École) • 학생들에 대한 혜택과 대학문화 • 최근 프랑스 교육개혁안 • 프랑스 교육의 결론

7 **대중영화와 도서관 228**

미떼랑(Mitterrand) 국립도서관 • 쌩뜨 쥬느비애브(Sainte-Geneviève) 도서관 • 뽕삐두 센터(Le Centre Georges Pompidou) 도서관 • 프랑스 대중영화 • 씨네마때끄 프랑쎄즈(Cinémathèque Française)

제5부 프랑스 관광

1 **프랑스 지방 246**

북불(Le Nord) & 삐까르디(Picardie) 지방 • 브르따뉴(Bretagne) 지방 • 노르망디(Normandie) 지방 • 알자스(Alsace) 지방 • 르와르(Loire) 지방 • 론느-알쁘(Rhône-Alpes) & 싸브와(Savoie) 지방 • 누벨 아끼뗀느(Nouvelle Aquitaine) 지방 • 미디 삐레네(Midi-Pyrénées) 지방 • 랑그독-루씨용(Languedoc-Roussillon) 지방 • 프로방스(Provence) & 꼬뜨 다쥐르(Côte d'Azur) 지방

2 **수도권 지역 316**

수도권 지역의 특징 • 베르사이유(Versailles) 궁전 • 퐁뗀느블로(Fontainebleau)성 • 보르비꽁뜨(Vaux-le-Vicomte)성 • 샹띠이(Chantilly)성 • 쎄느강(La Seine) 주변 인상파 화가의 마을들 • 말메종(Malmaison) • 쌩 제르맹 앙 레(Saint-Germain-en-Laye) • 라데팡스(La Défense) • 아스떼릭스 공원(Parc Astérix) & 유로 디즈니랜드(Euro Disney) • 쏘 공원(Parc de Sceaux)

3 **빠리 – 예술가들이 사랑한, 예술을 사랑하는 도시 337**
빠리의 모습 • 빠리의 역사 • 빠리의 생활환경 • 최근의 관광지 • 대표적인 관광지

제6부 빠리 체류

1 **교통 360**
나비고 데꾸베흐뜨(Navigo Découverte) 교통카드 • 나비고 이지(Navigo Easy) 교통카드 • 버스(Bus) • 지하철(Métro) • 수도권 전철(RER)

2 **생활공간 368**
전화카드(Télécarte) & 심카드(Carte sim) • 우체국(Poste) • 은행(Banque) • 학생식당(Restaurant U) • 체류지(Pension)

3 **유로화 & 유럽연합 374**
유로화(Euro) • 유럽연합(EU)

참고문헌 **385**

제1부

프랑스의 모습

프랑스의 전반적인 특징

프랑스의 지리적 배경

1
프랑스의 전반적인 특징

> **문화의 다양성을 가진 나라, 프랑스**
>
> '유럽 및 세계 문화의 중심지' 프랑스는 그야말로 모든 분야에 걸쳐 다양한 색깔들을 지니고 있다. 요컨대 프랑스인·사회·문화·관광 분야 등 통틀어 가장 큰 특징은 '다양성' 이라고 할 수 있으며, 아울러 이 단원에선 프랑스의 전체적인 주요 특징들을 각 분야별 핵심적으로 간략히 살펴보기로 한다.

프랑스는 어떤 나라인가

문화·예술·패션 등으로 특히 유명한 프랑스는 세계 7위 경제대국으로, 항공우주산업·원자력·초고속열차·의학·제약산업 분야에서 세계 최고 경쟁력을 자랑한다. 아울러 에어버스와 같은 비행기 산업(프랑스 남서쪽 뚤루즈[Toulouse])이 발달했다. 또한 프랑스는 유럽 최대의 농업 국가이면서, 유럽 제2의 공업국가다.

프랑스는 유럽연합의 핵심국가로, 세계의 영향력 있는 국가들의 모임인 G7에 속해 있다. 이는 '연례경제 정상회담'을 의미하는데, 이 회의는 선진국

들간의 경제정책 조정을 위한 논의의 장이다. 한편 G7과 신흥경제대국 13개국이 포함된 G20도 있다. 이는 선진경제 및 신흥경제 주요 20개국들이 세계경제의 주요 문제들을 논의하기 위해 만든, '국제 협의체'를 말한다.

프랑스는 '혁명의 나라'다. 1789년 프랑스 대혁명이 발생했고, 그때 부르짖었던 3대 정신은 오늘날까지도 이어져가고 있다. 프랑스 삼색기의 세가지 색깔이 의미하는 바는 다음과 같다. 즉 파란색(bleu)은 자유(liberté), 흰색(blanc)은 평등(égalité), 붉은색(rouge)은 박애(fraternité)를 상징한다. 그 중에서도 프랑스의 상징색은 파란색으로, 프랑스의 각 분야엔 청색 계통이 많다. 냉정하면서도 이지적인 성격으로, 예술적 기질이 다분한 프랑스인들을 상징하는 컬러가 바로 파란색이다. 이는 프랑스 축구팀('레 블뢰'[Les Bleus])의 유니폼색이나, 현지 자동차색을 보면 잘 알 수 있다.

대혁명은 프랑스의 전반적인 모든 분야에 그 흔적을 남겼다. 지나치게 호전적이고 전투적인 가사 내용의 국가(the national song) '라 마르쎄예즈'(La Marseillaise)를 갖고 있는데, 그 이유는 원래 대혁명 때 군가로 만들어진 것을 국가로 채택했기 때문이다. 즉 라 마르쎄예즈는 '프랑스 혁명 정신'을 담은 국가다. '자유·평등·박애'와 같은 혁명의 좌우명은 오늘날 프랑스의 모든 공공건물의 정면에 새겨져 있다.

프랑스의 상징을 '수탉'으로 알고 있듯이, 프랑스를 상징하는 인물로는 '마리안느'(Marianne)가 있다. '프랑스의 수호 여신' 마리안느는 자유·평등·박애의 '프랑스 혁명정신'과 '프랑스 공화국'을 상징하는 가상의 여성이다. 1830년 들라크르와가 그린 '민중을 이끄는 자유의 여신'에서 혁명의 선봉에 선 여신이 '마리안느 이미지의 원조'라고 볼 수 있다. 그 이후 마리안느는 프랑스 전역의 도시 시청 입구마다 자리를 차지했다.

프랑스는 '철학·사색의 나라'다. 프랑스의 대표적인 철학자 파스깔, 루쏘, 베르그쏭을 비롯해, 실존주의 철학자로 잘 알려진 쟝 뽈 싸르트르(Jean-Paul Sartre)와 씨몬느 드 보브와르(Simone de Beauvoir), 이 외에 "나는 생각한다. 그러므로 나는 존재한다"(Je pense, donc je suis.)의 데까르뜨(Descartes) 등, 프랑스는 철학과 사상이 발달된 나라다.

한편 한국에서 직항편으로 프랑스까지 12시간 걸린다. 한국이 프랑스보다 8시간 빠른데, 매년 3월 마지막주 일요일 0시~10월 마지막주 일요일 0시까지 써머타임일 경우, 한국이 프랑스보다 7시간 빠르다. 한편 대부분의 유럽 국가들과 마찬가지로, 프랑스에도 비자 없이 3개월간 체류할 수 있다.

프랑스의 인구

현재 프랑스의 인구는 약 6800만 명에 이른다. 한편 프랑스는 요즘 각종 출산·육아지원정책과 사회문화적 분위기로 인해, 1.83명의 '유럽 제1의 출산율 국가'가 되었다.

프랑스의 정치

프랑스는 강력한 '중앙집권체제의 대통령 중심제 국가'다. 대통령 임기는 5년제로 중임까지 가능하다. 프랑스에서의 대통령 선거 방식은 과반 득표가 안 나오면 1차 투표에서의 1위와 2위 후보를 대상으로 2차 결선 투표가 실시돼, 최종 승자를 결정한다.

프랑스의 국경일

7월 14일은 프랑스 대혁명 기념일이다. '바스띠유의 날'인 1789년 7월 14일은 왕정을 무너뜨리고, 공화정을 세워 오늘날의 프랑스 공화국을 있게 하였다. 1789년 7월 14일에 프랑스 시민들이 절대왕정 전제정치의 상징인 바스띠유(Bastille) 감옥을 부수고 들어가 혁명의 도화선에 불을 댕긴 날이다. 바스띠유 감옥엔 정치범이 수용되어 있었고, 군사무기 저장고였다.

프랑스 대혁명 기념일 군사 행진

한편 프랑스 혁명 기념일 때, 매년 개선문(Arc de Triomphe) 샹젤리제 거리에서 꽁꼬르드 광장까지 프랑스 군인들이 군시가 행진을 하는데, 이것은 프랑스인들에겐 국가적 자부심의 상징이다. 세계에서 가장 아름다운 산책로 '샹젤리제 거리'(Avenue des Champs Élysées)에서의 대대적인 군사 퍼레이드와 최신예 전차를 선보이며, 하늘에선 전투기들이 프랑스 삼색기의 세가지 색깔을 수놓는다. 또한 밤엔 에펠탑 주변에서 화려한 불꽃놀이가 펼쳐진다.

프랑스의 통화 단위

프랑스의 통화 단위는 유럽단일 통합화폐인 유로(euro)다. 2002년 1월 1일부터 유럽의 많은 국가들이 유로존(유로를 국가통화로 도입해 사용하는 국가를 통칭)을 형성하고 있다. 아울러 센트(cent)는 유로화의 보조화폐 단위를 가리킨다.

프랑코포니(Francophonie) & 프랑스어의 특성

프랑스어는 17~19세기 유럽 귀족계급의 언어이며, 국제기구의 공식 언어에 해당된다. 프랑스어는 현재 5대륙에 걸쳐 광범위한 지역에서 약 3억 명이 사용하고 있다. 즉 프랑스어는 전 세계 32개국의 공용어로, 이 나라들은 언어를 통해 예술·문화 등 사회 전반에 걸쳐 문화를 공유하는 프랑스어 문화권 '프랑코포니'[1](프랑스어와 그 언어가 전달하는 가치를 홍보하는 일련의 행위를 일컫는 용어)를 형성하고 있다. 국제 프랑코포니 기구 OIF(Organisation Internationale de la Francophonie)는 매년 3월 20일을 '프랑코포니의 날'(프랑스 문화 교류의 장)로 설정해, 프랑코포니 국가들에서 프랑스어 진흥을 위한 다채로운 행사를 펼

1 프랑코포니는 '프랑스어권'이란 뜻으로, 프랑스어를 사용하는 국가들의 모임을 말한다. 1970년 3월 20일 아프리카 국가 등, 프랑스 옛 식민국들이 모여 창설한 프랑코포니는 현재 각국 문화 교류의 장이 됐다. 한편 프랑스어를 제1언어로 사용하지 않더라도 이를 전국적으로 보급하려는 뜻을 가진 국가나 지방정부라면 모두 가입이 가능하도록 대상을 확대했다. 한국은 2016년 참관국 지위로 가입했다.

친다. 이렇듯 이 기구는 교육과 문화 부문에서 협력을 도모하는 여러 활동을 한다.

프랑스어는 예로부터 국제정치·외교어로 널리 사용되는 등, 강력한 위상을 확보하고 있으며, 국제어로 군림하고 있다. 특히 프랑스어는 유엔 및 유엔 산하기구, 유럽연합, 국제적십자사, 유네스코, OECD 등 여러 국제기구의 공식어로 활발히 사용되고 있다.

한편 프랑스어는 인칭과 시제에 따라 동사가 다양하게 변하고, 대명사가 정확한 용례로 사용되기 때문에, 논리적이고 분석적인 사고를 표현하는 데 알맞은 언어다. 프랑스 철학의 발달은 바로 이러한 논리적이고, 명석한 언어에서 비롯되었다. 또한 '창조적인 예술의 언어' 프랑스어의 풍부한 어휘와 수많은 표현들은 자신의 생각과 감정을 거침없이 표현하는 데 도움이 되며, 그 논리적 구조와 정확성 덕분에 합리적인 사고력을 배양할 수 있게 된다. 그런 이유로 문학·연극·미술·음악·영화·패션 등 여러 예술 분야에서 프랑스어가 많이 쓰인다. 즉 프랑스어는 문화·예술적 감수성을 고양시키고, 그 깊이를 더해 갈 수 있는 언어다.

2

프랑스의 지리적 배경

프랑스는 유럽 대륙의 서쪽, 지중해와 대서양 사이에 위치한 면적이 큰 나라로, 대부분 바다나 산맥 등 자연적인 지리적 배경으로 인해, 다른 유럽 국가들과 국경을 이룬다.

프랑스의 지리적 위치

프랑스 영토의 전체 모습은 육각형(hexagone)을 닮았다. 즉 삼면은 바다와 접해 있으며, 또 다른 삼면은 육지인 다른 유럽 국가들과 국경을 이루고 있다. 대부분 바다나 산맥에 의하여 경계가 정해진, 자연적인 지리적 이유로 프랑스는 영토적 통일이 대단히 일찍 실현되었다. 따라서 프랑스는 17세기 이후로 국경이 변하지 않았으며, 서유럽 국가들 중에서 첫 번째 통일국가였다.

프랑스는 유럽 대륙의 서쪽에 위치한 나라로, 유럽 내에서 러시아, 우크라이나 다음으로 세 번째로 면적이 큰 나라다. 아울러 유럽 사회의 중심국가 프랑스는 유럽 대륙과 북해, 지중해와 대서양 사이에 위치한 지리적 요건을 지니고 있다.

프랑스의 하천

먼저 프랑스의 주요 하천에 대해 알아보고자 한다. 먼저 '프랑스의 4대강' 하면, 쎄느(Seine), 르와르(Loire), 가론느(Garonne), 론느(Rhône)를 들 수 있다.

빠리 도심을 관통하는 쎄느강은 빠리의 왼쪽 지역으로 흘렀다가, 다시 빠리 북쪽 지역으로 S자 곡선 형태의 구불구불한 형태를 취한다. 이 강은 노르망디 지방의 루앙을 거쳐 북해까지 이어져 흐른다. 또한 프랑스의 중부 지방을 가로질러 흐르는 르와르강은 프랑스 4대강 중에서 제일 길다. 즉 프랑스 대부분의 하천은 북서쪽 방향의 완만한 사면을 따라 대서양과 영불해협(Manche) 쪽으로 흐른다. 반면에 론느강은 남쪽의 지중해로 유입된다.

프랑스의 산맥

프랑스의 주요 산맥으로는 마씨프 쌍트랄(Massif central), 알프스(Alpes), 삐레네(Pyrénées) 산맥이 있다. 마씨프 쌍트랄은 프랑스 내 중남부쪽에 위치한 중앙 산악지대를 가리킨다. 알프스 산맥의 가장 높은 봉우리 '몽블랑'(Mont Blanc)은 스위스와 국경 지대를 이루며, 프랑스의 '등산과 스키 도시' 샤모니(Chamonix)에 위치한다. 언제나 흰 눈이 덮여 있는 몽블랑은 '흰색의 봉우리·산'이란 뜻이며, 높이가 무려 4807미터나 된다. 한편 프랑스의 남서쪽에 위치한 삐레네 산맥은 스페인과 국경 지대를 이룬다.

프랑스의 지리적 배경

프랑스의 기후

프랑스의 기후를 보면, 온대 기후 중에서도 한서의 차이가 적은 서안 해양성 기후를 나타낸다. 산지를 제외한 모든 지역의 1월 평균 기온이 0도 이상일 정도로, 겨울이 온화하다. 한편 빠리에선 겨울에 눈을 거의 볼 수 없으며, 겨울이 우기여서 날씨가 흐리다. 특히 프랑스 주요 도시들을 포함한 빠리의 12월은 도시 전체가 아름다운 크리스마스 장식으로 뒤덮인다. 프랑스인들의 빼어난 조명 솜씨는 압권이다. 그들의 뛰어난 조명 솜씨는 매년 12월~1월 초까지 양 가로수길에 조명등을 밝힌 샹젤리제에서 발견할 수 있다. 또한 백화점이나 주요 건물뿐만 아니라, 골목 건물과 건물 사이 플래카드를 걸 자리엔 줄을 연결해 어김없이 아기자기하고 예쁜 크리스마스 조명 장식을 한다.

빠리는 여름에도 그리 덥지 않고, 습도 또한 높지 않다. 빠리의 건물들은 대부분 석조로 지어져서, 건물에 들어서면 시원하다. 따라서 빠리 건물들엔 에어컨이나 선풍기 설치가 그리 흔하지 않다. 아울러 여름 저녁땐 선선해서 긴팔 옷을 입는 경우도 있다.

한편 빠리에도 가정용 에어컨이 있지만, 설치가 힘들다. 에어컨 실외기를 달려면 구청 허가를 받아야 하고, 소음 때문에 이웃 동의도 받아야 한다. 설사 허락을 받아도 두꺼운 벽을 뚫고 에어컨을 설치하는 것이 힘들고, 프랑스는 인건비가 비싸 오히려 설치비가 에어컨 가격보다 더 비싼 경우도 있다.

한편 2024년 여름 빠리 올림픽의 구호 중 하나는 '에어컨 없는 올림픽'이었다. 이 당시 '환경'이 명분이었다. 프랑스를 포함한 대부분의 유럽은 전통적으로 에어컨을 에너지 낭비이자, 환경을 내세우며 사치품으로 여겼다. 실제로는 온화하고 습기가 적은 지역이 많아서 여름에도 그다지 에어컨이 필요하지 않았던 게 근본 이유다.

특히 프랑스 북쪽 부근에 위치한 빠리는 여름을 제외한 봄, 가을, 겨울에 비가 자주 오거나, 하루에도 몇 번씩 날씨가 수시로 바뀌는 등, 바람이 불고 흐린 날들이 많다. 반면에 프랑스 남쪽 프로방스나 꼬뜨 다쥐르, 랑그독 지역은 일년내내 햇빛이 많고, 화창한 날씨를 유지한다. 대체적으로 프랑스의 날씨는 건조하며, 자외선이 강하고, 습도가 없는 편이다.

프랑스의 농업

프랑스는 전반적으로 온화하면서도 다양한 기후 여건과 대부분 비옥한 퇴적 분지를 중심으로 한 광활한 평야지대가 펼쳐진다. 따라서 프랑스는 유럽 최대의 농업 국가이면서 세계 제1위의 식량대국을 이룩하였다. 비옥한 넓은 토지에선 야채와 과일이 풍부하고, 끝없는 풀밭에선 소·돼지·양·염소가 자란다. 다른 인근 국가들과의 국경 지대가 자연스럽게 산으로 경계지어져 있고, 나머지는 전체적으로 산이 없는 완만한 구릉 평야 지대이며, 사방이 야트막한 비탈로 이루어져 있다. 아울러 프랑스는 넓은 국토에서 나는 각종 식자재들이 풍부해, 예로부터 '프랑스' 하면 음식 문화가 발달해 있음을 알 수 있다.

한편 '전시와 축제의 나라' 프랑스에서 최고로 꼽히는 것은 역시 농업의 나라답게, '국제농업박람회'(Salon International de l'Agriculture)다. 1870년부터 시작한 이 농업박람회는 매년 약 70만 명이 찾는데, 이 박람회에 대한 프랑스인의 애착은 남다르다. 해마다 대통령과 총리가 빠짐없이 참석하고, 주요 TV 방송국이 이 농업박람회를 생중계한다. 요컨대 프랑스가 '유럽연합(EU) 최대 농업국'이란 자부심이 밑바탕에 깔려 있음을 알 수 있다.

제2부

프랑스인

프랑스인의 기질과 기지

프랑스인의 생활상

1

프랑스인의 기질과 기지

똘레랑스(tolérance, 관용)

프랑스인들은 나와 남을 동시에 존중하는 똘레랑스가 넘치는 나라다. 프랑스는 이웃을 인정하고, 외국인을 인정하고, 또한 다른 생활방식과 다른 사상·표현·문화를 인정하는 나라다. 즉 그들은 자기 것을 인정받으려면, 남의 것도 인정해야 한다는 사고방식을 지녔다. 종교와 인종, 사상의 다름을 인정하는 똘레랑스는 '현대 프랑스 사회를 지탱하는 근본가치' 중 하나다. 특히 프랑스 문화는 이러한 관용 정신을 여러 분야에 걸쳐, 무척 강조하고 있음을 잘 알 수 있다. 프랑스에는 세계 각국에서 온 주요 정치인 등 망명자들이 많다. 프랑스는 인도주의적 차원으로 '자유·평등·박애'라는 이념 아래, 그들을 다 포용하고 받아들인다.

그러나 요즘 프랑스에서는 다양한 인종과 문화를 수용해온 똘레랑스 문화가 내부에서부터 흔들리고 있으며, 이에 대한 반발이 커지고 있다. 똘레랑스가 전통적 가치였지만, 북아프리카와 아랍 지역에서 이민 온 무슬림들이 많아지면서, 자국 내 프랑스인들은 일자리 갈등, 이민자·난민에 대한 복지 혜택 제공에 불만을 갖고 반(反)이슬람 정서가 높아졌으며, 이민·다문화에 대한 반감이 커졌다. 특히 반이슬람 성향이 강한 우익 정치인들이 풍자 만평 주간지 '샤를리 에브도 테러' 직후, 이슬람에 대한 극도의 혐오 발언을 쏟아내기 시작했다.

프랑스인의 이미지와 생활 패턴

프랑스인들의 국민성은 자신의 생각을 솔직하고도 분명하게 밝히기를 좋아한다. 프랑스인들은 완벽한 매너를 보여주지만, 한편으로 쉽사리 마음을 열지는 않는다. 일단 사귀고 나면 매우 친절한데, 그렇다고 그들의 개인주의가 사라진 것은 아니다. 즉 프랑스인들의 가장 큰 특징은 프랑스의 어떤 사회든 보이지 않는 벽이 쳐진 '개인주의적 사회'라는 것을 알 수 있다. 개인주의는 프랑스에서의 생활 구석구석에 스며 있다. 인간관계에서도, 그리고 거리에서 마주치는 낯선 사람과의 물리적 거리나 붐비는 지하철에서도, 북적대는 길에서도 다른 사람에게 손가락 하나 닿지 않게 조심해야 한다. 대체적으로 프랑스인들의 특성은 모든 면에서 섬세하고, 정확하고, 철저하다.

한편 여러 민족의 다양한 사고방식을 이어받아 그들은 자유스럽다. 이러한 모습은 그들의 여러 문화에도 드러나 있다. 오늘날 그들의 동거 문화나 영화를 예술적으로 표현하는 데 있어 자유스러운 개방성이 엿보인다.

프랑스인들은 간단한 인사 등 '짧은 자기표현'(Bonjour, Bonsoir, Merci, Pardon, Au revoir)을 자주 사용한다. 특히 'Bise'라는 프랑스식 인사법은 서로 상대방 빰끼리 갖다대는 인사를 말한다. 보통 양쪽 빰에 각각 한 번씩 하지만, 친한 사이일수록, 또한 프랑스 남쪽 지방으로 갈수록 총 네 번까지 서로의 볼을 맞대는 경우도 많다.

또한 프랑스인들은 한 번 정한 것은 잘 안 고친다. 그것은 어떠한 제도나 법규, 문물 도입에 있어서도 마찬가지다. 즉 옛 문화와 전통방식을 잘 보존해, 그들은 전통적인 것을 선호하는 문화관습을 지녔다.

프랑스인의 민족 구성

시대의 흐름에 따라 여러 외세의 침입과 수많은 외국인들이 프랑스에 유입됨으로써, 프랑스인의 민족 구성에 변화를 가져오게 된다. 이렇듯 프랑스는 침략과 이주 등을 겪으며 망명자와 이민자, 외국인 노동자들의 유입이 추가되어 다양한 민족들이 복합적으로 구성되었다.

이 중에서 독특한 인종으로는 먼저 바스끄인(Basque)이 있다. 이는 스페인과의 국경지대인 삐레네 산맥 서쪽 끝 기슭에 거주하는 인종으로, 바스끄어를 사용한다. 고대 수수께끼 같은 종족의 바스끄인들은 전통적인 춤과 그들만의 독특한 놀이를 지닌다. 즉 그들은 베레모를 쓰고 긴 장대가 달린 신발을 신고, 역시 긴 장대로 걷는 독자적인 풍습과 문화를 지녀왔다.

이 외에도 영국에서 건너온 켈트인들의 후손, 브르따뉴인(Breton)을 포함해, 프랑스에 사는 여러 인종들 중에 바스끄와 브르따뉴 지역에선 프랑스 본토와 문화도 다르고, 다른 언어를 사용하고 있다. 한편 작가 모파상이 "향기로운 섬"이라고 칭한 코르시카(꼬르쓰[Corse])섬도 독자적인 언어와 풍습·문화를 지닌 지역색이 강한 곳이다. 이 지역은 프랑스 정부와 충돌하며 수시로 독립하겠다고 주장을 내세운다. 아울러 호주 옆에 위치한 '남태평양의 작은 섬' 프랑스령 뉴칼레도니아도 최근 프랑스로부터 독립하고자 투표를 실시하기도 했다. 최근에는 북아프리카 3개국, 즉 알제리·튀니지·모로코 등의 마그레브 지역 아랍계인과 아프리카인, 아시아인의 유입이 증가 추세에 있다.

프랑스인의 기질

| 프랑스인의 이중적 기질 |

프랑스는 여러 민족으로부터 다양한 문화를 받아들여 이를 융합해 새로운 문화를 발달시키게 되었다. 이에 따라 복합적인 문화양식과 성격을 지닌, 양면적인 프랑스인의 기질을 "이중적 기질"[1]이라고 일컫는다. 프랑스는 일견 모순되게 보이는 두 가지 측면을 동시에 지닌 나라다.

1 이는 프랑스인들의 다양한 민족구성에서 파생된 복합적인 양상으로 비롯된다. 켈트족(프랑스어로 셀트족)에게선 '개인주의'를 배웠으며, 로마인으로부터 '법과 질서를 사랑하는 마음'을, 게르만족에게선 '조직적인 사고'를, 아울러 노르만족으로부터는 '진취적 기질'을 이어받았다. 따라서 이러한 이중적 기질, 모순적인 성격은 이웃나라들을 당황스럽게 만들었다.

개선문 앞 '노란 조끼 시위'

여론조사 기관이 조사한 전 세계의 관광지 서비스 평가에서 프랑스의 상점이나 까페 종업원들은 불친절한 것으로 나타났다. 반면에 유럽에서 프랑스만큼 외국인에게 관대한 나라가 없다. 프랑스에 사는 이민자들은 내국인과 똑같은 사회보장의 혜택을 받으며, 가족수당·주거수당 등 여러 수당들도 다 받는다. 그뿐만 아니라 무료 의무교육(만 3세부터 시작되는 유치원(유아원)~고등학교)을 받을 권리도 있다.

한편 2018년 11월에 있었던 프랑스 유류세 인상 반대 '노란 조끼 시위'[2] 때도 여론조사에서 나타난 프랑스인의 속내는 이율배반적임을 알 수 있다.

2 '노란 조끼' 시위는 2018년 말~2019년 초 불평등 해소를 촉구하며 프랑스 전역에서 열기가 뜨거웠던, 정부의 유류세 인상 계획에 반대하면서 시작되었다. 이 당시 마크롱 정부는 2018년 10월 부자들의 해외 이전을 막기 위해 부유세를 폐지하면서 유류세는 인상하는 정책을 폈다. 따라서 빠리 외곽에서 자동차로 1~2시간 걸려 출근하는 프랑스인들의 분노를 사게 되었다. 그 당시 주로 지방에 거주하는 저소득계

요컨대 응답자의 85퍼센트 가량이 폭력 시위에는 반대했지만, 이와 동시에 72퍼센트 정도의 프랑스인들은 '노란 조끼 시위'를 지지한다고 응답했다.

이러한 프랑스인들의 비일관적 측면은 또 다른 예시에서 발견할 수 있다. 즉 프랑스인들은 아름다운 빠리 보행로에 대해 큰 자부심을 느끼면서도 동시에 자신들이 키우는 애완동물이 그곳을 화장실로 이용하도록 허용한다.

이렇듯 동시에 일어나는 모순된 면은 프랑스 사회 곳곳에서 발견된다. 많은 사람들이 프랑스인들의 이중적 기질에 놀라기도 하지만, 이러한 그들의 이중적 기질이야말로 프랑스인들의 '개방성'과 '다양성'을 뒷받침해주는 주요한 요인이 된다.

| 기타 프랑스인의 기질 |

프랑스인은 천성적으로 부단히 움직이며, 다양성을 선호한다. 대화와 논쟁이야말로 이러한 다양성을 확인할 수 있는 가장 좋은 방법이다. 그들은 대화를 통해서 자신의 존재를 확인한다. 프랑스인은 어떤 분야에 관해서든지 지성과 자부심을 가지고 이야기를 나눈다. 프랑스인은 "당신의 의견은 어떤가요?"라고 질문받는 것을 가장 좋아한다.

아울러 프랑스는 대화법이 고도로 발달한 나라다. 이는 분석적 구조를 갖는 프랑스인의 긴 대화에서 발견할 수 있다. 이성의 언어 '프랑스어'로도 알 수 있듯이, 그들의 기질로는 우선 관찰의 대상인 현실을 분석하기 좋아하며 매우 특정한 규칙을 따른다. 즉 프랑스인들의 대화에서는 모든 일에 논리적 질서를 확립해 낱말 상호 간의 관계를 선명하고 상세하게 표시하는 특성을

층과 중소상공인 상당수가 이 노란 조끼 시위에 참가하였다. 그 이후 프랑스의 유류세 인상안은 철회되었고, 부유세는 현재 '자산세'로 변경되어 운영되고 있다. 즉 새로운 세제는 고소득자에게 더 많은 세금을 부과하는 대신, 자산에 대한 세금 부담을 줄이는 방향으로 변화했다. 이러한 조치는 '경제 성장'과 '투자 유치'를 위한 정책으로 해석된다.

알 수 있다. 문장의 앞뒤 연결 맥락이 딱딱 들어맞는 무척 논리적인 프랑스어처럼, 프랑스인들의 정신은 논리적인 사고를 추구하며, 그들의 언어만큼 잘 배열되어 있고 토론하는 것을 좋아한다. 대화 그 자체를 즐기는 프랑스인답게 일단 모이면 쉬지 않고 계속해 이야기를 나눈다. 대화의 주제는 보통 나누는 일상생활에서부터 예술·문학·철학·정치·사회 분야까지 무척이나 광범위하다. 특히 다양한 관점으로 논쟁하는 걸 좋아하며, 논쟁이 다소 과열돼도 전혀 개의치 않는다.

프랑스인들은 많이 알려져 있듯이, 낭만적 기질과 더불어 불의를 보지 못하는 기질을 가지고 있다. 이같은 경우는 과거 여러 차례 걸쳐 자국민들이 인질로 납치되어 억류된 상황에서, 프랑스는 그때마다 특수부대원들을 동원해 근거지를 급습, 자국의 인질을 바로 구출한 사례에서도 알 수 있다.

| 프랑스인의 특성 |

한편 과거에는 에펠탑이, 현대에 들어와선 루브르 박물관의 유리 피라미드가 자연스럽게 거리의 모습에 녹아들어가 사람들에게 익숙해진 것처럼, 프랑스인은 전통적인 문화와 오래된 것들을 아끼면서도 또한 항상 새로운 것을 과감하게 받아들여왔다. 즉 문화 전반에서 프랑스인들은 다른 나라의 문화에 많은 호기심을 느끼고, 또한 받아들이는 데 거리낌이 없다. 이러한 선구적인 정신은 프랑스인과 프랑스 문화의 가장 큰 특징이다. 즉 프랑스인들은 다른 나라의 문화를 받아들이는 것에도 개방적이며, 남의 문화를 자기 문화만큼이나 좋아한다. 특히 음식 문화가 발달한 나라답게 그들은 외국의 음식 문화 맛보기에 관심이 많다.

이렇듯 프랑스는 다른 나라와 대륙으로 쉽게 진출할 수 있고, 여러 지역들을 연결시켜주는 지리적·위치적 이점을 통해 동·서 문화의 교류 역할을 해왔다. 이러한 프랑스의 '유럽문명의 교차로', '유럽문명의 축소판'으로서의 역할은 남들과 쉽게 동화할 수 있는, 온화하고 화합적인 기질을 만들 수 있었다. 그리고 다양성을 중시하는 프랑스인들의 성향은 모든 것을 수용할 수 있는 포용력을 길러주었다. 따라서 전 세계의 예술인들이 빠리로 모여들고, 빠리가 세계 문화의 중심지가 될 수 있었다. 포용적이고 다양성이 존재하는 프랑스에서 '예술과 창의성'은 바로 경제의 기초가 된다.

프랑스인의 기지

| 프랑스의 선조 '골르와'와 수탉 |

프랑스의 선조들을 지칭하는 '골르와'(Gaulois)라는 의미는 "골지방에 사는 사람들"을 가리킨다. 영어식 발음은 '갈리아'다. 즉 골(Gauls)족[3]을 가리키는데, '골르와'라는 단어는 라틴어인 gallus, 즉 '수탉'에서 온 단어다. 또한 그 당시 이곳을 점령한 로마인들의 눈에 비쳐진 골 지역 사람들의 모습으로, 골르와인들의 행동이나 그 모습이 마치 수탉의 성격처럼 쾌활·솔직·대담·외설적인 기질 등을 지닌 사람들이라고 할 수 있다. 골르와는 바로 로마인들이 붙여준 이름이었다. 프랑스에서 가장 대중적인 만화, 영화인 '아스떼릭스'(Astérix)에도 등장하듯이, 물약을 먹으면 힘이 세져 로마 병사를 무찌른다는 골족의 모험담에서 잘 이해할 수 있게 된다.

프랑스의 상징 '수탉'

프랑스에서 닭의 의미는 고대부터 믿음·용맹스러움·희망의 상징으로 여겨지고, 그것이 현대까지 이어져 내려와

3 프랑스인들은 스스로를 골족(갈리아인)의 후예로 여긴다. 골족은 기원전 5세기부터 1000여 년간 현재의 프랑스·벨기에·네덜란드·독일 서부 등 유럽 전역에 퍼져 살던 켈트족의 한 갈래를 말한다. 대체로 프랑스 지중해 연안 지역을 그들의 삶의 터전으로 삼았다. 이들은 단일 국가를 형성한 적은 없으며, 로마제국에 의해 정복되었다.

프랑스의 상징이 되었다. 프랑스에는 교회 첨탑 등 곳곳에 수탉이 표현되어 있다.

또 다른 설에 따르면, 16세기 프랑스에선 종교 내전인 '위그노 전쟁'(1562~1598)이 벌어지며 주민들의 삶이 피폐해졌다. 이때 브루봉 왕조의 시조인 앙리 4세(1553~1610)는 "신이 허락한다면 왕국의 모든 국민이 일요일마다 닭고기를 먹게 하겠다"라고 선언한데서 유래했다. 이 발언은 프랑스 국민의 생활 수준을 높이겠다는 '애민 정신'을 상징하게 됐고, 이후 수탉이 프랑스 민중의 상징으로 자리잡는 계기가 되었다. 요즘도 프랑스 가정에서는 오랜 전통으로, 일요일엔 가정식 '꼬꼬뱅'(coq au vin)을 먹는 관습을 지녔다. 이는 포도주를 넣어 스튜요리한 닭요리로, '프랑스식 대중 요리'를 가리킨다.

| 프랑스인들의 쾌활한 면과 기지 |

프랑스인들의 기질 중에 쾌활한 면과 낙천성은 곧 그들의 적절한 재치나 기지와도 연관되어 있다. 그때그때 상황에 맞게 잘 대처하는 슬기나 지혜, 이러한 재치나 기지를 가리켜 "에스프리"(esprit)라고 일컫는다. 프랑스인들의 성격은 작은 것에도 재치와 감각이 묻어난다. 프랑스인들은 하나의 말이 가지고 있는 여러가지 의미를 적절히 이용해 상대방에게 융통성있게, 재치있게 응수한다. 즉 그들은 모든 일에 여유가 있으며, 유머스러운 언어 재치를 잘 사용한다. 다시 말해 프랑스인들은 낙천적이고 뛰어난 유머감각을 지녔고, 순간적인 임기응변에 강한 면을 알 수 있다.

| 프랑스의 풍자 만화 |

특히 프랑스인의 기지와 유머가 잘 섞여 있는 것은 바로 '풍자 만화'다. 스캔들이나 국가적인 이슈가 생기면, 어김없이 신문이나 잡지의 시사 만화에서는 날카로운 풍자적 논리와 기지, 재치로 어떤 특징들을 우스꽝스러운 묘사로 신랄하게 확대해 가면서, 만화가는 자신의 상상이나 환상을 만화에 펼쳐 놓는다. 프랑스는 '만화 산업'이 발달한 나라로, 만화를 "제 9의 예술"로 칭

마리안느 동상 주변의 추모 집회

하며 만화가를 예술가 이상으로 대접한다. 아울러 프랑스 만화는 대부분 프랑스인들의 기질처럼 풍자적이며, 모험심이 강하고, 상상력이 풍부하다.

프랑스의 유명 시사만평 주간지로는 '샤를리 에브도'(Charlie Hebdo)가 있다. 이 주간지는 평소 종교·정치 지도자나 유명 인사 등 풍자 만화와 유머를 통해 거침없이 풍자하는 매체다. 한편 이슬람을 풍자한 샤를리 에브도 시사만평 주간지는 2015년 1월 이슬람 극단 세력에 의해 충격적인 기습 총격 테러를 당했다.

그때 테러가 난 이후, 세계 각국에서 온 50여 개국 정상급 지도자들은 프랑스 언론사 샤를리 에브도의 희생자들을 추모하기 위해, 빠리 레퓌블리끄 광장(Place de la République, 공화국 광장)에서부터 볼떼르 대로(Bd. Voltaire)를 따라 나씨옹 광장(Place de la Nation, 국민 광장)까지 3킬로미터를 이동했다. 이 반(反)테러 행진을 한 각각의 장소들은 프랑스 '혁명 상징지점'에서 '혁명 완성지점'까지를 의미한다. 이 빠리 추모 행진에는 약 100만 명이 참석해 이슬람 극단주의를 규탄하고, 평화를 기원했다.

프랑스의 풍자 전통

프랑스는 일찍이 풍자 만화가 발달되었다. 프랑스에선 노골적인 만평을 즐기는 건 오랜 전통이었다. 19세기 중반 '잡지 풍자화'로 국왕을 조롱한 '풍자 만화의 아버지' 화가 오노레 도미에(Honoré Daumier 1808~1879)가 있었다. 그는 어떤 탄압에도 굴하지 않고, 예리한 시선으로 풍자화를 줄기차게 그렸다. 즉 19세기 프랑스 정치와 부르주아 계층에 대한 신랄한 풍자와 같은 프랑스 사회의 위선과 부조리, 정치적인 탄압과 권력·탐욕·사회적 불평등 등을 주제로 다루었다.

이렇듯 서민의 고단한 삶에 대한 깊이 있는 통찰로 당대 현실을 날카롭게 지적했다. 바로 그 당시 프랑스 사회를 풍자한 4000여 점의 석판화를 비롯한 방대한 작품들은 그가 살았던 시대의 생생한 증언이다.

봉기 The Uprising, 오노레 도미에

풍자 만화의 아버지 '오노레 도미에'

그가 죽고 2년 뒤인 1881년 프랑스는 세계에서 맨처음 '표현의 자유에 관한 법'을 통과시켰다. 1789년 프랑스혁명 이후 입헌군주제, 공화정, 제정을 둘러싸고 일곱 번의 혁명과 반혁명이 되풀이되었다. 그 와중에 프랑스를 민주주의의 물결로 이끈 것은 표현의 자유였고, 그 중심엔 '풍자'가 있었다. 즉 프랑스 시사 풍자 만화의 밑바탕에는 표현사상의 자유를 중시하는 '자유주의 전통'이 깃들어 있는 것이다.

19세기 말에, 프랑스엔 풍자 전문 잡지들이 이미 수백 종에 달했다. 이 당시 사람들은 풍자 화가를 "집게 왕"이라고 불렀다. 어떠한 절대권력이든 풍자 화가에게는 금기가 없었다. 참고로 프랑스에서는 풍자화 밑에 들어가는 짧은 문구를 "레장드"(légende)라고 한다. 즉 단순한 그림 설명이 아니라, 이는 '전설'이며, '신화'임을 대변한다.

한편 최근 언론 매체들의 표현의 자유에 관해 프랑스 여론조사 기관 IFOP가 성인을 대상으로 설문조사를 실시한 결과, "표현의 자유가 있기 때문에 보도할 수 있다"라는 의견이 51퍼센트로서, "또 다른 긴장이 조성될 수 있는 만큼 보도하지 말았어야 한다"라는 의견 47퍼센트보다 약간 높았다.

| 프랑스인들의 낙천성 |

프랑스인들의 낙천성, 쾌활한 면은 최근의 일간지 여론조사를 통해 알 수 있다. 프랑스인 75퍼센트는 "현재의 내 삶은 바로 내가 꿈꾸던 삶"이라고 대답했다. 전 세계적인 경기침체 속에서 프랑스인의 이러한 낙천성은 나름대로 국가경제에 도움이 된다. 프랑스의 소비침체 양상이 이웃나라 독일, 영국보다 상대적으로 훨씬 덜하기 때문이다. 역시 프랑스인은 경제 시름을 문화를 즐기며 푼다. 그러한 예로 최근 경기침체 이전보다 영화 관람객이 20퍼센트가 더 늘어, 매년 1인당 4편 정도의 영화를 볼 정도로 요즘 프랑스 영화관은 호황을 누리고 있다.

프랑스인에 대한 결론

1789년 프랑스 대혁명 이후, 프랑스인의 정신적 토대에는 자유·평등·박애가 뿌리깊게 내려져 있다. 즉 프랑스의 엘리제(Élysée)궁을 포함해, 시청·구청·경찰서·학교·도서관 등 모든 공공건물엔 반드시 '자유·평등·박애'란 이 세 개의 단어가 새겨져 있다.

결론적으로 프랑스는 다양성(diversité)을 모토로 그들의 사회와 문화를 유지해왔기에, 타 국가나 민족에 비해 인종차별이나 타 민족에 따른 거부감이 덜해 보다 쉽게 어울릴 수 있으며, 무엇보다 개개인의 자유로운 개성 추구로의 욕망은 그들 사회를 더욱 풍요롭고, 창의적인 민족으로 발전시켰다. 요컨대 프랑스인들의 자유(liberté)에 대한 생각은 거의 절대적이다. 프랑스 국민의 '자유에 대한 열망'이 바로 그들을 '유럽 최고의 창의적인 국민'으로 만들었고, 오늘날 그들의 자유에 대한 관념이 바로 '개인존중사상'과 '개인주의'를 꽃피우게 한 것이다.

엘리제궁 & 퐁파두르(Pompadour) 후작부인

엘리제궁('천국의 궁'이란 의미)은 빠리 8구에 위치한 프랑스 대통령의 집무처 겸 관저로, 프랑스 정치의 중심지다. 이 건물 또한 '프랑스의 상징' 수탉 장식으로 꾸며져 있다. 귀족의 저택으로 건물이 완공된 건 1722년인데, 1753년 루이 15세가 이 궁을 사들여 애첩 퐁파두르(Pompadour) 후작부인(1721~1764)에게 선물했다. 퐁파두르 부인은 왕의 일정을 책임질 정도로 보좌관이자 조언자 역할도 했다. 퐁파두르는 부르주아 출신으로, 20대 초반부터 문학, 예술 살롱을 주관하면서 교양 있고 기품 있는 태도로, 프랑스 정치와 경제, 예술(미술·음악)과 문화(와인·샴페인), 건축과 인테리어 등 여러 분야에 걸쳐 관여하며 학문 애호가이자 후원자였다. 또한 당대의 유행을 이끌었던 최고의 스타일리스트, 외교에도 영향력을 행사한 막후 실력자, 그리고 연극배우이자 제작자이기도 했다. 한편 이 건물이 현재처럼 대통령 관저로서의 역할은 1848년 2월 혁명으로, 제2공화국이 수립된 뒤였다.

대통령 관저 '엘리제 궁전'

퐁파두르 후작부인

2

프랑스인의 생활상

프랑스인들, 특히 도시인 빠리지앵(parisien 빠리인)의 일상 생활모습은 한마디로 'métro-boulot-restau-dodo'라고 축약할 수 있다. 즉 빠리지앵은 빠리의 대중교통수단인 지하철(métro)을 타고 일(boulot)하러 직장에 간 후, 직장 근처의 작은 식당(restaurant)에서 식사를 한다. 그런 다음 퇴근 후, 집에 돌아와 잠(dodo)이 드는 '평범한 빠리 시민들의 생활상'을 요약한 표현이다.

종교관

프랑스는 전통적인 카톨릭교 국가다. 카톨릭교는 프랑스 사회·문화·생활 전반에 걸쳐 많은 영향을 미치고 있다. 또한 프랑스 국경일에는 전통적으로 내려오는 카톨릭과 연관된 종교적 휴일, 짧은 기간의 학교 방학(Pâques[빠끄], 2주간의 부활절 봄방학, Toussaint[뚜쌩], 10일간의 만성절 가을방학)이 많고, 결혼식·장례식 등은 다 교회에서 치러지며, 대부분의 아이들이 세례를 받는다. 일단 태어나면 99퍼센트가 천주교 영세를 받을 정도로 프랑스에서는 천주교가 바로 생활 그 자체다. 그러나 예전보다 15퍼센트 정도의 프랑스인들만이 정기적으로 미사에 참석하는 등, 그 영향력은 다소 감소했다. 또한 카톨릭 환경에서 성장한 프랑스 여성들은 보수적이고, 대단히 예의바르며, 게다가 자부심도 매우 강한 편이다.

아울러 프랑스 어느 도시를 방문하건 근접 거리 어디에서나 아주 많은 성당들을 발견할 수 있으며, 그 성당들은 언제나 문을 열어놓고 있다. 그러므로 누구나 성당에서 기도할 수 있고, 여행자는 지친 걸음을 쉬었다 갈 수도 있으며, 지친 영혼을 달래기 위해 앉아 있다가 나올 수 있는 장소가 된다.

한편 카톨릭교 이외에, 프랑스인들의 종교로는 이슬람교, 개신교, 유대교 등이 있다. 특히 이슬람교는 프랑스에서 두 번째로 많은 신도를 거느린 종교다. 참고로 프랑스에서 태어나는 아이 중 25퍼센트는 이슬람교도 자녀인데, 이슬람에서의 자녀는 무조건 아버지의 종교를 따르게 되어 있다.

유통업체의 일요 영업

프랑스에서는 1906년에 제정된 '일요 영업 금지법', 즉 백 년도 훨씬 더 된 이 법률 때문에 샹젤리제 거리 등 일부 관광특구를 제외하고, 예전에는 대부분의 상점들이 일요일에 문을 닫았다. 카톨릭교 국가인 프랑스는 당시 "일요일에는 교회만 가고 무조건 쉬어라"는 종교적 가르침을 따르겠다는 게 명분이었지만, 지금은 노동자에게 휴일에 쉴 권리를 보장하려는 측면이 강하다.

그렇지만 최근 프랑스 정부는 일요일에 썰렁한 빠리를 떠나 영국과 독일로 가려는 관광객이 많아지고 경기침체가 지속되자, 2015년 마크롱은 빠리에 한정해, 부분적으로 유통업체가 일요일에 문을 열 수 있게 한 법안을 통과시켰다. 당시 경제부 장관이었던 그의 이름을 따서 친기업적 내용을 담은 '마크롱법'으로 불리는 이 법안으로 인해, 빠리의 대형 유통업체, 특히 각 백화점들이 이젠 2017년부터 일요 영업에 나서게 되었다. 즉 경제 활성화를 위해 빠리 등 관광지구 내 상점의 일요일과 야간 영업의 제한 방침을 완화시켰으며, 출점 규제 대상도 줄여나갔다. 유통업체의 일요 영업은 소비뿐만 아니라, 일자리도 늘려 유통업체마다 최소 10퍼센트 이상 고용이 늘었을 것으로 전망한다.

반면 이웃나라 영국은 1994년부터 일요 영업을 허용했고, 독일은 제한적이긴 하지만, 주 정부의 재량에 따라 일요 영업이 가능하다.

가족 구성

요즘 프랑스는 유럽에서 가장 높은 출산율(1.83명)로, 한 가정당 보통 2~3명의 자녀가 있다. 특히 1세 미만의 유아 사망률은 세계에서 가장 낮은 비율이다. 특히 프랑스는 유치원(유아원) 교육이 세계에서 가장 발달된 나라로, 아이가 만 3~6세 때까지 "어머니의 학교"라는 명칭을 가진 에꼴 마떼르넬(École maternelle)에서 무상교육을 받는다. 프랑스 어린이들은 부모에 의해 한 번 태어나고, "사회에 의해 다시 태어난다"라는 말이 있다.

프랑스 가정에선 태어난 아이는 물론 아버지 성을 따르지만, 새로운 법안에 의해 어머니 성을 따르거나, 부모 각자 성을 조합해서 마음대로 따르게 되어 있다. 프랑스 남성들의 가사에 대한 참여가 많은 이유로는 여성의 사회활동 참여를 들 수 있다. 프랑스 여성들은 어렸을 때부터 가정 및 사회의 업무와 의사결정에서 남성과 동등한 대우받기를 원한다. 즉 여성들의 사회적 참여가 요즘 프랑스 가정의 가장 큰 특징적인 모습이라고 할 수 있다.

한편 프랑스 가정의 부모와 자녀는 수직적 체계가 아닌, 수평적이고 독립적인 관계를 유지한다. 이는 '결코 무관심하다'라는 뜻은 아니며, 다만 자신의 삶을 스스로 책임지고 개척해 나갈 수 있도록 서로를 존중해준다. 이때

아침식사를 하는
프랑스인 가정

부모는 옆에서 보조역할을 하면서 계속해 자녀의 삶에 관여하며 독립성을 이해해주는 것이다. 이에 따라 프랑스 가정에서는 어린이에 대한 인격체로서의 존중하는 모습을 볼 수 있다.

프랑스에서는 부모와 아이의 소통을 중요시 여긴다. 즉 어린이들을 상대로 그들의 의견을 존중하며, 적극적으로 스스로 할 수 있도록 대화를 통해 그들의 자율성을 키워나가게 한다. 어른들은 청소년에게 가족 토론에 참여하게 함으로써, 논리를 펼치고, 스스로 사고하도록 권장한다.

이렇듯 어릴 때부터 대화를 통해 서로의 갈등을 풀어나가도록 교육하는 면은 프랑스에서의 토론이 전 국민적인 문화임을 알 수 있게 한다. 이처럼 왕성한 '토론 문화'가 바로 오늘의 프랑스 사회를 만든 기본 바탕이 된다.

프랑스식 육아 훈육법

프랑스 부모는 규제와 자율을 결정짓는 제한성을 두어 제한선 안에서는 엄격하지만, 제한선 밖에선 자율을 인정하는 훈육법 속에 아이들의 자립심을 키운다. 한마디로 프랑스식 특별한 육아 훈육법은 '자율과 규제'의 공존 속에서, 자립심과 인내심이 강한 아이로 자라게 하는 데 있다. 아이들은 생활 속 훈육을 통해 인내와 절제의 기쁨을 자연스럽게 배우게 되는 것이다. 예컨대 프랑스에서는 자녀가 식사 도중에 자리를 떠나려면 부모의 허락을 꼭 받아야 한다. 다시 말해 식사 자리를 지킨다는 것은 아이들에게 인내심을 기르게 하는 것이기도 하다.

따라서 프랑스에서는 아이들에게 가정에서나, 학교에서나 어린 시절부터 배려심을 교육시켜 바로 사회의 일원이 되는 법을 훈육시킨다. 즉 어른들은 아이의 눈 높이에서 소통하고, 아이가 스스로 할 수 있도록 기다려주는 것이다.

결혼 문화

프랑스에서의 결혼 문화는 두 가지로 볼 수 있다. 먼저 예배당에서 올리는 종교적·전통적인 결혼식이 있으며, 다른 하나는 시청이나 구청에서 올리는 공식적인 결혼식이다. 예배당에서 식을 올리는 것에서 요즘 프랑스 결혼

관공서에서의 결혼식

문화의 추세는 점점 종교적 예식을 생략하는 분위기로 변하고 있으며, 대부분 관공서에서 식을 올린다.[4]

한편 프랑스에서의 세금, 사회보장 혜택은 결혼 여부보다는 자녀 수가 많을 때 더 많이 받을 수 있게 되어 있다. 그래서 굳이 결혼이라는 형식과 절차를 취해야 할 필요를 느끼지 않고, '동거 관계'를 많이 유지하는 것이 프랑스 결혼 문화의 또 다른 특징이다. 즉 프랑스는 빠른 속도로 전통적 의미의 가정이 해체되는 나라다. 요컨대 프랑스 문화의 가장 큰 특징인 '다양성'이 결혼 문화의 가족 형태에서도 드러난다.

프랑스는 국가대리인인 시장, 구청장이 주례를 서는 결혼식만 법적 효력을 인정한다. 결혼식 사회는 시청·구청 직원이 맡는다. 보통 프랑스인의 경우

4 관공서나 예배당에서의 결혼식은 평일에도 가능하지만, 대부분 토요일에 거행된다. 일요일에는 종교상의 이유로 결혼식을 하지 않는다. 한편 프랑스에서의 웨딩촬영은 주로 야외에서 결혼식 당일이나 식을 올리기 전에 이루어진다.

70~80퍼센트가 자신이 거주하거나 태어난 지역의 시청이나 구청에서 결혼식을 올린다. 프랑스의 시청이나 구청에는 예식실이 따로 있으며, 사용료는 무료로 이용하기 때문에, 호텔이나 전문 예식장이 필요없다.

시청·구청에서의 결혼식 순서는 먼저 사회자가 증인 서약서를 펼쳐놓고 신랑과 신부의 지인으로부터 서명을 받은 뒤, 시장님도 서류에 확인 서명을 한 다음, '결혼 선포'를 하면서 최종 마무리된다. 이때 결혼이 선포되면 결혼 증명서에 해당되는 '가족 수첩'을 발급받는다.[5] 결혼식에 걸리는 시간은 총 20분 정도 소요된다. 결혼 절차가 끝나면 신랑 신부의 가족, 친구들은 먼저 구청 입구로 내려와 신랑과 신부에게 장미꽃잎과 쌀을 뿌리며 행복한 결혼생활을 기원한다. 이때 '쌀'은 다산과 풍요, 건강을 기원하는 의미를 담고 있다. 요즘은 꽃을 뿌리거나 라벤더씨와 풍선, 비눗방울을 날리는 등 다양하게 변형되고 있다.

한편 '예배당 결혼식' 형태를 알아보면, 시청 결혼식보다 더 진지하고, 경건한 분위기에서 진행된다. 예배당 결혼식에서도 신랑과 신부의 지인이 증인이 돼 서류에 서명을 하게 된다.

프랑스인의 결혼 비용은 신랑 신부 양가에서 공동으로 부담하며, 대부분은 댄스파티 형태의 피로연 비용이다. 지방 같은 경우 밤새도록 춤을 추는 댄스·노래·게임 이외에, 수영장 파티 등 몇 일 동안 피로연에 공을 많이 들인다. 대개 프랑스인들은 결혼식 당일 저녁 식당을 빌려 하객들에게 식사 대접을 한다. 초대되는 하객은 많아도 70~80명 정도로, 피로연장에서 식사를 하는 동안 한쪽에서 신랑, 신부의 어릴적 사진과 영상들이 계속해서 상영된다. 이러한 피로연 비용이 부담스러운 서민층의 경우, 피로연 행사를 아예 생략하는 경우도 많다.

한편 프랑스에서의 결혼식은 축의금을 아예 받지 않는 경우가 많다. 소

5 가족 수첩은 프랑스 행정에서 매우 중요한 서류이기 때문에 잃어버리지 않게 잘 보관해야 한다. 아울러 자녀가 생길 때마다 가족 수첩에 아기에 대한 정보도 추가로 등록된다.

규모 하객만 초대하는 '작은 결혼식'이 보편적이기 때문이다. 하객들은 부부에게 작은 선물과 축하 문구가 담긴 편지를 주는 것이 보편적이다. 소수의 하객은 현금을 주는 경우도 있는데, 부부가 작은 크기의 '축의금 상자'를 준비하면, 여기에 '신혼여행 경비' 명목의 현금과 편지를 넣는다.

벼룩시장

| 프랑스 벼룩시장의 특징 |

프랑스인들의 근검절약은 여러 면에서 드러나며, 바로 프랑스인들의 일반적인 생활상이다. 한편 프랑스의 명품 브랜드들은 거의 해외에서 소비된다. 즉 프랑스에서 20퍼센트 정도 소비되고, 나머지 80퍼센트 정도는 해외에서 사 간다. 대부분의 빠리인들은 기능성을 강조한 검소한 옷차림이다. 아울러 프랑스인들은 오래된 물건들을 아끼고 깨끗하게 사용하는 습관을 지닌다.

오래된 향수를 불러일으켜 과거의 이미지와 잘 어울리는 빠리를 제대로 즐기려면, 천년의 보물창고 '벼룩시장'을 빼놓을 수 없다. 요컨대 프랑스인들의 생활상이나 서민적인 모습을 잘 이해하려면, 주로 주말 동네 곳곳에서 열리는 노천 벼룩시장(marché aux puces)에 꼭 가봐야 한다. 이곳은 다른 말로 '골

다양하고 소박한 벼룩시장

서민적인 벼룩시장

동품 상점'을 뜻하는 "브로깡뜨"(brocante)라고 부르기도 한다.

'벼룩시장'이란 말의 어원은 예전에 프랑스인들이 자신들이 입던 옷이나 잡다한 물건 등을 내다 놓고 팔 때 물건들 사이로 벼룩들이 뛰어다녔다는 일화에서 생겨났다. 하지만 예전에 비해 시장의 규모가 커지면서 상설화되거나, 일반 상인들이 자리잡고 판매를 하는 공간으로 바뀌어가고 있는 추세다. 특히 관광객들이 많은 빠리는 점점 더 상업화되어 가고 있다.

이러한 벼룩시장에서는 프랑스인들의 소박한 생활과 그들의 삶, 서민적인 모습 등을 관찰할 수 있게 된다. 다양한 물건들이 있어 그냥 찾아가 구경해도 즐겁다. 다양한 물건들 중에는 매우 희귀하거나 또는 꾸밈이 없는, 아주 단순한 골동품들이 많다. 세월을 파는 벼룩시장에서는 원래 물건값 흥정을 할 수 있다. 진열된 물건들 중에는 본인 집에서 사용하거나 자신이 애장하던 물건들뿐 아니라, 너무 기막히거나 신기한 물건들도 수두룩한데, 잘 고르면 쓸 만한 물건들도 찾을 수 있다. 벼룩시장은 일정 기간만 열리며, 일찍 폐장하므로 오전에 일찍 가야 좋은 물건들을 만날 수 있다.

| 빠리의 대표적인 벼룩시장들 |

빠리의 대표적인 벼룩시장으로는 우선 지하철 4호선 북쪽 종점 끌리냥꾸흐(Ⓜ Porte de Clignancourt)가 있다. 끌리냥꾸흐 벼룩시장은 다른 말로 "쌩뚜앙 벼룩시장"(marché aux puces Saint-Ouen)으로 불린다. 이 벼룩시장은 19세기부터 시작된 역사 깊은 곳으로, 세계에서 가장 큰 규모의 골동품 시장이다. 이곳은 구역마다 스타일이 각각 다른 묘미를 느낄수 있으며, 디자인이 다양한 옷과 신발 · 책 · 골동품과 아프리카 토속품 · 미술품 · 가전제품 · 오래된 레코드판 · 앤티크 가구로 유명하다. 현지인이나 관광객들은 이곳으로 모여들어 프랑스 현지의 장식소품이나 옛날 생활용품, 또는 진귀하고 특이한 물건 등을 발견하게 된다.

또한 지하철 13호선과 트램 3호선이 지나가는 빠리 남쪽엔 방브(Ⓜ Porte de Vanves) 벼룩시장이 있다. 희귀하고 오래된 골동품을 파는 이곳은 100년

전의 잡지나 신문·사진·중고책·예술작품 등이 가득한 소규모의 벼룩시장이다. 이곳에서는 중고가구나 품질 좋은 골동품·찻잔 또는 그릇과 같은 프랑스 가정 생활용품·의상 관련 소품과 더불어 바래진 흑백사진·그림·액자·인테리어 소품·레이스나 수공예품 등, 소소한 볼거리들이 많아 여행자들이 많이 찾는 벼룩시장에 속한다.

| 빠리의 중고책 가판대 벼룩시장 |

이러한 노천 벼룩시장과 더불어, 쎄느강변에는 빠리의 상징이 된 장소로, 900여 곳의 중고책 가판대들이 죽 늘어서 있는 모습 또한 시선을 끈다. 이곳은 가지각색의 중고책과 중고그림·고지도·색바랜 신문과 잡지·다양한 종류의 벽보나 화보·포스터·판화·사진 복제판·엽서와 같은 수집품들을 파는 고본 가판대들이다. 한편 이러한 쎄느강변의 '중고 서적상'을 가리켜 "부끼니스뜨"(bouquiniste)라고 부른다. 이는 '헌 책'을 의미하는 '부깽'(bouquin)이란 단어에서 파생되었다. 450여 년의 역사를 자랑하는 중고책 가판대 벼룩시장은 2019년 '프랑스 국가무형문화유산'으로 지정됐으며, 이 고본들은 값도 저렴한 편이다.

쎄느강변의 벼룩시장 풍경

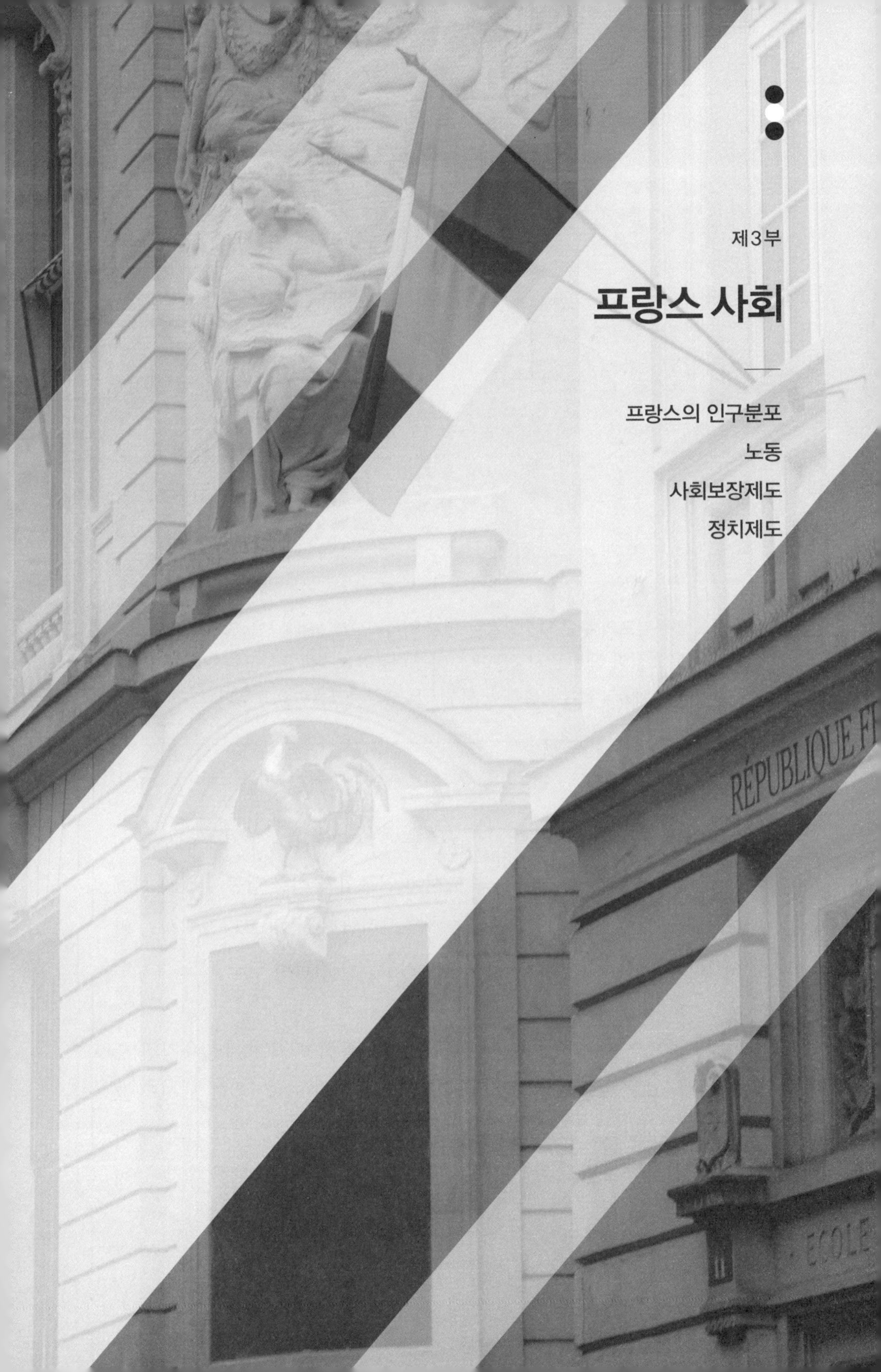

제3부

프랑스 사회

프랑스의 인구분포

노동

사회보장제도

정치제도

1

프랑스의 인구분포

프랑스 인구분포의 주요 특징으로는 먼저 역사적으로 볼 때, 오늘날 프랑스인 3분의 1은 조상이 이민 온 사람들이다. 이와 더불어 빠리를 포함한 수도권 지역에는 인구의 집중화 현상과 함께, 도시 인구의 증가 추세를 보이고 있다.

도시 인구 증가

오늘날 프랑스에서도 다른 산업국가들과 마찬가지로, 도시에 인구가 집중되고 편중된 현상이 뚜렷하다. 즉 도시에 인구의 극심한 집중 현상과 함께 상대적으로 지방엔 인구의 공백화 현상이 드러난다. 특히 프랑스에서는 빠리를 중심으로, '일 드 프랑스'(île-de-France) 수도권 지역의 인구 밀도가 제일 높다.

한편 프랑스는 여성 인구가 더 많은 편이며, 특히 빠리는 여권이 강한 도시로 알려져 있다. 프랑스 대부분의 지방 도시는 인구 수도 적고, 도시의 크기도 작아서 2시간 정도 걸어다니다 보면, 그 도시의 전체 모습을 거의 다 파악할 수 있다. 또한 프랑스 각 지방 도시들은 시내 중심의 '구도심'과 그 주변

다양한 인종의 프랑스 어린이들

을 둘러싸고 형성된 '신시가지'로 나뉘어진다. 아울러 프랑스는 각 도시별로 제일 아름다운 건물을 시청으로 지정했음을 알 수 있다.

외국인

과거 프랑스는 유럽에서 오랫동안 과밀국가 가운데 중 하나였다. 산업화된 모든 국가에 영향을 미쳤지만, 프랑스는 이후 출산율 감소 현상을 겪게 된다. 즉 프랑스는 18세기 말부터 제1차 세계대전 이후, 약 150만 명을 잃게 된다. 이 시기에 프랑스에서는 세계적으로 유일한 경우인, 출산율이 사망률보다 훨씬 낮은 현상까지 벌어졌다. 당시 낙태[1]는 '국가에 대한 범죄'로 처

1 프랑스는 1975년 낙태를 첫 합법화했지만, 더 나아가 최근 프랑스가 세계 최초로 낙태할 자유를 보장하는 조항을 헌법에 담았다. 프랑스를 포함해 네덜란드·독일·캐나다 등 법률로 낙태를 허용한 나라는 많지만, 헌법에 낙태할 자유를 명시한 경우는 프랑스가 처음이다.

벌받았고, 이런 인구의 결함을 보충하기 위해 외국 이민자들에게 문을 개방했다. 1920년 미국처럼 세계 제일의 이민국이 되었던 프랑스는 수백만 명의 폴란드·러시아·벨기에·스페인·이탈리아인들이 몰려와 프랑스의 광산이나 항구, 산업 도시에서 노동을 했다. 또한 1·2차 세계대전을 치르며 약 40만 명에 달하는 알제리인이 프랑스군으로 징집되어 전선에서 싸우거나, 혹은 전후 복구와 경제 재건으로 인해, 프랑스는 식민 지배의 영향으로 프랑스어가 가능했던 마그레브 지역(알제리·모로코·튀니지)에서 많은 이주 노동자들을 받아들였다.

최근 프랑스 신생아 5명 중 1명은 이민자 출신이다. 현재 프랑스에 거주하는 이민자는 약 855만 명으로, 전체 인구 6800여만 명의 13퍼센트(유럽 평균 11.6퍼센트)에 달한다. 전체 이민자 중 아프리카 출신 이민자가 절반에 가깝고, 그 중 북아프리카 3개국 마그레브 지역의 출신이 거의 30퍼센트에 육박한다. 이는 유럽 국가들 중 무슬림(이슬람 신자) 비중이 가장 높은 비율로, 약 6백만 명의 무슬림들이 프랑스에 살고 있다.

대다수의 무슬림들은 프랑스 주류 사회에 편입되지 못한 채, 빈곤층을 벗어나지 못해 반(反)정부 정서가 강한 편이다. 한편 일부 가정과 학교에선 여성의 복식이나 생활방식, 프랑스식 교육 등의 문제로 프랑스 사회와 충돌·갈등을 빚기도 한다. 이슬람교도들은 대부분 도시 외곽의 이민자 집단 주거지에 살면서 그들의 종교·언어·문화를 내세운다. 이에 따라 프랑스에서의 인종·종교 간 갈등이 이미 위험 수위에 도달했다는 지적 또한 끊이지 않는다. 아울러 프랑스에는 유럽에서 가장 많은 약 60만 명의 유대교도들(주로 빠리 우안 마레 구역에 거주)이 살고 있다. 그들이 지닌 미디어를 비롯한 사회·정치적 영향력은 결코 적지 않다.

프랑스에는 20~40만 명의 불법 이민자들이 있다. 유럽 국가들 중 비교적 이민에 대해 관용적이었던 프랑스가 2005년 11월 이슬람 및 아프리카 이민 2세의 대규모 소요사태 이후, 이를 사회불안 요소로 작용한다는 우려로 이민을 억제하고, 규제하는 방향으로 돌아섰다. 특히 2023년 여름, 낭떼르

(Nanterre)에서 시작돼 전국적으로 확산된 경찰 폭력에 항의하는 약탈 폭력 시위 이후, 여론조사에서 프랑스 국민 60퍼센트가 이민법을 강화할 필요가 있다는 의견을 냈다.

관용의 나라, 프랑스 이민 정책의 그늘

2023년 6월, 알제리계 청년 10대 2명이 경찰 검문을 피해 달아나다 총격으로 숨진 사건을 계기로, 프랑스 전역에서 경찰 폭력에 항의하는 무차별 공격 시위가 연일 확산되었다. 이민자들이 많이 사는 외곽도시 낭떼르에서 시작된 폭동 시위가 전국적 혼돈으로 확대된 배경엔 과거 많은 이주자를 받아들이면서도 융합시키는 데 실패한 프랑스의 뿌리깊은 문제를 다시 드러냈다. 요컨대 식민지 시절부터 최근에 이르기까지 과도한 '평등주의'의 정신 아래, 이민자 수용에 적극적이었던 프랑스 사회의 이민 정책의 그늘이 터져 나왔다는 분석이다.

즉 부작용을 불러일으킨 '완전한 프랑스화 정책'이란 빈곤·저학력·실업·주택 구매 등 장기간 누적된 불만이나 고질적 문제를 떨쳐내지 못하는 무슬림들에게 통합을 내세워 '히잡·부르카 착용 금지법' 등과 같이 고유 문화의 인종·종교적 특성을 포기·겉돌게 했고, '프랑스 공화국'에 완전히 통합되어야 한다는 정책을 의미한다. 하지만 지나치게 이상적인 이주 정책의 틀이 오히려 여러 부작용들을 불러오면서 무슬림 이민자들이 동화되는 데 '장벽'이 되고 있는 실정이다.

아울러 프랑스에선 2020년 10월 중학교 교사가 사회 시간에 학생들에게 이슬람교 창시자인 예언자 무함마드 만평을 보여줬다는 이유로 길거리에서 무슬림에 의해 참수당한 사건이 발생했다. 이후 이슬람 극단주의 세력의 테러가 잇따르자, 강력한 대책이 필요하다는 주장이 요구됐다. 최근엔 프랑스 내 '반(反)무슬림·반이민'을 부르짖는 성향이 강하다. 따라서 프랑스 정부는 알제리·모로코·튀니지 등 전통 우호국인 북아프리카 3개국 국민에 대한 비자 발급도 대폭 축소하기로 조치했으며, 이슬람 극단주의 성향 외국인 231명을 추방하기도 하였다.

또한 최근 프랑스 의회가 이민 문턱을 크게 높이는 내용의 '이민법 개정안'을 통과시켰다. 즉 이민자 자녀의 자동 국적 취득을 폐지하고, 불법체류자의 합법 이민 전환을 까다롭게 하며, 이민자가 고향의 가족을 불러오는 것을 제한하는 것이 골자다.

한편 빠리에는 순 토박이 빠리인은 드물고, 지방에서 온 프랑스인이나 아랍인을 포함해 아프리카인, 중국인, 인도차이나 3개국(캄보디아·베트남·라오스)에서 온 사람들, 미국인 등 외국인들이 많다. 즉 빠리 유동 인구의 80퍼센트 정도가 외국인이며, 예전 대통령 싸르코지도 헝가리 이민자 2세다.

예전에 "누가 진짜 프랑스인인가"를 조사한 적이 있었는데, 그 당시 정통 프랑스인 기준은 조부모님과 부모님, 자녀 등 삼대가 모두 프랑스인인 경우를 의미했다. 그런데 이 기준에 맞는 프랑스인들은 겨우 20퍼센트 정도였다. 이렇듯 프랑스는 아주 오래전부터 '침략과 이주' 등을 겪으면서 다양한 민족들이 복합적으로 구성되었다.

종교적 상징물 착용 금지법

프랑스는 2004년 9월부터 전국의 모든 학교 등 공공장소에서 종교적 상징물 착용을 금지하는 법안을 가결했다. 예컨대 이슬람권 여성들이 얼굴만 내놓은 채, 머리와 목을 가리는 두건 '히잡'(hijab)이나, 역시 시크교도들이 머리 위쪽에 둘러 감은 큰 역삼각형에 가까운 천 '터번'(turban), 하나님을 경외하는 마음으로 머리를 가리기 위해 유대인들이 쓰는 검은 모자 '키파'(kippa) 등도 이에 포함된다.

또한 2011년 4월 이슬람 여성들이 공공장소에서 온몸을 가리기 위해 입는 전통 복장 '부르카'(burka)의 착용금지법도 입법화되었다. 부르카는 가장 극단적으로 신체를 가리는 옷으로, 눈을 망사로 덮고 머리부터 발끝까지 가리는 복장이다. 프랑스에서는 부르카를 착용한 채 거리에 나설 경우 벌금이 부과된다. 이러한 부르카 착용 금지 법안은 최근 전 유럽으로 확산되고 있는 추세다.

이 국가들은 부르카가 사회 통합을 막는다고 주장한다. 이렇듯 부르카 착용 금지국이 늘어나고 있지만, 부르카가 개인의 종교 자유인지, 사회 부조화의 상징인지 논란은 계속될 것으로 보인다. 아울러 요즘 프랑스에선 부르키니(전신을 덮는 무슬림 여성 수용복)를 허용하느냐, 금지시키냐 둘로 쪼개져 한참 논란이 되었다.

요컨대 현재 프랑스의 경제 상황이 부르카를 벗기고 있다. 프랑스는 부르카를 착용하는 것은 남녀평등에 어긋난다라고 간주하며, 베일을 쓴 여성에게는 거부감이 발생할 뿐 아니라, 다른 사람들과 화합하는 데 장애가 되고, 거리감을 느낄 수 있다고 규정한다. 따라서 이러한 법안 때문에 프랑스에서는 무슬림들의 항의와 시위가 잇따르고 있다.

프랑스는 공화국 수립 뒤 정치와 종교를 엄격하게 분리하는 '세속주의'(라이씨떼[LaÏcité]) 전통이 자리잡았다. "사적 영역에서 개인의 종교 활동은 인정하지만, 공공 장소에서 종교적 의식과 표식은 제한한다"는 정교 분리 원칙이 1905년 법제화되었고, 1958년 제5공화국 헌법에도 반영됐다.

2

노동

프랑스의 산업정책

프랑스는 전통적으로 영미권보다 규제도 많고, 새로운 산업의 도입 속도가 느린 나라다. 아울러 프랑스의 경제정책은 "국가 관리형 자본주의 체제"로 불리는 '정부주도식 경향'이 강하다. 이러한 프랑스 모델의 뿌리는 루이 14세 당시 재경부 장관이었던 꼴베르(Colbert)의 '공업적 중상주의 정책'으로까지 거슬러 올라간다. 요컨대 프랑스는 국내 산업정책에 대해 오랜 '국가 개입주의' 전통이 이어져

프랑스의 고속기차 '떼제베'

내려왔다.

이렇듯 프랑스의 산업정책이 지나치게 보호주의적이라 공정경쟁을 해친다는 비판이 많았다. 지난 반세기 동안 신생기업이 대기업으로 성장한 사례도 없으며, 최근 프랑스에서는 글로벌 시장에 이름을 알린 신생 기업이 나오지 못했다. 즉 전체적으로 산업의 성장동력이 약하고, 경제 활력이 떨어진다는 게 프랑스의 고민이다. 예컨대 빠리 시내의 택시는 1만 5300대를 넘지 못한다는 식의 정부간섭과 규제가 심한 탓이다.

참고로 프랑스에선 자동차·화학·제약·기계·전기·전자 등 제조업과 식품·패션 산업의 경쟁력이 높지만, 국내 일자리의 60퍼센트는 관광·사회복지·금융·항공·운수 등 서비스업에 있으며, 소수의 거대기업보다는 수많은 작고 강한 중소기업들이 프랑스 산업을 주도한다.

퇴직연금제 & 주 노동시간

| 퇴직연금제 |

프랑스는 현재 민간 기업과 공기업의 법적 정년(연금 개시 나이)이 62세로 규정되어 있다. 참고로 독일·네덜란드·이탈리아·스페인·그리스·덴마크·아이슬란드 등에서 정년을 67세로 규정한 것과 비교하면, 이웃 다른 유럽 국가들보다 빨리 퇴직하는 편이다. 한편 이웃나라 영국은 정년퇴직제를 폐지해, 65세 이상 고용률이 늘어났다. 즉 영국은 2011년 연령 차별을 방지하는 차원에서 이를 없앴다. 정년퇴직은 경찰과 같은 직업 특성상 특정 직업군에서만 허용될 뿐이다.

프랑스에서는 최저생계비용을 보장하는 법으로 정한 연금을 준다. 즉 '최저연금제도'를 실시하고 있으며, 그 형태는 '세대연대시스템'이다. 요컨대 현재의 경제활동 인구가 버는 돈에서 일정액을 원천징수해 퇴직자에게 지급하는 식으로 운영된다. 즉 지금 내가 버는 돈의 일부를 내 윗세대에게 연금으로 지급하고, 내가 은퇴했을 때는 경제활동 인구인 아랫세대에게서 연금을 받아가는 방식이다. 말하자면 일종의 릴레이 연금제도 형식으로, '세대 간 연대 정신'에 기반한 제도다.[2]

참고로 '평등의 나라' 프랑스는 잘 살고, 지위가 높고, 봉급이 많을수록 아주 높은 세금을 낸다. 그 대신 사회보장제도, 연금제도가 잘 발달되어 있기 때문에 학교 등록금이나 무상에 가까운 건강보험제도·병원비 등 갑자기 크게 목돈이 들어갈 경우가 별로 없다.

| 주 노동시간 |

프랑스는 과거 2000년 1월부터 리오넬 죠스뺑(Lionel Jospin) 예전 총리의 좌파(사회당) 정권 당시 실업률을 낮추기 위해, 주당 35시간 근무제(법정근로시간)를 도입했다. 2000년 당시 유럽연합에서 유일하게 35시간 근무제를 법으로 규정했다. 이러한 프랑스의 주 35시간 근무제는 OECD 국가들 중에 근로시간이 제일 짧은 것이다. 그 당시 근로시간을 줄이면 일자리가 늘어날 것이라는 판단이었다(참고로 프랑스의 직장인은 기본적으로 병가, 휴가를 써가며 1년에 2개월 가까이 일을 쉴 수 있다).

그런데 특히 프랑스 공무원들 중, 약 3분의 1은 주 35시간을 채우지 않는 것으로 나타났다. 이들은 사적인 이유로 '추가 유급휴가'를 남발하고 있기 때문이다. 프랑스 공무원들은 주 35시간 일하고 연 5주의 유급휴가를 보장받는데, 지자체장들이 추가 유급휴가를 남발한 탓에 이에 못 미치는 것이다.

한편 노동시간을 단축했던 프랑스는 현재 생산성 향상을 위해 노동시간을 다시 연장하고 있는 추세다. 프랑스는 노동시간 단축만으로는 경기침체를 살릴 수 없다는 한계에 부딪혀, 노동시간을 다시 연장하는 방향으로 나아가고 있다. 프랑스의 노동시간은 현재 유럽연합 내에서 가장 낮은 수준을 기록하고 있다. 프랑스 정부는 노동시간 단축이 오히려 실업률 상승·노동

2 기금을 쌓아두고 나눠주는 적립식이 아니라 그해 걷어 그해 나눠주는 '부과식' 구조로, 부족분은 정부 재정에서 메우게 되어 있다.

비용 증가·생산성 하락으로 이어져 경기침체의 주요 원인으로 작용했다고 지적했다. 즉 노동시간의 단축은 일의 능률을 저하시키고, 경제성장 둔화를 가져왔다. 이러한 노동생산성 하락은 제조업 경쟁력을 약화시켜 수출에도 악영향을 주게 되었다. 아울러 단축근무제도가 오히려 프랑스 기업들을 궁지에 몰아넣고 있어, 이로 인해 프랑스 기업들은 국내에 투자하기보다는 해외로 공장을 옮겨 생산 원가를 낮추거나 자동화 시설, AI(인공지능) 활용을 도입하기에 이르렀다.

이에 따라 최근 프랑스 의회는 노동시간을 연장하는 법안을 승인해, '주 35시간 근무제'를 사실상 폐지했다. 즉 회사에 따라 기존 주 35시간 노동에서 탄력적·유동적으로 근로시간을 자율 조절하고, 업무에 탄력성을 부여하고 있다.[3] 현재 프랑스는 주 35시간 초과 근무를 장려하고 있는데(주당 최장 근무시간을 일반적으로 46시간까지 늘릴 수 있게 했음), 주 35시간 초과 근무를 할 경우엔 추가 수당이 지급되며, 기업에도 사회보장부담금을 깎아준다.

현재 프랑스 정부는 근로시간을 늘리기 위한 다양한 방안을 추진하고 있다. 즉 근로시간이 길수록 퇴직금 적립 비율을 높이고, 소득세를 줄여주는 대신 기준 근로시간을 늘리는 방안도 검토하고 있다.

프랑스의 최근 노동시장

과거 "세계화"로 불리는 영미식 신자유주의를 거부하고, 고비용 노동과 높은 수준의 복지 모델을 자랑하던 프랑스는 우선 각종 복지 및 정년 보장,

3 요즘 프랑스는 회사와 근로자 간의 선택 폭을 넓히는 '유연한 근로시간 정책'에 심혈을 기울이고 있다. 특히 중소기업과 스타트업의 비용 부담을 줄여주는 데 집중하고 있다. 최근 근로자 50명 미만 기업은 근로시간을 사내 노조가 아닌, 근로자들이 자율적으로 선발한 대표가 협상해 결정할 수 있도록 했다. 소수가 좌지우지하는 노조의 영향력을 줄이기 위한 조치다. 특히 20명 미만의 기업은 근로자 각자가 회사 측과 협상해 결정이 가능하도록 했다. 한편 '주 35시간'의 프랑스는 '스타트업'과 '50인 미만의 중소기업'에는 최대 60시간까지 일하는 게 가능하다. 프랑스는 현재 스타트업과 연관된 기반시설들이 많이 조성 중에 있으며, 18~35세 젊은이들 중 약 54퍼센트가 앞으로 창업에 뛰어들겠다고 할 정도로, 프랑스는 지금 '스타트업(신생 벤처기업) 천국'(라 프렌치 테크(La French Tech, 스타트업 생태계 조성 계획)이다.

월급 및 연금 혜택의 측면에서 '철밥통' 공기업은 민간 기업보다 유리하다. 즉 현재 프랑스의 노동시장은 비대한 공무원 조직과 과도한 복지제도, 기업가 정신의 부재, 높은 세율 등을 개혁하지 않아 악화된 '프랑스 병'(저성장·고실업)을 개선하고자 한다.

극도로 중앙집권화된 프랑스는 공무원 숫자가 약 565만 명이나 된다. 이러한 프랑스 공무원 조직은 노동 인구의 약 20퍼센트를 차지할 정도로 거대해, 개혁 방안이 잘 효과를 거두어들이지 못한다. 프랑스 사회에서는 공무원들의 태업 문화[4]에 대해 불만이 많지만, 이들 거대한 공무원 조직을 유지하기 위해 GDP 대비 세금 비율이 46.2퍼센트로, OECD 국가 중 1위다. 프랑스 공무원들은 고용 안정성, 10퍼센트 더 많은 연금 혜택, 여유있는 근무 시간, 높은 봉급을 받지만, 툭하면 정년 단축을 요구하며 시위를 벌인다. 즉 일찍 퇴직해 풍족한 연금을 받으며 제2의 인생을 즐기겠다는 것이다.

프랑스에서는 혁명과 세계대전을 거치면서 사회주의 영향이 커졌다. 즉 사회주의 전통이 강한 프랑스는 '근로자의 천국'이라 할 만큼 강성 노조의 힘이 강한 나라다. 요컨대 규제를 만들고, 노동자 보호를 우선시하는 주장이 박수를 더 받았다. 언제든 해고가 가능한 영미식 고용시장과 달리, 프랑스는 예전부터 여러 고용보장 장치가 되어 있다. 이는 바로 프랑스 노동시장을 이중 구조로 만들어 버렸다.

일단 노동시장에 진입한 근로자들에게는 '철밥통'이 보장되지만, 젊은이나 비숙련 근로자 등 신규 취업자에게는 취업의 기회가 극히 제한되는 것이다. 프랑스 노동시장의 특징은 노조의 기득권 보호와 이에 따른 경직된 고용제도, 이를 피하기 위한 기업의 해외 탈출, 저성장에 따른 일자리 축소와 청년 실업률(22퍼센트, 유럽연합 청년 실업률 평균은 15퍼센트 수준) 악화 등이 특이할 만한 사항이다. 특히 아랍인들이 많이 사는 빠리 근교 북·동쪽 저소득 이민

4 민원인을 대하다가도 전화가 걸려오면 마냥 사적인 전화를 하고, 퇴근 시간은 칼같이 지키는 등, 바로 이런 데서 그 사례를 찾아볼 수 있다.

자들의 거주 지역은 청년 실업률이 40퍼센트를 웃돌고 있으며, 현재 프랑스의 전체 실업률은 7.4퍼센트 정도다(영국은 약 4퍼센트, 독일은 5퍼센트 정도이며, 유럽연합 전체 실업률 평균은 6퍼센트 수준). 게다가 프랑스는 근로자 권리를 두텁게 보호하는 만큼 각종 노동 관련 규제도 첩첩하다. 요컨대 해고도 힘들고 규제도 많아, 기업들이 채용을 꺼리는 것이다.

프랑스 노동시장의 문화적 요인으로는 근로자들의 파워가 세, 경영상의 긴급한 이유라 해도 해고가 사실상 어려웠다. 즉 영미식 자본주의 문화권의 근로자들은 해고에 익숙하지만, 프랑스인들은 노동권 침해에 대한 내성(견디어 내는 성질)이 매우 약하다.

| 프랑스 노동 시장의 모습 |

프랑스에선 2017년 세계 최초로 50인 이상 고용 기업일 경우, '로그오프법'(퇴근 후 업무 연락 금지법)이 효력을 발생했다. 직원 수가 50명이 넘는 회사 근로자는 퇴근 후 상사가 업무지시를 내릴 수도 없으며, 이에 따라 근로자들은 업무와 연관된 문자 메시지나 전화, 이메일이 와도 응답하지 않아도 될 합법적 권리를 보장하는 법안이다. 아울러 SNS, 사내 전산망 등 모든 소통 경로를 규제하는 내용을 담고 있다. 프랑스 사회는 비교적 사생활 보호가 철저하다 보니 회사가 직원 개인 전화번호를 모르는 경우도 많지만, 이메일과 메신저 등으로 퇴근 후 연락하는 일이 잦아지자 정치권이 이와같은 법안을 마련했다.

한편 프랑스는 인건비가 비싼 나라다. 프랑스를 포함한 유럽은 많은 부분에서 수요자 위주가 아닌 '공급자 위주의 시장'이 형성되어 있다. 따라서 경쟁이 제한적이고, 가격이 높게 책정되어 있다. 남들 쉴 때 일하면 평소보다 훨씬 많은 근무수당을 지불해야 한다. 초과 비용은 곧 소비자 가격에 반영된다.

프랑스 노동 시장의 인건비가 비싸고, 해고가 힘든 모습은 다음의 몇몇 경우들에서 보여진다.

a. 휴일에 열쇠공을 부를 경우, 평일에 60유로이던 것이 일요일엔 120유로를 줘야 한다.
b. 프랑스 개업의는 대부분 의사 혼자서 간호사와 사무직원 역할까지 모두 한다. 인건비가 비싸고, 사람을 한 번 고용하면 해고가 힘든 프랑스에서 의사가 근무할 인원을 채용하기가 무척 부담스럽기 때문이다.
c. 프랑스에서는 아기를 돌보는 보모도 바로 해고할 수 없으며, 3개월 전에 등기 우편[5]으로 해당 기관에 통보해야 한다.

최근 프랑스의 노동 정책사항

'평등과 분배의 나라' 프랑스는 사회적 약자에 많은 배려를 해준다. 결론적으로 프랑스의 이러한 노동 환경은 신자유주의 시대 도래와 국가 경쟁력 재고 차원에서 현재 큰 도전을 받고 있다. 한편 그동안 기득권을 누려온 노조는 '기업중심의 노동환경'을 추진하고 있는 실정이다. 요컨대 최근 프랑스 정부는 '노동시장의 개혁·유연화'와 '산업 구조 조정' 등 뼈를 깎는 구조 개혁을 거쳐 경제의 기초 체력을 끌어올리게 되었다.

아울러 '해고 사유 확대'(매출 감소·기술 변화 등)와 '50인 이하 기업의 해고 자율화'와 같은 노동 개혁으로, 즉 해고가 수월해진 기업들이 새로운 인력을 더 많이 채용하는 결과로 이어지고, 이에 기업들도 인력 운용에 여유가 생기면서 투자를 늘리게 되었다. 그 결과 프랑스는 과거 잠재 성장률(0.71퍼센트)을 최근 두 배(1.41퍼센트)로 끌어올렸다. 결론적으로 프랑스는 최근 고질적인 저성장과 고실업을 해결하기 위해, '복지 축소'와 함께 좀 더 일을 많이 하는 프랑스를 만드는 데 주력하고 있다.

요컨대 새로운 노동 개혁안의 핵심은 공무원·공공기관 등의 '비대한 공공 부문 축소'에 있다. 몇몇 주요 사항들을 보자면, 법인세 인하와 기업 규제

5 프랑스는 무엇이든지 일정한 절차를 거친다. 요컨대 프랑스는 '서류와 문서의 나라'다. 즉 일정한 행정적 처리 과정이 있는, 경직된 '관료주의'의 특성을 엿볼 수 있다.

완화(프랑스의 산업 경쟁력 강화를 위한) 같은 친기업 정책, 일요일 영업 제한 완화, 노동 유연화(경직된 노동법 개정), 초과 노동의 추가수당 삭감, 노동시간 연장, 기업의 해고 요건 완화(쉬운 해고), 강성노조의 기득권을 줄이는 개혁, 재정 적자 축소(공공 부문 지출을 억제하는), 연구·개발(R&D) 투자 확대와 직업훈련 강화, 주택보조금과 노년연금 축소, 부유세 폐지(투자 유치와 일자리 확대를 위해),[6] 공무원 감축과 성과평가제(느슨한 행정처리 방지를 위한) 도입 등이 그 대표적 사례다.

아울러 최근 프랑스 정부의 추진안은 대기업과 중소기업의 법인세율 인하뿐만 아니라, 저소득층의 소득세율도 인하 방침을 시행하고자 한다. 이는 세계 경제 둔하와 노란 조끼 시위로 위축된 투자와 소비를 되살리는 데 초점을 맞춘 것이다.

특히 프랑스 정부는 이러한 노동 정책을 토대로, 최근 15만 명의 SNCF(프랑스 국영철도공사) 철도 노조원을 개혁 대상으로 종신 고용을 폐지하고, 갖가지 복리후생을 줄였다. 요컨대 노동계의 힘이 강하고, 정규직 근로자의 지위가 철저히 보장된 노동시장의 문제를 타파하기 위해, 프랑스 정부는 노동단체와 정규직의 기득권을 깨뜨리는 노동개혁에 심혈을 쏟고 있다.

6 이에 대한 자세한 설명은 프랑스인의 이중적 기질 분야 '노란 조끼 시위'에 대한 각주 부분을 참조한다.

3

사회보장제도

프랑스는 "누구나 보다 평등하고, 보다 균등한 기회를 조건 없이 받아야 한다"라고 생각하기에, 프랑스 정부의 사회복지 지원은 놀라울 정도로 섬세한 면이 있다. 프랑스의 이러한 가족수당 정책은 임신했을 때부터 자녀가 성인으로 독립할 때까지 지원하는 형태로 되어 있다. 특히 저소득층을 더 보호하는 정책이라, 취약계층에 대한 사회보장적인 성격이 강하다.

한편 프랑스에 사는 유학생, 어학연수생, 이민자들도 내국인과 똑같은 사회보장의 혜택과 가족수당, 주거수당 등 여러 수당들을 받는다. 수입이 없는 학생일수록 프랑스에서는 세금이나 사회보장비는 거의 안 내고, 누리는 복지 혜택은 훨씬 크다. 외국인 유학생도 집세 일부를 보조해주는 주택수당이 나오고, 아이를 낳으면 육아수당도 프랑스인과 똑같이 받는다. 또한 탁아소나 유치원에 무료로 보육과 교육을 맡길 수 있다. 이렇듯 외국인에게도 내국인과 똑같이 후한 복지 혜택을 준다.

프랑스는 세계에서 사회보장제도가 가장 먼저 발달한 나라다. 국민 개개인은 매우 검소하며 절약하는 습관을 가졌고, 프랑스 가정의 저축률은 매우 높다. 퇴직한 노인들에게 혜택을 주며, 실업자들에게는 취직할 때까지 실업수당을 준다. 해직 후 2년간 월 66퍼센트에 해당하는 실업수당[7]을 받는데, 프랑스에서는 실업자들에게 취업지원과 직업훈련을 제공한다. 이러한 수당, 연금제도는 그 문화적 배경과 국민성으로 볼 때, 프랑스 3대 혁명 정신 중에 '평등'(égalité)에 기초함을 알 수 있다.

알로까씨옹(Allocation)

| 급여 · 수당제도 알로까씨옹(Allocation) |

'급여 · 수당제도'를 의미하는 알로까씨옹은 바로 프랑스 사회보장제도를 대표한다. 내국인 이외에도 프랑스에 공부하러 온 3개월 이상 거주하는 모든 장기 외국인 유학생이나 어학 연수생이 일정한 서류(여러 종류의 서류들이 필요함)를 갖추어 공식 사이트, 또는 정해진 사무국에 등기우편 등을 통해 제출하면, 정부로부터 알로까씨옹을 받는다. 매달 약 16~48만 원 정도의 집세를 지원해주는 '주택 보조금'(학비 보조금 성격의 CAF[까프])[8] 형태의 수당이다.

이 또한 그 문화적 배경과 국민성으로 볼 때, 프랑스 3대 혁명 정신 중에 '박애'(fraternité)에 기초한다. 아울러 이러한 면은 장기적으로 볼 때, 프랑스에서 공부한 외국인이 각자 본국으로 돌아가 프랑스 문화와 사상을 전파하는 데 기여하라는 효과를 얻기도 한다.

7 프랑스는 앞으로 '노동 개혁의 실효성'을 높이기 위해 실업수당을 받을 수 있는 필수 근로기간을 늘리고, 고소득자가 실직할 경우 지급 기간을 단축하는 식으로 개혁을 추진 중이다.

8 요즘은 주택 보조금을 "CAF"(Caisse d'allocations familiales)라고 호칭한다. 요컨대 "가족수당기금"이라 불리는 프랑스의 사회보장시스템 중의 하나다. 이는 프랑스 정부가 운영하는 사회복지기관이다. CAF는 프랑스 전역에서 다양한 보조금을 제공하고, 특히 가족 · 주거 · 저소득층 · 청년 지원에 중점을 둔 다양한 재정적 혜택을 지원한다.

| 프랑스 사회를 이해하는 표현 |

싸데빵(Ça dépend)은 '경우에 따라 달라질 수 있다'(그때그때마다 다르다)란 표현으로, 프랑스가 모든 것을 일률적으로 간주하지 않고 개개인의 상황과 개성, 특수성을 인정하고 있음을 알 수 있다. 요컨대 상황에 따라 달리 행해질 수 있는, 탄력 있고 융통성 있는 대처방식을 가리킨다. 싸데빵은 바로 프랑스의 모든 사회적 현상이며, 이는 프랑스인의 다양성·개방성·포용성·융통성 등 프랑스인의 사고방식을 말해준다. 이러한 점은 프랑스가 다양한 민족이 모여 형성된 나라로, 함께 살아가면서 뿌리깊게 터득한 점이다. 즉 그들은 여러 개성과 특징들을 가지고 있으며, 그러한 점들을 인정하고 있는 것이다.

싸데빵 현상의 사례

프랑스 사회 전반에 드러난 싸데빵 현상의 한 예로, 프랑스 학교에서는 무상 급식은 있지만, '일률적인 무상'은 없다. 무상 급식은 철저한 소득조사에 기초해, 서민층 자녀에게만 제한적으로 제공된다. 프랑스에서는 무상 급식 자격에 대한 심사와 집행 절차를 이원화해, 학교 교사와 아이들이 누가 점심값을 얼마 내는지 모르게 한다. 현재 프랑스의 학부모들이 자녀의 점심값으로 한 끼 평균 내는 돈은 한화로 약 6700원 정도다. 하지만 학부모가 부담하는 점심값은 실제 원가의 절반 이하로, 나머지는 지자체가 예산으로 보조한다.

따라서 프랑스의 경우, 부모 소득 수준뿐 아니라, 지방자치단체의 재정상황에 따라서도 점심값이 달라진다. 재정 사정이 좋은 지자체에서는 한 번 책정한 점심값의 등급을 1년 내내 적용하지만, 형편이 어려운 지자체는 가장의 취업 등으로 살림살이가 나아지면 즉시 '무상 등급'을 박탈한다.

프랑스에선 모든 초중고 학생들이 학교급식을 이용하지는 않는다. 초등학교 2명 중 1명, 중고생의 3명 중 1명은 점심시간 때 집에 가서 밥을 먹고 온다. 학교 급식을 먹을지 말지, 어느 정도의 돈을 부담할지가 모두 학생과 학부모의 선택 사항인 셈이다.

육아

프랑스는 저출산 극복에 성공한 대표적인 유럽 국가다. 20세기 초부터 저출산을 고민한 프랑스는 제1차 세계대전으로 인구가 급감했는데도 여성들이 아이 낳기를 꺼리는 '출산 파업'이 사회적 현상으로 등장했다. 따라서 프랑스에는 1932년 '가족수당법'이 생겼고, 1939년부터 초산에 대한 특별수당을 지급했다. 즉 프랑스는 1930년대부터 아이 부모들에게 감세 혜택과 보조금 정책을 유지해왔다. 프랑스는 이러한 '지속적인 정책'에 대한 국민의 신뢰도가 상당히 높은 편이다.

한편 프랑스는 최근 적극적인 출산·육아 지원정책(파격적 경제지원 제도)과 육아를 최우선으로 인정해주는 사회·문화적 분위기를 통해 최근 합계출산율이 1.83명으로 조사됐다. 이는 유럽에서 최고의 출산율이다(영국의 경우 1.49명, 독일은 1.53명, 유럽연합 평균 출산율은 1.5명 수준). 아울러 자녀가 셋 이상인 가정도 높은 비율을 차지한다.

프랑스는 육아를 개인의 문제로 보지 않고 국가문제(미래를 위한 투자)로 간주하고, 정부가 출산 붐을 주도한다. 즉 "육아 비용을 국가와 부모가 함께 부담하며, 같이 키운다"라는 생각을 지니고 있다. 1990년대 이후, 프랑스 정부가 꾸준하고도 강력하게 추진한 출산장려 정책의 초점은 '경제적 지원' 못지않게 '출산 친화적 사회 구조'와 여성의 사회활동에 대한 배려로, 출산·육아 여성의 '일과 육아의 양립 지원'에 맞춰져 있다. 요컨대 부모가 상황에 맞게 일과 육아를 자유롭게 선택하게끔 보육 서비스를 보장하는 정책을 시행하고 있는 추세다.

한편 25~49세 프랑스 여성들 중 85퍼센트가 직장을 갖고 있으며, 그 중 3분의 2가 자녀 2명을 키운다. 프랑스는 법적으로 기업체에서 50퍼센트를 여성 인력으로 고용해야 하는 법안이 제정되어 있다.[9]

9 프랑스는 성별에 따른 임금 차이 금지법을 1973년부터 시행하고 있다. 아울러 2019년부터 기업의 성별 임금 격차 지수를 매년 공개하도록 의무화했다. 이때 100점 만점으로 측정하며, 점수가 일정 수준에

개인주의가 발달한 프랑스에서는 해마다 결혼 건수는 줄어들고, 특히 빠리는 한 집 건너 독신 가구가 있다. 프랑스 전국의 1인 가구 비율은 세 집 중에 한 집꼴(32.6퍼센트)이다. 프랑스는 유럽 국가들 중에서, 결혼을 가장 적게 하는 국가 중 하나다. 현재 프랑스의 신생아 67만 8000여 명의 아이들(특히 무슬림 여성은 1인당 평균 2.6명을 낳으며, 이민자 산모들 중 가장 높은 출산율을 보임) 중에 약 62.2퍼센트가 혼외출산, 즉 법적 결혼을 하지 않은 커플(동거 관계) 사이에서 태어난다.

'유럽 최고의 출산율' 프랑스

동거 관계의 이들은 서로를 "파트너"라고 부른다. 1970년대 말부터 급속도로 확산된 동거의 주된 원인으로는, '결혼'이라는 전통관습에 대한 반발과 경제적인 독립에 대한 욕구에 기인한다. 동거 커플에 대한 국가의 법적인 보호 및 동등한 경제적 지원은 출산율 증가에 커다란 영향을 미쳤다.

| 시민연대계약(PACS, Pacte civil de solidarité) 제도 |

프랑스는 세계에서 가장 빠른 속도로 전통적 의미의 가정이 해체되는 나라다. 1999년 리오넬 죠스뺑 정부에서 통과된 법안인 '시민연대계약'(PACS 팍스) 제도에 의해 결혼 이외의 동반 관계를 합법화해, 동거 커플도 결혼에 준하는 각종 사회적 권리(육아·교육 지원)를 인정했다. 결혼과 비교하면, 각종 복지 혜택은 그대로 받으면서 사회적·법적 부담은 덜하다는 장점이 있다. 이는

못 미칠 경우, 공개 제재 및 개선 명령이 내려진다. 고용, 승진, 육아휴직 이후 복귀 등 세부지표까지 평가한다. 즉 프랑스는 격차를 '개선하라'는 수준이 아니라, 정량적 수치로 경쟁을 유도하는 시스템을 만든 것이다.

결혼과 단순 동거의 중간 형태로, 동거를 많이 하는 프랑스만의 특수한 사회 현상을 고려한 제도다.[10]

즉 PACS는 동거를 했다는 사실만 증명할 수 있다면 신청할 수 있는 제도로, 결혼식을 올린 부부와 같은 동등한 지원을 받게 된다. 즉 법적인 보호와 일반 결혼 가정의 자녀들과 똑같이 무료 교육, 양육 수당 등의 복지 혜택을 받을 수 있다. 아울러 커플 중 한 명이 시청에 '해지 요청'을 하는 것만으로도 등록 동거혼은 해소된다.

우선 시청에 팍스 계약서와 공동 선언문(Convention de Pacs)[11]을 제출하게 되면 '동거 가족'으로 인정받는다.[12] 또한 결혼한 부부와 같은 세제, 사회보장 혜택도 받을 수 있다. PACS의 또 다른 특징은 결혼과 달리, 계약을 맺고 해지할 때 법적으로 기록이 전혀 남지 않는다. 한편 PACS로 사는 동거 커플 절반이 정식 법적 결혼으로 이어지는 경우가 많기 때문에, 결국에는 PACS가 '결혼 장려정책'으로 작용하고 있는 셈이다.

원래 PACS는 동성 커플의 권익을 보장해주기 위한 제도였는데, 이성 커플에까지 확대시켰다. 현재는 PACS 혜택을 받는 커플의 약 95퍼센트가 이

10 프랑스에서 법적 커플은 결혼한 부부, 단순 동거, PACS 커플로 나뉜다. 따라서 동거나 PACS 커플은 정식 부부가 되려는 준비 단계가 아니라, 그 자체로 가족 형태다. 국가 통계도 셋을 따로 분류한다. 이렇듯 정부 보조금, 세금 혜택뿐 아니라, 프랑스 정부는 2006년엔 혼외 출생아가 어떤 경우에도 신분상 차별을 받지 않도록 가족관계법을 개정했다.

11 공동 선언문에서 각 파트너의 동의 하에 설정해야 하는 중요한 2가지 사항들이 있다. ①금전적 도움 - 파트너의 채무에 관한 공동책임('각자의 채무는 스스로 해결'하거나, 혹은 일정한 금액의 제한을 두고 '공동책임 의무를 진다'와 같은 둘 중 하나를 선택한다), ②재산 제도 - 재산 분리에 관한 조항(팍스 후에도 '각자의 자산 분리', 혹은 팍스 등록일로부터 함께 또는 별도로 취득하는 재산에 대한 '공동 소유권 제도'와 같은 둘 중 하나를 선택한다)

12 '동거 가족'으로 인정받은 이후, 동거 커플은 공동계좌를 개설할뿐만 아니라, 공동으로 소득 신고를 하고 납세할 수 있어 세액이 줄어든다. 건강보험, 실업수당 등 혜택을 본인뿐 아니라, 파트너도 받을 수 있다. 한편 결혼과 달리, 등록 동거혼은 배우자의 가족과 인척 관계가 발생하지 않는다. 커플 각자의 재산은 '원칙적으로' 각자의 재산으로 보고 공동 소유로도 인정하지 않는다. 각자 재산을 관리해왔기 때문에 재산 분할은 없다. 배우자의 연금을 떼어달라는 분할 요구도 할 수 없다. 헤어진 뒤 아이를 기르는 사람이 상대방에게 양육비를 청구할 수는 있다.

성 간 결합으로, 남녀 간 결혼의 '대체재'로 자리잡았다. 참고로 프랑스는 전 세계에서 처음으로 동성애를 개인의 취향으로 인정한 나라다. 일찍이 프랑스 혁명이 한창이던 1791년 동성애 처벌법을 없앴다.[13]

| 육아와 관련된 다양한 수당제도와 혜택들 |

프랑스는 부부의 소득과 자녀 수에 따라 육아·교육 수당, 각종 복지 혜택을 지급한다. 즉 프랑스에서의 세금과 사회보장의 혜택은 결혼 여부보다는 자녀 수가 많을 때 더 많이 받을 수 있게 되어 있다. 한편 프랑스에선 임신에서 육아에 이르기까지 30여 개나 되는 각종 수당들이 있는데, 다음과 같은 구체적인 사례들을 살펴볼 수 있다.

a. 사회보장제도가 잘 발달되어 있어 자국 프랑스인들 이외에도 프랑스에 유학 온 외국 유학생 부부가 아기를 낳아도 육아수당 알로까씨옹, 즉 '신생아 환영수당'(아동수당)을 지원한다(프랑스는 속지주의 국가). 즉 신생아 환영수당을 연평균 소득에 따라 아이 출생부터 만 3세까지 매달 양육을 지원하는 수당이다. 이때 수당 자격은 부양자의 연평균 소득이 수당수급 조건 한도를 넘지 않아야 한다.
   또한 프랑스에서의 가족수당은 소득에 상관없이 아기 두 명 이상일 때 해당된다. 이때 자녀가 14세 이상이 되면, 기본 가족수당에 추가 수당이 지급된다. 한편 자녀 수에 따라 지원 금액이 달라지는데, 아이 셋을 낳으면 금액이 많이 껑충 뛴다. 가족수당은 자녀가 만 20세가 될 때까지 지원한다.
b. 임신 7개월째는 특별수당인 출산장려금(출산보너스)을 지급한다.
c. 셋째 자녀(다자녀 가정)부터 정부가 주는 각종 혜택이 늘어난다(2배의 가족

13 프랑스는 전 세계에서 13번째로, 2013년 5월 18일부터 동성 간 결혼을 합법화했다. 해당 제도는 프랑스 본토뿐만 아니라, 해외 영토에서도 유효하다.

수당과 세금감면(소득세), 장학금과 각종 수당들, 대중교통비와 쇼핑할인, 문화비와 이사비, 가사 도움 지원금 등의 혜택). 만약 셋째 아이를 낳고 직장을 그만둘 경우, 부모에게 1년 간 매달 육아수당을 지급한다. 아울러 최소 자녀 셋을 둔 모든 남·여성에게는 퇴직 연금 10퍼센트를 추가 지급한다.

d. 자녀 1인당 학용품비 '개학수당'이란 사회보장금을 지급한다.

e. 만약 육아를 위해 다니고 있던 회사를 퇴직할 땐 6개월간 지원한다.

f. 여성의 출산휴가 동안, 월급과 직장에 대해 염려하지 않아도 되며, 동시에 프랑스에서 출산한 직장 여성은 부부 모두가 둘째 자녀까지 6개월 동안의 출산 후 휴가를 쓸 수 있다. 이때 100퍼센트 유급휴가를 받고, '휴직 후 원상 복직'이 법으로 보장된다. 이러한 기본 유급휴가 외에도 본인 의사에 따라 추가로 1년까지 무급휴가를 더 쓸 수도 있다. 더 나아가 세 자녀를 키운 여성도 직업을 갖지 않더라도 '퇴직연금'과 '가사도움 지원금'까지도 추가로 받을 수 있다. 그만큼 프랑스를 위해 일한 공로가 있다고 인정받기 때문이다.

육아 휴가를 다 쓰고 직장으로 복귀했을 때 출산 전에 받던 연봉은 그대로 유지하도록 법적 보장을 받는다. 만약 오래 쉬어서 일을 따라잡는 게 힘들다면, 익숙해질 때까지 이전에 수행하던 업무와 직급은 비슷하지만, 보다 쉬운 일을 선택할 수 있도록 편의도 봐준다. 바로 이러한 점에서, 프랑스인의 섬세한 면을 살펴볼 수 있게 된다.

g. 홀로 자녀를 양육할 경우, 가족지원수당액 형태로 지급한다. 특히 아이를 키우는 미혼모에겐 '요보호 아동수당'으로, 한부모 가족급여 개념의 기본 가족급여의 22.5퍼센트를 더 주어 최소 소득을 보장한다. 한편 75세 이상의 노인을 부양하는 가족에게도 지원금이 있다.

h. 장애아 자녀의 교육과 치료에 드는 비용을 보조해주는 제도인 장애아 교육 수당도 매달 지원한다.

i. 유아는 소득과 관계없이 공공기관에서 무료로 보육을 맡는다.

j. 마트에는 임산부를 위한 계산대가 따로 있어, 오래 줄 서는 불편을 덜어

준다.

k. 임신 검사비용과 진찰료, 출산 및 입원비, 아이 예방접종, 정기검진과 병이 났을 때 받는 진료와 약품비용 등 다 국가가 전액 부담한다.

l. '싸쥬팜'(sage femme)이란 시스템이 있어, 임산부는 출산에 필요한 정보와 교육을 받는다. 국가가 모든 비용을 부담 관리해, 이 시스템은 임신 6개월부터 총 7번에 걸쳐 출산준비 교육을 진행 보조하면서, 아기를 출산 후까지 돌봐주는 제도다.

m. 프랑스는 자녀가 많을수록 세율을 낮춰준다. 이는 '저출산 해법'의 주목받는 파격적인 세금 제도로, 가장 대표적인 가족 친화적 세제로 꼽힌다. 즉 자녀가 3명일 경우, 같은 연봉을 받는 독신보다 소득세를 50퍼센트 덜 낸다. 또한 맞벌이 부부가 만 6세 미만 자녀를 위해 보육 시설을 이용하거나, 보모를 고용할 경우, 비용의 50퍼센트를 세액공제 해준다. 2005년 이 제도를 도입한 뒤, 임금과 물가 상승률에 맞춰 한도도 점차 늘리고 있다.

프랑스는 이상과 같이 여러 구체적인 육아정책에 있어, 프랑스인들의 특징처럼 섬세하고 세심한 배려와 혜택이 있다.

대가족 카드

'대가족 카드 제도'는 바로 프랑스 가족 정책의 가장 뚜렷한 목적인 저출산 문제를 해결하려는 의도를 가장 잘 나타내고 있다. 특히 가족수당 이외의 혜택을 의미하는 이 제도는 대가족 카드를 소지하고 있으면 특별할인으로 철도 이용 시 75퍼센트 할인과 구입 물건들에 대한 할인이 제공된다. 대가족 카드로 할인 받을 수 있는 구입 품목으로는 가전제품, 자동차 등 가정에 필요한 제품들과 일상생활에 필요한 서비스들로 보험이나 자동차 운전면허 학교 등의 할인을 받을 수 있다. 또한 취미나 운동, 문화생활 등을 지원해 극장·미술관·박물관·체육관 등의 입장, 그리고 여행지에서의 숙박료를 할인받을 수 있다.

어린이 우대 정책

프랑스에서 어린이를 우대하는 정책은 여러 방면에서 나타난다. 우선 정해진 좌석이 없고, 무조건 선착순으로 자리를 선택하는 저가 항공기를 탈 때도 아이가 있는 가정만큼은 1순위로 먼저 태워준다(장애자에게도 좋은 좌석에 1순위를 부여함). 마찬가지로 유모차나 어린이가 있다면, 체크인부터 탑승까지 퍼스트클라스 손님보다 우선권을 누릴 수 있다.

또한 프랑스 철도공사 SNCF(프랑스 국유철도)에는 어린이 할인카드 '앙팡 쁠뤼쓰'(Enfant Plus)란 것이 있다. 노인 우대나 학생 할인카드는 당사자에게만 할인 혜택이 적용되지만, 어린이 우대인 경우는 해당 어린이는 물론, 동반하는 어른 4명까지 기차표를 30~50퍼센트 할인해주는 제도다.

아울러 한 시간 넘게 기다려야 하는 루브르 박물관 입장 줄도 어린이들을 동반했거나, 유모차를 가진 부모들은 바로 통과할 수 있다. 이외 공공기관과 호텔에서도 어린이들을 위한 특별한 혜택들이 많다.

프랑스가 저출산 대책(출산·양육 보조금 지원)에 파격적인 금전 지원(연간 약 150조 원, 국내총생산(GDP)의 5퍼센트)이 전부는 아니다. 다양한 방식으로 가족 지원정책을 펴면서, 출산 및 육아 부담을 덜어준다. 프랑스가 수십 년간 안정적인 출산율을 유지할 수 있던 비결은 비단 가족 지원책에만 있는 것이 아니라, 그 바탕에는 '탄탄한 공교육' 및 '노동·노후보장제도'와 같은 사회 구조가 자리잡고 있다. 즉 근본적으로 사회적인 인프라가 잘 깔려 있어, 여러 사회보장제도들이 종합적으로 맞물려 출산율을 높일 수 있었다. 프랑스는 출산율 성공에 만족해하지 않고, 앞으로 더 출산율이 높아질 때까지 계속 지원책을 강화하고 있는 추세다.

| 프랑스의 보모 제도 |

출산율을 더 높이기 위해 프랑스 정부가 현재 관심을 기울이는 육아 정책은 '전문보육 인력 양성'과 탁아소·보육원 같은 '양육기관 수의 확충'

아이를 돌봐주는 보육교사들

유치원 교육 '에꼴 마떼르넬'

이다. 참고로 프랑스에서는 만 3세 미만 유아를 대상으로 한 보육원 '크레슈'(crèche), 또는 '보모'(assistante maternelle)제도가 발달했다. 따라서 프랑스 아기 2명 중 1명은 여기서 맡아준다. 대부분 국공립 유치원도 무상이며, 유치원 취학률은 100퍼센트에 육박한다. 바로 생후 3개월부터 초등학교까지 이어지는 공공 돌봄과 같은 아이를 믿고 맡기는 시스템이 출산율을 받쳐주고 있음을 알 수 있다.

한편 프랑스의 보육교사는 최종적으로 15개월 실습을 거쳐야 자격증을 획득할 수 있다. 아울러 프랑스에서 보육교사가 되려면, 대학을 졸업한 후 전문 양성 학교에서 2년간 교육과정을 마친 뒤, 국가시험도 치러야 한다. 이렇듯 보육교사가 되기 위해선 철저한 검증 과정이 필요하다. 프랑스 각 부처의 출산장려정책을 총괄 관리하는 가족정책 위원장은 최근 국립가족수당기금과 계약을 체결해, 영·유아 양육기관을 20만 개로 늘리기로 확정했다.

치매 환자와 노인들의 요양 시설

프랑스는 65세 이상 인구가 21퍼센트에 달하는 초고령화 사회(약 1700만 명에 이를 정도로 은퇴자 대국)에 접어들었으며, 이에 따라 오래전부터 고령사회를 대비해왔다. 아울러 프랑스는 젊었을 때부터 월급의 40퍼센트 이상을 연금 및 의료보험 등 사회보장비로 납부하고, 노후에 나라에서 연금을 받아 생활하는 복지국가다.

프랑스는 치매 환자의 경우, 병원비 전액이 의료보험에서 지원된다. 지방자치단체별로 60세 이상 병든 노인들에게 일종의 '노인자활수당'을 지급하는데, 치매 환자도 이 혜택을 받는다. 빠리와 인근 수도권 지역의 경우, 병든 노인의 수입과 병세 정도에 따라 매달 수당이 지급된다. 또한 치매 환자들이 정상인처럼 바깡스를 즐길 수 있는 전용 시설이 갖춰져 있다.

한편 최근 프랑스 요양 시설에선, 인간형 로봇이 노인들의 재활 훈련에 활용되고 있다. 즉 로봇이 탁자 위에서 봉을 드는 모습을 보고 노인이 따라 하는 등, 인간형 로봇은 노인들이 다양한 방식의 재활 운동을 쉽게 따라 할 수 있도록 시범을 보여주는 역할을 한다. 또한 인공지능(AI)을 활용해서 사용자들의 표정과 감정을 읽고 소통할 수 있으며, 노래를 불러주는 기능 같은 것을 함으로써, 고령화가 가속화되는 프랑스의 현 상황에서 '노인 돌봄용 로봇 시장'은 앞으로 빠르게 성장할 것으로 보인다.

최근 프랑스 사회보장제도의 현황

프랑스는 조기교육과 차세대를 위한 문화교육 활동에 너무 치우친 나머지, 성인들을 위한 교육활동이 미흡하다는 지적을 받고 있다. 특히 프랑스 자국민을 포함한 유럽연합 출신 유학생의 경우, 대학교 학사과정부터 대학원 박사과정까지 학비가 거의 무료이며, 약간의 학생회비만 낸다. 즉 일반교육과정인 유치원 때부터 국민이 내는 세금으로 무상교육을 받지만, 그 효과를 잘 거두어들이지 못하는 부정적인 측면도 강하다. 다시 말해 교육효과의 비효율성을 낳고 있다(현재 프랑스에선 실업률이 매우 높으므로).

프랑스는 현재 고액의 연금 지급(물가 상승에 따른 연금 수령액)과 평균수명 연장(인구 고령화) 등에 따른 연금제도의 위기 문제를 안고 있다. 참고로 프랑스 전체 인구의 4분의 1이 연금생활자다. 각종 비대한 복지 정책이 낳는 비효율성이 프랑스 정부가 앞으로 해결해야 할 과제이며, 의료보험·노령수당·가족수당 등을 포함한 프랑스의 전체 사회보장제도는 사회적으로 만성이 된 문제들로 인해 현재 위기에 봉착해 있는 실정이다.

결론적으로 1980년대 이후 경제적인 저성장과 높은 실업률로 인해 프랑스의 사회보장제도는 큰 도전을 받고 있고, 많은 문제점이 나타나기도 한다. 프랑스뿐 아니라, 복지국가의 대명사인 유럽 선진국들이 적자 위기에 처한 연금제도를 되살리려고 전전긍긍하고 있다.

앞으로의 사회보장제도 정책사항

한편 프랑스 연금자문위원회(COR) 추계에 따르면, 프랑스 연금 재정이 앞으로 2050년엔 약 61조 원 적자로 확대될 전망이다.[14] 프랑스는 일종의 릴레이 연금제도 형식을 취하고 있기 때문에, 사회가 노령화되면서 프랑스 연금제도도 큰 난관에 봉착해 있다. 즉 일하는 사람이 은퇴한 사람보다 많을 때는 효과적이었지만, 일하는 사람에 비해 은퇴한 사람이 급격히 늘어나는 고령사회에선 재정 부담이 커져 심각한 재정적자가 초래된 것이다. 이는 평균수명 연장으로 연금 수급자는 매년 폭증하는 데 반해, 청년 실업 증가 등 연금 재정에 기여할 노동인구의 감소로 연금 재원이 고갈되고 있기 때문이다.

글로벌 경제위기 이후, 프랑스 정부는 경제위기로 악화되고 있는 재정적자 문제 해결방안과 노년연금 개혁방안 등 향후 개혁정책을 지속적으로 추진하고자 한다. 따라서 프랑스의 연금제도·사회보장제도는 사회적으로 만성이 된 문제들로 인해 현재 위기에 봉착해 있는 실정이며, 각종 비대한 복지정책이 낳은 비효율성이 프랑스 정부가 해결해야 할 과제다. 결론적으로 현재 프랑스는 복지를 낮춰가는 쪽으로 정책이 진행 중이다.

14 프랑스는 연금 지급을 위해 막대한 재정을 투입해야 하는 지출 구조 때문에 나라빚을 줄이지 못하고 있다. 프랑스가 연금 지급에 쓰는 돈은 GDP의 15.9퍼센트(선진국 중 그 비중이 가장 높음, 유럽연합 평균 13.6퍼센트)로 한 해 415조 원 안팎에 이른다. 한편 세계 최대 보험 회사인 독일 알리안츠는 프랑스의 현재 노동 인구 100명 당 49명 수준인 은퇴자 부양 부담이 2050년에는 60명으로 늘어나는 등 상황이 계속 악화될 것이라고 진단했다. 프랑스 정부는 연금에 정부 재정을 퍼부으면 '미래 세대를 위한 교육'과 '의료·공공서비스' 부문에 쓸 돈이 크게 감소할 것이라고 주장한다.

4

정치제도

군주제적이며, 중앙집권적인 프랑스의 강력한 전통(과거 절대왕정에서 비롯된)으로 빚어낸 여러 사회·문화정책들은 그 지속적인 생명력을 발휘했다. 프랑스를 문화대국으로 만드는 데 중요한 역할을 한 이 특권적 전통, 바로 프랑스의 중앙집권화는 정치·경제·산업·교육 등 전반적인 모든 분야에 걸쳐 발견된다.

이러한 프랑스 문화정책을 이해하는 것을 토대로, 한 나라를 이해하려면 기본적으로 프랑스 사회적 측면에서 반드시 고찰해봐야 할 프랑스의 주요 정치제도에 대해 간략히 알아보기로 한다.

프랑스 정치제도의 특징

프랑스는 강력한 중앙집권체제의 '대통령 중심제' 국가다.[15] 한편 프랑스는 대통령제이면서도 내각제를 함께 가지고 가는 듯한 정치 시스템을 유

15 2023년 3월, 당시 에마뉘엘 마크롱(Emmanuel Macron)은 그가 추진했던 '연금개혁법안'이 하원에서

지하고 있다. 요컨대 선출된 대통령 소속 정당이 다수당일 때는 완벽한 대통령제가 된다. 하지만 대통령 소속 정당이 소수당이 될 때는 내각이 책임지는 의원내각제 형태로 운영이 된다. 다시 말해 대통령제와 의원내각제의 핵심 요소를 섞어서 만든 정치 시스템인 것이다.

아울러 대통령 임기는 5년제로 중임까지 가능하다. 프랑스에서의 대통령 선거 방식의 특징은 국민의 직접 보통 선거에 의해 과반 득표가 안 나오면, 1차 투표의 상위 득표자 두 명을 대상으로 약 2주 후 2차 결선투표[16]가 실시되어 최종 승자를 결정한다. 한편 프랑스에서는 대선을 포함해 모든 선거를 일요일에 행하며, '대리 투표 제도'[17] 또한 있다. 또한 프랑스에서는 대통령이 총리를 임명하고, 총리가 장관들을 대통령에게 제청해 내각을 꾸린다. 의회는 이에 대해 내각 불신임안으로 총리를 실각시킬 수 있다.

프랑스 정당과 총선 절차

프랑스의 정당에는 중도우파 성향의 '르네쌍스'(구 전진하는 공화국, RE),[18] 중도우파 '공화당'(LR), 극우파 '국민연합'(RN)과 우익 내셔널리즘 '르꽁께뜨'(재정복, R!), 좌파 '사회당'(PS), 극좌파 '프랑스 앵수미즈'(굴복하지 않는 프랑스,

부결에 처해질 것 같아 즉시 '헌법 49조 3항'을 발동했다. 프랑스 헌법 특유의 이 조항은 대통령이 긴급한 상황에서 의회의 동의 없이도 '정부 단독 입법'을 가능케 하는 성격을 띠고 있다. 요컨대 헌법 49조 3항은 바로 '강력한 중앙집권적 대통령제'를 기반으로 한 프랑스 정치 체제를 잘 보여준 사례다.
한편 프랑스 헌법 67조는 "프랑스 대통령 임기 중엔 그 어떤 법원이나 행정 당국도 증언을 위해 대통령의 출석을 요구할 수 없으며, 대통령은 제소나 수사 또는 소추 대상이 될 수 없다"고 명시했다. 아울러 재임 중엔 법원에 증인으로도 출석하지 못하고, 수사 대상도 아니라고 규정한다.

16 결선 투표제는 1958년 샤를르 드 골(Charles de Gaulle) 전 대통령의 주도로 극단주의 정당의 권력 장악을 막기 위해 도입됐다. 프랑스에선 1차 투표는 '마음'으로 하고, 2차 투표는 '이성'으로 한다란 말이 있다. 요컨대 1차 투표에선 자신이 진심으로 지지하는 후보를, 2차 투표에선 더 합리적인 선택을 한다란 뜻이다. 즉 선거 이후의 사회 분열을 최소화하겠다란 의도가 엿보인다.

17 선거인 등록시, 한 사람의 위임을 받아 대신 투표하는 제도다. 말 그대로 대리로 투표할 수 있는 믿을만한 사람을 정하는 투표 방식이다. 즉 부탁한 사람의 선거구에 가서 대신 투표하게 된다.

18 2016년 마크롱에 의해 창당된 실험적인 이 신생 정당은 '사회자유주의' 성향을 보이며, 좌우파에

LFI), 환경 정당 '유럽 생태녹색당'(EELV) 등으로 이루어져 있다.

국회는 양원으로 구성되어 있다. 프랑스의 입법부는 하원 우위의 양원제이나, 상원도 개헌 문제에 관해선 하원과 동등한 권한을 가진다. 한편 상원은 대통령의 의회 해산권에서 제외되어 있다. 3권분립의 원칙에 따라 사법부가 독립되어 있으나, 대통령이 사법권 독립의 보장자로서 최고사법위원회의 의장을 겸하고, 최고사법위원회가 대법관 및 고등법원장 임명을 제청하게 되어 있는 등, 사법권에 관해서도 대통령은 상당한 권한을 보유한다.

아울러 프랑스 총선(하원)의 경우에선, 1차 투표 총 577개 지역구[19]에서 실시되는데, 대선(지방 선거 포함)처럼 비슷한 방식의 결선투표제를 채택하고 있다. 즉 1차 투표 당일에 과반의 표를 얻고, 동시에 이날 투표장에 나오지 않은 사람을 포함한 전체 유권자 중 25퍼센트 이상의 표를 얻을 경우에만 당선이 확정된다. 1차 때 당선자가 없을 경우, 1차 투표 1·2위 및 투표 당일 12.5퍼센트 이상 득표한 후보들이 결선투표를 치른다. 결선투표 때는 단순하게 최다 득표자가 당선된다.

한편 프랑스에서의 법안 의결권은 하원에 있지만, 대통령이 추진하는 의회 비례대표제 도입 등 정치개혁이 성공하려면, 상·하원의 5분의 3의석(925석 중 555석)이 필요하다. 하원과 달리 상원은 지방자치단체장, 지방의원 등으로 구성된 7만 5000여 명의 선거인단이 뽑게 되는 간접선거 형태로 이루어진다.

치우치지 않는 중도를 표방한다. 프랑스의 경우, 대통령이 주도해 창당하고, 측근들을 총선 전면에 배치하는 등 사실상 대통령과 여당이 한 몸으로 움직인다. 즉 대통령은 집권 여당에서 '명예 당수'란 직책을 갖고, 당무에 깊이 관여한다. 요컨대 프랑스에선 샤를르 드 골 정부 이후, 대통령이 '당의 중심'이란 생각이 확고하다.

19 현재 577석인 하원에 반해, 상원은 348석을 차지한다. 참고로 프랑스 의회 정원은 1986년 이후 변동이 없었다.

프랑쓰와 미떼랑

쟈끄 시라끄

프랑스 정치의 '동거 정부' 꼬아비따씨옹(Cohabitation)

프랑스의 대통령제(이원집정부제)에 등장하는 정부 형태로, 여당과 의회 다수당이 다를 경우에 대통령이 의회 다수당 출신의 인사를 총리로 기용함으로써 구성하는 연립 정부를 일컫는다. 주로 프랑스 제5공화국에서 등장한 좌우 연립 내각의 사례가 인용되므로 "좌우 동거 정부"라고 부른다.

1986년 3월 프랑쓰와 미떼랑(François Mitterrand) 대통령 재임 당시, 국민의회 선거에서 우파연합이 과반수를 차지하자, 우파 정당인 공화국연합의 쟈끄 시라끄(Jacques Chirac)[20]를 총리로 임명, 좌파 대통령과 우파 총리라는 1차 좌우동거체제(1986~1988)를 만들어냈다. 이때 2년 동안 정치 노선이 전혀 다른 엘리제궁(대통령 관저)과 마띠뇽(총리 관저) 간에 대립을 빚기도 했다.

미떼랑과 시라끄의 동거 기간 동안 대통령은 본연의 임무인 '외치', 즉 외교·국방의 의무에 힘썼고, 총리인 시라끄는 '내치', 즉 국가의 경제·사회 정

20 쟈끄 시라끄는 대선출마 3번째 도전 끝에 엘리제궁에 입성했으며, 그는 드골주의 노선의 계승을 이어갔다. 이후 시라끄는 2002년 5년 임기의 대통령 선거에 다시 출마했다. 결선투표에서 극우파인 국민전선의 장-마리 르 펜(Jean-Marie Le Pen)을 압도적인 표 차이로 누르고 당선되어, 프랑쓰와 미떼랑에 이어 직접선거에서 재선에 성공한 두 번째 대통령이 되었다.

책인 행정적 나라 살림에 집중했다. 이 당시 미떼랑 대통령이 내치에서 거리를 두게 되면서, 그동안 정치 노선이 전혀 다른 시라끄는 감세정책을 펴고, 주요 기간산업의 민영화를 주도하는 등, 이전의 미떼랑의 시행 개혁을 뒤집는 정책을 펼쳤다.[21]

이후 미떼랑 대통령 재임시 1993년 3월 총선거에서도 이때 우파 연합이 압승, 공화국연합의 에두아르 발라뒤르(Édouard Balladur)가 총리로 임명되어 또다시 2년 동안 2차 동거 정부(1993~1995)의 좌우 동거 내각이 출범했다.

한편 1995년 보수 진영의 쟈끄 시라끄가 진보 진영의 리오넬 죠스뺑(Lionel Josepin)을 누르고 프랑스 대통령에 당선되었다. 시라끄 대통령은 계속적인 개혁정책의 순조로운 이행을 하기 위해, 또한 보수 세력의 유지를 위해 1997년 4월에 하원 해산을 발표하고, 1년 후로 예정된 하원 총선을 앞당겨 실시했다.

그러나 이때 좌파연합이 과반수 의석을 차지하면서, 시라끄는 사회당 총수인 죠스뺑을 총리로 임명했다. 이로써 3차 좌우 동거 정부(1997~2002)가 구성되었다. 죠스뺑은 2002년 대선에서 시라끄에 패배할 때까지 총리로 재임해, 3차 좌우 동거 정부의 기간은 5년간 유지되었다.

한편 2024년 9월에 프랑스에선 4번째 동거 정부가 탄생되었다. 이 당시 에마뉘엘 마크롱(Emmanuel Macron) 대통령은 극우·극좌를 배제해, 정통 중도우파 공화당의 미쉘 바르니에(Michel Barnier, 전 브렉시트 수석협상대표)를 총리로 임명하였다. 앞서 세 차례 동거 정부가 이념 지형(복지·경제 정책 등에 있어)이 확연히 다른 좌파·우파 정당 간에 꾸려진 데 비해, 중도 정당 대통령과 우파 정당 총리로 구성된 4차 동거 정부는 양측의 이념 차이가 그나마 작다는 평

21 동거정부는 권력 분산과 견제를 통해 정치적 균형을 유지한다는 장점이 있지만, 한계도 분명하다. 요컨대 대통령과 총리의 정책 우선순위나 방향성이 달라 중요 법안 처리나 개혁 추진에 제동이 걸릴 수 있다. 다시 말해 정책의 일관성이 떨어질 수 있으며, 권한이 분산되다 보니, 책임 정치가 어려워지는 문제도 있다.

가다. 그러나 4차 동거 정부 시기는 얼마 안 있어 2024년 12월에 끝나버린 가장 짧은 동거 정부가 되었다. 즉 여소야대 상황 속에서 극우 정당 국민연합(RN)[22]과 좌파연합이 각각 제출한 미셸 바르니에 총리 불신임안이 통과돼, 총리가 자리에서 물러나면서 정부 내각도 해체되었다.

이는 62년 만의 총리 불신임 사태로, 이 당시 마크롱 대통령은 2024년 6월 유럽의회 프랑스 선거에서 극우에 참패하자, 정치적 교착 상태 타개를 위해 의회를 해산하고, 조기총선이라는 승부수를 던졌다. 그러나 같은 달 30일, 7월 7일(결선) 치러진 조기 총선에서 마크롱 대통령의 르네쌍스당을 비롯한 범여권은 좌파 연합에 밀려 2위로 밀려났고, 자체 정부 운영도 불가능한 상황이 되어 '정국 장악력 약화'로 이어지게 되었다.

프랑스 동거 정부의 기원

'꼬아비따씨옹'(cohabitation)이란 단어는 원래 결혼하지 않은 '남녀의 동거'를 뜻하는 말인데, 정치적으로 좌·우파가 대통령과 총리를 나누어 맡아 국정을 함께 수행하는 '좌우 동거 정부'를 가리킨다. 동거 정부는 프랑스 정치 과정의 독특한 형태로, 직선 대통령이 있지만, 내각은 의회 다수당이 구성토록 한 제5공화국 헌법에 따라 가능해진 것이다.

요컨대 프랑스는 내각제적인 요소를 가진 제4공화국에서의 만연한 정치적 불안을 해소하기 위해, 1958년 이원집정부제를 기반으로 한 새로운 헌법을 마련하고, 제5공화국을 출범시켰다. 또한 프랑스의 대선은 1962년부터 선거인단에 의한 간접선거가 아닌 직접선거로 선출되어 왔다.

동거 정부의 형태는 대통령의 소속 정당과 의회 다수당이 동일한 경우에는 문제가 되지 않으나, 대통령의 임기가 7년인 데 반해, 의회 의원들의 임기는 5년이었기 때문에 언젠가 대통령의 소속 정당과 의회 다수당이 다를 가능성은 늘 존재했다.

22 국민연합(RN)은 이 당시 반(反)이민 정서 확산과 사회적 불안 고조, 경제 악화에 편승한 극우 바람에 힘입어 2024년 6월 유럽의회 선거와 7월 조기 총선에서 약진했다.

따라서 2000년 당시 대통령이었던 시라끄는 제5공화국 대통령의 임기를 7년에서 5년으로 단축해, 의원의 임기와 맞도록 하는 헌법 개정안을 내놓아 국민투표를 통해 통과시켰다. 이 새로운 법안은 2002년 대통령 선거부터 개정된 임기가 적용되었다.

제4부

프랑스 문화

와인
음식
패션과 명품
언론
건축양식
학교제도
대중영화와 도서관

1
와인

와인의 향기를 찾아서(행복 · 나눔 · 자유)

스페인 속담에 "한 잔의 와인이 담을 수 있는 말은 너무나 많다"라는 이야기가 있듯이, 와인은 대화하기 편한 사람, 좋아하는 사람들과 마셔야 제맛을 느낄 수 있다. '귀로 마시는 술' 와인이 진정 가치를 발휘할 때는 바로 사람과 사람을 가깝게 해주고 이어주는 존재이며, 서로간을 융화시켜줄 때다. 즉 와인은 자연스럽게 옆 사람과 오랜 이야기를 나누며 즐거운 분위기를 만들어낼 수 있는 것이다. 최고의 와인은 함께 마셔서 기쁨을 주는 와인이며, 종류와 관계없이 즐거움을 주는 매개체이면 충분하다.

한편 입으로 마시기 전까지 '살아 숨쉬는 생명체' 와인은 느린 문화의 중심이 된다. 화학주와 달리 천천히 숙성해 술이 되고, 또한 천천히 음미하며 마셔야 제맛을 느낄 수 있는 와인은 가장 전형적인 '슬로 푸드'(slow food)에 해당한다.

프랑스에서는 와인의 양조 기술보다 더 중요하게 여기는 '토양'을 치는데, 바로 탄생지의 자연 환경을 잘 전달해주는 와인이 좋은 와인이 된다. 프랑스에서의 포도밭은 농경지 이상의 의미가 있으며, 전통 깊은 양조장은 이미 프랑스 역사의 일부가 되어 있다. 한마디로 프랑스 와인은 역사이며 정신, 아울러 '프랑스 문화 그 자체를 대변'하는 것이다.

특색있는 와인들

와인에 익숙하지 않은 초보자들에게는 달콤한 와인이 무난하다. 예를 들어, 샤르도네 품종의 화이트 와인이나, 혹은 벌꿀처럼 달콤한 아이스 와인, 또한 신선하고 탄닌·알코올 도수가 약한 로제 와인 등은 와인을 처음 접하는 이들에게 와인에 대한 좋은 기억을 갖게 한다. 또한 레드 와인을 고른다면, 떫은 맛이 강한 까베르네 쏘비뇽보다는 탄닌의 양이 적고 과일향과 산뜻한 맛의 메를로 품종의 와인이 더 낫다. 여기에선 잘 알려진 레드·화이트 와인을 제외한 독특한 와인들을 살펴보고자 한다.

| 분홍색 로제 와인(rosé wine) |

분홍색 로제 와인은 가벼운 딸기향, 과일향이 나는 일명 "피크닉 와인"이라 불린다. 예쁜 색깔의 로제 와인은 일반 와인을 발효하다가 중간 단계에서 더 붉어지기 전에, 즉 색소가 주춤할 때 걸러내는 방식을 취한다. 요컨대 레드 와인과 달리, 로제는 적포도의 즙과 껍질을 빨리 분리시켜 투명한 핑크빛을 만들어내는데, 껍질을 우려내는 시간이 짧으므로 텁텁함보다는 약간 단맛이 나며, 뒷맛 또한 깔끔해 화이트 와인에 가까운 맛을 지녔다.

| 아이스 와인(ice wine) |

아이스 와인은 만드는 방법이 독특하다. 보통 와인은 8~9월에 수확한 포도를 숙성시켜 만들지만, 영하 8도 이하 혹독한 1월 겨울 날씨에 포도알이 크리스탈 얼음 모양의 얼려진 상태로 압축되어 만들어지기 때문에, "아이스 와인"으로 불려진다. 다시 말해 포도알이 얼면서 수분이 증발되어 진액 성분의 당도가 응축된 것이다. 요컨대 혹독한 겨울의 차가운 바람과 눈을 맞으며 얼었다 녹았다를 반복하는 동안, 수분이 날아가 포도송이가 쪼글쪼글해지고, 돌멩이처럼 딱딱해진다. 그러한 포도송이를 압축하면, 고농축 과즙이 한 방울씩 떨어지고 발효 과정을 거쳐 귀한 아이스 와인이 탄생되는 것이다.

진한 금빛색의 아이스 와인은 일반 와인과 달리, 그 맛이 매우 달콤하고,

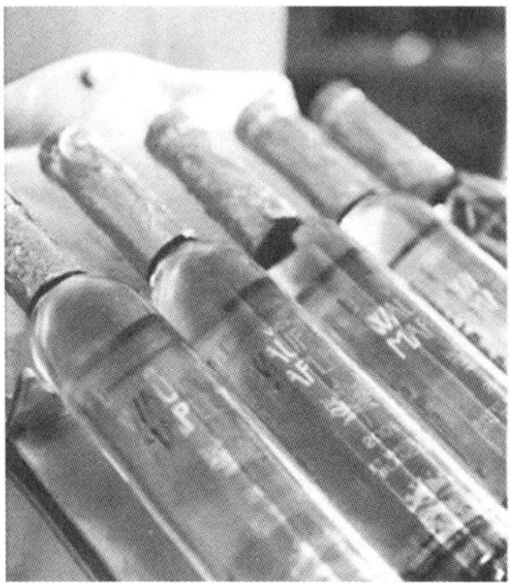

가늘고 길쭉한 아이스 와인병

부르고뉴(왼쪽)와 보르도(오른쪽)

향이 풍부해 술로 느껴지지 않을 정도이며, 디저트용으로 좋다. 아이스 와인은 당도가 상당히 높은데, 일반 포도주의 10배 정도에 해당된다. 고농축으로 만들어 그 맛이 상당히 진하며, 일반 포도주 10병을 만들 수 있는 포도로 1병 밖에 만들 수 없기 때문에 가격 또한 비싸다.

와인샵에서 대체로 가늘고 긴 아이스 와인병을 발견할 수 있는데, 아이스 와인은 당도가 가장 높은 초겨울에 수확한다. 아이스 와인이 생산되기 좋은 천혜의 자연환경과 조건을 가진 나라는 캐나다산과 독일산을 손꼽을 수 있다. 특히 캐나다에선 세계적으로 가장 좋은 품질의 아이스 와인을 생산한다.

| '햇와인' 보졸레 누보(beaujolais nouveau) |

누보(nouveau)는 '새로운'이라는 뜻으로, 보졸레 누보는 부르고뉴 지방 남쪽 보졸레 지역에서 그해 9월 초 포도를 수확해 따로 숙성하지 않고, 바로 마시는 '햇와인'을 가리킨다. 옅은 보랏빛을 띠는 와인 '보졸레 누보'는 출시되는 날짜가 정해져 있다. 즉 매년 11월 셋째 주 목요일 자정을 기점으로, 전 세계에서 동시에 발매된다. 보졸레 누보가 출시되는 이 날은 오늘날 세계적으로 유명한 '보졸레 축제일'이 되었다.

이 와인은 자연스러운 알코올 강도와 떫은 성분이 덜해 적당한 과일향

와인 저장고의 오래된 와인들

오크통에 숙성시키는 와인

과 신선하고 산뜻한 맛이 특징이다. 이는 햇포도를 1개월 동안 발효시킨 후, 발효통에서 바로 포장하는 것과 같은 독특한 판매 전략으로 성공한 와인이다. 보졸레 누보는 발효 즉시 내놓은 신선한 맛이 생명이기 때문에, 보통 출시된 지 2~3주 지나면 모두 사라진다.

| 뱅쇼(vin chaud) |

레드 와인에 슬라이스한 오렌지나 레몬, 계피, 정향과 같은 향신료 등을 넣고, 따뜻하게 끓인 와인 음료다. 처음엔 센 불로 끓여 와인이 따뜻해지면, 은은한 과일향과 계피·정향의 향기가 와인과 잘 어우러지게 약한 불로 줄여 20~30분간 데운다. 뱅쇼는 유럽 크리스마스 시장에서 가장 인기가 높은 음료로, 프랑스식으로 "뱅쇼"('와인'의 뱅[vin]과 '따뜻한'의 쇼[chaud]가 합쳐진 이름), 독일식으로는 "글뤼바인"(Glühwein)이라고 불리운다. 프랑스에선 민간요법 감기약으로도 여겨지는데, 뜨거운 뱅쇼는 한 모금만 마셔도 몸이 따뜻해진다.

크리스마스 시장에서 뱅쇼 파는 모습

와인의 에티켓(étiquette)

에티켓은 흔히 '예절'이라는 뜻으로 알고 있지만, 프랑스어로 와인 병에 붙어 있는 '정보 등록 상표'를 의미한다. 프랑스의 몇몇 지역별 와인은 주요 산지 특유의 고유한 병 모양을 지니고 있다. 이는 시각적으로 판단할 수 있을 뿐이며, 와인의 정확한 정보는 바로 에티켓에 담겨 있다.

에티켓에는 상표, 생산자, 또는 병입한 회사 이름 등 여러 기재 사항이 포함되어 있지만, 가장 중요한 정보는 바로 와인의 '등급'이다. 이것은 와인의 품질을 알려주는 매우 기본적인 사항으로, 나라마다 차이가 있다. 프랑스의 경우 뱅 드 따블(VDT), 뱅 드 빼이(VDP), 뱅 델리미떼 드 깔리떼 쉬뻬리외르(VDQS), 아뻴라씨옹 도리진 꽁트롤레(AOC)와 같이 크게 4가지로 구분되어 있다. 여기에서는 중간 단계들의 설명은 생략하고, 제일 밑 등급과 최고 등급에 대해서만 자세히 알아보기로 한다.

| 뱅 드 따블(VDT, Vins De Table) |

해석을 하면 '식탁용 포도주'인데, 와인의 등급 가운데 저렴한 가격으로 서민들의 식탁에 자주 올라 마시는 '일반대중 소비용 와인'이다. 마실 때 끝 여운이 없고, 가볍게 마실 수 있는 특징을 지녔다. 이 등급의 와인은 여러 지방의 와인을 블렌딩해서 만드는데, 지역과 생산되는 연도를 알 수 없다. 전체 와인 등급 중, 약 40퍼센트를 차지한다.

| 아뻴라씨옹 도리진 꽁트롤레(AOC, Appellation d'Origine Contrôlée) |

이 등급은 '원산지 통제명칭 와인'을 가리킨다. 프랑스는 일찍이 1935년 와인 생산관련 법규로 AOC를 제정해, 와인의 품질을 철저하게 관리해왔다. 떼르와르를 바탕으로 지역별 차이를 세밀하게 가려 별도의 호칭인 아뻴라씨옹(appellation)을 붙이고, 다른 재배업자들이 그 지역 호칭을 사용하지 못하도록 규정했다. 즉 포도의 재배 장소의 위치와 명칭을 지방별로 관리하는 제도다. AOC 용어 중, 가운데 원산지(origine)에 해당하는 것은 '지역명', 혹은

'마을명'을 가리킨다. 즉 원산지의 지명이 세분될수록 더 한정된 마을의 와인을 가리킨다. AOC는 전체 등급 중, 약 35퍼센트 정도 차지한다. 한편 와인을 증류한 술 '꼬냑'(cognac)과 사과로 만든 증류주인 사과브랜디 '깔바도스'(calvados)에도 같이 적용하고 있다.

한편 '원산지 보호명칭 와인'(Appellation d'origine protégée)을 가리키는 AOP는 2009년에 이루어진 개정을 통해 프랑스뿐만 아니라, 유럽연합에서도 보호받을 수 있는 등급으로 새롭게 추가되었다. 이는 와인을 포함해 치즈와 소시지 같은 유럽의 식재료에서도 찾아볼 수 있다. 요컨대 AOC와 AOP는 사실상 같은 등급으로, 프랑스 각 지역의 와인을 보호하는 등급이다.

빈티지(vintage)

빈티지는 와인을 선택할 때, 하나의 잣대 역할을 한다. 이는 '와인 생산연도'(와인을 제조하기 위해 포도를 수확한 해)를 뜻하는 용어로, 알아두면 유용하다. 즉 어느 해 수확된 와인이 기후 조건이 좋았는지 빈티지를 통해 알 수 있으며, 와인의 품질을 비교하는 기준이 된다. 빈티지에 따라 값이 천차만별인데, 특히 포도 수확이 좋은 연도를 "그레이트 빈티지"(great vintage)라고 부른다. 한편 같은 브랜드인데도 빈티지에 따라 오묘한 맛의 차이가 있음은 바로 와인의 심오한 맛의 세계를 짐작하게 한다.

그랑 크뤼(grand cru)

일급 와인 중에서도 상위 1~2퍼센트를 차지하는 '최고급 와인'(특급 와인)을 가리킨다. 이는 AOC 등급 중에서도 더 특별한 등급을 받으며, 한마디로 '프랑스 고급 와인'을 통칭하는 용어다.

샤또(château)의 이미지

'샤또'(château)란 말은 프랑스어로 '성'을 가리키지만, 17세기부터 사용하고 있는 와인 용어로, 바로 '보르도 지역의 포도원'을 말한다. 보르도 지역에는 포도밭과 와인 제조·저장 시설을 갖춘 샤또가 약 7300여 곳이다. '샤또'라는 고풍스러움과 귀족적 이미지는 보르도산 포도주를 브랜드화하는 데 큰 몫을 담당하고 있다.

반면에 '도맨느'(domaine)란 용어는 '부르고뉴 지역의 포도원'을 가리킨다. 소규모 농작, 마을 단위의 부르고뉴에서는 한 농가가 꾸려가는 대체로 작은 양조장으로, 한 명의 생산자가 포도 재배에서부터 수확, 양조, 판매까지 전부 관리한다. 따라서 소유주가 복잡하게 나뉘어져 있다. 그래서 부르고뉴 와인은 비슷한 지역에서 생산된 와인이라도 맛이 제각기 다르다. 지층이 다양한 토양 때문에 같은 포도밭이라도 10미터만 떨어져 있어도 다른 성격의 와인이 되는 독특한 지역이며, 같은 밭이더라도 재배방식과 양조법에 따라 와인의 품질이 크게 달라진다. 요컨대 포도밭마다 다른 개성을 지닌 부르고뉴 와인은 보르도와는 또 다른 섬세하고 복잡하며 심오한 재미를 맛보게 한다.

한편 부르고뉴 지역의 도로 양 옆으로 펼쳐진 '포도밭뷰'는 반가운 와이너리들과 함께 아름다운 산책 코스로 잘 알려져 있다. 즉 여름엔 푸릇푸릇 초록빛의 포도밭이었다가, 황금빛 들녘으로 바뀌어지는 가을 등, 색다른 풍경들을 만끽할 수 있게 된다. 특히 그랑 크뤼급 최고급 와인을 생산하는 산지들을 죽 따라 이어진 길은 예전부터 와인 애호가들에겐 성지순례처럼 찾는 곳이 되어왔다.

포도품종(cépage)

'쎄빠쥬'(cépage)의 의미는 각종 포도나무, 즉 포도품종을 말한다. 와인의 품질과 맛은 쎄빠쥬에 의해 크게 좌우되는데, 쎄빠쥬에 따라 포도의 맛과 향, 색깔이 결정되기 때문이다. 즉 쎄빠쥬는 와인의 맛과 스타일을 결정하게 된다. 현재 프랑스에서는 30여 종이 와인을 생산하는 데 주로 사용된다. 크게 화이트·레드 와인용으로 구분되는 쎄빠쥬는 각각 색깔, 향기, 포도알의 크기, 잎 등 고유한 특성을 지니고 있다.

와인의 대표격 몇몇 품종을 알고 있다면, 레스토랑에서 와인을 선택하기 쉽다. 즉 어느 정도 미리 와인의 맛을 예상할 수가 있게 된다. 프랑스에서는 전통적으로 에티켓에 포도품종을 명시하지 않지만, 미국·호주·뉴질랜드·칠레·아르헨티나 등 신대륙에서 생산하는 와인의 에티켓에는 포도품종을 표시하고 있다. 즉 프랑스 와인은 지역 명칭을 중심으로 한 반면에, 신대륙 와인은 회사명과 포도품종의 표시를 중요시한다.[1]

한편 여기에선 화이트·레드 와인용으로 구분되는 쎄빠쥬 중, 가장 잘 알려진 대표격 포도품종만을 집중적으로 다루고자 한다.

| 화이트 와인용 포도품종 |

a. 샤르도네(chardonnay): 영어식 발음은 '샤도네이'다. 프랑스 내륙 부르고뉴 지방의 샤블리(Chablis) 지역과 프랑스 북동부 샹빠뉴(Champagne) 지방의 주요 품종으로 캘리포니아, 호주, 이탈리아 등 세계 각국에서 널리 재배되고 있다. 샤르도네의 특징은 섬세하면서 깊고, '석회 성분' 때문에 흙향과 더불어, 미네랄향(광물질에서 느껴지는 향)이 강하고 산도가 높으며, 특히 향이 풍부한 특성을 지니고 있다.

   이 포도품종은 열대과일과 같은 과일향, 너트향, 버터향이 물씬 풍기는 고품격 와인이 된다. 오크통(참나무통)에서 숙성 시 바닐라 향기, 혹은 불이나 연기에 그슬린 듯한 훈제향이 난다. 부르고뉴 지역을 대표하는 샤르도네 화이트 와인은 굴, 해산물 요리와 잘 어울린다.

b. 쏘비뇽 블랑(sauvignon blanc): 샤르도네와 더불어 화이트 와인의 대표적인 쎄빠쥬다. 쏘비뇽 블랑의 주요 재배지는 프랑스 르와르(Loire) 지방과 보르도(Bordeaux) 지역이 중심이며 미국 캘리포니아, 뉴질랜드 등에서도

1 아울러 프랑스와 신대륙 와인의 차이점에 대해 더 알아보자면, 대부분 수출하는 프랑스 와인이 '전통'과 '복합미'를 중시하는 반면에, 내수용으로 주로 소비되는 미국 와인을 포함한 신대륙 와인은 '실용성'과 '단순미'의 특성을 띤다. 한편 신대륙 와인은 유럽과 같은 체계적인 등급 대신, 단일 품종을 어느 정도 사용했느냐에 따라서만 분류하고, 산학 협동과 신기술 개발로 자유로운 와인 생산이 가능하다.

생산한다. 쉽게 마실 수 있는 가볍고 드라이한 와인으로 허브, 올리브, 풀냄새가 혼합된 듯한 향기가 난다. 허브향과 가벼운 여름 풀향기가 특징인 쏘비뇽 블랑은 화이트 와인의 일반적인 특징처럼, 그 맛 또한 상큼하고, 달콤하며, 깔끔하다. 르와르강 유역의 유명한 쌍세르(Sancerre), 뿌이 퓌메(Pouilly-Fumé) 지역이 쏘비뇽 블랑 화이트 와인으로 유명하다.

c. 쎄미용(sémillon) : 주로 보르도 지역에서 재배되는 쎄미용은 특히 그라브(Graves) 지역의 쏘떼른(Sauternes)에서 재배한다. 쏘떼른의 고급 화이트 와인으로 생산되는 쎄미용은 '귀부균'('귀하게 부패한다'란 의미, '귀부 와인'이 됨)이라는 미세한 버섯 곰팡이가 번식해, '고귀한 썩음 현상'이 생겨난다. 이러한 현상 덕분에 포도에서 수분이 말라버림으로써 풍미가 농축되어 보통 수확한 포도보다 10배가 넘는 당분이 함유될 뿐 아니라, 신맛을 없애주고 익은 과실향과 벌꿀향 등을 생성시킨다.

d. 리슬링(riesling) : 리슬링은 서늘한 곳에서 잘 자라며, 추위에 강한 품종이다. '화이트 와인의 꽃' 리슬링은 새콤달콤한 맛을 지녔다. 레드 와인이 떫은 맛(탄닌)의 묵직하고 거친 느낌이라면, 반면에 화이트 와인의 맛은 대체로 신선하고 상큼한 편이다. 즉 화이트 와인은 껍질을 제거한 포도나 청포도를 사용하기 때문에, 신맛이나 씁쓸한 맛이 나는 것이 많다. 또

귀부병에 걸린 포도송이

알자스 와인의 병모양

한 레드 와인이 발효를 먼저 한 후, 1년에서 2년 반 정도 오크통에서 숙성시킨다면, 화이트 와인은 먼저 즙을 짜서 발효시킨다는 차이점이 있다.

리슬링 최상의 와인은 독일산과 알자스산을 친다. 독일의 모젤(Moselle) 리슬링 와인보다 단맛이 적은 대부분의 알자스(Alsace) 화이트 와인은 우리나라 한식뿐 아니라, 생선이나 가금류 등 아시아 요리와 잘 어울린다.

e. 게뷔르츠트라미네(gewurztraminer): 이 포도품종은 상큼하고 드라이하면서도 스파이시하다. 게뷔르츠트라미네의 '게뷔르츠'(gewurz)는 독일어로 '양념'이란 뜻을 지녔다. 일반적으로 생각하는 매운맛이 아니라, 일종의 '미묘한 후추 같은 향'이라고 할 수 있다. 이 포도품종은 알자스에서도 가장 귀하게 취급되며, 재배하기도 까다로운 품종이다. 게뷔르츠트라미네의 주요 산지는 프랑스 알자스 지방과 독일에서 재배된다. 알자스 화이트 와인의 특징은 과일향이 강하게 느껴지고, 아로마가 풍부하며, 그 풍미가 매우 섬세한 데 있다.

| 레드 와인용 포도품종 |

a. 까베르네 쏘비뇽(cabernet sauvignon): 까베르네 쏘비뇽은 레드 와인 품종의 최고봉으로 가장 잘 알려져 있다. 입 안에 꽉 찬 느낌의 중후하고 묵직한 풀 바디(full body) 와인이다. 보르도에서도 특히 메독(Médoc)과 그라브(Graves) 지역의 주요 품종이다. 이곳에서는 까베르네 쏘비뇽을 60~70퍼센트, 혹은 그 이상을 사용한다. 한편 보르도 지역은 까베르네 쏘비뇽과 더불어, 다른 품종들과 블랜딩해 많이 사용하는데, 까베르네 쏘비뇽은 메독 지역의 그랑 크뤼급 와인으로 인식되어진다.

이 품종은 프랑스 이외, 캘리포니아·호주·칠레 등 세계 곳곳에서 재배하고 있다. 포도알이 작고, 껍질이 두꺼운 까베르네 쏘비뇽은 까막까치밥 나무열매(프랑스 전나무 숲 밑 주위에 나는 조그만 산딸기 일종)향이 난다. 또한 남성적인 이미지로 짙은 자주색과 보르도 와인 맛의 특징인 탄닌이 풍부해 텁텁한 맛을 지니며, 숙성 속도가 느리다. 즉 장기숙성용의 쎄빠쥬로, 일반적으로 묵직한 스타일의 떫은 맛이 강하고, 탄닌 성분이 많은 와인은 바로 마시기에 너무 거칠게 느껴져 수년간 와인 셀러에 보관한다. 여러 품종을 블렌딩하는 보르도 지역 와인은 침전물이 많이 생겨나며, 마실 때는 오랫동안 장기숙성되어 있어, 맛과 향기를 열어주기 위해 디켄팅을 하기도 한다.

디켄팅(decanting)

이 와인 용어는 코르크 마개를 딴 와인병에서 "디켄터"(decanter)라고 불리는 호리병처럼 생긴 용기에 와인을 옮겨 따르는 과정을 말한다. 이는 와인병 속에 가라앉은 침전물을 와인과 분리하기 위함이며, 와인을 디켄터로 옮기면서 와인을 공기에 접촉시켜 병 속에서 잠자고 있던 와인의 독특한 향기를 불러일으키기 위한 것 또한 디켄팅을 하는 이유다.

디켄팅하는 과정

특히 5년 미만의 보르도 와인은 탄닌이 강해 아직 충분히 숙성되지 못한 탓에, 떫고 강한 맛이 제대로 열리지 않은 상태다. 따라서 이런 경우 디켄팅을 해주면 공기와 호흡시켜 닫혀 있던 와인의 향기를 단숨에 열어주게 된다. 즉 디켄팅을 통해 어린 와인을 성숙한 맛으로 바꿔주게 되는 것이다.

바디(body)

한마디로 '입 안에 꽉 차는 느낌'을 말하며, 와인의 무게감이나 점성도, 질감을 표현하는 와인 용어다. 보통 라이트 바디(Light Body), 미디엄 바디(Medium Body), 풀 바디(Full Body)로 나뉜다. 라이트 바디 와인은 가벼운 느낌의 와인으로 주로 화이트 와인이나, 로제 와인, 경쾌한 보졸레 와인, 젊은 레드 와인 등이 해당된다. 또한 미디엄 바디 와인은 중간적인 무게감을 나타내며, 풀 바디 와인은 점성 밀도가 높으며, 강직한 맛과 무게감이 느껴진다. 특히 알코올 농도가 높고, 쏘떼른(Sauternes) 와인처럼 단맛이 강하거나, 혹은 떫은 맛이 많이 느껴지는 보르도 메독과 그라브 지역 와인이 이에 해당된다.

b. 메를로(merlot): 보르도에서도 쌩떼밀리옹(Saint-Émilion) 지역의 주요 품종으로, 까베르네 쏘비뇽에 비해 탄닌이 적어 텁텁한 맛이 덜해 순하면서도 산뜻하고 부드럽다. 포도알이 크고 껍질이 얇은 모습이며, 과육의 질감이 잘 느껴진다. 즉 맛이 달콤하고 과즙이 많으며, 과일향을 느낄 수 있다. 이 품종은 최근 세계 여러 나라에서 재배하고 있다. 보르도 지역은 주로 메를로를 까베르네 쏘비뇽과 혼합해 사용하며, 신대륙에서는 단일종으로 와인을 생산한다. 보르도 지역의 뽀므롤(Pomerol) 마을에서 생산하는 뻬트뤼스(Pétrus)는 메를로만 95퍼센트 이상 사용하는 특급 와인이다.

c. 까베르네 프랑(cabernet franc): 이는 보르도 지역에서 까베르네 쏘비뇽과 메를로를 섞을 때, 주로 들어가는 포도품종 중 하나다. 즉 까베르네 프랑은 까베르네 쏘비뇽의 단단하고 떫은 맛을 줄여주며, 와인을 부드럽고 가볍게 만들어준다. 또한 이 포도품종의 특징은 까베르네 쏘비뇽보다 색깔이 옅고, 탄닌 함량이 적다.

d. 삐노 느와르(pinot noir): 최고이자 가장 고귀한 쎄빠쥬 중의 하나다. 부르고뉴 지역을 대표하는 포도품종으로, 고유의 붉은 과일류 향이 지배적이다. 삐노 느와르는 기후나 토양에 민감하고, 재배하기도 다루기도 까다로운 품종이지만, 고급 와인이 된다. 또한 얇은 과일 껍질로, 옅고 밝은 앵두색을 띠었으며, 벨벳처럼 부드러운 촉감을 지녔다. 탄닌도 비교적 적어 섬세하고 화사한 여성적인 맛을 낸다. 삐노 느와르는 딸기향과 꽃향기가 뛰어나며, 약간 신맛의 와인을 생산해낸다. 부르고뉴 지방 이외에, 알자스와 샹빠뉴 지방의 일부에서도 역시 재배된다.

e. 시라(syrah): 삐노 느와르와 달리, 이 포도품종은 서리와 추위에 강하고, 척박한 땅에서 잘 자라는 등, 적응력이 뛰어나다. 주로 프랑스 남부 론느강 유역과 프로방스 지방에서 재배된다. 론느강 유역의 프로방스 지방은 프랑스에서 가장 오래된 포도원이 있는 곳으로, 바로 프랑스 와인의 역사가 시작된 지역이다.

한편 시라는 페르시아인에 의해 처음 경작되었을 정도로, 아주 오래된 품종 중의 하나다. 또한 검은색에 가까울 정도로 색깔이 짙고, 과일향이 풍부하며, 탄닌의 함유량이 높다. 호주(특히 이곳에선 이 포도품종을 "쉬라즈"라고 호칭), 칠레와 같은 신대륙에서 많이 생산한다. 시라 품종은 묵직한 바디감과 더불어, 그윽한 향이 가득한 와인이 되며, 주로 '스파이시한 후추향'이 난다. 즉 강렬한 아로마와 탄닌이 주는 조밀함을 잘 보여주는 시라는 '자극적인 와인'으로 간주된다. 특히 론느 지역의 레드 와인은 후추 계열의 스파이시한 향신료가 느껴지며, 우리나라 음식인 불고기, 양념닭과 잘 어울린다.

f. 가메(gamay): 부르고뉴(Bourgogne) 포도 산지 중 맨 끝 남쪽에 위치한, 보졸레(Beaujolais) 마을에서 재배되는 토속 품종이다. 즉 가메는 초기에 마실 수 있는 가벼운 과일 맛에 신선한 타입의 레드 와인으로, 알콜이 거의 느껴지지 않으며, 장기숙성에 적합하지 않은 품종이다.

탄닌(tannin)

탄닌은 입안을 떫게 만드는 요소로 포도껍질, 줄기, 씨앗 등에 들어 있다. 또한 오크통 숙성을 통해서도 얻어질 수 있는데, 새 오크통일수록 탄닌의 성분이 많다. 한마디로 탄닌은 적당한 떫은 맛과 텁텁한 감촉을 결정짓는 중요한 물질이다. 한편 탄닌에는 해충을 방지하는 기능이 있어 일종의 '천연 방부제' 역할을 하기에, 오랜 기간 숙성시키려는 와인일수록 껍질을 더 많이 우려낸다. 와인에 탄닌이 많이 함유된 경우에는 와인이 쉽게 변질되지 않고, 복합미가 있는 와인이 된다. 요컨대 탄닌은 레드 와인을 장기숙성시키는 요소가 된다.

마리아쥬(marriage)

프랑스어로 '결혼'이란 의미인 마리아쥬는 와인용어로 '와인과 음식의 조화·매칭'을 뜻한다. 음식의 기름진 정도, 향과 소스 맛의 강한 정도에 따라, 다시 말해 음식의 조리법을 고려해 와인을 선택하는 것도 좋은 기준이 된다. 즉 기름지고 맛과 향이 풍부한 요리는 레드 와인을, 담백하고 부드러운 맛의 요리에는 화이트 와인을 고르는 것이 적당하다.

한편 와인은 '국물 음식'으로 볼 수 있는데, 서양 문화에선 와인을 식사에 곁들이는 '일상적인 음식'으로 생각한다. 즉 식사를 할 때, 와인으로 목을 축여가며 식사를 하는 것이다. 따라서 와인을 즐겨 마시는 서양 문화에서는 당연히 음식과 와인의 조화를 매우 중시하게 된다.

프랑스 각 지역별 포도품종의 특징

우선 보르도산 와인은 여러 포도품종을 섞어서 만드는 것을 선호한다. 특히 보르도 지역에선 까베르네 쏘비뇽, 메를로, 까베르네 프랑과 같은 세 가지 포도품종을 주로 블렌딩한다. 따라서 보르도 지역의 와인 맛은 다소 묵직하고, 떫은 맛이 나며, 무거운 느낌이 든다. 즉 보르도산 와인은 탄닌을 느낄 수 있는 풀 바디 와인으로, 농후한 향과 진한 색상을 띠게 된다. 이러한 블렌딩 과정을 통해 보르도 지역은 다양한 개성을 지닌 여러 종류의 와인을 만든다.

반면 부르고뉴 지역의 주요 포도품종은 보르도와 달리 획일적이다. 레드용 품종으로는 오로지 삐노 느와르 한 가지 품종만으로 깔끔한 맛의 와인 제조를 선호한다. 따라서 이 지역 와인의 맛은 보르도산보다는 탄닌 성분이 적어 섬세하고 부드러우며, 향이 화려하고 와인의 색은 엷고 밝다. 즉 부르고뉴산은 과일맛과 신맛이 풍부하고, 떫은 맛이 적으면서 섬세하고 산뜻하다. 또한 부르고뉴의 화이트용 품종으로는 샤르도네가 주로 재배된다.

한편 남프랑스 지방은 와인을 만들 때, 여러 포도품종을 블렌딩하는데, 랑그독 지역은 3~5가지 정도, 혹은 그 이상이 혼합되는 경우가 많다. 특히 론느강이 흐르는 프랑스 론느(Rhône) 남부 지역은 무려 총 13가지의 포도품종을 섞기도 한다.

부르고뉴와 보르도의 비교

부르고뉴는 보르도와 함께 프랑스 와인의 양대 산맥을 이룬다. 보르도가 '대규모 와이너리'라면, 부르고뉴는 '소규모의 가족 경영체제'로 볼 수 있다. 부르고뉴 지방은 프랑스에 합병되기 전까지 오랜 세월 동안 독특한 자신들만의 문화를 간직한 곳으로, 부르고뉴에는 보르도처럼 대규모 샤또가 없고, 영세한 소규모의 포도밭들이 죽 펼쳐져 있다.

프랑스 대혁명 이후, 수도원 소유였던 보르도 및 부르고뉴 지역의 포도밭은 정부에서 거의 몰수했다. 그 중 보르도 지역의 포도밭은 영국과의 무역을 통해 많은 부를 축적한 무역상이나 귀족들이 다시 사들여 소유하게 되었지만, 부르고뉴 지역의 포도밭은 당시 소작인들에게 분배되었다. 부르고뉴 와인 산지는 대체로 보르도 전체 면적의 약 3분의 1에 불과하다. 부르고뉴는 3500여 개의 양조장으로 세분화되어 있으며, 전통적으로 포도밭을 사고파는 게 드물다.

한편 보르도 지역을 "와인의 여왕"이라고 부른다면, 부르고뉴 지방은 "와인의 왕"이라 할 수 있다. 또는 "왕의 와인"이라고 일컬어지는데, 일찍이 루이 14세 때 주치의 파콩에 의해 궁전에서 선택된 와인이기 때문이다. 부르고뉴는 지리적으로 보르도에 비해 빠리와 가까운 편이었고, 뛰어난 '떼르와르'(포도밭의 모든 종합적 환경)와 워낙 맛이 좋아 프랑스 왕실과 귀족층에선, 19세기 전반까지 부르고뉴 와인만 마셨다.

한편 보르도가 '샤또별' 등급을 매기며 '바디'(무게감)가 강렬하다면, 부르고뉴는 '포도밭'을 중시하며 무엇보다 '향기'를 친다. 아울러 프랑스에서 AOC 와인만으로 볼 때, 생산량 1위는 대규모 와이너리들이 밀집한 보르도이며, 2위는 론느 지역, 3위는 고성들이 즐비한 르와르 지역이 해당된다. 반면에 부르고뉴는 포도밭 면적이 좁아 프랑스 와인 전체 생산량 중 3퍼센트 정도만 차지한다.

샹빠뉴(Champagne) 지역의 특징

| 샹빠뉴 지역의 전반적인 특성 |

샹빠뉴 지방은 빠리 북동쪽 '샴페인의 고장' 랭스(Reims)를 중심으로 형성되어 있다. 이 와인 산지는 빠리에서 동쪽으로 150킬로미터 떨어진 프랑스 최북단, 가장 내륙쪽에 위치하고 있다. 이곳의 기후는 겨울이 춥고 습하며, 여름에 더운 대륙성 기후다. 특히 북대서양의 영향을 받아 기후 변화가 심하다. 봄에 서리가 내리기도 하고, 여름에는 천둥과 번개를 동반한 폭우가 내리기도 한다. 요컨대 이러한 변덕스러운 날씨는 포도재배엔 적합하지 않지만, 오히려 이런 기후 조건이 세심하고 예리한 맛의 와인을 탄생시켰으며, 아울

샴페인 저장고

러 독특한 뒤늦은 발효를 거쳐 특별한 기포를 만들어내었다. 즉 여러 해 걸쳐 생산된 샴페인(샹빠뉴)을 블렌딩해, 최고의 와인을 만들게 되는 샴페인 특유의 제조법을 탄생시켰다.

샹빠뉴 지역은 강의 흐름에 큰 영향을 받는데, 이 지방의 중심 산지인 마른느 구역 일대에는 마른느(Marne)강이 관통하며, 그 밖에 쎄느(Seine)·오브(Aube)강 등의 지류, 이외 작은 강들이 포도밭 땅의 기운을 높여준다. 이곳의 600킬로미터에 펼쳐진 샴페인 관광코스는 포도밭으로 뒤덮여진 채, 언덕 너머 구불구불하게 이어져 있다.

한편 샴페인은 정교한 양조기술, 넓은 저장고, 탄탄한 판매 유통망 등을 갖추어야 하기에 대자본의 투입이 요구된다. 그러다 보니 영세한 양조장보다는 '협동조합' 형식의 와이너리로 만나게 된다. 이렇듯 독자적 자본에 의한 와이너리를 가리켜 "메종"(maison)이라 지칭한다.

| 샹빠뉴의 주요 와인 산지 |

- 몽따뉴 드 랭스(Montagne de Reims) – '랭스 산악지대'란 의미로, 이 마을에선 삐노 느와르와 삐노 뫼니에를 재배한다. 그 중 삐노 느와르가 주요 품종으로 색깔이 짙으며 특유의 개성을 지니고 있다. 산 계곡에서 찬 대기가 포도밭으로 스쳐 내려오고 이와는 반대로 낮 시간 데워진 공기가 산악 쪽으로 유동해, 포도가 익는 데 아주 이상적이다. 이곳은 샹빠뉴 지역의 중심 도시 '랭스'(Reims)에서 매우 가까운 남쪽에 위치한다.
- 꼬뜨 데 블랑(Côtes des Blancs) – '화이트 포도품종의 언덕'이란 의미로, 마을명에서처럼 대부분 화이트 와인용 샤르도네만을 재배한다. 이 마을은 랭스 산악지대 바로 아래쪽에 자리잡고 있다.
- 꼬뜨 드 쎄잔느(Côtes de Sézanne) – 꼬뜨 데 블랑에서 남서쪽으로 그리 멀지 않은 곳에 위치하고 있다. 근처 꼬뜨 데 블랑과 마찬가지로 샤르도네가 주요 품종이다.
- 발레 드 라 마른느(Vallée de la Marne) – '마른느의 계곡'이란 의미로, 마른느 강을 사이에 두고 주로 삐노 뫼니에를 재배한다. 원래 샹빠뉴 지방에서 샴페인(스파클링 와인)을 빚게 된 이면에는 이곳의 떼르와르(terroir)가 중요한 역할을 한다. 북쪽의 찬 기후대에 위치하다보니, 이러한 환경에서 질 좋은 와인의 대안을 찾은 것이 바로 샴페인이다. 또한 마른느 계곡 지역을 중심으로 발달한 백악질(석회암의 하나인 퇴적암의 일종)의 토양이 거대한 지층을 이루면서 훌륭한 스파클링 샴페인을 빚는 데 이바지하였다. 즉 100미터 가량의 두께에 이르는 이 토양층은 습기를 유지하고, 낮 동안의 태양열이 밤에 복사되어 기온차를 조절해준다. 또한 포도나무의 뿌리가 깊이 10~20미터까지 내려가 필요한 미네랄 성분을 섭취하여 좋은 품질을 지닌 포도가 자라게끔 도와주고 있다.
- 오브(Aube) – 샹빠뉴 지역의 제일 남쪽에 위치해 있어, 바로 밑쪽 부르고뉴 '화이트 와인의 주요 산지' 샤블리 지역과 매우 가깝다. 이곳은 삐노 느와르가 주력 품종이다.

| 샹빠뉴 지역의 포도밭 등급 |

샴페인은 품질을 결정짓는 다양한 조건이 있다. 그 중 '포도밭의 등급'이 가장 중요하다. 샹빠뉴 지역에서는 포도밭을 그랑 크뤼(Grand Cru), 프르미에 크뤼(Premier Cru), 일반 크뤼와 같이 3가지로 분류한다. 이러한 기준은 포도밭에서 생산되는 포도의 질에 따라 결정된다.

현재 샹빠뉴 지역의 주요 와인 산지는 꼬뜨 데 블랑, 몽따뉴 드 랭스, 꼬뜨 드 쎄잔느, 발레 드 라 마른느, 오브 등이 있다. 이곳에는 총 324개의 AOC 마을들이 위치한다. 포도의 품질과 개성에 대한 명성은 마을마다 제각기 다르며, 또한 현지 생산자들은 마을별 등급에 대한 자체적인 평가를 가지고 있다. 이 중 꼬뜨 데 블랑, 몽따뉴 드 랭스 마을은 최상급으로 평가 받으며, 그랑 크뤼에 해당된 마을 17개가 이 두 개의 와인 산지에 속한다.

| 샹빠뉴 지역의 포도품종 |

샴페인을 제조할 때 들어가는 포도품종은 레드 와인용 삐노 느와르(pinot noir, 샹빠뉴 전체 포도 재배량의 약 33퍼센트에 해당)와 삐노 뫼니에(pinot meunier, 레드 와인 품종) 2/3, 여기에다 화이트 와인용 샤르도네(chardonnay)를 섞어서 제조한다.[2] 특히 잎에 밀가루를 뿌린 듯한 흰 털이 특징인 삐노 뫼니에 품종은 바로 삐노 느와르가 변이를 거쳐서 탄생한 품종이다. 이는 샴페인 생산에 주로 사용되어 샹빠뉴 지역 포도 재배량의 약 1/3 이상을 차지하며, 주로 발레 드 라 마른느 마을에서 재배된다. 샴페인에 꽃향기와 풍부한 과일향을 더하며, 주로 논빈티지 블렌딩에 사용된다. 최근에는 삐노 뫼니에 100퍼센트로 만든 샴페인도 출시되고 있다. 이 포도품종은 과거엔 주목받지 못했으나, 최근 들어 바디감과 풍미로 인해 샴페인 제조사들의 관심이 증가하고 있다.

한편 모든 샹빠뉴가 쎄빠쥬를 섞어 만든 것은 아닌데, 특히 블랑 드 블

2 레드 와인용 '삐노 느와르'와 화이트 와인용 '샤르도네'에 대한 각각의 자세한 설명은 포도품종 편에서 참조한다.

랑(blanc de blancs)은 '흰 것 중의 흰 것'을 뜻하며, 이때 화이트 와인용 포도품종인 청포도 '샤르도네'만을 사용한다. 반면에 블랑 드 느와르(blanc de noirs)는 '검은 것 중의 흰 것'을 뜻하며, 이것은 레드 와인용 포도품종인 '삐노 느와르', 혹은 '삐노 뫼니에' 등 단일 품종 100퍼센트로 만들어지는데, 이 중 주로 '삐노 느와르'를 사용한다.

이와 더불어 아름다운 색깔의 분홍빛 '로제 샹빠뉴'(champagne rosé)도 있다. 이는 레드 계통의 2가지 포도품종으로 빚거나, 또는 화이트 샴페인에 일반 레드를 블렌딩해 제조하기도 한다.

보르도(Bordeaux) 지역의 특징

'와인의 대명사' 보르도는 매우 중요한 와인 산지로, 이미 로마 시대 때 와인의 명산지가 되었듯이, 바로 와인과 함께 발전해온 지역이다. 대서양 연안에 위치한 보르도 지역은 대양성 기후이며, 프랑스 4대 하천 중의 하나인 가론느(Garonne)강이 흐르는 등, 천혜의 자연환경을 지녔다. 즉 보르도 위쪽으로 도르도뉴(Dordogne)강이 흐르고, 아래로 가론느강이 흘러 이 두 개의 강이 합쳐져 지롱드(Gironde)강을 이루어 대서양으로 흘러간다.

보르도는 프랑스 와인 전체 생산량의 10퍼센트를 차지하며, AOC 등급은 25퍼센트를 생산한다. 그 중에서 레드와인은 85퍼센트 정도 차지하며, 최

보르도 포도밭의
척박한 자갈땅

고 서열의 와인들이 대부분 이 지역에서 나온다. 보르도 지역은 봄과 가을에 서리가 내리는 위험이 있지만, 대서양 해양의 온화한 지중해성 기후 영향 아래, 약 400만 년 전에는 바닷속에 있었다. 따라서 지금도 보르도 지역의 땅을 파면 조개 껍데기가 발견된다.

2000년의 와인 역사와 함께 보르도 와인이 가지고 있는 특유의 우수성은 바로 '떼르와르'에 있다. 즉 보르도 지역은 천혜의 떼르와르를 지녔다. 보르도 지역에선 세계 최대 규모인 한 해 7억 병 이상을 생산해내는데, 보통 9월에 포도를 수확해 20일 정도 발효시킨 후, 1년 반 동안 오크통에 숙성시킨다.

떼르와르(terroir)

와인의 품질과 맛에 영향을 주는 포도밭의 토양뿐 아니라, 토양의 물리·화학적 성질, 포도밭 지형의 경사도나 방향, 배수량, 품종의 상호작용, 햇볕·바람·일조량·온도·강수량 등과 같은 날씨, 땅과 공기 중에 사는 미생물 등, 포도가 자라는 데 필요한 모든 자연환경 요소와 조건을 모두 다 포괄한다. 한마디로 '포도밭의 모든 종합적 환경'과 포도나무가 자라는 '환경적 요인'을 말한다. 포도로 만들어지는 와인은 포도가 자라는 데 필요한 자연환경에서 자유로울 수 없다. 즉 자연적 조건에 크게 영향을 받으므로, 따라서 '떼르와르'란 와인 생산지에 따른 특성, 성격과 개성을 가리키며, 이에 따라 나라와 각 지역마다 와인의 맛과 향이 다름을 알 수 있다.

보르도(Bordeaux) 지역의 마을들

보르도 지역은 크게 메독(Médoc), 쌩떼밀리옹(Saint-Émilion), 쏘떼른(Sauternes)과 같이 3개의 구역으로 나뉜다.

| 메독(Médoc) |

메독 지역은 지롱드강을 사이에 두고 강 왼쪽에 위치한다. 강을 끼고 양쪽의 토양과 기후가 완전히 다르다. 강 왼쪽에 위치한 메독(Médoc)과 그라브

(Graves) 지역의 특징은 주로 배수가 잘 되는 척박한 자갈땅이며, 포도품종은 이곳의 토양에 적합한 까베르네 쏘비뇽을 주로 재배한다. 이 지역은 비옥하지 않은 토양이지만, 거칠고 돌이 많아 배수가 잘 되기에 포도나무의 뿌리는 필요한 물과 양분이 흐르는 곳을 찾아 좀 더 깊숙이 토양을 파고든다. 이 외 강에서 흘러 들어오는 충분한 수분, 바람을 막아주는 소나무 등 천혜의 자연환경을 갖추고 있다.

메독 지역을 다시 세분하면, 북쪽의 메독과 남쪽의 오-메독(Haut-Médoc)으로 나눌 수 있다. 'Haut'는 프랑스어로 '높은, 우월한, 고귀한'이란 뜻을 지녔는데, 오-메독은 세계적인 명성을 얻고 있는 최고의 와인 생산지다. 오-메독 구역은 다음과 같이 여러 유명산지 마을들로 구성된다.

| 오-메독(Haut-Médoc) |

a. 쌩떼스떼프(Saint-Estèphe) - 이 마을의 대표적인 와인으로, 샤또 몽로즈(Château Montrose)가 있다. 포도품종은 까베르네 쏘비뇽을 주요 품종으로 쓰며, 메를로와 까베르네 프랑을 부속 품종으로 사용한다. 풍성하고, 과일향이 두드러지며, 단단한 골격을 갖추었다. 장기 숙성형 잠재력이 뛰어난 와인이다.

b. 뽀이악(Pauillac) - 한마디로 뽀이악 와인은 풍부하고 밀도감을 느낄 수 있다. 무엇보다 뽀이악 마을은 보르도 특 1등급 5대 샤또 가운데, 3개가 생산되는 유명한 와인 산지다. 즉 샤또 무똥 로췰드(Château Mouton Rothschild), 샤또 라피트 로췰드(Château Lafite Rothschild), 샤또 라뚜르(Château Latour)를 말한다. 특히 샤또 무똥 로췰드는 1945년부터 샤갈(Chagall), 피카소(Picasso), 달리(Dali), 앤디 워홀(Andy Warhol) 등, 매년 당대의 예술가들에게 와인의 라벨 디자인을 맡겨 와인을 '문화상품'으로 끌어올렸다. 이 와인 명가는 '와인과 예술의 만남'을 시도했으며, 프랑스 와인 업계 최초로 샤또 병입(오크통 속의 와인을 병에 담는 공정)을 실현시켰다.

c. 쌩쥘리앵(Saint-Julien) - 이 마을에선 레몬향이 나는 와인이 생산된다.

우아한 샤또 마르고

이곳의 와인 명문가로는 비교적 큰 포도원에 속하는 샤또 딸보(Château Talbot)가 있다. 역시 이곳도 까베르네 쏘비뇽을 주요 품종으로, 메를로를 부속 품종으로 사용한다. 또한 소량의 까베르네 프랑이 사용되기도 한다. 쌩쥘리앵은 힘과 밀도가 여성적인 섬세함과 우아함을 동시에 잘 표현하는 와인이다.

d. 마르고(Margaux) - 향이 복잡한 최고급 샤또 마르고(Château Margaux)를 생산해낸다. 특히 어니스트 헤밍웨이가 이 와인을 매우 사랑했으며, 샤또 자체는 1802년 건립된 우아하고 훌륭한 건축물이다. 마르고 와인의 좋은 빈티지는 섬세하고 우아한 타입으로, 풍부한 알코올과 섬세한 부께[3]가 탁월하다.

3 부께(bouquet)는 오크통이나 병 속에서 와인이 숙성 과정에서 발생되는 '복합적인 향'을 의미한다. 부께는 주로 오크통 숙성·발효·숙성 방식 등에 의해 생성되며, '포도 자체의 향'인 아로마(aroma)와 구분된다.

보르도 특 1등급 5대 샤또

가장 심오하고 귀족적이고 지적인 와인으로, 연간 생산량이 90만 병에 불과하다. 이러한 특급 와인은 품질을 유지하기 위해, 10년 이상 자란 포도나무의 열매만 사용한다. 즉 샤또 무똥 로췰드·샤또 라피트 로췰드·샤또 라뚜르(뽀이악), 샤또 마르고(마르고), 샤또 오 브리옹(그라브) 등이 바로 '보르도 5대 샤또'에 해당한다. 현재 이 포도원들은 외국인들에게 팔 수 없도록 법으로 규정하고 있다. 여기에 샤또 뻬트뤼쓰(뽀므롤), 샤또 디켐(쏘떼른) 등이 포함되면, '보르도 7대 샤또'가 된다.

| 쌩떼밀리옹(Saint-Émilion) |

지롱드강 오른쪽에 해당하는 쌩떼밀리옹 지역의 특징은 물을 많이 필요로 하고, 서늘한 점토성 토양인 찰흙, 진흙으로 되어 있다. 이 지역은 이러한 진흙 토양에 적합한 메를로를 주요 포도품종으로 쓴다. 이에 쌩떼밀리옹에서는 풍부한 맛과 향, 부드러운 와인을 생산해낸다.

한편 중세의 건물들이 잘 간직된 쌩떼밀리옹은 보르도에서 가장 아름다운 로마 시대의 포도마을로, 이 지역 자체가 유네스코 세계문화유산이라 볼거리가 풍부하다. 쌩떼밀리옹에서는 아주 오래전부터 보르도 지역을 대표하는 와인을 만들었고, 그 역사는 1000년을 넘어서고 있다. 쌩떼밀리옹은 700년 전 영국의 지배를 받았던 곳으로, 아직도 이 마을에는 영국인들이 많이 살고 있다. 한편 13세기 중반 영국 왕실이 주문하는 와인 중, 3/4이 보르도산 와인이었을 정도로 이 지역은 영국과의 관계가 밀접하다. 이곳은 대략 3000명이 거주하는 마을이지만, 샤또가 약 1000개, 와인상점 또한 100여 개가 있으며, 매년 약 100만 명의 관광객이 찾아온다. 이 지역에는 총길이 200킬로미터나 되는 지하 동굴이 미로처럼 얽혀져 있다. 대부분의 마을 사람들은 이 지하 동굴을 와인 저장고로 이용하고 있다.

흰색 퇴적암들이 병풍처럼 온 마을을 둘러싸고 있어서 언덕 위에서 내

평온하고 아름다운 쌩떼밀리옹 마을

려다보면, 마치 고대의 원형극장을 보는 듯하며, 마을 외곽 지역엔 작은 성들과 이들이 소유한 포도밭들로 이루어져 있다. 아울러 쌩떼밀리옹 지역에서는 뽀므롤(Pomerol) 마을을 눈여겨볼 만하다. 특히 고가로 거래되는 최고급 와인 '샤또 뻬트뤼스'(Château Pétrus)가 유명하다.

| 그라브(Graves) |

샤또 오 브리옹(Château Haut-Brion)은 그라브(Graves) 지역의 유명한 특급 와인이다. 그라브의 특징은 보르도 지역의 양조장을 처음 "샤또"(Château)라 불렀고, 와인에 처음으로 브랜드를 도입한 곳이기도 하다. 현재 이곳의 양조장과 포도밭 모두 중요 문화재로 지정되어 있는데, 전체 면적의 약 70퍼센트는 샤또와 저장고가 차지하고 있고, 그라브 지역의 포도밭엔 55퍼센트의 까베르네 쏘비뇽, 20퍼센트의 까베르네 프랑, 25퍼센트의 메를로가 있다.

| 쏘떼른(Sauternes) |

그라브에 둘러싸인 쏘떼른 구역은 세계적으로 유명한 화이트 와인 '샤또 디켐'(Château d'Yquem)을 생산한다. 이 초장기 숙성형 단맛 와인은 꿀처럼 달콤하고 꽃향과 과일향이 녹아내리는 듯한 복잡미묘한 향과 맛을 발산한다. 짙은 황금색을 띤, 아주 단 맛의 디저트용 스위트 와인이다. 이는 '귀부균' 이란 곰팡이가 핀 포도로 만들어, 일명 "귀부(귀하게 부패한) 와인"이라고 불리는데, 이 때문에 포도의 당도가 높아져 맛있고, 달콤한 디저트 와인이 된다.

대개 포도나무 한 그루에서 와인 한 병이 생산되는 데 반해, 샤또 디켐은 소량의 포도만을 가지에 열리게 하고, 그 중에서도 적합하지 않은 품질의 포도는 양조에 사용하지 않는다. 따라서 포도나무 한 그루에서 만들 수 있는 와인의 양은 단지 1잔 정도밖에 되지 않으므로 가격 또한 상당히 비싸다. 긴 숙성력을 지닌 이 와인은 병입하기 전에 3~5년간 오크통에서 숙성을 시키며, 병입 후에도 20년 이상은 기다렸다가 마셔야 와인의 맛과 향의 진가를 느낄 수 있다. 한편 이 와인은 시간이 지날수록 점점 더 좋아져 100년 이후에도 마실 수 있는 와인으로 유명하다.

부르고뉴(Bourgogne) 지역의 특징 – 황금의 언덕에서 캐다

| 부르고뉴 지역의 전반적인 특성 |

보르도 지역보다 빠리와 더 가까운 곳에 위치한 부르고뉴(Bourgogne)는 프랑스 내륙에 위치해 있다. 부르고뉴는 영어식 발음 '버건디'(Burgundy)로도 알려져 있다. 흔히 "부르고뉴의 와인 산지"라고 부르는 곳은 북서쪽 샤블리(Chablis) 지역의 오세르(Auxerre)에서 디종(Dijon, 부르고뉴 행정수도)을 거쳐, 쏜느(Saône)강을 따라 남쪽 리옹(Lyon)에 이르기까지, 남북으로 300킬로미터의 좁고 긴 지역을 가리킨다. 상당히 높은 위도와 내륙 특유의 대륙성 기후로, 포도의 생육조건으로 본다면, 그다지 적합하지 않다. 그러나 양질의 토양과 일조량이 좋은 구릉지에 포도밭을 만듦으로써, 오늘날 세계적인 포도 산지가

부르고뉴식 전통 문양의 건물

부르고뉴의 담장으로 둘러싸인 포도밭

되었다.

또한 '햇와인'으로 유명한 보졸레(Beaujolais) 지역은 부르고뉴 최남단에 위치해 있어 행정구역상 부르고뉴에 속하지만, 와인 산지로서는 전혀 다른 특성을 가지고 있다. 즉 이곳에서는 가메 품종을 사용해 신선하고 산뜻한 맛의 레드 와인을 생산하는데, 서민적이고 대중적인 와인의 특성을 띤다. 한편 부르고뉴 지방의 와인 잔 모양은 다른 지역과 달리, 둥글어서 부드러운 향을 모아주는 역할을 한다.

부르고뉴 와인 산지는 포도밭의 위치에 따라 와인의 맛이 달라진다. 가까이 붙은 밭이라도 저마다의 특성이 있다. 단 로마네 꽁띠는 밭 전체를 한 회사가 차지하고 있는 유일무이한 와인이다. 반면에 끌로 드 부조는 80명의 땅 주인이 있어서 80구역으로 나뉘어진다(세포 분열된 포도밭). 부르고뉴의 모든 토지는 프랑스 혁명 이전까지 교회와 왕실의 소유였다. 대혁명 이후 시민들에게 매각되었는데, 그때 넓은 포도밭은 시민들이 구입할 수 있을 정도의 소규모 단위로 나뉘어졌다. 또한 나폴레옹 시대 때 만들어진 파격적인 상속법으로 모든 자녀는 남녀 공평하게 토지를 상속받게 되었는데, 이런 과정에서 포도밭은 다시 한번 더 쪼개졌다. 이렇게 해서 오늘날 부르고뉴의 포도밭은 대부분 여러 주인들이 분할 소유하는 형태를 띠게 되었다.

| 토양과 기후 |

부르고뉴 와인 산지의 포도밭은 완만한 경사로 이루어진 구릉지대의 사면에 위치한다. 석회암과 점토가 주성분인 토양이 양파 껍질과 같이 복잡하게 걸쳐져 있어 각각의 밭마다 토양의 성질이 다르다. 또한 여름에는 따뜻하고 겨울엔 추운 대륙성 기후를 보이며, 남과 북이 뚜렷한 기온 차이를 가지고 있다.

한마디로 부르고뉴는 흐린 날씨에 비가 잦고 바람이 많다. 즉 겨울에는 춥고 봄엔 서리가 내리며, 수확기에는 비가 자주 내려 포도를 재배하는 데 많은 노력이 필요하다. 이렇게 포도 재배에 어려움이 있지만, 포도밭들이 남향과 동남향 방향으로 길게 형성되어 있어 일조량은 충분하다.

부르고뉴는 땅의 기운이 중요하다. 궂은 날씨와 변덕스러운 기후에도 불구하고 '떼르와르'와 같은 토양의 비결로 인해, 포도를 제대로 익힐 수 있게 된다. 그러므로 와인의 맛은 떼르와르에 따라 달라지며, 떼르와르는 오직 땅에서만 비롯되므로, 부르고뉴 와인의 품질은 진작 밭에서 결정된다. 부르고뉴는 마을에 따라 지명도가 정해져 있는 게 특징이다.

| 네고씨앙(négociant) |

부르고뉴 지방의 가장 큰 특징은 동일한 밭에 다수의 소유자가 존재한다. 다시 말하면, 단위당 재배 면적이 다른 지역에 비해 좁다. 따라서 부르고뉴의 포도원은 소규모로 분할했기 때문에, 각각의 수확량이 적다. 그 결과 와인 유통에 종사하는 중간 판매상(네고씨앙)이 영세한 재배자들로부터 포도를 사들여 양조하는 것이 일반화되었고, 이들은 와인을 통째로 구입해 병에 담거나, 혹은 숙성시켜 유통시키기도 하고, 또는 만들어진 와인을 사들여 유통시키기도 한다.

포도 재배 농가의 규모가 극히 작은 부르고뉴 지방에선 다른 지역에 비해 네고씨앙이 활약하는 경우가 많으며, 따라서 부르고뉴의 와인은 마을 이름보다 술상인의 이름을 중시하는 면이 있다. 즉 부르고뉴 와인을 선택할 때,

네고씨앙의 명성이 와인 선택에 있어 중요한 단서가 된다. 이 중간 판매상들은 부르고뉴 와인을 전 세계에 알리는 데 중요한 역할을 해왔으며, 그 역사는 200년 이상 거슬러 올라간다. 현재까지 역사와 전통을 자랑하는 최고의 와인 판매상으로 부르고뉴의 명문 중개상 '루이 라뚜르'(Louis Latour) 가문을 들 수 있다.

요컨대 네고씨앙과 도맨느의 차이점으로, 우선 도맨느가 자기 밭에서 재배한 소량의 포도로 와인을 만드는 반면에, 네고씨앙은 자기 밭에서 나온 포도로 만들기도 하지만, 한편으로 포도나 와인 원액을 구입해 와인을 만든 후, 자신의 상표를 붙이고 대량 생산·수출한다는 데 있다.

부르고뉴(Bourgogne) 지역의 마을들

| 샤블리(Chablis) |

'화이트 와인의 대명사' 샤블리는 부르고뉴 최대의 재배지로, 부르고뉴 화이트 와인 생산량의 27퍼센트에 해당한다. 샤블리는 부르고뉴에서 화이트 와인만 생산하는 지역이다. 부르고뉴 서쪽 최북단에 위치한 곳으로, 주로 샤르도네 품종을 재배한다. 이곳은 전 세계적으로 유명한 샤르도네 화이트 와인을 생산하는 마을이다. 그 맛은 아주 드라이(탄닌이 강한 편)하고, 질감이 섬세한 편이다.

또한 이 마을은 진흙과 굴껍질로 이루어진 석회질 토양으로 이루어져 있으며, 기후가 서늘해 화이트 와인을 생산하기에 적합한 조건을 갖춘 곳이다. 샤블리 화이트 와인의 매력은 미네랄이 풍부하며, 부싯돌의 풍미에 섬세한 맛과 과일향, 적절한 꿀향과 약간 드라이하면서 떫은 맛이 난다. 이곳의 와인이 독특한 맛을 내는 비결은 이 지역의 토양 특성 때문이다. 샤블리는 중생대 바다속에서 형성되었던 빠리 석회암 분지의 북쪽 언덕을 형성하고 있어, 토양 속에 수많은 작은 굴화석들과 진흙질이 함께 어우러져 있는데, 특히 작은 굴화석들이 포도농사에 중요한 배수에 큰 도움을 준다. 한편 샤블리 와인은 굴과 해산물 요리와 잘 어울린다.

| 꼬뜨 도르(Côte d'Or, 황금의 언덕) – 부르고뉴 와인 산지의 중심부 |

꼬뜨 도르는 폭이 1000미터도 채 안 되며, 반면에 길이는 50여 킬로미터에 달하는, 남북으로 좁고 길게 뻗은 비탈 지역이다. 북쪽의 '꼬뜨 드 뉘'와 남쪽의 '꼬뜨 드 본'으로 나뉘어진다. 이 지역들에선 레드 와인을 생산할 때, 오로지 삐노 느와르만을 사용해 최고의 와인을 생산해낸다.

a. 꼬뜨 드 뉘(Côte de Nuits, 부르고뉴의 북쪽 지역 & 레드 와인의 유명 산지): 디종의 남쪽에서 시작되는 이 와인 산지에선 거의 레드 와인만을 생산한다. 북쪽에서부터 길이 20킬로미터에 달하는 긴 포도밭으로 구성되어 있다. 이 지역은 서늘한 기후로 삐노 느와르를 재배하기에 가장 이상적인 떼르와르를 가지고 있어, 세계적으로 품질이 뛰어난 레드 와인을 생산해낸다. 부르고뉴의 전설, 꼬뜨 드 뉘에 속하는 마을들은 다음과 같다.

- 쥬브레 샹베르땡(Gevrey Chambertin) – 쥬브레 샹베르땡은 나폴레옹이 즐겨 마셨던 와인으로, 붉은 과일을 연상케 하는 향과 빛깔을 띤다. 또한 이 와인은 감미로우며, 적절한 산도에 탄닌 성분이 힘을 더해주어 균형이 잘 잡힌 장기숙성형에 해당한다. 즉 전통적인 방식에 따라 탄탄한 골격이 느껴지는 와인으로, 포도나무의 평균 나이는 70년 정도다.
- 샹볼 뮈지니(Chambolle Musigny) – '연인의 와인' 샹볼 뮈지니는 화려한 향기와 비단 같은 감촉 가운데 가장 여성스럽고 섬세한 와인으로 느껴진다. 한편 이 마을은 술병 모양의 포도밭을 형성한다.
- 부조(Vougeot) – '부르고뉴의 심장이자 핵심'으로, 부르고뉴 와인의 탄생이 이곳에서 시작되었다(중세 와인 문화의 씽크탱크). 담장으로 둘러싸인 포도밭을 "끌로"(Clos)라고 부르는데, 한편 그랑 크뤼 '끌로 드 부조'는 담장으로 감싼 부조 포도밭, 작은 경작지를 가리킨다('끌로 드 부

조'는 수도원 이름이면서, 포도밭 이름이고, 또한 와인 이름이기도 함). 대부분 특급 포도밭인 경우가 많으며, 장기 숙성 타입의 레드 와인을 생산한다.

로마네 꽁띠 포도밭의 상징 '십자가'

- 뉘 쌩 조르쥬(Nuits-Saint-Georges) - 바로 꼬뜨 드 뉘의 중심지에 해당된다.
- 본 로마네(Vosne Romanée) - 산이 약간 낮고 과일 맛이 풍부한 와인을 만들어내는 곳으로, 특히 이 마을에서는 세계적으로 유명한 최고급 레드 와인이 생산되는 명산지 로마네 꽁띠(Romanée Conti)가 있다. 본 로마네 마을은 로마네 꽁띠,[4] 이외에 라 따슈(La Tâche), 리슈부르(Richebourg), 로마네 쌩 비방(Romanée-Saint-Vivant), 그랑 에쎄조(Grands Echezeaux), 에쎄조(Echezeaux), 몽라쉐(Montrachet)와 같은 그랑 크뤼(grand cru)급 와인 등으로 구성된다. 한편 이 마을은 꼬뜨 드 뉘에서 가장 남쪽에 위치한다.

b. 꼬뜨 드 본(Côte de Beaune, 부르고뉴의 남쪽 지역 & 화이트 와인의 유명 산지): 이 지역의 중심지 본(Beaune)에는 와인 박물관이 위치해 있고, 옛 성곽으로 둘러싸인 매우 아름답고 고색창연하며 매력적인 곳이다. 길이 25킬로미터의 완만한 구릉에 위치한다. 꼬뜨 드 본 지역은 삐노 느와르와 샤르도

4 세계에서 가장 비싸고 향기로운 와인으로, 한 병에 2000만 원에 이른다. 1년 동안 단 6000병만 생산하는데, 이 중 1/5 정도만 프랑스 자국에서 소비되고, 대부분 영국·미국 등으로 수출된다. 로마네 꽁띠 1병+다른 종류 11병=12병이 한 세트. 삐노 느와르 품종 100퍼센트로만 만들어지며, 동양의 음력 농사법으로 포도농사를 짓는다. 모두 일일이 손 수확으로 철저한 포도의 선별 작업을 거친다. 숙성은 100퍼센트 새 오크통에서 이루어진다. 오래 둘수록 점점 그 맛이 깊어지는 로마네 꽁띠는 매우 우아하고 부드러운 와인으로, 연한 색깔의 아주 담백한 느낌이 든다. 한마디로 이 와인 맛의 특징은 '벨벳·고혹·미스터리'로 요약된다. 흔히 이 와인을 가리켜 "DRC"(Domaine de la Romanée Conti)라고 부른다.

네 품종을 재배해 레드와 화이트 와인 모두를 생산한다. 이 지역의 토양은 자갈이 많고 철분이 함유된 점토와 석회질 토양으로 구성되어 있어 샤르도네 품종 재배에 적합하다. 꼬뜨 드 본에 속하는 마을들은 다음과 같다.

- 뫼르쏘(Meursault), 퓌리니 몽라쉐(Puligny Montrachet), 샤싸뉴 몽라쉐(Chassagne Montrachet) 등이 있다. 뫼르쏘는 몽라쉐와 함께 프랑스를 대표하는 화이트 와인이 된다. 특히 주목할 만한 화이트 와인으로 샤싸뉴 몽라쉐, 퓌리니 몽라쉐가 있는데, 이 중 퓌리니 몽라쉐는 섬세한 기운, 뛰어난 품질, 높은 수준으로 부르고뉴 지역에서 최고로 꼽힌다. 즉 뫼르쏘를 지나 남쪽으로 이어지는 퓌리니 몽라쉐 와인의 특징은 신맛과 향이 좋고, 깔끔한 뒷맛과 귀족적인 우아함을 갖고 있다.
- 한편 꼬뜨 샬로네(Côte Chalonnais)와 마꼬네(Maconnais) 지역은 그리 훌륭한 와인이 나오지 않으며, 그랑 크뤼와 프르미에 크뤼급 와인은 전혀 없다.

부르고뉴 와인 등급 체계

① 지역(Régionale, 52퍼센트) 명칭 : 부르고뉴 산지 내에서 수확된 와인. 즉 부르고뉴 전 지역에서 생산되는 포도를 사용하며, 라벨에 '부르고뉴'라고 표기한다.
② 마을(Village, 35퍼센트) 명칭 : 마을에서 수확된 와인. 마을의 특성이 가미된 것으로, 마을의 이름이 곧 와인의 이름이 된다. 쥬브레 샹베르땡, 뫼르쏘 등을 예로 들 수 있다.
③ 프르미에 크뤼(Premier Cru, 11퍼센트) 명칭 : 1등급 포도밭에서 생산된 와인. 마을 AOC가 주어진 곳에서도 품질이 뛰어난 와인을 생산해내는, 일정한 수

로마네 꽁띠는 일찍이 로마 시대부터 내려온 진주 같은 포도밭이다. 이 밭을 둘러싼 귀족간 다툼도 발생했는데, 루이 15세 애인 퐁파두르(Pompadour) 후작 부인과 꽁띠(Conti) 공작 사이에 벌어진 쟁탈전이 그와 같은 경우에 해당한다. 결국엔 꽁띠 공작이 승리한 뒤, 그 이후 귀한 손님에게만 대접하게 된 유래를 가지고 있다.

준에 도달한 포도밭을 가리킨다.

④ 그랑 크뤼(Grand Cru, 2퍼센트) 명칭 : 상위 품질의 특급 포도밭에서 생산된 와인. 오직 포도밭 이름만으로도 정체성이 확립되는 와인으로, 희소성의 가치가 있는 최상급 와인을 가리킨다. 일반적으로 5~7년 정도의 숙성 과정을 거치는 그랑 크뤼급 대표 와인으로 '로마네 꽁띠'를 들 수 있다.

남프랑스(Midi France) 지역의 특징

| 남프랑스 와인의 역사 |

프랑스 지역별 와인의 특징은 같은 언덕에 조성된 밭이라 해도 경사도나 방향에 따라 와인의 품질이 또 다를 수 있다. 프랑스의 와인 산지 하면, 보르도와 부르고뉴 양대 산맥으로 크게 알려져 있지만, 알고 보면 프랑스 각 지역에 여러 특성있는 와인 산지를 발견할 수 있다.

프랑스 남쪽으로 가면 꽤 이국적이면서도 낭만적인 곳을 만나게 된다. 와인에 있어서 남프랑스는 행정구역상 랑그독(Languedoc), 루씨용(Roussillon) 등이 대표적이고, 론느(Rhône) 일부 지역, 프로방스(Provence) 등 아름다운 지중해 연안을 따라 형성된 와이너리들이 이 범주에 속한다.

특히 론느 밸리에 위치한 꼬뜨 뒤 론느 산지는 지중해 지역과 북유럽, 그리고 대서양을 잇는 특별한 통로 역할을 해왔다. 고대부터 이 지역은 갈리아 중심부에서 상거래를 하기 위해 진출하려는 그리스인들이 몰려들었다. 즉 남프랑스는 기원전 5세기경 그리스를 통해 포도나무가 심어졌고, 상업의 증대로 론느강을 거슬러온 로마인들에 의해 발전된 와인 양조법으로 이어졌다. 특히 루이 14세의 통치하(17세기)에 만들어졌던, 약 240킬로미터의 운하 '까날 뒤 미디'(Canal du Midi)를 통해 보르도로 흘러간 와인 역사의 흐름을 보여주고 있다. 즉 포도나무는 프랑스 론느에서부터 시작해 보르도 지역까지 확산되었다.

| 남프랑스 와인의 특성 |

특히 프로방스 지역에서는 레드 와인과 얼음을 넣은 시원한 로제 와인이 주를 이룬다. 프로방스인들은 이 달콤한 로제 와인을 물처럼 마시기도 한다. 각각의 와이너리 포도농장에선 대부분 무료 시음과 더불어 할인된 와인 구매가 가능하다.

올리브와 와인이 주로 생산되는 남프랑스에선 전체 인구의 70~80퍼센트가 와인 산업에 종사하고 있다. 아울러 남프랑스 지역은 프랑스 전체 생산량의 40퍼센트를 차지하고 있다. 한편 남프랑스는 오랜 와인의 역사를 지니고 있기 때문에, 이 지역에서 생산되는 포도품종은 매우 다양하며 와인을 만드는 사람도, 와인 스타일도 소박한 편이다. 오래된 와인 역사를 지니고 있는 랑그독-루씨용 지역은 로마 시대부터 포도를 재배해 평균 수령 60년 이상의 포도나무들로 이루어져 있다. 현재 론느 북부 지역의 계단식 밭은 바로 로마인들이 만들었다. 따라서 포도밭의 경사가 매우 심한 론느 북부는 이러한 지리적 특징 때문에 기계 수확은 힘들고, 오로지 손으로만 한다.

| 론느 지역 와인의 특징 |

현존하는 포도원 중 가장 오래된 와이너리는 프랑스 론느 지역에서 찾을 수 있다. 바로 이 지역은 프랑스의 포도 재배와 와인 생산에 큰 영향을 미쳤던 로마인들의 중요한 포도 재배지이기도 했다. 론느 밸리는 론느 지역 전체 와인 생산량의 약 80퍼센트를 차지하는 꼬뜨 뒤 론느(Côtes du Rhône), 이보다 조금 더 고급 산지라 할 수 있는 꼬뜨 뒤 론느 빌라쥬(Côtes du Rhône Villages), 또한 론느 지역에서 가장 고품질 와인이 생산되는 꼬뜨 뒤 론느 크뤼(Côtes du Rhône Cru)로 나뉜다.

아울러 론느 밸리는 론느강을 따라 북부와 남부로 와인 산지가 구분되며, 두 지역은 뚜렷한 기후 차이를 보인다. 즉 론느 북부는 대륙성 기후로, 겨울에는 혹독한 추위에 잦은 비가 내려 습한 편이다. 또한 여름은 무덥고 건조하며, 밤낮의 기온차가 크고, 초가을엔 안개가 자주 낀다. 반면에 남부의 여

론 지역의 포도밭 전경

름도 무덥지만, 겨울에 햇빛이 많아 온난한 지중해성 기후를 나타낸다.

특히 '미스트랄'(mistral)은 론느 지역의 포도 재배에 영향을 주는 가장 큰 특징적인 기후다. 미스트랄은 알프스에서 론느강 계곡을 통해 불어오는 차갑고 건조한 북서풍으로, 포도나무 성장기 동안에 포도나무의 열을 식혀줘 포도가 산도를 유지하도록 돕는다. 또한 수확기엔 잎 사이를 건조시켜 주어 포도나무가 곰팡이 피해를 입지 않도록 도와주는 중요한 역할을 하게 된다.

| 론느 북부 지역의 와인 산지와 포도품종 |

한편 갈로-로망 시대의 대표적인 포도원이 있는 곳은 북부 론느 지역에서도 가장 북쪽에 위치한 꼬뜨 로띠(Côte-Rôtie) 마을이다. 꼬뜨 로띠 와인은 6세기에 최초로 문헌에 기록되었을 정도로 와인의 역사가 길다. 프랑스에서 바디감이 가장 풍부하고, 밸런스가 좋으며, 입안에서의 피니시가 긴 최상급 레드 와인 중 하나다. 이 마을은 주로 적포도인 시라(syrah)를 최소 80퍼센트 재배하면서 포도밭 사이사이에 청포도인 비오니에(viognier)를 심어 한 번에 같이 수확해서 레드 와인을 만든다.

섬세하고 향이 매우 풍부한 비오니에는 꼬뜨 뒤 론느의 북부에서만 재배되며, 시라와 함께 블랜딩해 시라의 강렬한 풍미를 어느 정도 부드럽게 완화해준다. 포도알이 작고 밝은 호박색으로, 척박하고 자갈이 많은 토양에서 잘 자란다. 또한 당도가 매우 높은 포도품종으로, 고급 와인을 만들어낸다.

꼬뜨 로띠 와인은 약간 자극적이고 색깔이 진해 오래 보관할 수 있으며, 시라로 만든 스파이시하면서도 복합적인 "세계 최고의 와인"이라 불린다. 이 지역의 몇몇 포도원은 마치 박물관을 보는 것처럼, 로마 시대의 낮은 담장이 잘 보존되어 있다.

| 론느 남부 지역의 와인 산지와 포도품종 |

이 외에 론느 밸리 남부의 주요 와인 산지로는 세계적 명성을 지닌 샤또뇌프 뒤 빠쁘(Châteauneuf-du-Pape)를 들 수 있다. 이는 '교황의 새로운 성'이라는 뜻으로, 로마 교황청이 아비뇽으로 옮겨진 것에서 유래한 이름이다. 다시 로마로 교황청이 옮겨가기 전까지 이 지역에 머물렀던 7명의 교황들은 포도를 재배하고 와인을 만드는 데 많은 노력을 기울였다. 그때부터 번창하기 시작한 이 와인은 지금까지 그 명성을 유지하고 있다. 론느 북부의 작은 와인 산지들과 비교하면, 샤또뇌프 뒤 빠쁘 포도밭은 론느 지역에서 가장 규모가 크다. 아비뇽에서 북쪽으로 15킬로미터 지점에 위치하고 있으며, 레드가 주류를 이룬다.

특히 이곳 포도밭의 특징은 빼곡하게 채우고 있는 자갈이다. 낮 동안 햇빛을 흡수해 따뜻해진 조약돌은 큰 일교차로 기온이 떨어지는 밤에 지속적으로 포도밭에 열기를 제공한다. 이러한 효과로 포도나무들은 하루종일 포도에 알맞은 산도와 당분을 생성할 수 있게 되며, 곧 훌륭한 와인을 만드는 밑거름이 된다.

론느 남부 지역에선 여러 품종을 다양하게 블렌딩해 와인을 생산해내는데, 그 중 광범위하게 재배되는 주요 레드 품종으로 그르나슈(Grenache)가 있다. 이 포도품종은 스페인이 원산지로 장기 숙성 와인을 만들기 위해 주로 시라와 블렌딩한다. 그르나슈 품종은 바람과 건조한 기후에 특히 잘 견디며, 강한 과일향으로 우아한 체리향과 라즈베리잼의 풍미, 높은 알코올 도수, 낮은 산도 등 풀 바디한 레드 와인을 만들어낸다. 아울러 그르나슈의 화이트 형태로, 역시 알코올 함량이 높고 산도가 적은 스페인산 그르나슈 블랑(Grenache Blanc)이 있다. 주로 풀 바디한 질감과 긴 여운(finish[피니시])[5]의 고급 와인을 만든다. 요컨대 론느 지역은 레드와 화이트 와인을 모두 생산하며, 특히 화이트 와인의 강한 맛이 특징이다.

술 종류 샹빠뉴(Champagne) & 꼬냑(Cognac)

| 샹빠뉴(Champagne) |

샹빠뉴의 명칭

거품이 나는 와인, 즉 '축제의 술'이자 '축하의 술' 샴페인(Champaign)은 프랑스어식 발음으로 "샹빠뉴"(Champagne)라고 한다. 1927년부터 법에 따라 오로지 프랑스 북동부 샹빠뉴 지방에서만 생산되는 발포성 와인을 "샹빠뉴"(샴페인)라고 지칭한다.[6] 한편 프랑스 다른 지방에서 생산되는 거품 포도주는 "크레망"(Crémant) 또는 "뱅 무쐬"(Vin Mousseux)라고 하며, 미국이나 호주, 칠레 등에선 "스파클링 와인"(Sparkling Wine), 이탈리아에서는 "스푸만테"(Spumante), 스페인에서는 "까바"(Cava), 독일에서는 "젝트"(Sekt)라고 하는 등, 나라마다 불리는 용어가 제각기 다르다.

5 와인을 평가하는 가장 마지막 요소로, 와인을 삼킨 후 입 안에 남은 여운을 가리킨다. 피니시를 평가할 때 가장 쉽게 확인할 수 있는 요소는 '지속 시간'이다. 이때 10초 이상 지속되면 '긴 피니시'로 분류되는데, 좋은 와인일수록 여운이 길다. 아울러 피니시에서 지속 시간만큼 중요한 요소는 바로 '풍미'와 '질감'을 들 수 있다.

6 한편 샹빠뉴(샴페인)는 전체 스파클링 와인들 중에 생산 비율이 10퍼센트 정도에 불과하다.

샹빠뉴의 특성

샹빠뉴의 에티켓에는 생산연도가 없는 것(NV, 논빈티지)이 특징이다. 샴페인을 제조할 때는 섞는 것이 기본이다. 왜냐하면 일정한 품질과 최상의 맛을 유지하기 위해서인데, 샹빠뉴 지방은 한랭지대라 해마다 포도의 품질 차이가 크기 때문에 평준화시키기 위해서 여러 해의 와인을 섞기도 하고, 다양한 포도품종이나 혹은 다양한 구획에서 만든 와인을 섞기도 한다. 따라서 포도 수확의 연도를 정확하게 기재할 수가 없다. 그러나 수확량이 좋았던 해는 예외적으로 빈티지를 표시한다. 샴페인은 대부분 2년 6개월에서 3년 정도 숙성시키는데, 특급 샴페인은 10~12년, 또는 그 이상 오랫동안 숙성된 것도 있다.

샹빠뉴 제조법

샹빠뉴 지역의 특징인 기포를 형성하기 위해 샹빠뉴에서는 두 번의 발효과정을 거친다. 우선 기초가 될 와인에 2차 발효를 얻기 위해 이스트와 당을 첨가하여 병입한다. 이후 수개월 동안 10~12도의 지하 저장고에 보관하게 되면 병 속의 이스트에 의해 발효가 진행된다. 그리고 이 발효과정에서 생성된 탄산가스가 거품으로 기포를 생성한다. 이때 발효의 매체가 되었던 이스트는 침전된 찌꺼기(침전물)로 남기게 된다. 따라서 발효된 효모 찌꺼기가

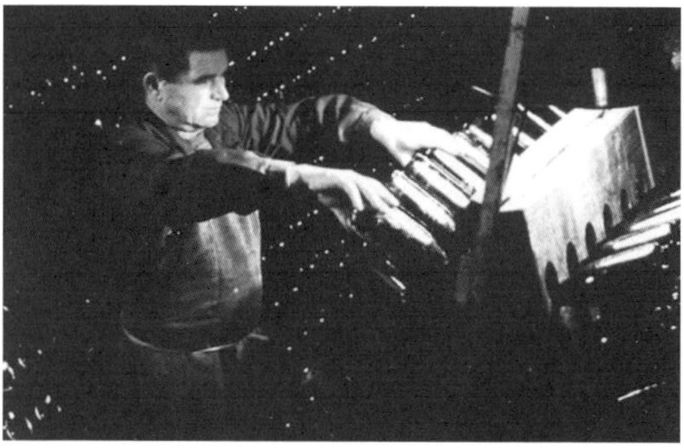

병을 돌려주는 '르뮈아쥬' 작업

튤립 모양의 샴페인잔

병목 쪽으로 모이게끔 병을 거꾸로 세워놓고 약 6~8주 동안 하루에 몇 차례씩 일정 각도로 병 밑쪽을 약간씩 두드리며 돌려주는 '르뮈아쥬'(remuage) 과정을 거친다. 이러한 일정 기간의 작업을 마친 후, 마지막 단계에서 불순물들이 제거되고, 코르크 마개를 막기 직전에 단맛을 돋우기 위해 소량의 설탕시럽(감미료)을 첨가하게 된다.

샹빠뉴 잔

샴페인의 미묘한 맛과 향을 올바로 즐기려면, 샴페인을 차갑게 해서 조용하게 열어야 고유의 맛을 느낄 수 있다. 늘씬한 샴페인 잔은 튤립 모양의 가늘고 긴 잔으로 디자인되어 있는데, 이는 바닥을 차고 지속적으로 올라오는 이산화탄소 버블을 제대로 감상할 수 있을 뿐만 아니라, 탄산 손실을 최소화하기 위해서다. 이때 기포가 작고 지속적으로 올라오는 것이 좋은 샴페인으로 평가받는다. 바로 탄산가스는 샹빠뉴를 산화로부터 지켜내는데, 잔 유리 두께가 얇을수록 입술에 닿는 샴페인의 진가를 제대로 느낄 수 있게 된다. 잔에 샴페인을 절반 정도만 따르고, 우선 눈으로 색깔과 미세한 거품을 감상해본다.

샹빠뉴 브랜드

샹빠뉴의 특징은 모두 AOC 등급이기 때문에, 에티켓 라벨에 '원산지 통제 표시'가 없다. 샹빠뉴의 유명한 회사로는 모에 에 샹동(Moët et Chandon, 'M&C'로 표시)이 있다. 이 회사의 프리미엄급 브랜드로는 맛과 향이 부드러운 전통 샴페인 '동 뻬리뇽'(Dom Pérignon)을 들 수 있다. '샴페인의 아버지' 동 뻬리뇽(1638~1715)은 샴페인을 처음으로 만든 수도사의 이름이다. 장님이었던 그는 미각과 후각이 무척 뛰어났다. 그는 난제였던 샴페인에서 발생하는 기포를 없애지 않고 2차 발효 때의 침전물을 제거하는 방법을 발견했다. 즉 발효 중에 생기는 탄산가스를 병 안에 가둘 수 있다는 걸 알아낸 것이다. 아울러 그는 탄산가스를 보존하기 위하여 코르크 마개를 개발하고, 새로운 블렌딩 기술을 개발하였다.

한편 동 뻬리뇽 이외에 세계 3대 샴페인으로 잘 알려진 모에 에 샹동 회사의 임페리얼(Moët et Chandon Impérial), 크뤼그(Krug), 뵈브 클리코(Veuve Clicquot)[7]와 같은 명품 샴페인 브랜드가 있다.[8] 요즘은 인위적인 단맛을 배제한 '드라이한 맛의 샴페인'이 큰 인기를 끌고 있으며, 한편 샴페인의 깨끗하고 신선한 미감이 불고기·숙성된 음식에도 잘 어울린다.

'와인의 보석' 샴페인에 가장 중요한 것은 고급스러운 즐거움의 이미지를 가꾸고 보호하는 마케팅 전략이다. 이렇듯 샴페인은 그냥 와인의 한 종류라기보다는 "하나의 스타일"이라는 말이 있을 정도로, '술의 최고 정점'을 차지한다.

| 꼬냑(Cognac) |

꼬냑 마을

꼬냑은 와인을 증류시켜 만든 향기가 진한 술(40퍼센트의 알콜도수)로, 보르도 지역 부근 '꼬냑'(Cognac)이란 작은 마을 이름에서 유래되었다. 이 마을의 전체적인 모습은 다른 지역보다 밑으로 움푹 들어간 형태를 취하고 있다. 이곳은 프랑스에서 가장 더운 지역으로, 여름에 보통 영상 45도까지 올라간다. 예로부터 이 지역의 와인은 신맛이 무척 강해서 와인을 만들기에 원래 좋은 땅은 아니었다. 그 후 17세기 때 와인을 끓여본 데서 착안한 꼬냑은 바

7 뵈브 클리코(Veuve Clicquot)는 '과부 클리코'란 의미로, 이 샴페인의 상징은 '노란색 라벨'이다. 그녀는 샴페인 사업을 하던 청년과 결혼하지만, 일찍이 남편을 잃고 시아버지가 운영하는 샴페인 하우스를 물려받게 된다. 마담 클리코는 기존 붉은 빛깔의 엘더베리 쥬스를 넣는 전통적인 방식을 깨고 샹빠뉴 지방 최초로 '삐노 느와르' 레드 와인용 쎄빠쥬를 블렌딩해, 지금의 로제 샴페인 기원이 되는 '뵈브 클리코 로제'를 만들었다. 생전에 그녀는 "뵈브 클리코의 와인은 눈과 입을 모두 즐겁게 해야 한다"라고 강조했다. 또한 잔에 따를 때 옅고 투명한 금색을 띄는 '뵈브 클리코 브뤼' 종류도 있다. 참고로 '브뤼'(Brut)란 잔류당분이 거의 없는, 즉 단맛이 없는 드라이(dry) 타입의 샹빠뉴를 말한다. 샹빠뉴는 병내 2차 발효 후, 침전물을 제거하는 공정에서 사탕수수액을 일부 첨가해 단맛의 정도를 조정한다.

8 마실 때의 온도가 중요한 샴페인은 오히려 너무 찰 경우 향과 풍미가 묻히기 때문에 좋지 않다. 따라서 일반 샴페인은 6~8도, 빈티지(고급) 샴페인의 경우 13도 정도에서 가장 맛있게 마실 수 있다.

로 '황무지에서 찾아낸 명품'인 것이다.

꼬냑 제조법

꼬냑의 원료는 와인을 이중 증류해 얻은 포도 원액이다.[9] 꼬냑을 만드는 방법은 포도로 술을 담가서 그 술을 다시 끓여, 그 김이 식어 생겨진 이슬을 나무통에 꼭 봉해 적어도 3년 이상을 묵히면 독특한 향을 풍기게 된다. 꼬냑은 숙성될수록 향이 짙어지는 특성이 있다. 아무리 비슷한 조건을 가졌어도 꼬냑 마을이 아닌 다른 지역에서는 제대로 자라지 않는 등, 꼬냑 마을 또한 다른 와인 산지에서처럼 꼬냑을 생산해내는 데 있어 천혜의 자연 조건을 지녔다.

한편 꼬냑의 숙성에 가장 중요한 요소는 오크통(참나무통)이다. 꼬냑 지역에선 리무쟁(Limousin)산 오크만을 사용한다. 통을 만드는 나무판은 최소 3년간 방치시켜 건조시킨 후 불에 구워서 사용하는데, 그 이유는 보다 더 부드럽고 좋은 맛과 향을 내기 위해서다.

이렇듯 특별하고 귀한 '신의 술' 꼬냑은 제한된 지역에서 어려운 공정을 거쳐 만들어지기에 태생부터 '대중화'와 거리가 멀다. 요컨대 꼬냑 1병을 만들려면 와인 9병 이상이 필요하다. 그만큼 맛과 향기가 압축되는 것인데, 통 안에 있지만 증류하면서 1년 동안 2.5~3퍼센트 정도가 증발되며, 15년이 지나면 그 양은 절반으로 줄어든다. 또한 색깔도 맑은 색이 점차 캐러멜색으로 변하게 된다. 꼬냑은 참나무통에서 숙성되면서 호두, 개암 같은 견과류향이 생기기도 한다.

9 '나폴레옹 꼬냑'은 꼬냑 지역에서 생산되는 고급 브랜디로, 최소 6년 이상 숙성된 원액을 블렌딩한 제품을 의미한다. 이는 VSOP(4년 이상)와 XO(10년 이상) 사이에 위치하며, 나폴레옹 3세가 왕실 공식 꼬냑으로 지정한 역사적 배경을 가진다.

꼬냑의 특성

한편 알콜 도수 꼬냑의 숙성 기간은 가격을 정하는 절대적 기준이 된다. 즉 2년 간격으로 등급이 올라가고, 가격 또한 기하급수적으로 비싸진다. 그리고 오랫동안 숙성될수록 꼬냑의 향은 짙어지는데, 신선한 향에서 진한 과일향으로, 나중엔 설탕에 절인 과일향이 되는 등 서서히 농축된다. 보통 4~10년 정도의 숙성 기간이 일반적이며, 간혹 40~50년 된 것도 존재한다.

꼬냑 브랜드

가장 오래된 진귀한 포도원액(꼬냑의 원료)을 대량 보유한 곳으로는 꼬냑 지역에 설립한 헤네시(Hennessy)가 있으며, 그밖에 까뮈(Camus), 레미 마르땡(Remy Martin) 등이 꼬냑 브랜드로 잘 알려져 있다.

특히 꼬냑은 프랑스 요리 정식에서 맨 마지막 코스인 커피를 마시고 난 다음, 실제적으로 가장 마지막 순서에 해당한다. 즉 식사를 한 후, 소화가 잘 되게 마시는 꼬냑은 일종의 소화주처럼 여겨진다. 꼬냑은 샴페인처럼, 또는 그 이상으로 값비싼 '고급 브랜디'로 인식된다.

꼬냑잔으로 시음하는 모습

2
음식

예술로 승화시킨 음식 문화의 본고장 – 프랑스 미각기행

프랑스가 왜 미식의 나라, 세계의 식문화를 이끌어가는 나라일까? 이는 바로 프랑스인들에게 요리란 단순한 본능 충족의 수단이 아니라, 같이 나누어 먹는 '식사'가 삶에서 굉장히 중요한 요소이자, 문화의 핵심적인 부분을 차지하고 있기 때문이다. "요리계의 피카소", "식탁 위의 시인"이라 불리는 삐에르 가녜르(Pierre Gagnaire)[10]가 말했듯이, "요리는 먹으면서 사라져도 그 추억은 남게 되며, 순간의 감정이 빚어낸 둘도 없는 작품이 바로 '음식'이다", "요리는 영원한 탐구이며, 가슴에서 나오는 것이다"라고 정의했다.

약 8천 가지의 요리를 즐기는 프랑스인들은 예로부터 음식에 대한 도전 정신이 강하고, '오픈 마인드'를 지녔다. 음식은 한 나라의 문화를 나타내는 핵심적이

10 삐에르 가녜르는 요리사 집안에서 태어나 요리사를 천직으로 알고 자랐다. 그는 1993년부터 현재까지 계속 미슐랭 3스타를 유지하고 있으며, 그에게 만족감을 주는 건 요리가 아니라, "요리를 먹고 난 손님들의 가슴에 남는 즐거운 추억"이라고 정의했다. 한편 가녜르는 이미 미슐랭 가이드에서 별 2~3개를 받은 요리사 512명에게서 '가장 뛰어난 요리사'로 선정되었다. 빠리를 비롯한 전 세계에 자신의 이름을 붙인 식당을 운영하고 있는데, 각 지점에 있는 그의 레스토랑 메뉴의 특징은 한 코스에 여러 개의 디쉬가 서빙되는 게 특이할 만하다.

고 중요한 수단이 되며, 민족성을 반영하게 된다. 음식은 결국 문화를 소비하는 일이며, 음식 문화에는 전통과 관습이 배어 있기에, 그 민족의 기질과 문화를 이해하는 방법이 된다.[11] 외국 문화를 접하고 배우면서 가장 쉽게 접근할 수 있는 방법은 바로 식생활 문화를 익히는 것이다. 식생활 문화에는 그 나라의 역사·사상·환경이 녹아 있게 되며, 음식 또한 여행처럼 아는 만큼 즐길 수 있다.

한편 프랑스 식문화에서 빠지지 않는 '빵과 디저트'는 한마디로 프랑스를 대표한다. 매력적인 맛의 빵과 디저트는 바로 프랑스 문화를 만들어내는 원동력이 된다. 음식 분야에 이어서, 빵 문화 편에선 프랑스 문화 그 자체로 볼 수 있는 '특색 있는 빵과 디저트'를 살펴보고, 아울러 프랑스에서 빵과 디저트가 차지하는 위상에 대해 알아보고자 한다.

프랑스 요리가 다채로운 이유

| 좋은 기후 조건과 자연환경 |

우선 프랑스는 육지의 삼면이 바다로 둘러싸여 수산자원이 풍부하다. 또한 산보다는 초원과 구릉지대가 발달되어 있어 소·말·양·염소 등이 자라고, 넓은 비옥한 토지에선 각종 농산물이 풍부하다. 즉 다양한 식재료를 얻을 수 있는 프랑스는 유럽 최대의 농업 국가다. 국토의 80퍼센트 정도가 비옥한 땅이라 질 좋은 농축산물이 생산되고 있다. 한마디로 프랑스는 음식 문화에 있어 천혜의 자연 조건을 갖추었다고 볼 수 있다.

11 한마디로 프랑스인들의 인생 철학에선 마음의 여유를 가지고 '느끼기', '즐기기'의 강한 측면을 알 수 있다. 이러한 면은 어떤 걸 '소유하기'에 앞서는데, 바로 이러한 점에서 프랑스인들의 특성과 문화를 잘 살펴볼 수 있게 한다. 요컨대 삶을 여유롭게 즐기는 데, 즉 삶의 질에 초점을 맞춘 게 바로 '행복을 느끼는 프랑스 중산층의 조건'이라고 볼 수 있다. 이는 확실히 남에게 뭘 보여주거나 증명하는 개념이 아닌, 즉 물질적 소유가 아니라, 취미 활동을 충분히 할 수 있는지, 예를 들어 여행을 많이 다닌다거나, 또는 악기를 다루는 등 바로 '교양'으로써 '문화'로 보여주는 것에 해당된다.

| 프랑스인들의 왕성한 입맛 |

프랑스는 켈트족, 라틴족, 게르만족 등 여러 민족들이 모여 사는 나라이므로, 온갖 입맛이 다 모여 있다. 아울러 무엇이든 호기심을 갖고 잘 먹는 프랑스인들의 왕성한 입맛을 들 수 있다. 다시 말해 그들은 다양한 음식들을 먹으면서 미각이 예민해졌다. 여러 나라와 국경을 맞대고 있는 프랑스는 이탈리아·독일·스위스·스페인 등 주변 국가들로부터 받은 음식 문화의 영향이 그들의 다양한 음식에 여실히 드러남을 알 수 있다.

프랑스인들은 요리뿐 아니라, 문화 전반에 걸쳐 다른 나라의 문화에 많은 호기심을 느껴 맛보고 받아들이는 데 거리낌이 없다. 특히 빠리에는 다른 도시들에 비해 유난히 아시안 음식점들이 많음을 알 수 있다.

| 프랑스 요리의 고급화 |

예전에 왕과 귀족들의 호화찬란한 생활과 까다로운 입맛 등이 프랑스 요리의 고급화를 추구해 오늘의 명성을 얻게 되었다. 한편 음식 문화의 역사적인 면을 보자면, 프랑스 혁명은 요리에도 큰 변화를 가져왔다. 단두대를 피한 귀족의 요리사들은 레스토랑으로 몰려와 요리를 발전시켰다. 즉 프랑스 대혁명 이후, 왕실의 주방장들이 거리에 쏟아져 나와 레스토랑을 차리게 되자, 서민들이 왕처럼 귀족 음식을 즐기게 되었다.

또한 앙리(Henri) 2세의 왕비 까뜨린느 드 메디시스(Catherine de Médicis)[12]는 이탈리아 명문 귀족인 '메디치 가문' 출신으로, 앙리 2세와 결혼하기 위해 프랑스로 오면서 당시 솜씨가 뛰어난 피렌체 출신의 요리사들을 데리고 온다. 그 후 이탈리아 요리가 프랑스에 전해져 바로 '프랑스 음식 문화의 르네쌍스'가 시작되었으며, 이때부터 빠리에 요리 학교가 생겨 많은 요리사가 양성

12 까뜨린느 드 메디시스는 음식뿐 아니라, 그 외 중요한 문화 요소를 프랑스로 들여왔다. 바로 '향수 문화'인데, 그녀는 개인 조향사와 함께 와 프랑스에 향수 문화가 상류층을 중심으로 빠르게 퍼져 나가게 된 계기를 만들었다.

되기 시작했다. 한편 까뜨린느 드 메디시스는 포크를 사용하게 되는 식사예법을 도입했다. 그녀가 주도한 식사예절 교육이 있기 전, 프랑스에서는 포크가 없어 나이프로 자른 음식들을 손으로 집어 먹었다.

| 섬세한 조리법과 수용적 음식 문화의 형성 |

프랑스 음식은 복잡하면서도 섬세한 맛, 다양한 소스의 발달, 아름답기까지 한 데커레이션 등으로 세계 최고의 음식으로 꼽힌다. 특히 소스가 프랑스 음식의 중심이 된다. 그 배경엔 그리스와 로마를 통해 배우고, 식민지로부터 다양한 식품과 수백 가지의 향신료, 그리고 조리법을 가져온 그들의 역사가 있었다. 여기에 특유의 예술적 성향까지 보태졌으니, 더욱 섬세하게 다듬어질 수밖에 없었다.

프랑스인들의 식습관

| 프랑스 현대 요리의 특징 |

'미식의 나라' 프랑스인들에게 있어 바로 먹는 일은 '삶의 기쁨'이요, '최고의 쾌락'으로 여겨진다. 요컨대 '먹는 즐거움'은 바로 프랑스 여행의 참맛처럼 인식될 정도다. 프랑스에선 음식을 준비하고 먹는 것이 '한 편의 연극을 연출하는 것'과 같다고 본다. 즉 프랑스인들은 음식을 하나의 예술로 평가한다.

한편 프랑스 현대 요리의 주요경향은 간소화, 퓨전화, 스낵 레스토랑, 지역 음식의 득세, 아시아 음식의 선호, 와인과 음식의 새로운 조합, 건강식 등을 들 수 있겠다.

'프랑스식 식사'(프랑스의 미식 문화)는 2010년 세계무형문화유산[13]으로 등

13 '프랑스식 식사' 문화 이외에도, 2022년 프랑스 자국 문화의 상징이자, 삶의 일부인 국민 빵 '바게뜨의 제조기법과 문화'가 유네스코 '인류무형문화유산'이 됐다. 이에 유네스코 사무총장은 "바게뜨는 프랑스인의 일상적 의식이자, 식사를 구성하는 중요 요소이며, 나눔과 즐거움의 동의어"라며 "프랑스인의 생

록되었다. '프랑스인들의 아름다운 식사'라는 명칭으로 등재된 프랑스 식문화는 그릇·숟가락·나이프·포크를 놓는 방식까지 포함됐다. 이렇듯 '프랑스식 식사'의 개념에는 요리와 궁합이 잘 맞는 와인의 매치, 코스별 식사 순서, 아름답고 대칭된 테이블 세팅, 식사하면서 "음식이 참 맛있다"와 같이 끊임없이 요리를 칭찬하는 대화 주고 받기, 즉 '대화법' 등이 이에 해당된다. 이처럼 프랑스인 중 95퍼센트가 프랑스식 식사가 자신의 전통 및 정체성에 중요한 부분을 차지한다고 믿는데, 프랑스인들은 함께 식사를 하며 '맛'이라는 즐거움을 나누길 좋아한다.

| 프랑스 여성들의 생활 다이어트 |

프랑스는 전통적으로 신선 식품을 많이 먹는 건강한 식습관을 갖고 있어 비만 문제를 보면, 그리 심각하지 않다. 건강한 삶에 많은 관심을 가지고 있고, 날씬한 몸매를 유지하려는 프랑스인들의 욕망은 그들의 식습관에서 알 수 있다. 프랑스 아이들은 어릴 때부터 '바른 식생활' 연습을 한다. 아이들에게 식사 시간에 과식을 하지 않도록 하기 위해, 식사 시간에 맞춰 과일과 물을 섭취하게 한다.

성인이 된 프랑스 여성들은 집 근처 공원이나 계단 등을 활용한 규칙적인 운동과 급하게 먹지 않는 식생활, 탄산 음료가 아닌 물을 즐겨 마시는 습관 등이 몸에 배어 있다. 또한 코스 요리를 다 즐기는 대신에 조금씩만 먹으며, 대형 할인점에서 냉동식품과 조리식품을 잔뜩 사다 냉장고나 냉동고, 다용도실에 쌓아놓는 장보기를 하지 않는다. 대신 그때그때마다 재래시장에 나가서 상인들과 대화를 나누며 과일 하나를 고를 때도 오늘 먹을 것인가,

활방식을 세계인이 함께 지켜나가게 됐다"고 말했다. 이렇듯 프랑스인의 주식인만큼, 식품법에 의해 가격뿐 아니라, 모양과 크기, 재료도 규제를 받고 있다. 한편 프랑스에선 매년 최고의 바게뜨를 뽑는 경연대회를 개최해, 우승한 빵가게는 엘리제궁(프랑스 대통령궁)에 납품하는 특권을 누리는 등, '바게뜨의 독창성'을 지키는 데 힘써 왔다. 프랑스에서만 하루에 1600만 개, 연간 60억 개의 바게뜨가 생산되고 있지만, 프랑스 내에서도 바게뜨를 만드는 제빵 장인들이 점차 귀해지고 있는 실정이다.

내일 먹을 것인가에 따라 각각 다른 것을 산다. 다시 말해 반드시 매번 제철 재료들을 장보고, 직접 요리하길 즐겨한다.

아울러 집 텃밭에서 야채를 직접 재배해 먹는 것을 선호하며, 평소에 자주 걷고 산책하는 등 많이 움직이는 '생활습관'에서 자연스럽게 몸매를 유지한다. 이렇듯 좋은 식습관과 생활 습관을 바탕으로 한끼 식사에 많은 과정과 기다림, 수다가 동반된다.

| 프랑스인들의 식사 문화 |

프랑스의 간단한 아침식사 차림

a. 프랑스에서의 아침식사는 이웃 국가들인 영국이나 독일에 비해 가볍다. 요컨대 대체로 적게 먹으며, 담백하게, 아울러 약간 달게 먹는 편이다. 특히 사발같은 큰 잔에 밀크를 넉넉히 넣은 커피(까페 오레[café au lait])를 버터와 잼을 바른 바게뜨 몇 조각, 혹은 크르와쌍과 함께 즐겨 마신다. 경우에 따라 아침 일찍 문 여는 까페에서 가볍게 커피와 크르와쌍 한 개 정도만 먹기도 한다. 많은 프랑스인들은 아침식사로 오로지 커피, 혹은 차 한 잔만 마시거나, 전혀 아무것도 들지 않는 경우도 있다. 아이들은 코코아나 쥬스와 함께 버터와 잼을 바른 빵 몇 조각들, 때때로 시리얼과 과일을 먹기도 한다.

b. 요즘에는 점심식사의 속도가 예전보다 많이 빨라졌다. 즉 과거 점심시간에 2시간씩 들여 코스 요리를 즐기는 프랑스인의 식사 습관도 최근엔 싸고 간편한 식사로 옮겨가고 있다. 햄, 토마토, 양상추 등을 넣은 간단한 바게뜨 샌드위치나 빠니니(panini), 샐러드, 과일 등으로 보다 더 가볍게, 빨리 점심식사를 마친다. 요즘 프랑스 청소년과 젊은이들은 햄버거

젊은이들의 간편한 점심식사

바게뜨 샌드위치 가두판매점

나, 바게뜨 샌드위치 등 패스트 푸드점을 많이 이용하는 추세다.

특히 프랑스 10대, 20대 소비계층에선 값싸고도 빨리 서비스를 받을 수 있는 패스트 푸드에 대한 선호도가 점점 높아지고 있다. 공원이나 길거리 벤치에는 샌드위치나 햄버거로 식사하는 젊은이들의 모습이 종종 눈에 띈다. 점심시간에 보통 많은 상점들이 2~3시간 정도 문을 닫기까지 하며, 일부 초중고 학생들은 점심을 먹으러 2시간 정도 집에 다녀오기도 한다.

c. 프랑스에선 저녁식사를 더 중요시하는 경향이 있는데, 저녁식사는 대부분 늦게 8~9시 정도에 먹는다. 일반 레스토랑에서도 저녁 9시대가 가장 붐비는 시간이다.

한편 프랑스에선 직장 내 회식 문화가 없다. 프랑스에선 가족들이 각자 아무리 바빠도 저녁식사만큼은 같이 식사하는 걸 중요시 여긴다. 이렇듯 '가족중심의 저녁식사'는 특히 주말 일요일 저녁엔, 반드시 가족들이 다 모여 오랫동안 어머니가 해주신 가정식 요리를 즐기는 게 '전통 문화 관습'이다. 프랑스 가정식은 식재료 고유의 맛과 향을 잘 간직하고 있다.

프랑스의 대표적인 음식 - 프랑스인들이 즐겨 먹는 요리

| 달팽이(escargot) |

서빙된 달팽이 요리

에스까르고는 부르고뉴(Bourgogne) 특산의 식용 달팽이 요리로, 포도나무 잎을 좋아하기 때문에 와인으로 유명한 지역의 달팽이가 맛이 좋은 것으로 잘 알려져 있다. 약간의 흙냄새와 쫄깃한 씹는 맛이 좋으며, 소라맛과 비슷하다. 요리 방법은 달팽이를 데치고, 껍데기에서 살을 빼 손질한다. 그런 후 다시 껍데기에 살을 넣고, 다진 파슬리·레몬즙·마늘·버터·향신료로 입구를 메운 뒤, 오븐에 굽는다. 전채 요리 중 하나이며, 차가운 화이트 와인과 함께 먹는다. 서빙할 때 요리한 달팽이를 껍질에 다시 담고 장식해 내놓는데, 왼손으로는 집게 모양의 도구를 잡고, 오른손으론 막대 모양의 도구를 들고 내용물을 먹는다.

에스까르고는 뜨거울 때 먹어야 살이 연하고 맛있다. 요즘 프랑스 마트에서는 전자레인지에 바로 데워 먹을 수 있는 간편식 형태의 달팽이도 판매한다. 그러나 요즘 웰빙을 추구하는 프랑스인들에게 달팽이가 고콜레스테롤 음식으로 인식되어져, 현재는 예전처럼 많이 먹지 않고 명절에만 먹는 음식이 되어버렸다.

| 생굴(huître cru) |

프랑스에선 레몬즙을 뿌려 유일하게 날것으로 먹는 차가운 전채 요리다. 나폴레옹, 발자크 등이 무척 좋아했다. 특히 커피 애호가, 대식가이기도 했던 발자크가 즐겨 먹었던 음식이었다. 프랑스에서는 토마토, 올리브유로 맛을 낸 석화 플레이트 형태로 먹는다.

레몬즙을 뿌려먹는 생굴

비스트로 인기메뉴 '양파 수프'

| **양파 수프**(soupe à l'oignon) |

비스트로 전통의 대표적인 수프다. 이는 식사 대용으로, 또한 감기에 걸렸을 때도 좋은 프랑스인들이 즐겨 먹는 수프이기도 하다. 특히 겨울철 인기 전채 요리로, 양파 수프는 옛날 새벽 시장에서 일하는 노동자들이 먹는 소박하고 서민적인 음식이었다. 이 수프는 잘게 썬 양파를 버터에 볶아 육수에 끓인 후, 그뤼에르 치즈를 듬뿍 얹어 그라탱을 한 다음, 구운 바게뜨 한 조각, 월계수잎을 얹어 따뜻하게 즐긴다. 양파와 닭고기 육수에서 우러나는 담백하고 깊은 맛이 일품이다.

| **프와그라**(foie gras) |

프와그라는 '기름진 간'이란 뜻으로, 살이 통통하게 오른 거위 간을 이용해 만든 고급 요리다. 캐비어, 트뤼프(감자처럼 생긴 송로버섯으로, 암모니아 향의 독특한 냄새가 나며, 프랑스와 이탈리아가 주요 산지. 땅속에서 자라는 송로버섯은 후각이 발달한 개나 돼지를 훈련시켜 찾음)와 함께 세계 3대 진미 중의 하나이며, 전채 요리에 해당한다. 이는 거위를 특수한 사육법으로 길러 간을 인위적으로 비대하게

거위 간요리 '프와그라'

감자튀김이 곁들여지는 홍합찜

만든, 프랑스 북동부 알자스 지방의 특산품이다. 지방질이 풍부해 혀에서 녹아내릴 만큼, 부드러우면서 고소한 맛이 짙다. 독특한 육질이 일품으로 요리할 때는 술, 향신료 등을 첨가한다.

프와그라는 조리법, 불 조절, 송로버섯(트뤄프) 유무에 따라 맛도 다양하다. 거위 간을 그대로 굽기도 하고, 섬세하고 부드러워 빵에 얇게 발라 먹기도 한다. 또한 스프에 넣어서 먹는 등, 다양한 요리법이 있다. 프랑스인들은 보통 프와그라를 단 과일이나 잼, 빵과 같이 먹는다. 레스토랑에서도 먹을 수 있지만, 시장이나 식료품점에서 판매하는 통조림과 병조림 등도 있다.

| 홍합(moule) |

화이트 와인·버터 크림·파슬리·로즈마리·셀러리·다진 양파·마늘 등 야채로 만든 국물에 홍합을 쪄낸 후, 여러 소스에 찍어 먹는다. 유럽에선 홍합요리를 먹을 때 포크를 사용하지 않고, 홍합 껍데기 2개를 집게처럼 사용해 홍합을 빼먹는다. 벨기에의 브뤼셀이 본점인 '레옹'은 프랑스에 여러 홍합요리 전문 체인점을 운영하고 있다. 서빙할 때 바게뜨와 감자튀김이 함께 곁들여진다.

| 부이야베쓰(bouillabaisse) |

세계 3대 수프 중 하나로, 바다와 인접한 항구도시 마르쎄이유(Marseille) 등 남부 지방에서 많이 먹는다. 푸짐한 가정식으로 3~4가지 큰 생선에 토마

생선스튜 요리 '부이야베쓰'

프랑스 국민음식 '꼬꼬뱅'

토·마늘·고추·양파·올리브유·각종 허브와 향신료 등을 같이 넣고 푹 끓인, '지중해식 얼큰한 생선스튜' 같은 생선수프 요리다. 원래 마르쎄이유의 어부들이 자신들이 잡은 생선들 중, 값싼 것들만 따로 모아서 자신들이 먹기 위해 한꺼번에 넣고 끓여 먹었던 데서 유래한다. 여기에 감자까지 넣어 많은 양을 만들어 푹 끓여 먹었던 부이야베쓰의 어원은 '끓이다'(bouillir)와 '낮추다'(abaisser)와 같은 두 동사에서 온 합성어다. 즉 예전엔 마르쎄이유 어촌 사람들의 한 끼 배부른 식사였지만, 지금은 마르쎄이유를 비롯한 지중해 연안 도시의 고급 레스토랑에서 파는 음식이 되었다.

붕장어, 쏨뱅이, 농어 등 다양한 종류의 생선과 게, 왕새우, 홍합 등 지중해에서 나는 해산물과 어패류를 재료로 쓰는데, 맛을 내는 데는 사프란과 화이트 와인, 토마토 등이 사용되고 있다. 서빙될 때는 바게뜨를 곁들이는 수프와 생선으로 나누어 제공된다. 이 음식엔 단맛이 거의 느껴지지 않는 드라이한 화이트 와인이 잘 어울린다.

| 꼬꼬뱅(coq au vin) |

프랑스에선 오랜 전통으로 일요일에 가정식 닭고기 요리를 먹는 관습이 있다. '국민 음식' 꼬꼬뱅은 프랑스에서 매우 대중적이며, '가장 대표적인 닭 요리'라고 할 수 있다. 닭 한 마리를 레드 와인에 넣어 삶는 요리로, '포도주안의 수탉'이란 뜻을 가진다. 꼬꼬뱅은 일반적으로 면을 곁들이는데, 닭고기나 와인의 질에 따라 맛이 결정된다. 보졸레나 부르고뉴 레드 와인·양파·마늘·버섯·셀러리·월계수 잎·허브·토마토 등을 넣고 오랜 시간 동안 졸여 만들며, 보졸레나 부르고뉴 와인을 곁들여 먹는다.

꼬꼬뱅은 크리스마스에 빠지지 않는 음식인데, 꼬꼬뱅의 유래는 큰 수탉의 질긴 육질을 부드럽게 만들기 위해 고안된 요리라는 설과 백성들의 가난한 생활을 본 왕이 일요일에 닭을 먹으라고 명령해 만들었다는 설이 있다. 이는 와인의 풍미와 담백한 닭고기가 잘 어우러진 요리로, 포도주를 많이 생산하는 부르고뉴 지방에서 특히 발달했다.

| 뵈프 부르기뇽(boeuf bourguignon) |

일종의 쇠고기찜 형태의 요리로, 소의 넓적다리 부위를 사각형으로 잘라서 야채를 넣고 적포도주에 하룻밤 재워두었다가 은근한 열로 3시간 이상 부드럽게 조리한 요리다. 프랑스에서는 기본적인 가정식이자, 부르고뉴 지방의 전통 음식에 해당하며, 꼬꼬뱅과 마찬가지로 적포도주로 양념을 해 깊고 다소 짠맛이 난다. 뵈프 부르기뇽은 '비프 스튜의 원형'이기도 한데, 이 요리의 주 양념 재료는 마늘·양파·당근·토마토·각종 허브·샐러리·버섯·향신료 등이 들어간다. 뵈프 부르기뇽과 잘 어울리는 부르고뉴산 포도주와 함께 먹는다.

| 포토푀(pot au feu) |

쇠고기 스튜인 포토푀는 쇠고기와 야채를 오랜 시간 동안 같이 끓인 가정식 요리로, '가장 프랑스적인 요리'에 해당한다. 한편 이 음식은 13세기부터 서민들이 즐겨 먹은 대중적인 보양식이기도 하다. 중세 시대 프랑스인의 소박한 멋이 담겨 있는 포토푀는 육수의 깊은 맛이 인상적이며, 겨울에 온 가족이 둘러앉아 먹기에 좋은 뜨끈한 국물요리다. '불에 올린 냄비'란 뜻의 포토푀는 불 위에 커다란 냄비를 걸고 고기를 물에 넣고 끓였다는 데서 그

쇠고기 찜요리 '뵈프 부르기뇽'

프랑스 가정식 '포토푀'

이름이 유래했다.

즉 소뼈와 여러 부위의 소고기를 함께 끓이다가, 크게 썬은 감자·당근·순무·양파·양배추·대파·셀러리 등 여러 채소를 넣은 후, 소금과 통후추, 각종 향신료로 밑간을 한다. 그런 다음 뭉근하게 오랫동안 끓인 것으로, 포토푀는 고기를 오랜 시간 채소와 함께 끓여 깊은 맛과 향을 우려내는 것이 핵심이다. 보통 먼저 건져낸 고기와 채소는 접시에 먹을 만큼 덜어 놓고, 곰국처럼 진하게 우러난 육수는 크루통(튀긴 빵조각)과 치즈를 얹어 나중에 먹는다.

한편 포토푀는 국물 없이 삶은 요리만 먹기도 하는데, 먹을 땐 굵은 소금이나 겨자에 찍어 먹거나, 피클을 곁들인다. 오늘날 프랑스인들은 단조로운 포토푀에 와인으로 국물을 내어 변화를 주거나, 좀 더 다양한 재료를 사용하기도 한다.

| 슈크루뜨(choucroute) |

슈크루뜨는 수북히 담은 양배추 절임에 족발·햄·소시지·두껍게 썬 베이컨·감자 등을 첨가한 요리다. 이같은 돼지고기 계통의 기름진 맛을 깔끔히 씻어내는 데 소금에 절인 발효 양배추가 무척 잘 어울린다. 독일과 가까운 알자스(Alsace)식 슈크루뜨가 유명하며, 이 지역 특산물인 리슬링 화이트 와인

알자스식 슈크루뜨

따뜻한 치즈에 찍어먹는 퐁뒤

이나 맥주와 함께 매칭한다. 이 요리는 뜨거울 때 겨자를 살짝 뿌려 먹는다.

| 퐁뒤(fondue) |

퐁뒤는 '녹이다'(fondre)라는 어원에서 비롯된 뜻으로, 스위스 음식으로 많이 알려져 있다. 한편 프랑스에서도 스위스와 가까운 알프스 '싸브와(Savoie) 지방'의 토속음식에 해당한다. 예전 알프스 산간지역에서 굳은 빵과 굳은 치즈를 어떻게 먹을 것인지 고민 끝에 만들어진 음식이다. 긴 꼬챙이 끝에 바게뜨 조각을 찍은 후, 그것을 화이트 와인과 여러 향신료가 첨가된 지글지글 끓는 치즈(fromage[프로마쥬]) 녹은 것에 찍어 먹는다.

한편 기름을 넣은 냄비에 꼬챙이 꽂은 고기를 익혀, 다양한 소스와 함께 먹는 고기(미트) 퐁뒤도 있다. 특히 꽁떼(comté) 치즈를 주로 사용하는 싸브와 지방의 퐁뒤 요리법은 불에 올리기 전 미리 마늘 한 쪽으로 그릇 내부를 닦아내듯 문질러 마늘 냄새가 살짝 배게 하는 특징이 있다.

| 크레쁘(crêpe) |

프랑스의 대중적인 음식으로 브르따뉴(Bretagne) 지방의 특산물이다. 길거리 가판대에서 버터를 녹인 프라이팬에 메밀가루를 넓게, 종잇장 같이 얇게 부쳐 그 위에 설탕이나 잼, 초콜릿 시럽 등을 뿌려 간식처럼 판다. 또는 식사 대용의 정식 요리로 크레쁘(crêpe) 위에 과일이나 야채·달걀·햄·치즈·베이컨·버섯·해물 등을 얹어 먹기도 한다. 또는 후식으로 먹을 때에는 크레쁘 위에 아이스크림이나 생크림·호두·아몬드·초콜릿 등을 얹어 먹는다.

테두리를 접은 프랑스식 크레쁘

| 갈레뜨(gallette) |

프랑스 브르따뉴 지방에서 유래한 둥글 넓적하게 만들어진 빵과자다. 종류는 프랑스 지방별로 특색있는 갈레뜨가 있는데, "왕의 과자"라고 일컬어지는 갈레뜨 데 르와(Gallette des Rois)가 가장 대중적이고 보편적이다. 갈레뜨 데 르와 이외에 갈레뜨 브르똥은 브르따뉴 지방에 전해 내려오는 동글납작한 비스킷으로, 바삭바삭한 질감이 특징이다. 아몬드 크림을 넣지 않아 맛과 모양이 심플하면서도 브르따뉴산 유염버터를 듬뿍 넣어 감칠맛이 돈다.

프랑스에서는 전통적으로 14세기부터 새해맞이 카톨릭 명절인 '주현절'(1월 6일)에 갈레뜨를 먹는 풍습이 있다. 사기로 만든 작은 인형인 '페브'(fève)를 갈레뜨 데 르와에 숨겨놓고 여러 사람이 모여 앉아 페브가 들어있는 빵 조각을 고른 사람이 하루 동안 왕이 되는 놀이를 한다. 페브는 본

주현절에 먹는 갈레뜨

갈레뜨 속에 숨겨놓은 페브

래 모양인 누에콩을 비롯해, 사람·동물·인형·만화 캐릭터 등 그 종류가 매우 다양하다. 타르뜨 모양의 갈레뜨는 담백하면서도 고소한 맛을 지녔으며, 바로 '스토리텔링 기법'과 같은 재미난 문화적 요소가 듬뿍 담겨져 있다. 갈레뜨는 윗면에 잎 모양 같은 무늬를 내주는 것이 갈레뜨의 전통적인 스타일이다.

| 크로끄 무슈(croque monsieur) |

크로끄 무슈는 프랑스인들이 까페에서 즐겨 먹는 간식이자 프랑스식 브런치로, 겉은 바삭하고 속은 부드러운 '프랑스식 샌드위치'다. 이 간식은 뜨거울 때 먹어야 제맛을 느낄 수 있는 샌드위치로, 테이크 아웃은 안 된다. 프랑스에선 피자 이외에 테이크 아웃은 잘 안 한다. 이 간식은 식빵 사이에 베샤멜 소스(밀가루와 버터로 만든 루에 우유를 섞어 만든 크림 같은 화이트 소스)를 바르고 슬라이스햄과 치즈를 올린 뒤, 오븐에 구워 맛이 고소하다. 예전에 광산에서 광부들이 식어서 굳은 샌드위치를 난로에 올려놓아 익혀서 바삭하게 먹은 데서 유래되었다. 크로끄(croque)는 '바삭한'이란 뜻이며, 무슈(monsieur)는 '아저씨'를 의미한다.

한편 크로끄 마담(croque madame)은 크로끄 무슈 위에 반숙된 달걀 프라이 하나를 더 얹은 형태를 가리킨다. 따라서 좀 더 고소한 맛과 더불어 든든함까지 느낄 수 있다. 크로끄 마담이라는 이름은 크로끄 무슈 위에 올린 달걀

프랑스식 샌드위치 '크로끄 무슈'

달걀 프라이를 얹은 크로끄 마담

프라이가 당시 여성들이 썼던 고전적인 모자의 모습과 닮은 데서 유래되었다.

| 끼쉬(quiche) |

끼쉬는 '프랑스식 소형 파이'로 프랑스와 독일 간 국경 지역 로렌(Loraine) 지방의 클래식한 전통요리다. 짭짤한 맛이 나는 바삭한 파이를 먼저 구운 후, 그 안에 베이컨, 양파 등 볶은 재료를 넣고, 그 위에 주원료인 달걀·우유·생크림·치즈 등을 첨가해 두 번째 굽는 과정을 거친다. 경우에 따라 이 내용물 위에 시금치나 버섯 등의 추가 재료를 넣기도 한다.

또한 로렌 지방의 끼쉬에는 짭짤하면서도 고소한 베이컨과 풍미 가득한 그뤼예르(gruyère) 치즈를 넣어 만든 것이 특징이며, 끼쉬는 일반적으로 차갑게 해서 먹는다. 보통 타르뜨의 경우 대부분 달콤한 디저트 형태로 먹지만, 끼쉬의 경우 '식사용'으로 만들어졌다. 모양새는 소박하며, 고소하고 짭짤한 맛이 난다.

| 초콜릿 무쓰(mousse au chocolat) |

프랑스인들이 많이 먹는 대표적인 달콤한 디저트다. 만드는 법이 다소 까다로운 초콜릿 무쓰는 진한 초콜릿의 맛이 입안 가득 풍부함을 더해주는

식사용 파이 '끼쉬'

달콤한 초콜릿 무쓰

데, 무쓰(mousse)는 '거품'이라는 뜻이다. 이 디저트에는 보통 아이스크림이나 생크림을 곁들여 먹는다.

한편 프랑스인들은 초콜릿에 무척 열광한다. TV 광고의 5분의 1은 초콜릿이거나, 혹은 초콜릿이 들어간 과자나 요구르트 광고가 차지하고 있을 정도다.

프랑스 식당의 구분

| 까페(Café) |

까페에서는 커피·차·음료 및 주류뿐 아니라, 가벼운 식사와 오믈렛·샐러드·조각케이크·샌드위치나 크로끄 무슈와 같은 요리도 먹을 수 있다. 오래 기다리지 않으므로 바쁠 때 이용하면 좋다. 또한 아침부터 밤까지 쉬지 않고 영업하므로, 언제든지 가볍게 들어갈 수 있다.

| 살롱 드 떼(Salon de thé) |

한편 까페와 비슷한 개념의 '살롱 드 떼'(Salon de thé)가 있다. 이는 까페와 제과점(베이커리)을 합친 의미로, 다과점 같은 형태다. 분위기는 까페보다는 좀 더 우아하고 고급스러우며, 세련된 장소다. 여기서도 차나 조각케이크,

야외 노천 까페의 모습

살롱 드 떼의 테이블 모습

타르뜨뿐 아니라, 간단한 식사도 가능하다. 17~18세기 귀족계급의 여성들이 모여 앉아 담소를 나누던 살롱 문화에서 유래되었다.

| 비스트로(Bistrot) |

프랑스식 사랑방 '비스트로'

너무나 프랑스적인 공간 '비스트로'는 저마다 독특한 개성적인 모습과 분위기를 느낄 수 있는 곳이다. 이곳은 레스토랑보다는 규모가 작고, 인테리어도 평범하게 꾸며진 서민적이고 소박한 식당이다. 즉 가격도 저렴하고 아담한 곳으로, 친근하고 가정적인 분위기를 띤다는 점이 레스토랑과 다르다. 비스트로에서는 주로 지역 특산물을 이용한 전통 프랑스 요리, 또는 향토 요리와 같은 메뉴를 서빙받게 된다.

| 브라쓰리(Brasserie) |

대중적인 식당 '브라쓰리'

비스트로보다는 규모가 더 크지만, 식사보다는 맥주나 와인 등 술을 위주로 하는 장소로, 즉 '까페와 레스토랑의 중간격'에 해당한다. 브라쓰리는 원래 맥주 집(비어 홀)이나 대중 주점(pub)을 뜻하는 말이었다. 근래에는 맥주를 마시면서 먹고 싶은 것을 한두 접시 주문해 부담 없이 먹을 수 있는 '대중적인 레스토랑'을 지칭한다. 음식은 일품부터 주문할 수 있고, 요금도 비교적 저렴하다. 하루종일 식사를 할 수 있으며, 밤 늦게까지 영업하는 곳이 많다.

| **레스토랑**(Restaurant) |

격식을 차려야 하는 고급스러운 분위기로, 어떤 종류의 레스토랑이든 기본적으로 전채 요리와 메인, 디저트를 코스로 주문한다. 단 중급과 일반 레스토랑에서는 전채나 디저트를 생략할 수도 있다. 한편 각 나라의 요리를 대표하는 레스토랑에서도 프랑스풍으로 코스 요리를 내는 곳이 많다. 점심이나 저녁식사 모두 여유있게 시간을 갖고 식사하고 싶을 때 이용하며, 대부분 점심과 저녁 사이에 잠시 문을 닫는다. 예의와 품격을 갖춘 레스토랑은 반드시 예약을 해야 하며, 복장에도 나름대로 신경을 써야 한다.

프랑스 미식 문화의 대명사, 미슐랭(Michelin) 가이드

1900년 도로·식당·숙박 등 자동차 여행에 필요한 정보를 담은 타이어 회사 미슐랭의 무료 안내서에서 출발하였다. 이어서 1926년에 요리 별점을 처음 시작했으며, 현재는 세계에서 가장 신뢰도가 높은 '미식 안내서'가 되었다. 이 미식 가이드북은 권위있는 레스토랑 평가서로, 연간 60만 부 이상 팔린다. 책 전체가 프랑스 전역의 지방별 레스토랑 및 호텔의 수준과 가격, 위치 등의 정보를 담고 있다. 현재 전 세계적으로 50여 지역에서 미슐랭 가이드가 발간되고 있다. 참고로 한국 미슐랭 가이드편에서는 서울에 이어 2024년 초 부산편이 발간되었다.

프랑스의 경우, 20명의 심사 위원단이 고객으로 가장해 1년 내내 전국의 레스토랑을 순례하면서 직접 음식을 맛보고, 재료 상태·종업원들의 서비스·가격·주방의 위생 상태·레스토랑의 분위기·쾌적하고 청결한 시설의 수준을 심사해

미슐랭 타이어에서 발행하는 미슐랭 가이드

빕 구르망의 그림문자 표시

등급을 매긴다. 그 상세 기준은 비밀이다. 참고로 최고 등급인 별 셋은 요리를 맛보고자 여행을 떠날 만한 식당, 별 둘은 그 지역을 방문하면 차를 돌려서라도 가볼 만한 식당, 별 하나는 해당 가격대에서 요리가 특별히 훌륭한 식당을 뜻한다.

여기서 조금 특이한 분류가 바로 1957년에 처음 도입되어 독자들에게 많은 사랑을 받아오고 있는 '빕 구르망'(Bib Gourmand)이다. 이는 미슐랭 가이드 스타(1~3개)를 받을 정도는 아니지만, '합리적인 가격'으로 가격대비 가치가 높은 훌륭한 음식을 제공하는 레스토랑을 말한다. 빕 구르망은 평균 4만 5000원 이하인 식당이 대상이며, 별이 아닌 미슐랭 마스코트 '비벤덤'(Bibendum)이 입맛을 다시는 모양의 그림문자로 표시된다. 한편 근거리 식재료를 사용하는 등, 친환경적이며 탄소 배출을 줄이는 '지속 가능한 미식'을 실천하는 곳엔 '그린스타'[14]를 준다. 즉 장거리 운송 과정을 거치지 않은, 그 지역에서 생산된 '로컬 푸드' 식재료들을 직접 소비하는 형태를 의미한다.

미슐랭 가이드 조사관들은 맛 감각이 특출한 사람들 중에서 선별되어 6개월 가량의 훈련 과정을 거쳐 현장에 투입된다. 평가를 위해 식당 한 곳을 보통 연 5~6회 예고 없이 방문한다. 신분은 철저히 비밀에 부쳐진다. 즉 평가자가 누구인지는 미슐랭 간부진에게도 노출되지 않으며, 심지어 평가자의 부모에게도 알리면 안 된다는 내부 규칙이 있다. 참고로 이 미식 안내서에서 별 3개를 달아주는 특급 레스토랑은 몇 년간의 예약이 다 차버릴 정도로 명성이 높으며, 별점 때문에 식당 매출이 30퍼센트 증가한다는 분석도 있다. 등급 표시는 포크 5개와 별 3개이며, 포크 5개보다 윗 등급이 별 1개다.

최근에는 요식업계의 훈장 '미슐랭 스타'를 포기하거나 반납하는 젊은 30~40대 쉐프들이 늘어나고 있다. 이러한 '엘리트주의' 거부는 미슐랭 스타를 유지하는 데 대한 압박이 너무 컸기 때문이라는 분석이 있다. 이들은 "미슐랭 암행 평가단보다 새로운 요리를 개발하며, 손님을 만족시키는 캐주얼한 요리를 하고 싶다"라고 주장한다.

14 2021년부터 선정된 미슐랭 '그린스타'는 자신들의 윤리적 및 환경적 기준에 대해 책임을 지며, 지속 가능한 생산자 및 공급업체와 협력하여 폐기물을 감축하고, 플라스틱 및 기타 재활용이 불가능한 자재를 공급망에서 줄이거나 제거하는 등의 방식으로 다양한 실천을 하는 레스토랑들이다. 요컨대 훌륭한 요리 솜씨와 뛰어난 친환경적 노력을 겸비한 미식 경험을 제공하며, 식도락가들과 음식산업 전반에 많은 영감을 주는 원천이 되고 있다.

국가최우수기능장인(MOF) 선발대회

프랑스 정부는 장인 지원제도를 다양하게 운영하고 있다. 역사 깊은 프랑스의 장인 공모전 'MOF'(Meilleur Ouvriers de France)가 대표적이다. 이 제도는 프랑스 문화부가 공식 인정하는 장인으로 전통 기술을 후대에 가르치고, 신기술을 개발·발전시키는 책임을 떠안고 있다. 반드시 요리나 디저트 같은 음식 분야에만 한정된 게 아닌, 1924년부터 4년마다 200여 개의 각 전문 분야에서 프랑스 정부가 인정하는 '최고 장인'을 선정한다.

이렇듯 '프랑스 국가 공인 자격증' 성격의 MOF는 세계적으로 명예와 권위가 높다. MOF는 최고 권위를 인정받는 만큼 심사위원 24명의 선발 과정이 무척 철저하고 엄정하다. 특히 디저트·제빵·요리 등의 분야가 높은 경쟁률을 자랑하며, 2007년부터는 외국인의 참여도 허용되었다.

프랑스 지방별 향토 요리의 특징 – 프랑스 각지의 명물

| 노르망디(Normandie) – 한가로운 목장과 아름다운 바다가 펼치는 맛의 하모니 |

프랑스 제일의 낙농 지대인 노르망디 지방은 유제품 특산지로 유명하다. 프랑스의 대표 치즈라 할 수 있는 까망베르(camembert)는 이 지방의 특산 명물이다. 노르망디 요리에는 신선한 버터나 생크림을 사용한 것이 많으며, 근해에서 잡아들이는 해산물 요리도 다양하다. 포도가 나지 않는 이 지방에서는 사과가 재배되고, 사과 발포주 '씨드르'(cidre)와 사과 증류주 '깔바도스'(calvados)가 양조되고 있다.

사과 발포주 '씨드르'

사과로 만든 증류주 깔바도스는 식후에 즐겨 마시는 술로, 요리나 디저트에 맛을 곁들이는 용도로도 사용한다. 노르망디 지역에서는 식사 중에 배가 부르면 소화를 돕기 위해 깔바도스를 마시고 다시 먹기 시작한다. 노르망디의 타르뜨와 셔벗 같은 디저트에도 사과가 자주 등장한다. 사과 타르뜨(tarte aux pommes)는 프랑스에서는 대중적인 디저트 과자인데, 본고장 노르망디 지방의 사과 타르뜨는 매우 소박하다. 아주 차게 한 씨드르와 함께 먹는다.

| 브르따뉴(Bretagne) – 바다로 둘러싸인 브르따뉴에서 만나는 최상의 해물 요리 |

해산물 모듬요리 '프뤼 드 메르'

빠리의 많은 고급 레스토랑들이 브르따뉴의 어부들과 제휴하고 있을 정도로, 대서양의 거친 파도에서 자라난 어패류의 질은 프랑스에서 최고다. 특히 브르따뉴 지방에는 생굴, 생대합 외에 삶은 게와 새우 등 갓 잡아올린 해물을 맛볼 수 있는 해산물 모듬요리 '프뤼 드 메르'(Fruit de Mer) 요리가 있다. 각종 해산물은 레몬즙과 마요네즈를 곁들여 먹는다.

이 지방 고유의 전통요리로는 버터를 듬뿍 바른 메밀가루 음식 '크레쁘'(crêpe)를 들 수 있다. 길거리 가판대에서 간식처럼 판매하는 이 음식은 크레쁘 위에 여러 재료들을 얹어 먹는 형태의 메인 정식 요리 이외에, 달콤한 종류의 것들을 얹어 먹는 후식 형태의 요리도 선보인다. 또한 이 지방 음식과 함께 사과 발포주 씨드르를 곁들여 먹는다.

| 알자스(Alsace) – 독일의 영향을 강하게 받은 소박하고 푸짐한 요리 |

동쪽의 보쥬 산지와 라인강 주변 지방인 알자스는 전통적으로 곡물과 채소를 재배하는 광대한 평야, 포도가 잘 자라는 토질과 과수원, 생선이 많이 서식하는 작은 강 등의 자연조건을 갖춘 풍요로운 요리의 본고장이다. 알자스는 '스타'가 가장 많은 지역으로, 미슐랭 가이드로부터 별을 획득한 세계적인 레스토랑들이 그만큼 많다.

알자스 향토 요리의 대명사는 슈크루뜨와 프와그라를 들 수 있으며, 이 지역의 맥주 또한 유명하다. 프와그라는 요리에 사용된 테린(다진 고기를 얇게 썰어먹는 요리법)이 이 지역에서 고안되었기 때문에 알자스 특산으로 손꼽힌다.

| 부르고뉴(Bourgogne) – 맛있는 와인과 맛있는 요리는 끊을 수 없는 사이 |

세계에서 손꼽히는 와인 산지인 만큼 부르고뉴 요리를 말할 때 와인은 빼놓을 수 없는 존재다. 뵈프 부르기뇽, 꼬꼬뱅 외에도 와인이 없으면 불가능한 요리가 많다. '비프 스튜의 원형'이기도 한 뵈프 부르기뇽은 프랑스 가정에서 먹는 쇠고기 찜요리에 해당된다.

또한 부르고뉴의 상징은 에스까르고(달팽이)인데, 마늘과 파슬리를 잘게 썰어 빵가루와 버터로 페이스트를 만들어 오븐에서 구운 요리가 바로 '부르고뉴식 에스까르고'다. 한편 디종(Dijon)의 겨자(Moutarde)는 부르고뉴 공화국 시대부터의 역사 깊은 특산품이다. 그 종류가 무척 폭넓고 다양한 향의 제품들이 있다.

| 론느-알쁘(Rhône-Alpes) – 산과 계곡과 큰 강이 있는 풍요의 땅, 다양하고 풍부한 식재료의 보물창고 |

론느(Rhône)강과 쏜느(Saône)강이 흐르는 리옹(Lyon) 주변은 '식재료의 보물창고'로 알려진 땅이다. 프랑스 최고급으로 알려진 닭고기와 다양한 치즈, 쌀라미 소시지 등이 유명하다. 특히 천장에 매달려 있는 것이 리옹 특산의 쌀라미 소시지로, 매우 다양한 종류의 염장처리된 소시지들이 있다. 그 밖에 '미식의 도시' 리옹을 대표하는 요리 중 하나가 리옹식 샐러드(salade lyonnaise)다. 즉 신선한 생야채를 포함해 달걀, 두툼한 베이컨, 또는 고기나 햄, 크루통 같은 재료에다 감귤류 계열의 드레싱을 곁들여 먹는 푸짐한 샐러드다. 이 요리는 예전 리옹의 공장 노동자들이 즐겨 먹었던 요리에서 유래되었다.

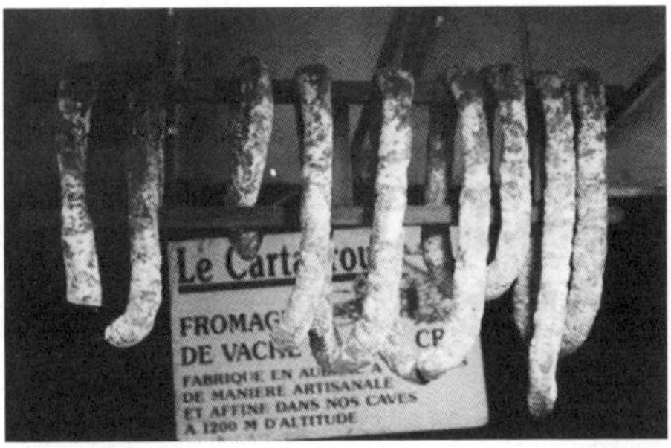

길쭉한 쌀라미 소시지

리옹식 샐러드

한편 론느-알쁘 지방과 가까운 알프스 기슭의 싸브와(Savoie) 지방에서도 이 지역을 대표하는 요리가 있다. 바로 "싸브와 요리"라고 불리는 치즈 덩어리를 불에 녹여 먹는 치즈 퐁뒤가 유명하다. 이는 인근 스위스 산간 지역에서 전해 내려온 음식으로, 추운 겨울 굳은 치즈와 굳은 바게뜨를 어떻게 해서 먹을까 한 데서 고안된 요리다.

| 프로방스(Provence) – 재료의 맛을 살린 심플한 건강식 요리 |

프로방스 음식은 버터나 크림을 거의 쓰지 않아 느끼하지 않고, 다른 지역보다 훨씬 덜 짜다. 프로방스는 토마토와 마늘, 올리브 오일, 허브를 많이 사용하는 지중해식 식단의 대표주자다. 그 중에서 애니메이션 제목으로도 유명한 '라따뚜이'(ratatouille)는 어머니가 만들어주는 전통적인 '프로방스 가정식 요리'다. 파프리카·가지·토마토·피망·양파·쥬키니호박·마늘 등 여러 가지 채소와 허브를 올리브 오일에 볶아낸 다음, 간을 하고 조린 일종의 '야채스튜'(프랑스식 채소 오븐구이)다. 남프랑스의 야채는 맛이 진하고 단맛도 강하다. 여러 종류의 야채가 한꺼번에 요리되는데, 각 재료가 내는 맛의 상호작용으로 훌륭한 야채 요리가 된다.

최적의 기후와 천혜의 자연에 둘러싸여 해물, 산채 요리 모두를 즐길 수 있는 프로방스는 대지의 은총을 가득 받고 자라난 야채와 지중해에서 잡아 올린 신선한 생선 등, 식재료도 실로 다양하다. 또한 마늘과 올리브 오일을

야채스튜 가정식 '라따뚜이'

섞어 만든 마요네즈와 바질과 같은 풍부한 소스를 적절히 사용한다. 파프리카와 줄기콩, 양파와 마늘, 각종 고추와 앤초비, 싱싱한 생선과 토마토, 아몬드와 헤이즐넛을 비롯한 각종 견과류, 또한 어떤 요리에도 빠지지 않는 갓 짠 올리브 오일과 와인 등, 항상 시끌벅적한 시장에서부터 관광지에 이르기까지 프로방스의 음식은 반짝이는 거리 풍경만큼 강렬하고 신선하다. 따라서 남프랑스 요리의 매혹적인 맛, 프로방스 요리는 빠리와 프랑스 북부에서 맛보는 전통적인 프랑스 요리와는 전혀 다르다.

| 꼬뜨 다쥐르(Côte d'Azur) – 햇살 가득 받은 건강한 식재료 |

지리적으로 프로방스 지방과 인접해 있기 때문에, 재료나 조리법도 비슷한 점이 많다. 가지·호박·토마토·올리브·생선·풍부한 허브류 등 맛은 물론이고, 시각·후각적으로 뛰어난 요리들이 가득하다. 남프랑스의 올리브 오일은 질이 뛰어난데, 니스의 다양한 올리브 열매는 조금 작고 갈색을 띠는 것이 특징이다. 남프랑스의 시장에서는 올리브 가게를 빼놓을 수 없다. 꼬뜨 다쥐르 지역은 옛날부터 야채를 중심으로 한 메뉴가 많고, 이탈리아와 가까워 피자·파스타 레스토랑을 많이 볼 수 있다. 항구 근처에는 해물 요리를 먹을 수 있는 음식점도 많다. 아울러 니스에서는 다른 지방과 구별되는 요리를 맛볼 수 있다.

꼬뜨 다쥐르 지역의 대표적인 음식으로 야채가 들어간 요리 '니스식 샐

니스식 샐러드

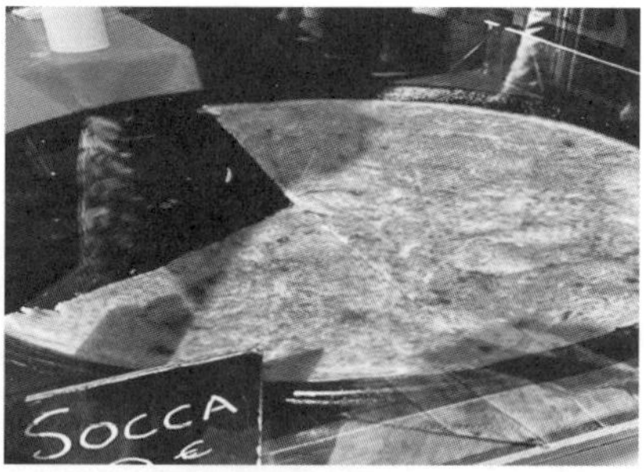

니스의 명물 간식 '소카'

러드'(salade niçoise)를 들 수 있다. 프랑스를 대표하는 샐러드로, 남부 도시 니스에서 유래했다. 이 니스풍의 샐러드는 양상추·데친 줄기콩·토마토·햄·감자·셀러리·오이·양파·블랙올리브·앤초비(서양식 젓갈)·삶은 참치와 달걀 등에 진한 올리브 오일을 듬뿍 뿌려 먹는 든든한 한끼 샐러드다.

또 다른 니스의 전통음식으로는 바로 니스인들의 간식 '소카'(socca)를 들 수 있다. 현지 시장에서 파는 소카는 병아리콩 가루에 물을 섞어 만든 반죽을 큰 판에 얇고 둥글게 펼쳐 구워낸 것이다. 이때 올리브 오일을 넣고 전을 구우면 더욱 담백한 맛을 즐길 수 있다. 서빙될 때 콩가루로 반죽한 크레쁘 위에 시럽, 슈거 파우더를 뿌려서 올리브 절임과 곁들여 먹는다.

프랑스의 맛을 느끼다

'프랑스 문화의 상징' 하면 바로 빵과 디저트를 떠올리게 된다. 특히 프랑스를 대표하는 식문화 '와인·치즈·바게뜨'는 프랑스 식탁의 '성(聖) 삼위일체'에 해당한다. 이는 수백만 원을 호가하는 아무나 못 먹는 값비싼 와인과 치즈를 말하는 것은 아니다. 국민 누구나 먹는 흔한 음식을 가리킨다. 그렇기에 더 귀하게 대접하고, 귀하게 생산해낸다.

프랑스를 대표하는 빵의 매력은 세련된 단맛과 풍미를 극대화시키는 크림에 있다. 특히 설탕을 듬뿍 넣어 만든 케이크·과자 같은 디저트가 식단의 한 자리를 차지하기 시작한 때는 18세기 중반으로, 18세기는 향수 문화와 더불어, 가히 프

프랑스에서의 빵 '종이 포장'

프랑스인의 아침 하루일과 '빵 구매'

랑스 디저트 문화의 '르네쌍스 시기'라 할 수 있다. 이 당시 프랑스인들은 디저트에 대한 치명적인 이끌림으로 매일같이 디저트에 흠뻑 도취했다. 이후 프랑스는 '진정한 미식의 메카'로 자리매김하게 되었다.

한편 프랑스의 빵가게는 아침 6시부터 열어야 되고, 가격도 정부가 규제한다. 참고로 프랑스에서 가격이 법에 의해 보호받는 재화는 '바게뜨'와 '책'뿐이다. 프랑스는 바게뜨만큼 책을 무척 중요시 여기며(프랑스에선 3500여 개의 독립 서점들이 영업 중인데, 이는 영국의 3배 수준), 1981년부터 도서정가제를 실시하고 있다.

프랑스에서 빵 문화가 발달되어 있음을 알 수 있는 또 하나의 특징은 빵을 세분화해 분류한다는 점이다. 즉 'boulangerie'(제빵, 바게뜨나 깡빠뉴를 파는 일반 빵가게)와 'pâtisserie'(제과, 마카롱 같은 달콤한 디저트 계통), 'viennoiserie'(비엔나풍의 빵, 달걀과 버터를 듬뿍 넣은 크르와쌍 계열의 페이스트리류)로 구분짓는다. 하지만 프랑스에서는 전통 프랑스 빵을 만드는 장인들을 보호하기 위해 'artisan'(장인)의 간판에만 이 용어들을 사용할 수 있다.

프랑스의 특색있는 빵(pain) & 디저트(dessert)

- **빵 드 깡빠뉴**(pain de campagne)
  프랑스 빵 가운데 가장 오래된 빵 중 하나로, 손으로 반죽하던 시대에 프랑스 시골(campagne[깡빠뉴]) 마을에서 만들어졌다. 바게뜨와 더불어 가장 대중

시큼한 시골빵 '깡빠뉴'

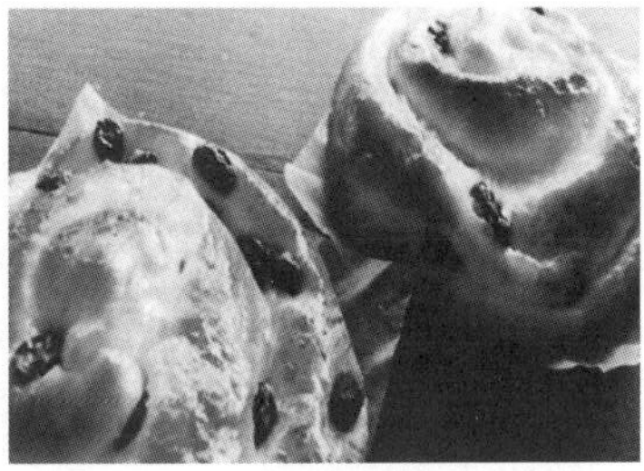

건포도가 들어간 빵 오 레쟁

적인 빵으로 주말마다 열리는 장에 가면, 원하는 무게만큼 잘라서 팔기도 한다. 소박하고 투박한 모양의 정겨운 이 시골빵은 이름 그대로 아주 담백하면서 구수한 맛과 감칠맛이 일품이며, 만드는 과정이 아주 까다롭고 오랜 시간을 필요로 한다. 또한 여러번의 발효과정을 거쳐 살짝 시큼한 맛이 느껴지기도 한다.

- **빵 오 레쟁**(pain au raisin)

  나선형 모양의 발효된 버터 페이스트리에 럼에 절여 놓은 건포도와 커스터드 크림이 올라가 있는 일종의 '건포도 빵'이다. 레쟁은 '건포도'라는 뜻인데, 브리오슈를 기본으로 한 부드럽고 달콤한 맛이 특징이며, 바닐라맛과 건포도가 어우러져 맛이 독특하다. 이 빵의 특징은 달팽이집 모양처럼 둥글게 만 형태를 취한다.

- **브리오슈**(brioche)

  밀가루·버터·달걀·이스트·설탕 등으로 만든 달콤한 프랑스 빵이다. 프랑스에서 주로 가벼운 아침식사에 많이 먹는 빵으로, 다른 빵들보다 달걀과 버터가 풍부하게 들어가 특유의 고소한 맛을 내며 식감이 매우 부드럽다. 브리오슈는 둥글게 부푼 모양의 물렁한 빵으로 보통 커피에 적셔 먹는다. 브리오슈의 종류로, 먼저 동그란 머리가 하나 더 올라간, 마치 눈사람 모양의 작은 '브리오슈 아 떼뜨'(Brioche à tête)가 있다. 그 밖에 직사각형의 '브리오슈 낭떼르'(Brioche Nanterre), 꽈베기 모양의 '브리오슈 트레쎄'(Brioche tressée) 등 다양한 모양의 브리오슈가 있다.

- **마들렌느**(madeleine)

  조개 껍데기 모양의 마들렌느는 작고 가벼운 스펀지케이크로, 유명한 프랑스식 디저트다. 18세기 중반 프랑스 북동부 로렌 지방에서 유래한 이 빵과자는

프랑스의 아침식사 빵 '브리오슈'

조개껍데기 모양의 마들렌느

고소한 맛과 상큼한 레몬맛이 특징이다. 밀가루·달걀·버터·설탕·쇼트닝 등을 배합한 말랑말랑한 반죽을 마들렌느 틀(편평한 컵케이크 틀)에 흘려 넣어 굽는다. 마들렌느는 『잃어버린 시간을 찾아서』라는 작품을 쓴 프랑스 소설가 마르셀 프루스뜨(Marcel Proust)로 인해 더욱 유명해졌다. 이 디저트는 그의 자전 소설에 등장하면서 과거의 추억에 젖게 하는 상징적인 음식으로 자리잡았다. 즉 작품에서처럼 따뜻한 홍차를 마실 때 곁들이는 부드럽고 촉촉한 빵과자다.

- **에끌레르**(éclair)

슈 페이스트로 만든 손가락 모양의 페이스트리로, 커스터드나 휘핑 크림과 같은 다양한 크림을 안에 채워 넣고 초콜릿이나 커피, 바닐라 등 다양한 재료의 토핑을 그 위에 입힌 모양이다. 이 디저트 페이스트리는 매우 가벼운 질감으로, 입 속에서 모든 재료가 뒤섞이면서 매우 풍부하고 달콤하며 크리미한 풍미를 즐길 수 있다. 한편 에끌레르는 '번개', '섬광'이란 뜻을 지녔다. 이름의 기원은 에끌레르 윗면의 코팅된 초콜릿이 빛나는 것에서 따온 이름이라는 설도 있고, 이 디저트를 먹을 때 슈 안의 크림이 터지기 전에 번개처럼 재빠르게 먹어야 하기 때문이라는 설도 있다.

손가락 모양의 페이스트리 '에끌레르'

케이크 디저트 '밀푀유'

• **밀푀유**(mille–feuilles)

'천 겹의 잎사귀'라는 의미로 잎사귀처럼 얇은 천 겹의 페이스트리 사이사이로 크림이나 잼 등 달콤한 필링(filling)을 번갈아 가며 포개 넣은 케이크 디저트다. 프랑스의 대표적인 디저트 중 하나인 밀푀유 레시피는 프랑스의 유명 쉐프 '마리 앙뜨완느 까렘'(Marie–Antoine Carême 1784~1833)이 완성한 것으로 추정된다. 그 당시에는 크고 화려한 페이스트리로 성대한 연회의 식탁을 화려하게 꾸미는 관행이 있었다.

• **몽블랑**(mont blanc)

국수 모양의 밤퓨레 '몽블랑'

밤페이스트의 진한 맛과 머랭의 바삭함이 잘 어울리는 디저트다. 보통 스펀지 케이크를 사용하지만, 여러 가지 변화를 주어 특별한 디저트를 만들어낼 수 있다. 이 프랑스 전통 디저트는 '몽블랑 산'을 본떠서 만드는데, 몽블랑은 '하얀 산'이라는 뜻이다. 이는 알프스 산맥의 최고봉으로, 만년설의 산을 가리킨다. 밤퓨레를 얇은 국수 모양으로 가로·세로로 포물선을 그리며, 달콤한 맛을 내는 게 몽블랑의 특징이다.

• **피낭시에**(financier)

'프랑스의 대표적인 디저트' 피낭시에는 버터와 아몬드 가루가 주재료로 여기에 밀가루, 설탕, 달걀 흰자 등이 첨가된다. 이때 흰자를 거품낼 때는 설탕을 조금씩 넣어가면서 휘핑하여 피낭시에 특유의 더욱 쫀득한 식감을 만들어낸다. 가벼우면서도 촉촉하고 부드럽고, 버터의 풍부한 풍미와 진한 아몬드의 고소한 맛이 주된 특징이다. 한편 이 디저트의 유래는 "피낭시에"(Financier, '재정의·금융의·재력가'란 의미) 이름에서 유추해볼 수 있다. 즉 예전부터 빠리 증권거래소 딜러들은 새해가 되면 서로 선물을 주고 받는 풍습이 있었다. 1980년경 증권거래소와 인접해 있던 '베이커리 제빵사' 라슨(Lasne)은 마치 돈을 쌓아놓은 듯한 '금괴'에 영감을 얻어 현재와 같은 모양의 작은 빵을 만들게 되었다. 아울러 늘 정장 수트를 입고 활동하는 금융가들이 짧은 시간에 간편하게 즐길 수 있게끔 피낭시에의 특성을 고안해낸 것이다. 이렇듯 피낭시에는 단순한 디저트를 넘어 '역사와 문화가 담겨진 이야기'를 간직하고 있다.

금괴 모양 디저트 '피낭시에'

달콤한 크림 쿠키 '머랭'

- **머랭**(meringue)

  프랑스어로 "므랭그"라 불리우는 머랭은 크림과자의 일종이다. 달걀 흰자를 거품낸 뒤, 설탕을 여러 번 나누어 넣으면서 단단한 상태가 될 때까지 거품을 내는 게 기본으로, 여기에다 아몬드, 코코넛 등을 넣어 낮은 온도의 오븐에서 구워 바삭거리도록 만든 가벼운 질감의 디저트다. 맛은 기본적으로 바스락거리고 가벼운 식감의 솜사탕 맛이 나지만, 여기에 바닐라 향료, 과즙 등 재료를 추가함에 따라 맛이 조금씩 달라진다. 머랭이 생겨난 것은 1720년경으로 알려져 있으며, 머랭은 만드는 방식과 용도에 따라 프랑스 머랭(프렌치 머랭이 가장 기본적이고, 만드는 방법이 간단함), 이탈리아 머랭, 스위스 머랭과 같이 크게 3가지로 분류할 수 있다. 다양한 모양으로, 또는 색을 넣어 만들거나, 크림용·머랭 쿠키·마카롱 등 광범위하게 사용된다.

- **크렘 브륄레**(crème brûlée)

  부드러운 디저트 '크렘 브륄레'

  바닐라향의 차가운 커스터드 크림으로 만든 푸딩 위에 유리처럼 얇고 파삭한 캐러멜 토핑을 입혀 살짝 구운 전통 디저트다. 스푼으로 캐러멜 토핑을 톡톡 깨고 안에 들어 있는 커스터드 크림과 함께 떠먹는다. 브륄레는 '불태우다'라는 뜻의 동사 brûler에서 파생된 단어로, 크렘 브륄레는 글자 그대로 '불에 탄 크림'이란 뜻이다. 즉 커스터드 크림 위에 설탕을 뿌리고, 높은 열로 순식간에 태우듯이 익혀 캐러멜화한 것으로, 식으면 딱딱한 갈색을 띠는 조리법에서 비롯된 것이다. 차가운 커스터드 크림과 따뜻한 캐러멜 토핑이 이루는 차갑고 따뜻한 온도, 달고 쓴맛, 부드럽고 파삭한 식감의 대조가 특징이다. 이 프랑스의 대표적인 디저트는 전 세계 대부분의 프렌치 레스토랑의 단골 메뉴다.

3

패션과 명품

패션 문화는 한 나라의 문화양식을 엿볼 수 있는 구체적인 산물이다. 프랑스의 패션과 명품 산업은 바로 프랑스의 대표적인 이미지로 떠오른다. 패션도 음식문화와 더불어, 프랑스의 브랜드 이미지를 높이는 데 기여한, '가장 핵심적인 문화'다. 오늘날 프랑스 명품 기업들이 생산 기지를 동유럽, 아시아로 이전하면서 자국 기능공의 일자리가 위협받자 '명품장인 쿼터제'라는 규제를 만들었다. 이는 럭셔리 제품의 몇 퍼센트 이상은 반드시 프랑스인의 손으로 만들어야 한다는 규정을 가리킨다.

몽떼뉴 거리

프랑스 패션의 거리 '몽떼뉴'(Av. Montaigne, 샹젤리제 거리 근처)와 '포부르 쌩 또노레'(Rue du Faubourg Saint-Honoré, 샹젤리제 거리와 꽁꼬르드 광장 사이) 등은 '빠리 패션의 대명사'처럼 여겨진다. 특히 몽떼뉴 거리에는 세계 최고의 명품 부띠끄와 쇼룸이 밀집되어 있다. 이와 더불어 빠리 멋쟁이의 실속파 젊은 계층은 '프렌치 시크의 멋' 마레(Marais) 지역의 세련되고 보다 저렴한 디자이너 상점, 혹은 보세 양품점 등을 찾는다. 마레 지역은 바로 '창의적 디자이너들의 패션 거리'다.

품위와 역사를 파는 럭셔리 비즈니스

전 세계의 명품들 중 프랑스 브랜드가 차지하는 비율은 거의 절반에 가깝다. 프랑스 명품 브랜드의 역사는 깊다. 프랑스에는 럭셔리 산업에 관한 체계와 지식이 오래전부터 축적되어왔다. 처음에는 왕족·귀족과 같이 소수 특권층을 위해 제품을 생산하면서 시작되었다. 귀족들은 다른 사람들을 모방하지 않고, 지위에 맞는 복식을 갖추어야만 했다. 이렇듯 왕족이나 귀족 계층이 남들과 다른 개성을 유지해야 했기 때문에, 이들 계층의 소비 패턴에 의해 프랑스는 일찍부터 독창적이고 화려한 럭셔리 산업이 발달하는 토양으로 작용한 것이다. 요컨대 프랑스 명품 브랜드는 귀족문화를 반영해 화려하면서도 예술성을 잃지 않고 있다.

한편 이탈리아 브랜드가 수석 디자이너에 따라 상품의 콘셉트와 이미지가 변하는 것에 비해, 프랑스 브랜드는 장인에 의해 전통이 유지되는 경향이 강하다. 프랑스에는 여러 세기에 걸쳐 럭셔리 산업 장인들이 발전시켜온 두터운 기술적 전통과 문화적 유산이 있다. 요컨대 장인에 의해 19세기 방식으로 만들어내는 21세기 명품인 셈이다. 이렇듯 프랑스의 명품 브랜드는 곧 글로벌로 확산되어 '명품의 대중화 시대'를 열었다.

빠리 명소에서의 패션쇼

최근 프랑스 패션쇼가 펼쳐지는 공간으로 빠리의 명소들을 적극 활용하고 있다. 개선문부터 샹젤리제 거리를 통째로 쇼장으로 사용하거나, 오페라 가르니에뿐 아니라, 요즘에는 프랑스 최고 재판소 같은 문화적 유산도 예술을 위해 자리를 내주는 추세다. 특히 무엇보다 빠리 1구에 있는 사법부의 심장 '최고 재판소'(Palais de Justice)의 변신을 주목하게 된다. 이곳은 1200년대 왕궁으로 시작해, 16세기부터 왕실 재판소로, 또한 프랑스 혁명 당시 혁명 재판소 역할로 사용되었던 유서 깊은 장소다. 또한 마리 앙뜨와네뜨(1755~1793) 왕비가 최후의 나날을 보냈던 독방도 여기에 있다. 평일에는 평소 재판이 열렸던 곳이 패션 브랜드 '지방시'에 역사상 처음으로 3년간 쇼장 허가를 내주었다.

이렇듯 매년 루이 뷔똥 쇼가 열리는 루브르 박물관이나, 샤넬 쇼로 더 유명해진 그랑 빨레(미술 전시관), 에르메스 쇼가 펼쳐지는 샤이요 궁(각종 박물관) 같은 곳을 패션쇼 장소로 그동안 개방해왔던 것처럼, '공간에 대한 빠리의 적극성'을 잘 드러내준다.

'오페라 가르니에'에서 열린 패션쇼

프랑스의 대표 명품 브랜드

프랑스의 대표 브랜드는 바로 루이 뷔똥(Louis Vuitton), 샤넬(Chanel), 에르메스(Hermès), 까르띠에(Cartier) 등이 있다. 이 중에서 특히 루이 뷔똥·샤넬·에르메스는 바로 '프랑스 3대 명품'에 해당한다.

a. 루이 뷔똥은 여행의 역사와 함께 브랜드가 발전한 경우다. 루이 뷔똥의 역사는 1854년 마차 시대의 귀족들을 위한 실용성과 우아함을 겸비한 여행용 트렁크 가방을 만들면서 시작되었다. 1980년대 "명품 제국의 황제"로 불리는 베르나르 아르노에게 경영권이 넘어갔고, 역시 아르노가 인수한 '모에 헤네시'와 합병하면서 세계 최고의 럭셔리 기업 'LVMH 그룹'으로 태어났다.

b. '명품의 대명사' 에르메스는 세대를 이어온 가족 경영을 이어오고 있으며, 장인들 역시 대대로 내려와 최고의 기술력을 인정받고 있다. 1837년 티에리 에르메스(Thierry Hermès)가 유럽 귀족에게 납품하기 위한 마차에 필요한 용구와 안장 등을 파는 정교한 마구상을 열면서 오늘날의 에르메스가 탄생했다. 여기서 비롯된 전문 지식과 창의성, 디자인 예술철학은 오늘날까지 이어져 브랜드의 근간을 이룬다. 1923년 최초의 가죽 핸드백을 출시했으며, 역시 세계 최초로 가방에 지퍼를 달기도 했던 에르메스는 20세기 초반부터 스카프, 시계, 향수 등 토탈패션 브랜드로 새롭게 탄생해 끊임없이 '역사'와 '꿈'을 만들어 판다.

   에르메스의 가죽 장인은 3년간 가죽 장인 학교를 졸업해야 하고, 그 후 2년에 걸친 수련 기간을 갖게 된다. 장인들은 상품을 떠나 예술작품을 완성한다는 자세로 일하는데, 보통 켈리백(Kelly bag) 하나를 완성하는 데 걸리는 시간은 20시간 정도다. 즉 에르메스는 대량생산과 분업을 거부하고, 장인 한 명이 처음부터 끝까지 제작을 다 할 정도로 무척 견고함을 내세운다. 특히 에르메스는 생산량을 수요에 맞게 늘리지 않는 '희소성 전략'과 '초고가 전략'을 펴고 있다.

c. 한편 까르띠에는 보석과 시계의 대표적인 명품 브랜드로 널리 알려져 있다. 1905년 세계 최초의 손목시계를 출시했으며, 영국 왕실 전속 보석상으로 임명되기도 했다. 한편 세계 3대 주얼리 메이커로는 여성스러운 섬세함을 지닌 까르띠에와 함께 실용성의 티파니, 예술가 정신을 제품에 담은 불가리를 꼽는다.

패셔니스타 루이 14세의 문화강국 만들기 - 첨단 패션과 유행의 탄생

21세기 사람들의 패션에 대한 집념은 20세기 이후의 산물이 아니라, "짐은 곧 국가"라고 말했던 태양왕 루이 14세(재위 1643~1715)로부터 비롯되었다. 즉 루이 14세 때부터 럭셔리 산업 개념이 발달했다. 첨단 패션과 명품 브랜드, 럭셔리한 인테리어처럼, 온갖 쉬크(chic)한 스타일이 사실은 17세기 그의 궁정에서 창조된 것이다. 이후 프랑스는 바로 '유럽 문화의 모델'이 되었다.

따라서 엘레강스하고 팬터스틱한 것들에 집착하던 루이 14세야말로 최고의 사치만을 원했던 '최초의 패셔니스타'(fashionista, '패션'과 '스타'를 합친 말로, 뛰어난 패션 감각과 심미안으로 대중의 유행을 이끄는 사람)였고, 이전까지 꾸민 데 없이 수수하고 세련되지 못했던 프랑스의 이미지는 이후 세계 유행을 이끄는 '스타일과 미적 감각의 나라'가 되었다. 특히 루이 14세는 보석장식, 가죽, 굽 높은 화려한 신발에 강한 애착을 보였으며, 쉬크한 느낌을 주는 그의 패션 스타일에 프랑스 전역은 루이 14세 따라잡기에 나섰다.

요컨대 '명품 마케팅'과 '국가 이미지 향상' 같은 것들은 이미 절대왕정 시대 때부터 이루어냈고, 그것은 이후 수백 년을 이어갔다. 이는 중상주의 정책을 통한 탄탄한 경제력과 수준 높은 심미안이 있었기에 가능했다.

코코 샤넬(Coco Chanel)의 패션

샤넬 브랜드는 "코코"라고 불렸던 프랑스 당대 최고의 디자이너 가브리엘 샤넬(1883~1971)이 만들었다. '코코'는 그녀가 까페에서 활동할 당시 생긴 애칭이다. 그녀는 "패션은 사라져도 스타일은 남는다"와 같은 유명한 말을 남

코코 샤넬

코코 샤넬의 상징

기기도 했다. 또한 전 세계 여성의 의복에 혁명을 일으켜 여성들에게 우아한 자유를 선사한 "패션의 혁명가"로도 불린다. 샤넬은 1913년 노르망디 도빌(Deauville)에서 처음 개업할 당시, 독특한 모자를 디자인하면서 그녀만의 패션 감각과 뛰어난 센스로 많은 사람들의 사랑을 받게 되었다.

특히 여성의 활동을 자유롭게 하면서도 여성미를 부각시킨 디자인으로 유명하다. 남성의 의상을 직접 입고 이를 반영해, 편안한 의상을 선보였던 이 용감한 여인의 스타일은 지금 봐도 현대적이다. 화려한 장식 대신 최초로 주머니를 만들어 세련미는 물론, 생활의 편안함을 가져다 주었다. 또한 움직임이 자유롭지 못한 원피스의 형식을 파괴해, 최초로 여성용 재킷을 만들었다. 샤넬은 언제나 자연스러움과 여성의 자유, 그리고 편안함을 중시했다. 또한 현대 생활에 적합한 실용성과 기능성을 대변하는 '필요'에 의한 '단순함'에 근거했다.

심플하지만 우아하고 클래식한 멋 · 유연성 · 가벼움과 세련됨의 조화 · 눈부신 화이트와 깊이 있는 블랙 · 부드러운 트위드 · 반짝이는 새틴 · 체인 장식과 누비 처리 등, 샤넬의 스타일에는 일련의 법칙이 성립되며, 이러한 요소들이 어우러져 간결하고 고급스러운 스타일을 완성한다.

현대 여성의 모던함과 쉬크함을 창조한 샤넬의 대표적인 상품들

코코 샤넬은 다음과 같은 실용적인 디자인의 여러 히트 상품들을 선보였다.

① 퀼팅백 – 이 핸드백은 샤넬이 일구어낸 혁명 중 하나로, 골드 체인의 퀼트 핸드백을 가리킨다. 샤넬은 1955년 퀼팅(누빔) 처리한 가죽백에 금색 체인을 달아 여성들이 어깨에 메고 다닐 수 있는 핸드백을 최초로 고안해, 비로소 여성들의 두 손을 자유롭게 했다. 샤넬이 이 백을 시판하기 이전까지 모든 여성들은 핸드백을 손에 들고 다녀야만 했다. 한편 이 핸드백이 출시된 날짜가 1955년 2월이라, 이때를 기념해 "샤넬 2.55백"이라는 이름을 붙이기도 했다.

② 블랙 미니드레스 – 이전의 땅에 질질 끌리는 드레스의 밑단을 획기적으로 무릎 아래로 올리게 했다. 이를 "샤넬 라인"(Chanel line)이라고 부르는데, 샤넬 라인은 1920년대 당시 기능주의를 잘 표현한다. 한편 샤넬은 이 치마 길이가 여성을 가장 아름답게 보이게 한다고 정의했다. 별다른 장식없이 정갈하게 만들어진 검은색 '이브닝 드레스'나 '칵테일 드레스'를 의미한다. 샤넬은 "블랙이야말로 모든 컬러를 담고 있다"라고 말하며, 이런 점은 그녀가 어릴 적 고아가 되어 수녀원에서 지낼 때, 바로 수녀복에서 영감을 받았다고 전해진다.

블랙 미니드레스

③ 투톤 슈즈 – '샤넬 슈즈'로 잘 알려져 있으며, 납작한 스타일로 앞부분에 포인트를 준 구두다. 즉 발이 작고 얇아 보이는 슈즈를 말하며, 구두 앞모양이 두 가지 색으로 배색한 일자 장식이 특징이다.

④ 트위드 슈트 – 샤넬의 가장 유명한 의상으로, "샤넬 슈트"라고도 불린다. 재클린 케네디가 자주 입었던 재킷이었으며, 현재도 빠리의 유명 발레나 오페라 공연장에서 이런 차림의 여성들을 종종 볼 수 있는 패션 아이템이다. 라인을 살린 가장자리에 테두리를 두른 형태와 금색 단추가 특징적이다. 트위드(tweed)는 서로 색이 다른 모(毛)사를 섞거나 모사와 다른 종류의 실을 섞어

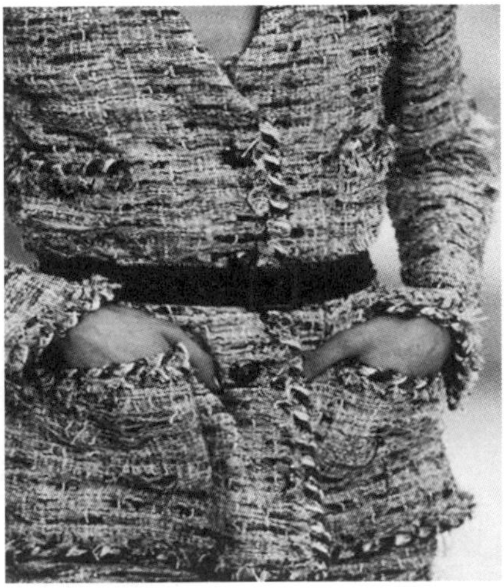

트위드 슈트의 모습

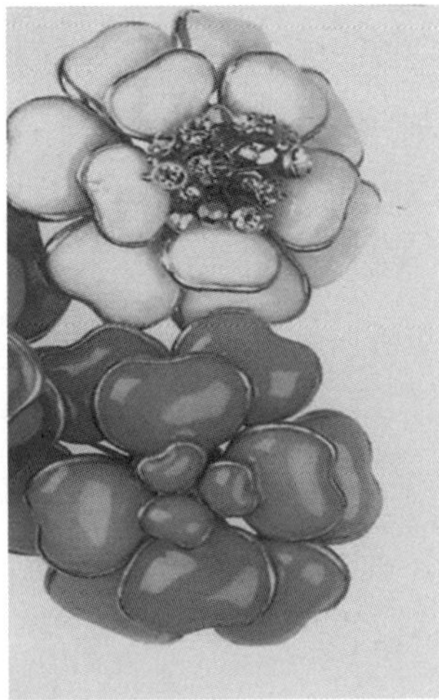

동백꽃 모양의 장신구

서 얼룩덜룩한 색감과 거친 질감을 가지도록 직조된 섬유를 의미한다.

⑤ 보석을 모방한 모조보석 장신구 – 코코 샤넬은 여성들의 옷에 값비싼 진짜 보석 대신에, 인조 보석을 달게 했다.

⑥ 샤넬 N° 5 향수 – '향수의 대명사' 샤넬 N° 5는 '세계 최초의 브랜드 향수'로 출시되었으며, 이로 인해 샤넬은 향수의 역사를 새롭게 썼다.

⑦ 샤넬의 꽃 '까멜리아' – 동백꽃 모양의 아름다운 샤넬의 꽃, 까멜리아는 단순하지만, 강렬한 샤넬 의상을 돋보이게 해주는 최상의 장신구다.

⑧ 토털 패션(Total Look) 창조 – 코코 샤넬은 토털 패션 개념을 도입해, 요즘 유행하는 용어인 '토털 코디네이션 스타일'을 창조했다.

패션쇼 프레따뽀르떼(prêt-à-porter) & 오뜨꾸뛰르(haute couture)

| 프레따뽀르떼 |

프랑스 패션쇼 중 프레따뽀르떼(prêt-à-porter)는 '기성품'이란 뜻으로, '고급 기성복'을 가리킨다. 즉 일반인을 대상으로 한 '상업적·대중적인 컬렉션'이다.

1960년대부터 오뜨꾸뛰르의 상업성이 떨어지면서 경제적으로 위협을 받기 시작하자, '빠리 프레따뽀르떼' 조직을 만들어 외국의 재능있는 디자이너들도 받아들여 1년에 2회 3월(F/W)과 9월(S/S)에 빠리에서 컬렉션을 개최하고 있다. 이 패션쇼는 1주일 이상 계속되며, 전 세계로부터 수천 명의 패션 관계자들이 참석하고 있다.

한마디로 프레따뽀르떼는 실용성과 기능성을 추구하는 창작 가능한 패션을 추구한다. 또한 자유롭고 독창적인 세계의 디자이너들이 우아하고 아름다운 쉬크함을 만들어낸다. 그 시초는 프랑스 기성복 제조업자 장 쟈끄 웨일(Jean-Jacques Weil)이 1948년 산업 시찰단의 일원으로 미국을 방문하고 돌아와, 영어로 '기성복'이라는 뜻의 레디투웨어(ready-to-wear)를 프랑스어로 직역해 사용함으로써 만들어졌다.

| 오뜨꾸뛰르 |

오뜨꾸뛰르(haute couture)의 사전적 의미로 haute는 '우아한·고귀한·탁월한', couture는 '바느질·의상실·디자인 작업'을 의미한다. 즉 '최고급 맞춤복'이란 뜻으로, 특수층 대상의 소량 디자인 제품을 발표하는 '고급 컬렉션'이다. 이 패션쇼는 단순히 고급 패션이 아닌, 프랑스의 정치·사회·경제·문화와 함께 성장하여 오늘날 세계 자본주의 체제에서 프랑스가 세계적인 경쟁력을 확보할 수 있게 한 원동력이라고 할 수 있다. 그 결과 오늘날 빠리는 전 세계 유명 명품 브랜드의 탄생과 디자이너들의 활동 중심지가 되었다. 오뜨꾸뛰르 패션쇼에 발표된 창작물은 법적으로 보호를 받으며, '오뜨꾸뛰르'의 호칭을

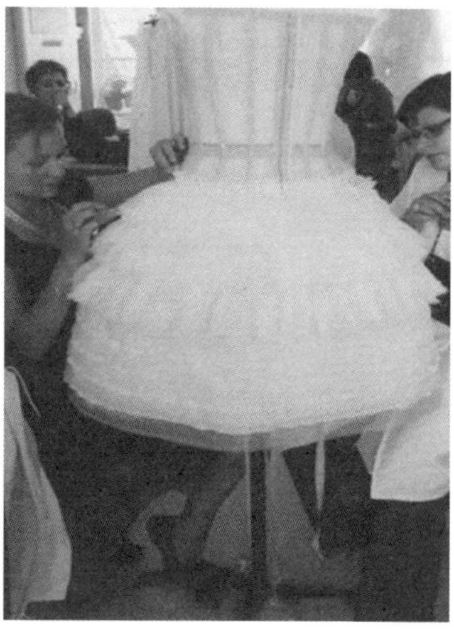
오뜨꾸뛰르 패션쇼를 위한 작업

얻기 위해서는 법적 효력이 있는 세부 항목을 만족시켜야 한다.[15]

한편 오뜨꾸뛰르 협회는 빠리 8구 엘리제궁(대통령 관저) 바로 건너편에 위치해 있으며, 이 협회에 가입하기 위해서는 기존 정식회원의 동의를 얻어야 할 정도로 자격 조건이 엄격하다. 오뜨꾸뛰르는 패션계에 미치는 파급효과가 커서 패브릭과 모피, 쥬얼리, 가죽제품, 향수 등의 액세서리에 이르기까지 다양한 산업을 움직이는 모터와도 같다.

그 시초는 나폴레옹 3세 시대로 거슬러 올라가며, 1858년 샤를르 프레드릭 워스(Charles Frederick Worth)가 빠리 중심가에 문을 연 '메종 드 오뜨꾸뛰르'(Maison de Haute Couture)에서 유래된 고유명사다. 전임 디자이너가 계절에 앞서 고객을 위한 새로운 창작 의상을 발표하면, 이것이 전 세계 유행의 방향을 결정했다. 현재 참가하는 유명 브랜드로는 샤넬, 디올, 지방시 등이 있는데, 특히 샤넬은 오뜨꾸뛰르 역사상 가장 오래 참여하고 있는 브랜드가 되었다.

오뜨꾸뛰르는 이미지를 창조해내는 아이디어와 테크닉의 진정한 '패션 실험실'로, 각각의 옷은 각 분야 최고 장인들의 매우 정교하고 섬세한 수작업으로 완성된다. 한마디로 장인 정신의 산물이자, 그야말로 세상에 단 하나뿐인 작품을 선보인다. 또한 개성과 창의력을 중시하는 오뜨꾸뛰르는 환상적인 디자인의 옷으로, 단순한 패션 이상의 예술적 가치를 지닌다.

정장 한 벌을 제작하는 데 평균 100시간, 자수 장식을 넣은 이브닝 드레스는 250시간, 웨딩드레스는 무려 1000시간 넘게 걸리는 데다, 소재도 최고급품만 사용한다. 1950년대에는 전 세계적으로 20만 명이 넘는 여성들이 오뜨꾸뛰르에서 선보인 의상을 입었다. 하지만 현재 오뜨꾸뛰르 의상을 입는 여성은 유럽이나 중동의 왕족, 부호, 헐리우드 스타 등 전 세계적으로

15 빠리 안에 작업실(아뜰리에)이 있어야 하고, 적어도 20명 이상의 봉재사가 갖춰져 있어야 한다. 또한 1년에 2회, 즉 1월(S/S)과 7월(F/W)에 최소 50점 이상의 룩(look)으로 구성된 빠리 컬렉션을 언론에 발표해야 한다.

1000명이 채 안된다. 한편 '빠리'가 오뜨꾸뛰르 시장의 리더라면, 이탈리아의 '밀라노'는 프레따뽀르떼 시장의 리더에 해당된다.

크리스찬 디올(Christian Dior) 패션

크리스찬 디올(1905~1957)은 1947년 딱딱했던 여성복 스타일을 우아하게 변신시킨 '뉴 룩'(New Look) 스타일을 선보였는데, 이는 현대 패션의 역사가 된다. 한편 "A라인"이라고도 불리는 이 새로운 실루엣은 어깨는 자연스럽게 내려오고 허리를 매우 가늘게 했으며, 스커트는 무릎 밑까지 길게 하고 8개의 라인을 넣어 치마폭을 넓게 했다. 이 스타일은 제2차 세계대전 중의 밀리터리 룩(Military Look)에 비해 더욱 여성미가 넘치는 스타일로 부각되었다.

요컨대 제2차 세계대전에서 피폐해진 일상에 신물난 대중들은 1947년 디올이 내놓은 한 송이 꽃 같은 풍성하고 화려한 옷에 열광했다. 즉 허리를 잘록하게 조이는 재킷, 발목을 드러낸 풍성한 스커트는 연이은 전쟁으로 지친 여성들에게 우아한 아름다움을 즐길 권리를 주고 싶다는 디자이너의 뜻이 담겼다.

A라인의 뉴 룩 스타일

프랑스 패션과 명품 문화의 특징

| 꼴베르 위원회 |

프랑스는 비옥한 토양과 온화한 기후, 그리고 일찍부터 발달한 중앙집권 체재와 품격 높은 귀족문화 덕분에 요리와 명품이 잘 발달된 나라다. 일찍이 명품 산업을 국가의 전략 산업, 수출 선도 사업으로 보았다. 17세기 당시 프랑스 재무상이었던 꼴베르(Colbert)는 '보호주의적 통상 정책'과 '중상주의 정책'[16]으로 프랑스 국부축적을 꾀해, 프랑스 명품업체 지원의 사상적 배경을 만들었다.

한편 프랑스의 문화적 메시지를 전 세계 사람들에게 전파하기 위해서 1954년 프랑스 12개 명품 업체들을 연합해, '꼴베르 위원회'(Comité Colbert)라는 이익 단체를 만들었다. 즉 명품 시장의 체계적인 구축과 발전을 위해 설립된 이 단체는 명품업계의 위상을 드높이는 데 목적이 있다. 프랑스 명품 업체들의 문화사절단 역할을 하는 이 단체는 '창조·탁월·경이'란 지침 아래, 현재 다양한 분야의 81개 업체가 가입(기존 회원사 중 4분의 3 이상의 찬성을 얻어야만 회원사가 될 수 있음)되어 있고, 프랑스의 적극적인 지원을 받고 있다.

프랑스 명품의 자존심을 지키는 이 협회의 회원사 구성은 다양하다. 즉 샤넬, 크리스찬 디올, 겔랑, 에르메스, 루이 뷔똥, 브리스톨 호텔 등 업종도 패션·보석·액세서리·호텔·주류 등 '생활 속의 예술'을 지향한다는 모토 아래, 그 분야는 다채롭고 규모도 각기 다르다.

명품 업체들의 정신을 증진하고, 보호하는 압력 단체이기도 한 꼴베르 위원회는 지적 재산권 보호를 위한 '롱게(Longuet)법' 마련에도 힘써왔다. 즉 프랑스는 1994년 2월부터 '모조품 단속에 관한 롱게법'을 시행하고 있으며, 2003년부터는 유럽연합의 모든 국가에 확대되었다. 이 법안은 위조상품을 제조하거나 판매한 사람은 물론, 위조품을 사는 소비자까지 처벌하는 강력한 사항을 담고 있다.

또한 이 단체는 신인 디자이너 발굴로, 1987년부터 매년 '젊은 디자이너 경연대회'(Young Designers Awards)를 개최한다. 즉 신인 디자이너를 패션, 디자인, 응용예술 스쿨에서 찾아 꼴베르 위원회의 회원사에 연결해주는 전문 직업교육을 통한 인재 육성과 프랑스 명품의 우수성을 알리기 위해, 세계 각

16 중상주의 정책의 일례로, 꼴베르는 공업 육성책과 철저한 보호무역 정책을 펼침으로써, 수출을 장려하고 수입 제품에는 금지적 보호 관세를 부과했다. 이러한 수출 증진과 수입 제한을 통해, 국부 축적·국부 증대에 노력한 그는 수출업자에게 세금 면제와 보조금을 지급했다.

국을 돌며 전시회 등의 문화 활동도 전개한다. 아울러 프랑스 교육부와 협력해, 중등 교육과정의 학생들이 수공예 분야에 관심을 가지게끔 지원하고 있다.

한편 프랑스 기업들이 만드는 명품의 마케팅을 지원하기 위해 미국 MBA 과정을 도입한 상경 계열 그랑제꼴(대학 위의 대학) ESSEC(고등경제상업학교)을 설립했고(역시 고등상업학교 HEC에도 명품 마케팅의 전문 과정이 개설됨), 조직을 널리 소개하기 위해서 책을 발간하기도 한다. 그리고 꼴베르 위원회는 회원사의 전략 수립을 지원해주려고 '명품 산업, 프랑스의 강점'이란 프로젝트를 외부 컨설팅 업체에 발주하기도 하는 등, 여러 활동들을 하고 있다. 이러한 활동들은 명품의 대중화와 더불어, 프랑스 명품의 우수성을 국제사회에 홍보하는 새로운 시장 개척의 강력한 원동력이 된다.

| 세계 3대 명품그룹 |

현재 세계 럭셔리 시장의 초강자는 베르나르 아르노 회장(명문 그랑제꼴 '에꼴 폴리떼끄니끄' 졸업)이 이끄는 사치품 제국 LVMH(루이 뷔똥 모에 헤네시) 그룹(1987년 설립)이다. LVMH는 루이 뷔똥을 비롯해, 크리스찬 디올·크리스찬 라크르와·지방시·겐조·셀린느·펜디·마크 제이콥스·벨루티·로로피아나·로에베·에밀리오 푸치 등 최고급 패션 브랜드뿐 아니라, 뵈브 클리코·크뤼그·모에&샹동 임페리얼·동 빼리뇽(샴페인), 헤네시(꼬냑), 샤또 디켐(와인), 티파니앤코·쇼메·불가리(보석), 베네핏·메이크업포에버·프레쉬·겔랑(화장품), 크리스찬 디올·지방시·아쿠아 디 파르마·겐조(향수), 태그호이어·제니스(시계), 세포라(대형 화장품 양판점, 샹젤리제 거리에 위치), 봉 마르쉐·싸마리뗀느 백화점(유통), 벨몬트(호텔 체인), DFS(공항면세점 체인), 까페 코바(식음료) 등 최고급 브랜드 약 75개를 보유, 세계 최대의 명품 왕국이 되었다. 즉 LVMH는 한마디로 'Total lifestyle' 인간의 모든 생활양식, 삶과 연관된 이미지를 통합한다.

한편 2013년 기존의 PPR에서 사명(社名)을 바꾼 프랑스의 케링(Kering) 그룹도 구찌를 비롯한 이브 생 로랑·발렌시아가·알렉산더 맥퀸·보테가 베네타, 부쉐론(주얼리·시계) 등의 패션, 의류, 보석과 같은 럭셔리 브랜드들을 소유하고 있다. 이 외에도 이 그룹은 프랑스 1위 백화점인 프렝땅 백화점(유통), FNAC(프낙 서점·음반), 보르도 5대 샤또 중 하나인 샤또 라뚜르 등을 지니고 있다.

그 밖에 세계 3대 명품그룹 중 하나인 리치몬트에는 까르띠에 이외에, 몽블랑·피아제·알프레드 던힐·보메&메르시에·반클리프&아펠·바쉐론 콘스탄틴·예거 르쿨트르·랄프로렌 주얼리 및 시계·란셀·클로에 등 20여 개 부문의 패션 브랜드를 보유하고 있다. 스위스 제네바에 본사를 둔 리치몬트(Richemont, 프랑스어식 발음[리슈몽]) 그룹은 주얼리와 장신구·고급시계·필기구·옷·가방·향수 등을 위주로 보유한 '명품멀티브랜드' 그룹이다. 이 그룹의 총매출 순위는 1, 2위인 LVMH, 케링 다음 3위지만, 특히 보석과 시계 분야에서는 세계 1위를 자랑한다. 요컨대 시계 부문에서 세계적인 고가 명품을 다수 보유하고 있는 리치몬트의 브랜드들은 각각의 전통과 개성, 정체성을 유지하면서도 새로운 콘셉트의 시계 브랜드화에도 도전하고 있는 중이다.

한편 세계 3대 명품그룹이 지향하는 바는 "명품이란 신화를 만들어내는 것이어야 하며, 제품엔 영혼을 담아야 한다"란 모토로 임하고 있다.

프랑스 패션과 명품 문화의 결론

프랑스는 럭셔리 제품의 원산지이기도 하지만, 럭셔리 제품을 한데 모아 시장에 내놓는 마케팅 공장 역할도 한다. 다시 말해 두드리고 다듬고 꿰매서 완성하는 것은 이탈리아의 몫이요, 마케팅 비즈니스 전략을 짜서 시장에 내놓고, 세계로 나가는 출구 역할을 해, 판을 키우는 것은 프랑스의 몫이다. 그러니까 브랜드 제품의 출생지는 이탈리아이며, 그런 브랜드가 합병해 만들어낸 '대형 주식회사 럭셔리'의 국적은 프랑스가 된다.

이렇듯 프랑스는 럭셔리 브랜드를 통해 역사와 전통을 자본화하고 있다. 그 때문에 이탈리아 밀라노의 패션업계에는 프랑스 럭셔리 그룹의 낙점을 받아 '날개'를 달고 몸값을 높이고 싶어하는 브랜드들이 많다. 프랑스는 명품 브랜드 관리와 홍보가 매우 체계적이고, 그 효과 또한 대단하다.

빠리지앵의 패션 트렌드

대부분의 빠리인들은 기능성을 강조한 검소한 옷차림이다. 이와 더불어 자신의 모든 면을 완벽히 고려해 자신만의 스타일을 만들어 입는다. 유행이나 트렌드에 연연하지 않고, 자신만이 가진 아름다움을 극대화해 드러내는 것이 바로 나만의 멋, '프렌치 시크'(French Chic)다. 한마디로 약간 무심한 듯하면서도 전체적으로 세련미가 가미되고, 꾸민 듯 안 꾸민 듯 자연스러운 모습이다. 즉 그들은 획일적인 유행을 거부하고, 자신만의 개성을 잘 살린 멋이야말로 최고의 스타일이라 생각한다.

최근 세계적인 패션의 경향 – 패스트 패션(Fast Fashion)

요즘 대중적인 패션 유행은 패스트 패션(글로벌 SPA 브랜드)으로 따라잡는다. 길거리 디자이너를 통해 소비자들의 패션 니즈(needs)와 유행을 수시로 포착한다. 조사 결과는 곧바로 디자인으로 연결되고, 고객이 원하는 패션 아이템은 초고속 생산 시스템(기획·생산·유통·판매를 한 업체가 운영)으로 만들어져 판매된다. 이에 따라 최신 트렌드를 재빨리 포착해 마치 햄버거를 굽듯이, 유행하는 옷을 시장에 바로바로 내놓는다. 아울러 패스트 패션은 가격도 저렴한 실용적 모토가 깔려 있다. 즉 중산층 소비자들이 고급브랜드를 떠나 가격대비 높은 만족도를 찾아 옮겨오는 '중저가 패션시장'에 해당한다.

스토리텔링(storytelling) 기법

요즘 세계적인 추세를 보면, 새로운 시장은 꿈과 감성이 지배하고, 소비자는 머리가 아닌 가슴으로 상품을 선택한다. 소비자의 구매 욕구를 자극하는 가장 큰 요인은 해박한 지식과 논리적 설득이 아니라, 바로 '감성 바이러스'가 담겨진 이야기다. 즉 '스토리텔링'은 소비자의 감성에 호소하는 가장 큰 효과적인 방법이다. 다시 말해 성공하는 브랜드는 '환상'을 판다. 소비자 욕구를 그냥 충족하는 게 아닌 한 차원 더 높은 '가치'까지 얹어준다.

세계적인 명품 브랜드들은 소비자에게 상류사회에 대한 환상을 심어주고, 구매 욕구를 자극하는 스토리텔링 기법을 구사한다. 즉 상품 안에 담긴 가치와 이미지, 이야기, 분위기까지 감성을 자극하는 고급스러운 이미지를 파는 것이다. 이러한 '감성 마케팅'으로 인해, 소비자들은 물건을 사는 것이라기보다는 그 물건에 담겨진 '꿈과 이야기'를 소비하는 것이다. 명품을 만들어내는 건 바로 이야기다. 바로 독특한 고유의 스토리가 브랜드 이미지로 굳어지면서 '특별하다'라고 인식하게 되는 것이다. 요컨대 명품의 이미지에서 비롯된 꿈과 창의성, 상상력이야말로 최고를 만들어내는 원동력이 된다.

4

언론

프랑스에서도 일간지와 정기 간행물, 그리고 라디오와 TV방송과 같은 시청각 미디어가 중요한 언론 매체다. 특히 프랑스인들은 TV시청을 무척 즐겨한다. 프랑스인 1인당 하루 평균 TV시청 시간이 4시간 40분 정도로(이 중 VOD 시청이 전체 동영상 소비의 약 33퍼센트를 차지함), 텔레비전은 프랑스인들에게는 주요 여가생활이다. 현재 프랑스인의 TV시청 시간은 1982년 이래, 약 30퍼센트 이상 증가한 수치를 보이고 있다. 한편 프랑스에서 인기있는 TV 프로그램의 특성은 주로 토론·시사·교양·다큐·시청자 참여(퀴즈쇼)로 볼 수 있다.

한편 프랑스에는 이성과 철학이 발달해 책을 많이 읽으며, 특히 만화 분야에도 큰 관심을 가지고 있다. 프랑스를 포함한 유럽 만화는 색채의 아름다움과 풍부한 재치와 유머, 날카로운 비판의식으로 허를 찌르는 면이 돋보인다. 아울러 유럽 만화 시장에서는 '출판 만화'가 주류를 이룬다.

프랑스의 만화 산업

프랑스에는 여러 종류의 신문·정기간행물들이 있지만, 20세기 초 이미 만화를 '제9의 예술'[17]로 간주해 인기가 높은 편이다. 프랑스에선 만화가를 사회적으로 존경받는 직업으로 인식한다. 아울러 프랑스 서점에 가도 가장 눈에 잘 띄는 코너에 만화책 시리즈가 수십 권씩 꽂혀 있다.

프랑스에서는 인구의 3분의 1이 만화를 열독하고 있는데, 부모들이 어렸을 때 흥미롭게 읽었던 만화를 자녀들에게 권하는 분위기가 전반적으로 널리 인식되어 있다. 오랫동안 꾸준히 사랑받는 만화 시리즈가 많으며, 개성이 넘치는 독특한 그림으로 그려진 다양한 만화들이 있다.

특히 소년 기자인 땡땡(Tintin)과 그의 개 밀루(Milou)가 사막과 바닷속, 심지어 달나라까지 전 세계를 모험하면서, 사건의 진실을 파헤치는 『땡땡의 모험(*Les Aventures de Tintin*)』이 있다. 벨기에 만화가 에르제(Hergé)가 그린 '유럽 대표만화' 이 시리즈는 약 60개국 50개 언어로 번역되어 3억 부 이상의 판매고를 올리며, 헐리우드 영화로도 제작되었다.

역시 '프랑스 국민만화' 시리즈로, 골족의 영웅담을 그린 『아스떼릭스(*Astérix*)』

유럽 대표만화 '땡땡의 모험'

프랑스 국민만화 '아스떼릭스'

17 프랑스에서 정의하는 '예술분야 순서'는 다음과 같다. 즉 연극(제1의 예술)-회화-무용-건축(제4의 예술)-문학-음악-영화(제7의 예술)-사진-만화(제9의 예술)와 같이 이런 순서 형태로 각각의 예술 분야를 규정지었다.

가 인기가 있다. 특히 총 36권으로 이루어진 아스떼릭스는 110여 개 언어로 번역되었다. 그동안 팔린 책을 쌓으면, 에펠탑보다 무려 7000배나 더 높을 정도로 베스트셀러 만화다. 기원전 50년경, 프랑스 토착민 골족 마을을 무대로, 작지만 영리한 아스떼릭스와 힘센 친구 오벨릭스가 로마군에 대항해, 마을을 지킨다는 내용이다. 두 골족 전사들이 이집트와 영국, 북미까지 넘나들며 클레오파트라, 올림픽 대회의 고대 그리스인, 로마의 검투사, 바이킹과 같은 역사적 인물들을 만나는 일종의 모험담이다.

사회풍자 만화 '띠떼프'

한편 최근에는 사회의 여러 문제들을 코믹하고 앙증맞게 그려낸, 『띠떼프(*Titeuf*)』가 프랑스인들의 사랑을 받고 있다. 이 만화는 10살 꼬마가 바라본 세상 이야기로, 가족·학교 친구들과 함께 일상에서 겪는 일들을 옴니버스식으로 구성되어 있다. 호기심 많고 현실에 대해 수많은 의문을 품고 있는 장난꾸러기의 전형적인 어린이 만화지만, 소재는 실업·학교·고정관념 등 다양하고 무거운 '사회문제'를 다룬다.

앙굴렘 출판만화축제

프랑스 남서부 보르도 부근, 앙굴렘(Angoulême)에서는 매년 1월말, 1974년부터 시작된 세계최대 출판만화축제 '국제만화 페스티벌'이 펼쳐진다. 이때 빌딩은 만화로 뒤덮이고, 사람들의 표정도 익살스러워진다. 소도시 앙굴렘은 원래 종이 생산지였는데, 소규모 만화 전시회와 비평회가 자주 열리면서 만화관련 시설들이 늘어나 '만화 도시'가 되었다.

앙굴렘 출판만화축제는 1980년대 미떼랑(Mitterrand) 정부의 대중문화 지원에 힘입어 깐느 영화제와 함께 프랑스를 대표하는 5대 국제문화 행사로 자리잡았다. 이 축제는 만화 전시를 위해 새로운 건물들을 짓는 대신에, 교회·학교·극장 등 기존의 공간들을 최대한 활용하는 것이 특징이다.

한편 이 만화축제는 프랑스어권(francophonie[프랑꼬포니]) 만화팬들을 위해 마련된 축제다. 앙굴렘을 찾아오는 관객의 약 5퍼센트만이 비프랑

앙굴렘 국제만화 페스티벌 도서전

앙굴렘 만화축제 '거리 풍경'

스어권 국가에서 온 사람들이며, 부스를 차리는 출판사들 역시 프랑스어권 출판사가 대부분이다. 한 해 동안 출간된 최고의 만화에 시상하는 '앙굴렘 그랑프리'는 전 세계 만화를 대상으로 하지만, '프랑스어판이 출간된 작품'에 한정된다. 그럼에도 불구하고 이 만화축제에 세계적인 관심이 쏠리는 이유는 탄탄한 프랑스어권 만화 시장을 기반으로, 아직 유럽 쪽에 알려지지 않은 타국의 만화들을 적극 조명하고, 소개하는 과감한 시도 때문이다.

축제에서는 프랑스뿐 아니라, 세계 각국의 만화와 관련 영상물이 전시되고, 강연회·상연회·시상식·책 박람회·작가 사인회 등, 다양한 행사가 펼쳐진다. 앙굴렘 국제만화 페스티벌에 모여드는 관람객 수는 해마다 증가해 약 25만 명에 이를 정도로, 이 축제는 규모도 크고, 그 영향력도 방대하다. 이 페스티벌은 크게 만화 출판사가 신간을 선보여 관람객이 직접 만화책을 구매할 수 있는 '도서전'과 만화가들의 작품을 보여주는 '전시회'로 구성된다.

특별히 2003년에는 한국이 앙굴렘 만화축제에 주빈국(Guest of Honor)으로 초청을 받았으며, '한국만화 특별전'을 통해 한국만화의 유럽 진출은 본격적으로 탄력을 받기 시작했다. 이어서 2013년 두 번째 앙굴렘 만화축제에 선보인 한국만화 특별전의 타이틀은 '만화, 그 후'였다. 이때 가장 주목을 받은 것은 역시 '웹툰'(온라인으로 보는 만화)이었다.

TV 채널

프랑스 공영방송은 프랑스 국회에서 통과된 방송법 새 미디어 정책에 의해, 2011년 모든 시간대 광고방송을 전면 폐지했다. 프랑스 공영방송의 광고 폐지는 공영방송의 정체성을 확립하기 위한 일환으로, 공영방송의 상업성을 줄이고, 공공성을 더 높이겠다는 예전 대통령 싸르코지 정부의 방송개혁 정책에 따른 것이었다.

이와 더불어 민영방송에서의 TV 광고를 보게 되면, 어떤 이미지화된 나열 전개가 아니라, 대부분 이야기나 줄거리와 같은 에피소드가 있는 편이다. 내용은 예술적이고 참신하면서도, 한편으로 기발하고 재치있는 내용들이 주를 이룬다.

아울러 2022년 7월에는 프랑스 하원이 공영방송 수신료를 폐지하는 법안을 여야 합의로 통과시켰다. 이는 "잘 보지도 않는 공영방송 수신료를 왜 내느냐"는 국민 불만을 반영한 것이라는 해석이 나왔다. 이에 따라 극우파 '국민연합'은 "정부와 좌파 엘리트 입김이 심한 공영방송을 모두 민영화해야 한다"라고 주장하고 있다.

한편 프랑스 지상파 방송 채널은 다공영·다민영 체제다. 아울러 지상파 정규 채널 방송 외에, 케이블과 위성 채널 등이 있다.

| 민영방송 |

a. TF 1 – 프랑스 최초의 TV로, 민영화되면서 많은 논란이 되었던 채널이다. 프랑스 최대 민영방송사 TF 1 채널은 시청률이 가장 높은 방송국이다. 주로 뉴스·시사 프로그램이 많다.

b. M 6 – 젊은이들 대상의 뮤직 비디오 위주의 음악방송과 외화 시리즈 중심으로 방영하는 상업 채널이다. 이 채널은 프랑스 인근 스위스까지 송출한다.

c. 까날 쁠뤼쓰 Canal+ – TV 시청료 외에, 부가 사용료를 내는 최초의 유료 채널이다. 주로 개봉된 지 1년이 채 안 된 영화(신작)들과 인기있는 스포츠(축구) 프로그램을 주로 방영한다.

| 공영방송(국영방송) |

a. France 2 – 프랑스 최대 공영방송사로, TF 1처럼 토론 프로그램 외에 게

프랑스의 다양한 TV 채널

아르떼 TV 본사

임쇼, 외화 시리즈, 프랑스 영화 같은 가벼운 오락물들을 방영한다. 요즘 아시아에서는 TV 프로그램들 중에 드라마가 강세지만, 현재 프랑스를 포함한 유럽에서는 퀴즈 오락, 게임쇼, 노래 콘테스트 같은 분야뿐 아니라, 취직·친구 찾기까지 '리얼리티쇼 분야'를 많이 방영하고 있다. 예를 들어 리얼 요리경연대회 '탑 쉐프'(Top Chef)와 더불어, 프랑스 TV에는 유난히 '말과 글'과 연관된 프로그램들이 많은 것에서 알 수 있다.

한편 프랑스의 퀴즈 오락 프로그램에서의 상품은 주로 책들을 제공한다. 예를 들어 대백과사전이나 역사책, 표현사전, 소사전 등을 나눠 갖는다.[18]

b. France 3 - 지역 특화 네트워크 방송사로 야생의 삶, 다큐멘터리, 토론, 미술 관련 프로그램과 클래식 영화를 주로 방영한다. 특히 프랑스 TV에선 다양한 분야의 유익한 다큐를 많이 다룬다.

c. France 5 - 교육방송(낮에 집에 있는 주부나 실업자를 대상으로 하는 교양·학습 방송) 전문 채널이다.

d. 아르떼 Arte - 프랑스와 독일 간 합작 교양방송 전문 채널로, 1992년 공동 설립되었다. 스트라쓰부르에 위치한 아르떼 TV는 유럽에서 가장 영

18 책 읽는 걸 좋아하는 나라답게, 프랑스인들은 한 해 평균 책 11권을 읽으며, 그 중 3권은 여름 휴가철에 집중해서 읽는다. 책 분야별로 보게 되면, 추리 소설이 가장 대세이며, 그 다음 스릴러와 로맨스 소설 분야가 인기있다.

향력 있는 '고급 문화채널'(문화 · 예술 TV)이다. 유로 뉴스(Euro news, 프랑스어와 독일어로 제작)를 비롯해, 주로 문화 · 교양 · 역사 · 미술 관련 다큐멘터리와 클래식 음악 · 예술영화 등, 수준 높은 프로그램을 방영하고 있다. 아르떼 TV는 '프랑스-독일 교류'를 넘어 '유럽통합'을 방송 기치로 내걸어 '전 유럽 공공언론'을 상징함으로써 프랑스와 독일 양국 국민들뿐 아니라, 유럽인들에게도 긍정적인 평가를 받고 있다. 아울러 아르떼 채널은 초창기 France 5(교육방송)와 한 채널을 공유하다 2011년 디지털 전환 이후 독립했다.

- 프랑스에는 프랑스 뗄레비지옹, 라디오 프랑스, 아르떼, TV 5(떼베 쌩끄) 몽드 등 공영 매체가 TV와 라디오, 인터넷 방송 매체 수십개를 운영하고 있다. 한편 요즘 커져가는 OTT에 대응하기 위해, 프랑스는 2022년 기존 방송과 인터넷 저작권 규제 기관을 통합하면서 OTT 사업자까지 관리하는 '시청각 · 디지털 커뮤니케이션 총괄 규제 기구'(ARCOM)를 설립했다.

프랑스 TV 방송의 특징

프랑스 미디어 개혁의 주요 정책목표는 다음과 같다.

① 방송매체의 지원 - 프랑스 방송 위원회인 CSA(시청각 최고심의회)는 방송 매체들로부터 '어린이'(최근 정서불안 등의 이유로, 영유아 3세 미만용 TV 프로그램은 전면금지되었음, 3~6살 어린이는 교육 콘텐츠를 성인이 동반했을 때만 시청가능 권고)와 '프랑스어'(TV와 라디오 음악과 쇼 프로그램에서 프랑스 샹송을 적어도 40퍼센트 이상 의무적으로 방송하도록 규정함)를 보호하는 임무를 맡고 있으며, 현재 TV 프로그램 영어 제목은 모두 프랑스어로 바꾸라는 시정명령을 내렸다.
② 프랑스 정부의 자국영화 보호정책 - 프랑스 정부는 방송사로 하여금 영화제작에 일정 부분을 투자 의무화하도록 한다. 한편 프랑스 TV는 뉴스가 끝난 저녁 9시부터 영화를 방영한다. 이때 60퍼센트는 프랑스 자국 영화가 포함된 유럽연합 영화로 구성되며, 그 중에서도 최소 40퍼센트는 반드시 프랑스어로

촬영된 영화로 채우도록 했다. 무엇보다 이 정책의 핵심은 전 국민이 영화를 좋아하도록 장려하게끔 초점을 맞추는 데 있다. 그것은 현재 제작 중인 영화에 대한 지원뿐 아니라, 극장 지원·해외 배급·어린이를 위한 영화 제작·학교 교육 프로그램 계발 등과 맞물려 있다.

③ 글로벌 뉴스 전쟁 가세 – 프랑스는 영·미가 주도하는 세계 TV 뉴스 시장에서 프랑스 시각을 대변할 채널이 필요하다고 판단했다. 프랑스 예전 대통령 쟈끄 시라끄(Jacques Chirac)에 의해 직접 육성된 사업인 프랑스판 CNN, 즉 국제보도 전문채널 공영 '프랑스 24'는 케이블, 위성, 인터넷으로 하루 24시간 내내 최신 뉴스를 전달하고 있다. 영어로 송출하는 '국제뉴스 전문 TV 채널' 프랑스 24가 강조하는 것은 바로 '다양성'과 '프랑스적 삶의 방식'이다. 이 외에 '프랑스어권 채널'인 TV 5 몽드(Monde)가 있다. 이 채널의 49퍼센트는 프랑스 몽드가, 나머지 51퍼센트는 캐나다 퀘벡, 스위스, 벨기에 프랑스어권 공영채널에서 관리한다.

④ '책 읽어주는 방송' 독서토론 프로그램 – 프랑스에서는 독서토론 프로그램(문학 까페)들을 많이 제작한다. 즉 신간 소개 및 저자와의 토론을 진행하는 프로그램들이다. 책 읽어주는 방송은 '문화의 온상'이라는 기능을 훌륭하게 수행해왔다.

프랑스 방송의 '책 읽어주기'는 국민의 문화향수권을 존중하는 정부의 방송 정책에 따라 유지된다. 프랑스 대중매체에서는 낭독에 관한 관심이 일반화되어 있다. 책 읽어주기 프로그램은 보통 밤새도록 책을 읽어주는데, 이러한 프로그램은 프랑스 문학 작품들을 재발견할 수 있는 또 다른 방법으로 평가받고 있다. 책 읽기 서평 프로그램은 문학 평론가인 진행자가 고른 책을 소개하는데, 시청률이 높으므로 아무리 무명 작가의 책이라도 초판은 다 팔리는 편이다.

라디오

오늘날 프랑스에서 TV 방송의 위세가 절대적임에도 불구하고, 라디오 방송은 많은 애청자들을 가지고 있다. 특히 음악을 좋아하는 젊은이들이 라디오를 많이 듣는다. 빠리에서 청취할 수 있는 FM 라디오 채널은 56개국으로, 뉴스·문화·음악·전문적 정보 등 다양한 채널이 있다.

한편 프랑스의 공영 라디오인 '라디오 프랑스'(Radio France)는 프랑스 앵떼르(France Inter), 프랑스 앵포(France Info), 프랑스 뀔뛰르(France Culture), 프랑스 뮈지끄(France Musique), 프랑스 블뢰(France Bleu), 핍(Fip), 르 무브(Le Mouv) 등 총 7개 채널로 구성되어 있다. 이 중 프랑스 앵포는 하루종일 뉴스만을 반복해 방송하는 '국영뉴스 전문 방송국'이다. 또한 프랑스 뀔뛰르 채널은 1946년에 탄생한 문화전문 공영방송으로 문학 이외에, 인문사회과학 · 종교 · 음악 · 미술 등, 인간의 다양한 정신활동을 소리로 들려주는 '문화방송'이다.

문화공연 정보지 '로피씨엘 스빽따끌'

정기 간행물 잡지

신문이 심각한 어려움을 겪는 반면에, 여성 잡지(빠리 마치 · 마담 피가로 · 마리 끌레르 · 엘르)와 시사주간지(르 누벨 옵세르바뙤르 · 렉스프레스 · 르 쁘앵), 문학 사상계 잡지(마가진 리떼레르) 등은 폭발적인 인기를 누리고 있다. '잡지 천국' 프랑스에서는 다양한 정기 간행물들이 일상 생활의 전 분야로 확산되었다. 세계에서 가장 많이 잡지를 읽는 프랑스인들은 한 명당 평균 7종류의 잡지를 읽는다. 이는 프랑스인들의 '지적인 성향'과 '개인적 취향의 다양성'을 보여준다.

특히 렉스프레스(L'Express)는 프랑스 최초의 시사잡지로 세계 정세에 대한 평가, 국내 문제 등의 순서로 다루어지며, 과학 · 예술 · 출판 등 다양한 분야를 취급한다. 또한 마가진 리떼레르(magazine littéraire)는 매달 한 작가나, 특별한 테마를 선정해 해당분야의 전문가들로 하여금 여러 각도에서 그 의미를 살펴보게 하는 등, 독특한 편집 방식을 취한다. 현재 이 잡지는 프랑스 사상계의 성좌에 자리를 잡았다.

아울러 1946년 창간된 로피씨엘 데 스뻭따끌(L'Officiel des spectacles)은 빠리와 수도권의 모든 문화 행사를 정리해놓은 가이드 잡지로, 매주 수요일 오후에 나오는 '문화정보 주간지'다. 참고로 프랑스에서는 최근 신작 영화나 잡지책 등 새로 선보이는 것은 수요일 기준으로 출시된다. 빠리와 인근 수도권 지역에서 일주일 동안 행해지는 모든 공연과 전시회 등 문화예술 정보를 담고 있어, 이 잡지책 한 권이면 빠리의 각종 문화공연(영화·연극·오페라·발레·음악콘서트·전시 등)을 쉽게 접할 수 있다. 이는 제목별, 상영 구역별로 일목요연하게 잘 구성되어 있다. 이 잡지는 신문과 잡지를 파는 가두판매점(kiosque[끼오스끄])에서 흔히 발견할 수 있다. 특히 이 실용적인 주간지는 빠리에 체류할 때 문화·예술 행사에 대한 정보로 활용하면 좋다.

신문

a. 르 피가로(Le Figaro) - 1826년 창간된 프랑스 일간지의 시조(우파 신문, 전통적인 보수세력 성향)다. 르 피가로는 정치, 도덕, 문학 등에 재치있는 논평을 하며, 연극과 같은 예술 분야에 많은 관심을 기울인다.

b. 리베라씨옹(Libération) - 프랑스의 3대 전국 일간지이자, 대표적인 진보적 신문(좌파 신문, 개혁·저항세력 성향)이다. 참여 지식인 '쟝 뽈 싸르트르'(Jean-Paul Sartre)가 1973년에 창간했다.

c. 르 몽드(Le Monde) - 1944년 창간된 프랑스의 대표적 신문으로, 세계적 권위지다. 르 몽드는 자유진보의 보도 성향을 취하며, 균형된 시각을 가진 것으로 알려졌다. 특히 프랑스 지식인들이 즐겨보는 중도좌파적인 논조로 유명하다. 석간 신문 르 몽드는 사실 보도보다는 '분석'에, 속

프랑스의 다양한 신문들

보성보다는 '완벽한 보도'에 초점을 둔다. 한편 모바일을 통해서도 최근 조간 서비스를 시작했다. 이 신문은 현재 하루 평균 약 30만 부를 발행하고 있지만, 유료 독자의 감소로 정부로부터 재정 지원을 받고 있다.

- 위에 언급된 프랑스의 대표 일간지 이외에, 르 빠리지앵(Le Parisien), 경제 일간지인 레 제꼬(Les Échos) 등이 있다. 한편 프랑스의 주요 일간지들은 취약한 재무구조로 인해 이념의 좌·우를 막론하고, 정부로부터 매년 수백 억의 보조금을 받고 있다. 이렇듯 프랑스 미디어는 막대한 재정을 정부 예산에 의존하고 있는 실정이다.

프랑스 신문의 특징

TV와 같은 시청각 미디어와의 경쟁에서 패배해, 시청각 대중매체의 범람으로 인한 독자수 감소 현상이 특히 빠리의 노동자와 사무원, 그리고 젊은이들에게서 집중적으로 나타났다. 아울러 신문들마다 전통적인 정치 색깔에 많은 사람들이 정치에 식상해져, 신문을 외면하게 한 것이다. 요컨대 스포츠지와 경제지를 제외한 일반 신문들은 1990년대 이래 계속 내리막길이다.

요즘 프랑스 신문은 '신문의 잡지화'와 같은 상업전략을 내세운다. 최근 프랑스 일간지들은 부수가 줄어드는 위기를 만회하기 위해, 심층분석에 강한 시사주간지의 장점을 도입했다. 요컨대 르 몽드와 르 피가로 등은 주말에 시사주간지 스타일의 '잡지형 주말판'을 매주 발행한다. 이러한 주말판엔 평일 지면 제약 때문에 미처 다루지 못했던 '깊이있는 기획'을 담아낸다.

아울러 이 외 프랑스 주요 신문들은 주말판을 영화·공연·외식·여행·여가 등의 문화생활 최신 정보가 많이 담겨진 잡지 스타일로 만드는 등, 서비스 개선에 힘쓰고 있다.

빠리의 무가지

빠리에서는 'C News'와 같은 정치·문화·여가 생활·각종 공연·스포츠·패션 트렌드·TV 프로그램 안내·날씨·낱말 퀴즈 등, 빠리 생활에 대한 이해를 돕는 무료 '생활 정보지'를 접할 수 있다. 이는 원하는 사람들 누구에게나 무료로 배포하는 정기 발행의 잡지 형태의 신문이다. 프랑스에서는 이러한 유익한 정보를 알려주는 일간지가 등장(특히 젊은층에 인기를 끌면서 현재 무가지가 높은 구독 순위를 차지하고 있음)하면서, 미디어 경쟁이 더욱 가속화되고 있다.

신문과 잡지 엽서 가두판매점 '끼오스끄'

결론적으로 보면, 프랑스인들이 신문보다 시사주간지 등의 잡지를 선호하지만, 최근에 들어와 인터넷과 급성장하는 무가지 등 새로운 도전 환경에 밀려 일간지의 발행 부수가 점점 줄고 있다. 현재 격변과 혼란의 시기에 처한 프랑스 신문의 위기는 사회적 관심이 다양해지는 데도 엘리트 체질을 벗어나지 못한 채, 새로운 독자 개척에 실패한 탓으로 풀이된다.

프랑스 정부의 신문 활성화 정책

프랑스에서는 신문을 구독해서 보는 경우보다 주로 신문과 잡지 등을 파는 체인점 를레(Relay)나, 프레스(Presse)와 같은 가두판매점, 혹은 지정된 서점에서 그날그날 구매한다. 이런 가게들도 오후 6시면 문을 닫거나, 주말에 문을 열지 않은 곳이 많아 프랑스에서는 신문 사는 것이 쉽지 않다.

무가지의 확산과 과다한 인터넷 정보·신문업계의 경영난·높은 인쇄 비용 등으로, 위기에 처한 프랑스 신문산업을 활성화하고자 프랑스 정부는 초등학교의 '신문활용 교육'(NIE)을 강화하는 내용과 정부의 홍보 광고량을 기존의 두 배로 늘리는 등의 내용을 골자로 하는 '신문산업 지원 방안'을 발표했다.

아울러 신문 독자층의 확보와 유통구조의 개선이 시급한 문제라고 지적하면서, 구독을 원하는 18세의 성인에게 1년간 신문구독료를 지원하고, 신문가판대 설치 규정을 완화하는 등의 방안도 시행하였다. 이 밖에도 신문의 가정배달을 지원하여 유통의 독점적 구조를 개선하는 한편, 신문판매업자의 사회분담금을 30퍼센트 인하하는 내용의 지원 방안 등도 포함됐다.

문학상

| 꽁꾸르(Concourt)상 |

1903년 제정된 꽁꾸르상은 '세계 3대 문학상'(꽁꾸르상 이외, 노벨문학상 · 영국의 맨부커상)으로 손꼽히는, 프랑스어권 최고 권위 문학상이다. 해마다 12월에 지난 1년간 발표된 우수한 산문 작품, 특히 소설 중에서 선정해 시상한다. 세계적으로 잘 알려진 이 문학상의 수상자는 곧바로 명성을 얻게 되고, 유명한 작가의 반열에 들어서게 된다. 요컨대 꽁꾸르상의 수상작은 평균 60만 부 이상 팔리고, 30여 개 언어로 번역되는 등, 통상 베스트셀러가 되는 것이다. 한편 1933년에 수상한 앙드레 말로(André Malraux)의 『인간의 조건(*La condition humaine*)』이 100만 부 이상 팔려, 꽁꾸르상 수상작 중 가장 많이 팔린 책으로 꼽힌다.

| 페미나(Fémina)상 |

꽁꾸르 문학상에 버금가는 권위를 인정받고 있다. 1904년에 제정되었는데, 역시 매년 12월 초순 그해 발표된 가장 우수한 신인 문학 작품에 수여된다. 이 문학상의 특징은 남성 위주의 문학상에 반발해, 22명의 심사위원이 전부 여성이라는 점과 꽁꾸르상과 달리, 외국문학 부문의 수상작도 선정해 시상을 한다. 수상자는 남녀 구분 없이 선정한다. 주요 수상작으로는 쌩떽쥐뻬리의 『야간 비행(*Vol de Nuit*, 1931)』이 있으며, 2004년에는 쟝 뽈 뒤브와의 작품, 중년 남자의 인생을 그린 『프랑스적인 삶(*Une vie française*)』에 돌아갔다.

그 밖에 프랑스 4대 문학상으로는 기자들이 수여하는 명예상(상금은 없음)인 르노도(Renaudot)상, 저명한 메디치(Médicis) 문학상이 있다. 특히 메디치 문학상은 실험적인 작품에 수상하는 젊은 문학상으로, 1958년 제정되어 현재에 이르고 있다. 이 문학상 또한 1970년에 번역 문학을 대상으로 메디치 외국문학상이 신설됐고, 1985년부터는 메디치 에세이상이 제정됐다.

출판사

일찍이 프랑스는 책을 외국으로 보급하는 데 주력하고 있다. 이는 '프랑스어의 가치 상승시키기'와 같은 효과를 가져온다. 프랑스의 정치·경제·산업·교통·문화 등 모든 분야에서처럼, 출판업계도 지리적인 '중앙집중화 현상'이 나타난다. 즉 대부분의 대형 출판사들이 빠리 6구에 위치해 있는데, 이는 빠리 지역에서 문화적 혜택을 가장 많이 받는 '좌안 구역'에 해당됨을 알 수 있다.

프랑스의 대표적인 출판사로는 '아쉐뜨'(Hachette)가 있는데, 여기에는 문고판 'Livre de Poche'가 포함된다. 한편 프랑스의 문화 권력이자, 프랑스 문학의 자존심이기도 한 '갈리마르'(Gallimard) 출판사 이 외에, '씨떼 그룹'(Groupe de la Cité)이 있다. 씨떼 그룹에는 씨떼 출판사(Presses de la Cité), 라루쓰(Larousse), 나땅(Nathan), 보르다쓰(Bordas) 등이 속해 있다. 현재 프랑스에서는 한국의 많은 소설책이 번역되어, 한국 문학에 대한 높은 관심과 프랑스 언론의 호평을 받고 있다.

아까데미 프랑쎄즈(Académie Française)

프랑스는 일찍이 자국어의 보호에 앞장서기 위해 노력해왔다. 프랑스어의 보호와 진흥을 위해 프랑스 아까데미인 '아까데미 프랑쎄즈'(프랑스 국립국어원)라는 기관을 세워, 이 기관에 의해 검열되고, 조절되는 공식 언어가 있다. 즉 이 기관은 프랑스어를 표준화하는 역할을 한다. 아까데미 프랑쎄즈는 '프랑스 최고의 지성'을 의미하며, 이 기관은 1635년 루이 13세 절대왕정 시절, 최고 대신 리슐리외(Richelieu)에 의해 창설되었다. 아까데미 프랑쎄즈는 프랑스어 관련 기관 중에서 가장 오래된 역사를 가지고 있다.

요컨대 아까데미 프랑쎄즈는 프랑스 지식인들의 학술 단체로서 문학상을 수여하고, 프랑스어 사전을 편찬하는 기관이다. 회원은 40명이며, 일단 회원으로 선출되면 종신직이다. 정회원들은 프랑스어를 빛낸 문학가가 다수를 차지하며, 이 외 비평가와 역사가뿐만 아니라, 과학자·사회학자·철학자·의사도 있다. 루이 14세 시절, 재경부 장관이면서 프랑스의 국부 증대와 문화적 메시지 전파에 힘쓴 꼴베르도 과거 아까데미 프랑쎄즈 회원이었다.

한편 프랑쓰와 1세의 프랑스어에 대한 관심은 프랑스 왕권의 자부심과도 연결되었다. 따라서 이 당시 왕이 관할하는 행정 문서는 모두 프랑스어로 작성할 것을 결정하기에 이르렀다. 이러한 노력들을 바탕으로 16세기를 지나 17, 18세기에 이르러 프랑스어는 프랑스 왕실의 발전과 더불어, 더 나아가 '유럽 세계의 공용어'로 발전하게 된다.

아까데미 프랑쎄즈는 프랑스어와 문학에 절대적인 권력을 행사하기 위해 만들었으며, 국가가 프랑스어의 규범화 작업 등, '언어 문제'에 최초로 관여하게 되었다. 이는 국가가 모든 것에 관여하는 오랜 '국가 개입주의' 전통이 있음을 알 수 있게 된다. 아까데미 프랑쎄즈에서는 전통적으로 백과사전을 만드는 작업을 해오고 있다. 그 밖에 주요 불어사전(대표적인 불불사전)으로는 시리즈로 출판된 로베르(Robert), 라루쓰(Larousse) 등이 있으며, 프랑스에선 특히 사전 만드는 분야가 발달되었다.

인터넷

프랑스에도 초고속 인터넷망이 보급되어 곳곳에 PC방이 있다. 또한 'WiFi'라고 쓰여진 모든 곳(기차역 터미널·도서관·공원·일부 까페·레스토랑·외국계열 체인점 식음료 매장·대부분의 숙박업체 포함)에선 무선 인터넷 사용이 가능하다.

한편 프랑스인들은 블로그를 좋아한다. 철학적 토론과 격렬한 파업으로 유명한 프랑스인들의 열정이 이제 온라인으로 옮겨가고 있다. 각국의 가장 인기있는 블로그 사이트를 방문한 평균 시간을 비교한 결과, 프랑스인들은 개인당 60분이 넘어 미국(12분), 독일(3분)과 큰 차이를 보인다. 이 외에 프랑스의 인터넷 사용자 가운데, 블로그 방문자 비율은 약 60퍼센트로, 40퍼센트 미만에 머무른 영국, 독일, 미국을 훨씬 앞지른 것으로 조사됐다.

요컨대 프랑스인들이 블로그에 몰두하는 것은 그들의 성격 때문이라는 분석이 있다. 이는 토론을 통해 자아 정체성을 확인하는 프랑스인의 국민성에서 그 이유를 찾을 수 있다. 즉 프랑스인들은 자의식이 강하고, 자기 이야기를 남에게 하기 좋아하며, 또한 개인 공간을 꾸미는 것을 좋아하고, 수다스러운 프랑스인들의 특징을 잘 드러낸다. 아울러 프랑스인들 특유의 비판의식을 블로그에 투영시키며, 특히 주류 정치인들도 서슴없이 '블로그 껴안기'에 나서고 있다.

프랑스 언론 문화의 결론

프랑스는 언론의 자유가 보장된 나라지만, 동시에 언론의 타인에 대한 사생활 침해도 엄격히 제한한다. 이는 남의 사생활을 존중해주는 문화 때문이다. 자신의 사생활이 침해당하는 것을 극도로 싫어하는 프랑스인들은 남의 사생활에도 간섭하지 않는다.

다시 말해 공과 사를 확실히 구분하는 문화가 그 원인으로 거론된다. 더 나아가 그들은 정치인 같은 공인의 공적활동, 업무능력과 개인의 사생활을 확실히 구분짓는다. 즉 르 몽드나 르 피가로 같은 유력 일간지에서는 유명인의 사생활에 관한 스캔들 기사를 일절 보도하지 않는다. 스캔들 기사를 보도하는 언론은 '빠리 마치'와 같은 여성 잡지 등에서 다룬다.

5

건축양식

이제는 건축 분야도 역사의 중요한 구성 장르가 되듯이, 이제는 사회·심리학·인간·커뮤니티·과학·기술에 시적 요소까지, 한마디로 여러 요소들이 응축된 종합 예술이 바로 건축인 셈이다. 바로 건축물에는 그것을 둘러싼 사회·문화·역사적 의미가 함께 담겨져 있는 것이다.

프랑스에서는 이미 건축을 '제4의 예술'이라고 정의할 정도로, 건축의 예술성을 높이 평가하고 있다. 상상력과 예술성을 중시하는 프랑스 건축의 특색은 오랜 역사를 지니고 있으며, 여러 민족이 합쳐져 프랑스를 이루었듯이, 프랑스 건축 문화에는 다양성과 독창성이 함께 존재한다. 무엇보다 프랑스 건축에서는 우아하고 세련된 감각과 독창적인 아이디어, 독특한 취향과 합리적인 형태로 설계된 많은 건축물을 발견할 수 있다. 이렇게 만들어진 건축물들은 다시 전 세계로 널리 퍼져나가 심대한 영향을 미쳤다.

한편 프랑스 각 도시의 미관을 살리는 아름다운 건축물들은 바로 진정한 문화를 느끼게 한다. 시간과 문화를 담는 공간인 건축물들에는 건축가의 시대 성찰과 사유가 담겨 있으며, 예술적 가치와 주변 환경과의 조화, 또한 그 관계 맺기 등이 내포된다. 그러므로 프랑스의 수많은 뛰어난 건축물들은 프랑스 각 도시를 무대로 전시되는 '하나의 예술품'이라는 인식을 하게 한다. 현재 프랑스에는 건축학도들을 위한 많은 에꼴(école) 전문 교육기관들이 있다.

이 장에서는 프랑스 건축양식의 각 시기별 특징과 더불어, 해당된 대표적인 건축물들에 대해 살펴보고자 한다.

고딕(Gothic) 건축과 성당들

1130~1190년, 즉 12세기가 고딕 건축이 가장 번성했고, 또한 유행했던 시기다. 프랑스는 '고딕 양식의 발상지'이면서 세계적으로 가장 중요한 고딕 건축물들이 잘 보존되어 있다. 프랑스에서 발명된 독특한 고딕 양식은 종교적인 건축물들에 많이 활용되었고, 전 유럽으로 퍼져 나갔다. 고딕 양식이 도입되면서 교회당은 더 높고 화려한 모습을 보이며, 현재 프랑스 각 도시에 있는 대성당은 이 건축양식으로 지어진 것이 많다. 고딕 양식은 11세기에 유행한 육중하고, 중후한 벽체와 원형 아치를 강조하는 로마네스크 양식과 대비된다.

고딕(Gothic) 양식의 특징

고딕 건축 이전의 '중후한 벽'과 '원형 아치'를 강조했던 로마네스크 양식에 경쾌함과 생동감을 부여하고, 역학적인 조화가 고도의 균형 상태를 유지하게 되었다. 즉 고딕 양식의 세 가지 특징으로, 먼저 외형적인 특징인 '첨두 아치'를 들 수 있다. 첨두 아치는 예로부터 하늘과 가까워지고 싶은 인간의 욕망을 표현한 것이다. 이는 아치의 최상부가 뾰족 솟은 형태로 고딕 양식의 가장 큰 특징이다.

그 다음 뼈대가 있는 볼트 형태의 경우다. 이 형태는 고딕 건축물의 천장에서 볼 수 있는 '교차된 첨두 아치'를 말한다. 따라서 기둥과 뼈대 볼트로 구성된 정교한 구조체계가 지붕의 하중을 지탱하게 되므로 넓은 실내공간을 확보하게 되었다.

마지막으로 고딕 양식의 가장 큰 구조적 특징은 '프라잉 버트레스'(Flying buttress)를 들 수 있다. 이것은 고딕 건축물에 원형 아치 모양으로 걸쳐서 지지대

고딕식 성당의 천장 모습

고딕식 성당의 스테인드글라스

역할의 '버팀벽'과 같은 구실을 한다.

한편 고딕 양식은 지붕의 무게를 기둥에 모두 실어 천장을 돔 형태로 아주 높게 한 것이 특징이다. 또한 벽으로 무게를 지탱할 필요가 없으므로 벽을 얇게 만들고 창을 넓힐 수 있었다. 따라서 고딕 성당의 긴 창문에는 아름답게 디자인된 형형색색의 색유리 조각을 볼 수 있다. 바로 고딕 양식의 스테인드글라스에 비치는 영롱한 빛은 상승 효과를 더해 환상적인 느낌을 준다.

고딕 양식으로 지어진 성당에 들어갔을 때, 놀라는 것은 바로 아찔한 높이와 첨두 아치에서 느껴지는 강력한 힘이다. 가는 기둥, 높게 연속된 아치, 그리고 뾰족 아치로 이루어진 고딕 건축의 '수직 지향성'이 돋보인다. 세월이 지날수록 고딕 건축물들의 높이가 높아졌으며, 그 폭도 넓어졌다. 즉 둥근 천장을 떠받치는 여러 개의 아치가 원기둥에 결집되어 바닥까지 똑바로 내려오며, 일직선으로 늘어서 있는 이 기둥들이 시선의 수직 효과를 높여 더욱 장엄한 분위기를 연출하고 있다. 고딕 건축양식은 13세기에 크게 발전했지만, 14세기에는 다소 복잡한 양상(후기 고딕 양식)을 띠게 된다.

플랑브와이앙(Flamboyant) 후기 고딕 양식

후기 고딕 혹은 '플랑브와이앙' 양식으로의 변화는 14세기에 일어났으며, 15세기 말에 가서는 완전한 성숙기에 다다르게 된다. 플랑브와이앙은 프랑스 후기 고딕 양식에 해당하는 '불꽃 양식'으로, 13~14세기에 유행한 프랑스 고딕 건축의 전성기 양식에 해당된다. 고딕식 구조에 매우 복잡한 장식이 정교하게 덧붙여진 플랑브와이앙 양식의 특징은 하나하나의 조각들로 장식된 파사드와 장미창에 불꽃 무늬를 사용한 데 있다. 이렇듯 후기 고딕 양식은 장식적인 요소들이 많은 내부장식과 아름다운 회랑을 지니고 있다.

한편 우아하고 환상적인 후기 고딕 양식의 대표적인 건물에는 보베(Beauvais) 대성당과 1981년 세계문화유산으로 지정된 '프랑스 최대의 고딕 성당'인 아미앵(Amiens) 대성당을 들 수 있다.

| 쌩드니(Saint-Denis) 대성당 |

빠리 북쪽 교외에 위치한 쌩드니 대성당은 '왕실 묘지'로 쓰이고 있다. 루이 14세를 비롯한 프랑스 대부분의 국왕과 왕비들(대귀족, 충신들 포함)이 이 성당에 잠들어 있다. 이곳은 프랑스 혁명 때 공격당하기도 했으나, 나폴레옹 시대와 왕정 복고 시기를 거쳐 성당을 복원해, 현재의 모습을 되찾았다. 쌩드니 대성당은 프랑스 건축양식의 한 획을 긋는 중요한 건물이다. 즉 이 건물은 고딕 건축의 기원·발상지가 되었으며, 이후 여러 성당들에 영향을 미쳤다.

쌩드니 대성당의 기원은 5세기의 소성당에서 시작된다. 수차례의 개축을 거쳐 7세기에 수도원 부속 교회당이 되었고, 12세기의 쒸제(Suger) 수도원장 시대에 현재와 같은 고딕 건축의 모습이 완성되었다. 빛에 색을 넣기 위해 스테인드글라스(장미창)를 많이 이용한 구조는 당시로서는 획기적이었다. 초기 고딕 양식을 취한 쌩드니 대성당은 후에 유명한 샤르트르 성당의 모델이 되었다. 이와

최초의 고딕 양식 '쌩드니 대성당'

더불어 쌩드니 성당이 지어진 이후, 수많은 성당들이 건물 내부의 높이 경쟁을 하기 시작했다.

| 노트르담(Notre-Dame) 대성당 |

빠리의 씨떼(Cité)섬에 위치한 노트르담 대성당(1991년 세계문화유산 등록)만큼 프랑스 역사를 한눈에 알아볼 수 있는 곳은 없다. '빠리의 상징'이자, 프랑스의 대표적 문화유산인 노트르담 대성당은 '중세 고딕 건축의 최고 걸작'이며, 매년 수많은 관광객들이 방문하는 세계에서 가장 유명한 대성당이다. 프랑스 초기 고딕 성당의 대표작으로 노트르담(Notre-Dame)은 '우리의 귀부인·어머니'라는 뜻으로, 즉 '성모 마리아'를 의미한다. 카톨릭교 국가인 프랑스 전역의 여러 도시들마다 같은 이름의 노트르담 성당을 찾아볼 수 있다.

또한 프랑스의 각 성당에는 아름다운 색유리 조각의 장미창이 있는데, '장미'는 바로 성모 마리아를 상징한다. 루이 7세 시기, 1163년에 빠리 교구장이었던 쒈리(Sully) 주교에 의해 노트르담 대성당의 개축 공사가 시작되었다. 그 이전의 갈로-로망 시대부터 이 지역은 성스러운 장소였다. 완공된 것은 필리프 6세 때인 1345년으로, 이후 수세기 동안 다양하게 수정되어왔다. 다른 사원들과 달리, 이곳은 창이 크고 스테인드글라스로 장식했으며, 내부

노트르담 대성당의 정면

노트르담 대성당의 후면

가 무척 거대하고 무엇보다도 하늘로 치솟는 듯한 장엄함과 웅장함이 있다.

이 성당은 1422년 앙리(Henri) 4세의 대관식과 1456년 쟌 다르크(Jeanne d'Arc)의 명예회복 재판, 1804년 나폴레옹 황제의 대관식을 포함해, 국가 수장의 장례식이나 왕실의 결혼식 등 수많은 프랑스 역사의 증인이 되어왔다. 노트르담 대성당은 12세기에 건축이 시작된 이래, 수백 년 동안 온갖 풍파에 시달려 낡고 쇠락했고, 18세기에는 대혁명을 겪으며 파손된 채 방치되어 있었다. 한편 1831년 출간된 대문호 빅또르 위고(Victor Hugo)의 명저 『노트르담의 꼽추』 영향으로 성당은 재인식되었고, 1845년부터 20년간 대규모 복원이 실시되어 지금의 모습을 유지하게 되었다. 그러나 안타깝게도 지난 2019년 4월 화재로 성당의 첨탑과 지붕이 전소되어, 이후 5년 8개월 만에 2024년 12월 7일 재개관 기념식을 갖고, 제 모습을 찾았다.

성당 내부에서는 "장미창"이라고 불리는 3개의 스테인드글라스가 압권이며, 성당의 뒤쪽 경관은 매우 특이하고 볼만하다. 정면의 파사드에는 엄청난 수의 조각들이 성서 이야기를 묘사하고 있다. 387개의 계단을 통해 남쪽 탑 꼭대기까지 올라가면, 씨떼섬과 시가지가 한눈에 보이는 등, 빠리에서 가장 오래된 시가지의 낭만적인 전경을 감상할 수 있다. 또한 노트르담 성당 앞 광장에서는 항상 곡예나 콘서트와 같은 각종 공연들이 펼쳐진다.

| 몽쌩미쉘(Mont-Saint-Michel) 수도원 |

1979년 유네스코 세계문화유산으로 등록된 몽쌩미쉘 수도원은 예로부터 켈트인들이 신앙의 대상으로 삼았던 곳이다. 708년 노르망디의 대주교 오베르(Aubert)가 성 미카엘(프랑스어식 발음[쌩 미쉘]) 대천사의 계시를 받아 이 땅에 예배당을 지었다. 그 이후 시대의 변천에 따라 증개축이 이루어졌는데, 11세기에는 로마네스크 양식의 대성당과 수도원이 세워졌고, 13세기에 고딕 양식의 아름다운 회랑과 수도사의 대식당이 만들어졌다.

특히 기사실의 둥근 가로보와 섬세하게 장식된 대접받침들은 전형적인 고딕 양식을 보여준다. 지하 1·2층과 지상 1층, 이렇게 3개 층으로 구성된 몽

우뚝 솟은 몽쌩미쉘 수도원

수도원 회랑의 2열로 늘어선 돌기둥

쌩미쉘 수도원에서의 회랑은 2열로 늘어선 원형기둥으로 하여금, 신비로운 공간으로 보이게 한다. 특히 수도원 상층에는 성당과 회랑, 그리고 60명을 수용하던 대식당, 접견실, 도서관 등이 위치한다.

'순례지'로 알려졌던 몽쌩미쉘 수도원은 8세기에는 조그만 교회당이었으나, 중세 때는 '교육의 중심지' 역할을 하기도 했다. 14세기 영국과의 백년 전쟁 무렵에는 '요새'로 사용되었으며, 15세기에는 수도원의 중앙 부분이 플랑브와이앙(Flamboyant) 후기 고딕 양식으로 다시 지어졌다. 한편 몽쌩미쉘 수도원은 프랑스 혁명 이후, '정치범 감옥'으로도 사용되었다. 현재 몽쌩미쉘은 육지와 다리로 연결되어 있는데, 수도원의 서쪽 테라스에서 보여지는 장대한 전망을 만끽할 수 있다.

| 샤르트르(Chartres) 노트르담 대성당 |

중세 때의 순례 전통이 지금도 남아 있는 샤르트르에서는 중세 역사 도시의 모습을 볼 수 있다. 하늘 높이 솟아 있는 두 개의 종루는 각각 로마네스크 양식과 고딕 양식의 형태를 취한다. 후에 지어진 고딕 양식의 종루를 '신종루'라고 하는데, 그 대비가 무척 흥미롭다. 빠리 남서쪽으로 약 80킬로미터 지점에 위치한, 샤르트르 노트르담 대성당 또한 1979년 유네스코 세계문화유산에 등록되어 있다.

서로 다른 종루의 샤르트르 대성당

12세기 고딕 양식의 대성당 안으로 들어가면, 진한 색조의 스테인드글라스인 '샤르트르의 블루'를 감상할 수 있다. 즉 스테인드글라스를 통해 스며드는 엷은 빛이 성당 안을 가득 채워 환상적인 파란색의 세계를 연출한다. 이러한 신비롭고 장엄한 광경은 고딕 예술의 걸작으로 평가된다. 남쪽의 회랑에는 "스테인드글라스의 보배"라 불리는 '아름다운 성모 마리아'가 12세기부터 변함없는 광채를 보여준다. 다른 고딕 양식의 대성당에서처럼, 샤르트르 대성당에도 13세기에 지어진 남·북·서쪽의 장미창이 있는데, 그 중에서 성모 마리아가 그려진 북쪽 창이 디자인이나 색채 면에서 가장 예술적이란 평가를 받는다.

| 랭스(Reims) 노트르담 대성당 |

역시 1991년 유네스코 세계문화유산으로 지정된 랭스 성당은 유럽에서 가장 아름다운 고딕 건물로 손꼽힌다. 이곳은 빠리에서 북동쪽 '샴페인의 유명한 생산지' 샹빠뉴(Champagne) 지방의 랭스에 위치해 있다. '랭스의 상징' 노트르담 대성당은 13세기 초에 착공된 우아하고 조화로운 성당이다. 제1차 세계대전으로 대부분 파괴되어 20년의 시간을 들여 복구되었다. 이 대성당의 특징은 중세 때부터 1825년까지 프랑스 왕 33명의 대관식이 거행되었던 곳으로, 1429년 샤를르(Charles) 7세의 대관식에는 쟌 다르크(Jeanne d'Arc)도 참석했다. 3단으로 구성된 정면에는 좌우대칭으로 2개의 탑이 서 있으며, 석양빛을 받으면 성당 전체가 황금색으로 빛난다.

랭스 노트르담 대성당

랭스 대성당의 상징 '미소짓는 천사상'

또한 대성당의 겉모습은 무수한 조각들로 뒤덮여 있다. 2300여 개의 조각상들로 장식된 정면의 파사드 중에서, 특히 왼편 출입구의 '미소짓는 천사상'이 가장 유명하다. 이것은 고딕 조각들 중에서도 걸작으로 꼽힌다. 한편 신비스러운 예배당의 외관은 프라잉 버트레스가 떠받치고 있으며, 가느다란 돌기둥으로 빛을 세분하고 장식적이면서 교차하는 무늬를 만들어, 고딕식 창 장식의 시초가 되었다, 본당의 규모면에서는 샤르트르 대성당보다 랭스의 본당이 더 큰 편이다.

또한 성당 안에는 장미창과 후진 예배당에 있는 성서를 바탕으로 구성한 마르크 샤갈(Marc Chagall)의 스테인드글라스가 볼만하다. 20세기 초에 만든 파란색이 아름다운 그의 작품은 내부 중앙에 있는 작은 방에서 볼 수 있다.

- 15~16세기에 벌어진 이탈리아와의 전쟁은 이내 프랑스인들에게 경이로운 르네쌍스 문화를 발견하게 하는 계기가 되었다. 이후 화려한 르네쌍스 양식은 17세기가 되자 장대함과 우아함의 극치를 보이는 '고전주의 건축양식'으로 이어진다.

이 양식에는 베르사이유 궁전, 앵발리드(군사 박물관) 등이 해당된다. 17세기 고전주의 양식의 거장 '망싸르'(Mansart)가 등장하기까지 르와르 강변의 성들을 중심으로 한 우아하고 섬세한 르네쌍스 문화는 프랑스 건축 역사의 문맥을 이어갔다.

아르누보(Art nouveau) 건축

1871년 프랑스에 제3공화국이 들어선 이후 경제회복이 이루어졌고, 1890년경부터는 새로운 생활양식이 도래했다. 즉 19세기 말에서 20세기 초에 걸쳐 빠리는 과거에 볼 수 없었던 풍요와 평화를 누렸다. 풍요롭고 화려했던 예술 문화가 번창하고, 거리에는 우아한 복장을 한 신사 숙녀가 넘쳐 흘렀다. 즉 이 시기는 '아름다운 꽃의 빠리'를 이루었다. 아울러 자동차·비행기·전화·영화·축음기 등이 새로운 즐거움을 선사했고, 프랑스에는 "벨 에포크"(Belle Époque)라 불리우는 '아름다운 시대', '좋은 시대'가 도래하게 된 것이다. 정치적으로는 격동기였으나, 프랑스의 경제는 점차 회복되기 시작했으며, 사람들의 생활은 크게 향상되었다. 문화적 혜택을 누릴 수 있는 여유도 생겼으며, 이 당시 다양하고 새로운 예술 형태가 출현했다.

아르누보 양식의 특징은 고대 그리스나 로마·고딕 장식을 추종하는 '장식 양식'을 의미한다. 아르누보 시기는 건축 역사에서 가장 건물들이 화려했던 시대로, 건축을 하나의 예술로 바라보고, 건축물 안에 예술 세계를 집어넣은 것이다. 기술적 혁신과 예술적 감흥을 섞은(장식적인 요소로 더해진) 아르누보 건축을 다른 말로 "귀마르 양식"(Style Guimard)이라고 부를 정도로, 귀마르가 설계한 빠리 지하철 역사(1900년)의 모습은 아르누보 스타일을 대표한다. 아르누보 형태의 지하철 입구는 식물을 디자인화한 화려한 장식이 돋보인다. 즉 꽃나무 덩굴이 휘감겨 올라간 듯한 구불구불한 장식이 마치 담쟁이나, 덩굴과 같은 식물을 떠오르게 한다.

| 빠리 지하철(Métro)역 입구 |

아르누보 양식의 빠리 지하철역 입구는 1900년 디자이너 엑또르 귀마르(Hector Guimard, 1867~1942)가 설계했다. 귀마르의 지하철 입구는 아르누보

우아한 귀마르 양식

지하철 입구의 아르누보 양식

의 우아함을 보여주는 전형적인 사례라고 할 수 있다. 특히 몽마르트르 언덕을 방문할 때 이용하는, 빠리 북쪽 12호선 아베스(Abbesses)역의 출입구 장식은 나뭇잎 줄기 모양의 철제와 이것을 뼈대로 유리 지붕을 덮은 모양이 독특하면서도 아름답다. 또한 빠리 서쪽 2호선 뽀흐뜨 도핀느(Porte Dauphine)역에서도 우아하고 아름다운 철골 구조의 지하철 입구를 감상할 수 있다.

| 파씨(Passy) 구역의 저택들 |

파씨 구역의 아르누보 저택

불로뉴 숲과 쎄느강으로 이어지는 곳이 바로 빠리 16구 파씨 구역이다. 이 일대에는 상류층 사람들이 많이 살고 있으며, 고급 저택들이 밀집해 있다. 파씨 구역은 "아르누보 건축물의 박물관"이라 칭할 정도로, 엑또르 귀마르와 그의 동료들이 설계한 아르누보 양식의 건물들이 모여 있는 곳이기도 하다. 귀마르의 손길이 닿은 건물에는 그의 서명이 남겨져 있다. 창의 난간과 문 주변의 밖으로 드러

갈르리 라파이예뜨 백화점의 천장 돔

아르누보 양식의 프렝땅 백화점

난 장식만 보아도 아르누보 양식의 화려하고 아름다운 모습을 짐작할 수 있게 된다. 요컨대 건물 벽과 창문에 풀이나 나무 모양의 선들은 거의 곡선으로 이루어져 있으며, 이는 살아 있는 식물처럼 보여지게 한다.

| 갈르리 라파이예뜨(Galeries Lafayette) 백화점 & 프렝땅(Printemps) 백화점 |

갈르리 라파이예뜨 백화점은 새로운 번영의 상징이며, 세계 패션과 유행의 본고장인 빠리를 대표한다. 특히 1893년에 지어져 오랜 역사와 전통을 자랑하는 이곳엔 벨 에포크 양식의 실내장식이 잘 보존되어 있다. 화려한 실내장식은 궁전에 와 있는 듯한 착각에 빠지게 할 정도다. 즉 20세기 초 유럽 전반에 걸쳐 크게 유행한 아르누보 양식의 아름다운 계단과 장식들을 감상할 수 있다.

한편 다양한 색깔의 유리와 철골 구조물로 아름답게 장식된 초대형 돔은 이 백화점의 어느 곳에서나 볼 수 있다. 바로 1912년에 완공된 아르누보 스타일의 유리와 철제로 된 돔이다. 실내 인테리어 형태로 둥근 천장까지 성당 내부의 화려한 스테인드글라스처럼 꾸며져 있는데, 현재 프랑스의 문화재로 지정되었다. 백화점 내부의 전체적인 모습이 마치 오페라 극장의 내부 배치도처럼 둥그렇게 꾸며져 있음을 보게 된다. 아울러 이 백화점 옥상에선 아름다운 빠리 시내와 에펠탑이 한눈에 펼쳐지는 전망 뷰를 만끽할 수 있다.

이와 더불어 쇼핑과 상업 지역 '오페라(Opéra) 구역'에는 갈르리 라파이예뜨 백화점과 함께 패션 마니아들의 사랑을 받는 프렝땅 백화점이 바로 옆에 위치해 있다. 1865년에 창업한 프렝땅 백화점 또한 아르누보 양식의 건물에 해당된다. 이 건물에서도 화려한 둥근 채색유리 천장과 백화점 정면의 아름다운 사계 조각이 문화재로 지정되어 있다. 한편 이곳은 세계 최초로 엘리베이터, 철제 외관, 전기 조명, 남성관, 세일 등을 도입한 혁신을 선도하는 백화점이다.

| 오르쎄(Orsay) 미술관 |

빠리에는 각각 시대별로 고대와 중세·근대·현대 등 각 시기의 특징을 담은 대표적인 3개의 미술관이 있다. 루브르·오르쎄·뽕삐두 센터가 바로 그것이다. 특히 1986년 1월에 개관한 오르쎄 미술관은 전형적인 아르누보 양식의 건축물에 해당한다. 쎄느강변에 위치한 이곳은 1848년~1914년 시기의 근대(인상주의와 후기인상주의) 미술작품들을 주로 전시하고 있다. 시대적으로 '루브르와 뽕삐두의 중간 시기'에 해당한다고 볼 수 있다.

쎄느강변에 위치한 오르쎄

오르쎄 미술관 내부

1900년 빠리만국박람회를 위해 호화롭게 건축된 기차역 역사 건물은 20세기 초반까지 기차역과 호텔로 호황을 누렸으나, 시대의 흐름에 따라 폐쇄되었다. 이후 1970년대에 19세기 형태로 지어진 건축물의 가치가 재조명되어 1979년 역사를 미술관으로 활용하려는 계획이 세워졌다.

이렇듯 천장의 유리 돔이 인상적인 이곳의 지상층은 과거 기차 역사의 돔과 플랫폼을 잘 활용했다. 건축 당시의 내장이나 골격은 그대로 유지하면서 현대적 최신 기술을 도입하는 대개조 공사를 하는 데 오랜 세월이 걸렸다.

오르쎄는 넓고 큼직한 벽과 천장의 창문 덕분에 자연광이 밝혀준다. 즉 날씨와 시간대에 따라 빛의 밝기가 달라져 미술관의 느낌이 매번 다르다는 특징이 있다. 한편 원래의 모습 그대로 벽에 걸려 있는 대형시계는 오늘날 오르쎄 미술관의 상징으로 남아 있다. 5층의 전시관에 위치한 이 시계탑은 가장 인기있는 포토존이다.

| 그랑 빨레(Grand Palais) & 쁘띠 빨레(Petit Palais) |

이 시대에 성행했던 아르누보 건축양식은 그랑 빨레와 쁘띠 빨레 같은 건축물에서도 찾아볼 수 있다. 샹젤리제 거리 중간쯤 위치한 그랑 빨레는 1900년 세계박람회 동안 두 차례 프랑스의 그림과 조각작품 전시회를 위해 샤를르 기로(Charles Girault)가 설계했다. 이 궁전의 외관은 엄숙한 고전주의 양식의 석조와 다양한 아르누보 양식의 철제(철 버팀목)가 혼합된 것이다. 즉

국립갤러리 '그랑 빨레'

빠리 시립미술관 '쁘띠 빨레'

기본적인 양식은 고전주의적 건축양식을 사용했으나, 세세한 장식은 20세기 초 유행했던 아르누보 양식을 따르고 있다. 그랑 빨레는 웅장한 건물로, 높이 45미터에 달하는 대형 돔 천장과 건물 대부분을 덮고 있는 유리 천장, 아르누보 스타일 외관이 유명하다. 날씨가 좋을 땐, 눈부신 자연광이 건물 내부로 쏟아져 들어와 마치 야외에 있는 듯한 분위기를 낸다. 아울러 건물의 네 귀퉁이는 천마와 마차 모양의 거대한 청동상으로 화려하게 장식되어 있다. 이 건물의 국립갤러리에서는 각종 전시회가 계속되고 있다.

한편 그랑 빨레, 알렉쌍드르 3세교(Pont Alexandre III, 다리 양쪽 끝에 화려한 아르누보 양식의 가로등이 무척 아름다움)와 더불어 거의 같은 시기에 지어진 쁘띠 빨레도 역시 1900년 빠리 세계 박람회 개최를 앞두고 프랑스의 미술품들을 전시하기 위해 건축되었다. 즉 이 시기를 기점으로 빠리 만국박람회를 기념하거나, 전시회장으로 쓰기 위해 일련의 건축물들이 지어졌다. 건축물 자체가 하나의 예술품이라 할 수 있는 쁘띠 빨레는 현재 빠리 시립미술관으로 쓰여지고 있어 무료입장이다. 아름다운 반원형의 안뜰과 정원을 둘러싸고 있는 쁘띠 빨레 건물도 그랑 빨레와 유사한 철 장식을 볼 수 있다.

르 꼬르뷔지에(Le Corbusier)의 근대 건축

르 꼬르뷔지에(1887~1965)는 전 세계에 영향을 끼친 오늘날 가장 위대한 근대 건축가로 손꼽힌다. 스위스 태생의 세계적인 프랑스 건축가로 그가 말하길, "건축은 생활을 담는 기계", "집은 살기 위한 기계"라고 이야기했듯이, 건축은 바로 우리의 삶을 은유하고 있다. 그런 면에서 볼 때, 건축은 인간이 투영된 공간의 종합이면서 인간의 삶을 읽을 수 있는 매개체가 된다.

르 꼬르뷔지에

그는 1917년 순수주의 운동

을 전개해, 순수파를 창시했다. 근대 건축운동의 '기능주의'와 '대담한 표현주의'를 결합한 설계가 특징이다. 또한 르 꼬르뷔지에는 1920년대 시작된 국제적인 '합리적 모더니즘 건축사상'의 기수가 되었으며, 서양건축의 기조인 고전주의 미학을 조화시켜, 표현주의적인 강렬한 감각을 결합시켰다. 요컨대 거칠게 마감된 '콘크리트 건축'의 새로운 국면을 개척했다. 이러한 건축 스타일은 1950~70년대까지 세계에 영향을 미친 건축 사조 "브뤼딸리즘"(brutalisme)이라 일컫는다. 이는 모더니즘에서 파생되었으며, 주로 건물 겉면의 노출 콘크리트와 더불어 생생한 질감, 기하학적인 구조를 특징으로 한다.

19세기 건축도 새로운 시대를 맞이한다. 이는 소재에 관한 변화로, 유리·철·콘크리트를 주재료로 하는 경쾌한 건축물이 많이 지어졌는데, 이 시대를 상징하는 에펠탑(1887~1889)은 '건축 기술의 새로운 시도'라고 말할 수 있다. 아울러 아르누보 양식 이후, 점차 건물의 내·외부의 과한 장식들이 불필요하다는 추세로 전환되었다. 즉 화려한 장식보다는 '실용성'을 더 중요시 여기는 시대가 도래한 것이다. 한편으로 이 시기는 도시 인구의 급속한 팽창으로 인해, 건축에서의 '주거 공간'과 '도시 설계적 측면'이 강화되었다.

| 롱샹(Ronchamp) 성당 |

부르고뉴(Bourgogne) 지방의 디종(Dijon) 부근, '벨포르'(Belfort)란 한적한 시골마을엔 "롱샹 성당"이라고 불리는 노트르담 뒤 오(Notre-Dame du Haut) 성당이 있다. 시멘트로만 빚어낸 예술, 롱샹 성당은 건물이라기보다는 차라리 조각이라고 할 정도의 과장된, 구체적 형상이며, 1955년에 마무리되었다.

300명 정도 수용 가능한 작은 롱샹 성당은 초록색 잔디와 파란 하늘을 배경으로 버섯 모양 지붕의 특이한 하얀색 외관의 건축물이다. 두툼한 벽과 지붕은 모두 기울어진 선이나 곡선으로 되어 있으며, 전체적인 외부의 모습은 마치 성곽이나 보트를 연상시킨다. 지붕은 마치 공중에 떠 있는 듯한데, 그가 여행 중 해변에서 본 게 껍데기를 보고 이에 영감을 얻었다고 한다.

거대한 조각물 '롱샹 성당'

롱샹 성당의 장엄한 내부

성당 내부에 들어서는 순간, 창문으로 비치는 햇빛이 기하학적인 형태로 표현되어 있는데, 천장이 곡선으로 내려앉은 내부는 마치 동굴 속에서 미사를 보는 듯한 느낌을 준다. 성당 내부는 소박하지만, 매우 아름다운 느낌을 줄 뿐 아니라, 불규칙적인 다양한 형태의 창을 통해, 오직 자연 채광만으로 이루어지는 자연과 하나된 건축물임을 느낄 수 있다. 이러한 빛의 연출을 통해 내부 공간을 한없이 성스럽고 장엄한 장소로 만들고 있다. 무엇보다 크기가 각각 다른 창문들의 현대적 스테인드글라스의 아름다움은 극적인 감명을 불러 일으킨다.

시각적이고, 명상적인 롱샹 성당은 현대 종교 건축물의 다른 측면을 보여주며, 유럽의 화려하게 장식된 대성당과는 또 다른 성스럽고 아름다운 가치를 되새겨보게 한다.

| 빌라 싸브와(Savoie) |

20세기를 대표하는 거장 르 꼬르뷔지에의 대표작이며, 또한 "근대 건축의 최고봉"이라고까지 일컫는 걸작이다. 싸브와 가족의 주말 저택, 빌라 싸브와는 빠리 근교의 쎄느강과 쁘와씨(Poissy) 도심이 내려다 보이는 완만하게 경사진 언덕 위에 위치해 있다. 이 건물의 특징은 르 꼬르뷔지에의 기계미학과 기능주의, 입체주의(큐비즘 cubisme)를 잘 드러내고 있다. 1층은 자동차를 안에 주차할 수 있도록 되어 있고, 생활 공간은 수평창을 통해 자연광을 받아들

필로티 공법의 빌라 싸브와

여 파노라마적 풍광이 한눈에 들어오게 한다.

제2차 세계대전 이전, 1931년에 완공한 싸브와 주택은 자유로운 평면, 수평 연속창(가로로 긴 창), 옥상 정원(테라스), 자유로운 입면(파사드[façade], 건물의 출입구가 있는 정면부), 필로티(pilotis, 지상층을 자유로운 공간으로 만들어주면서 상층의 건물을 지탱해주는 기둥)와 같은 1926년 자신의 건축 원리를 종합한 '새로운 근대 건축의 5원칙'이 잘 구현되어 있다. 특히 필로티 구조공법은 르 꼬르뷔지에가 제창한 건축 양식으로 원래의 목적에서뿐만 아니라, 요즘은 '하나의 스타일'로 인정받고 있다. 즉 공간을 보다 효율적으로 사용하기 위해 '집 자체가 여러 용도를 가질 수 있다'란 걸 잘 보여주고 있다.

| 공동주택 위니떼 다비따씨옹(Unité d'habitation) |

마르쎄이유 제일의 건축물은 르 꼬르뷔지에가 1952년 완공한 '복층형 공동주택' 위니떼 다비따씨옹이다. 그는 도심에서 약간 떨어진 나무숲의 넓은 공원 안에 복합 기능을 겸비한 하나의 독립된 '수직도시'를 건설했다. 전체 형태는 사각 박스지만, 황금분할에 기초한 디자인에 의해 건물 폭과 높이, 측부의 비례가 완벽한 원칙을 따르고 있다. '현대 고층 아파트의 기원'이라고 평가받는 이 공동주택의 외관을 보면, 북측은 전체가 벽면이고, 동서로는 균등하게 창이 나 있다.

또한 그 당시 파격적인 이 건물에는 외부처럼, 내부에도 원색을 많이 사용해 모던함이 돋보이는 것이 특징이며, 환기와 채광을 위한 복층 구조로 만들어진 창문 모양도 다양하다. 이렇듯 창의성과 편의성·혁신적인 디자인으로 인해, 현대 건축에 커다란 영향을 미치게 된 상징적인 건축물로 자리잡았다. 즉 필로티 공법으로 세운 이 건물은 복합적 기능의 '집합주거'와 새로운 '도시주택의 모델'로 제시되었다. 즉 이 집합주거 단지는 새로운 건축개념을 제시한 건물로, 대규모 공동주택과 미래 주거에 대한 르 꼬르뷔지에의 생각을 처음으로 구체화한 것이다.

한편 '공동주택' 위니떼 다비따씨옹 건물은 2016년 유네스코 세계문화유산으로 등재되었다. 이 건축물은 2차 세계대전 이후, 짧은 시간에 가장 효과적으로 많은 서민들의 주거난을 해결하려는 방안으로, 프랑스 정부의 요청에 의해 지어졌다.

한 지붕 밑에 337세대 거주, 약 1600명을 수용하는 18층의 '서민용 공동

마르쎄이유의 공동주택

주택', 이 주거단위의 가장 흥미로운 시도는 구매시설을 건물의 중앙층에 배치했다란 점이다. 다시 말해 주택 이외에, 중간층에는 상점가·호텔·까페·레스토랑·의료 시설·우체국·서점 등의 서비스 기관(생활·문화시설)이 들어서 있고, 옥상에는 공동 시설인 유치원·조형물 공원·체육관·달리기 트랙·수영장·놀이터·아트센터(주로 교육·여가시설) 등을 갖추었다. 그야말로 다양한 커뮤니티 시설을 통해 구성원들이 편리하게 생활할 수 있는 '하나의 마을'로 형성되어 있다.

| 스위스 파빌리온(Pavillion Suisse) |

스위스 파빌리온은 빠리에 유학하고 있는 전 세계인들의 씨떼 기숙사 안에 자리잡고 있다. 이 건물은 개성적인 건축 스타일로 눈길을 끄는데, 이른바 르 꼬르뷔지에의 큐비즘이 잘 드러난 '상자형 주택' 형태를 갖춘 모습이다. 이것은 대단위 주거 아파트를 예고했다는 점에서 건축사적으로 중요한

상자형 주택 '스위스 파빌리온'

의미가 있다.

총 47개의 방으로 구성된 스위스 파빌리온 건물은 바로 르 꼬르뷔지에의 실험작 중 하나였던 공동주택 '위니떼 다비따씨옹'의 모체가 되는 작품이다. 수평으로 이어진 창을 선택한 자유로운 외관, 골조와 벽의 독립적 기능, 집이 차지한 땅을 되찾은 옥상 정원 등은 '현대 건축의 근본'을 이루어냈다.

6
학교제도

프랑스의 교육정책은 '전문인의 양성'과 '문화 및 지적 수준의 향상'이라는 목표 아래 중앙집권적인 교육 형태와 복선형의 구조를 취한다. 매우 복잡한 복선형 구조는 전문인을 양성하기 위해 조기 교육을 하는 과정에서 생겨난 것이다. 이처럼 다양한 분야로 진출할 수 있게 짜여진 교육 시스템과 체계적인 특성에 따른 학교조직, 무상교육 등을 통해 어려서부터 자신만의 소질, 특성을 발견하고 개발할 수 있도록 행해지고 있다. 바로 이러한 프랑스 교육의 특성화가 유치원 때부터 체계적으로 구성되어 있기에, 가정에서도 어린아이가 일찍이 자신의 소질을 개발할 수 있는 발판과 동기를 마련해준다.

프랑스 교육의 특징

프랑스 정부의 교육 투자 비율은 GDP 대비 약 6.2퍼센트로, 이는 OECD 주요국 중 중상위권에 해당한다. 그 중 대학 등의 공공 교육기관에서 공부하는 학생들을 위해 학비를 상당 부분 보조해준다. 따라서 현재 등록금 수준은 세계에서 가장 낮은 편에 속한다(프랑스 자국민을 포함한 유럽연합 출신 유학생의 경우 약간의 학생회비만 냄). 아울러 프랑스 교육은 자국학생과 외국학생에 대해 입학조건, 취득학위가 동일하게 적용된다.

프랑스에서는 새학기가 시작되면, 각 학교와 선생님마다 정해주는 준비물들이 매우 다양하다. 노트나 수첩·화일의 크기, 두께, 색깔뿐 아니라 색연필·볼펜의 색깔 등을 일일이 정해줄 정도로 복잡하면서도 철저하다. 학년이 높아질수록 과목별로, 또한 선생님마다 준비물도 훨씬 늘어난다. 교사의 입장에서는 색깔을 정해놓으면 분류하기도 편하고, 멀리서도 누가 노트를 안 가져왔는지 식별하기도 쉽다. 흔히 프랑스인들의 자유스러운 사고방식으로 인해 프랑스 학교도 자유로운 분위기일 것이라 생각하지만, 그렇지 않다. 프랑스 교육현장은 훨씬 엄격하며,[19] 수요자인 학생보다 공급자인 선생님 위주의 시스템으로 되어 있는 편이다.

한편 프랑스는 중앙집권적 성격이 강해 대통령이 전국 17개 교육구의 교육청장을 직접 임명한다. 아울러 프랑스 정부는 자녀 교육에 관심이 많은 해외 인력을 유치하기 위해 영어와 프랑스어로 이중 언어 수업을 하는 학교를 대폭 늘리고 있는 추세라, '빠리의 경쟁력을 높였다'라는 평가가 나온다.

프랑스 학교 방학의 시스템

프랑스 학교의 여름 방학은 3개월 정도로 긴 편이며, 이 기간 동안 대학생들은 열심히 아르바이트를 해 프랑스 국내를 여행하거나, 외국으로 배낭여행을 떠나기도 한다. 한편 9월 초가 새로운 학년의 시작이다. 프랑스 학교는 학기 중간마다 단기 방학이 많은 편이다.

먼저 카톨릭 전통의 영향으로, 모든 성인들을 기념하는 뚜쌩(Toussaint) 방학(만성절 가을방학)이 10월 말에서 11월 초까지 열흘간 있다. 그 대신 겨

19 한편 프랑스는 2018년부터 초등·중학교 내 모든 디지털 기기 사용을 금지하는 법안을 제정했다. 이렇듯 수업 중 스마트폰 사용 금지 조치는 영국·이탈리아·네덜란드·스웨덴·핀란드 등, 인근 다른 유럽 국가들에서도 시행되고 있는 추세다.

울 방학이라고 따로 있는 것은 아니고, 12월 말에서 1월 초 사이 2주간의 크리스마스 방학이 있다. 이후 학교마다 스키 방학이 2월 초에서 3월 초 사이 2주간에 걸쳐 있으며, 또한 학기 중간에 4월 2주간의 빠끄(Pâques) 방학(부활절 봄방학)과 같은 종교적 휴일과 관련된 짧은 방학이 있다.

이때 방학 시기는 프랑스 지역마다 날짜가 약간씩 바뀐다. 왜냐하면 스키장이나 유명 관광지에 한꺼번에 사람이 몰리는 것을 막기 위해 방학 기간을 지역별로 나눈 것이다. 한 학년은 6월에 끝나며, 시험을 치르게 된다. 대체로 바깔로레아를 치르는 6월 중순부터 여름 방학에 들어간다. 한편 프랑스에서는 긴 여름 방학에도 숙제는 없다. 직장인들도 보통 여름에 3주간의 휴가를 보내며, 이때 프랑스인 60퍼센트 정도가 집을 떠난다.

프랑스 교육제도의 구조

프랑스 학교제도 구조의 중요한 특징 중 하나는 다양한 과정이 마련되어 있어, 선택의 폭이 매우 넓다는 것이다. 즉 문화의 다원주의를 무엇보다 존중하는 프랑스는 학교제도 역시 복잡하고 다양하다. 프랑스 교육의 행정조직은 대부분 나폴레옹 시대 때 정립된 것으로, 대단히 중앙집중화된 피라미드 형태를 띠고 있다.

프랑스 유치원 '에꼴 마떼르넬'

만 3세가 된 유아들은 "에꼴 마떼르넬"(École maternelle)이라고 부르는 유치원(유아원)에 다닌다. 만 3~6세 된 대부분의 아이들은 사실상 일찍이 무상 공교육·공보육의 혜택을 받는 것이다.

프랑스에서는 교육의 기회 균등과 함께 만 3~16세까지의 장기 의무교육이 실현되었다. 학생의 자질을 바탕으로 이루어지는 프랑스의 합리적인 교육은 일찍부터 정착된 의무교육 제도와 더불어 전문기술 교육제도가 활성화되어 있다. 프랑스의 학교제도는 5·4·3년제로 초등학교, 중학교를 졸업한 뒤, 고교 진학 때 일반·실업계로 진로가 구분된다. 한편 고교 졸업생들 중 대학 진학률은 약 40퍼센트를 조금 넘기는 추세다.

이에 따라 중학교 4학년 과정에서 학생들의 첫 번째 진로 선택, 즉 계속 공부할 학생과 직업교육을 받을 학생들로 나뉘어진다. 한편 프랑스의 직업교육 시스템은 '다양성'과 '실용성'을 자랑한다. 즉 '실무 중심 교육'의 전문 직업교육 과정을 마친 학생들은 프랑스 사회의 가장 기초가 되는 부문으로 진출한다. 요컨대 빵가게·까페·요리·정육점·미용·자동차 정비 등, 다양한 분야에서 사회의 최일선에서 뛰는 전문 기술인이 된다.

바깔로레아(Baccalauréat)

1808년 나폴레옹이 처음 실시한 이후, 지금까지 지속되고 있는 바깔로레아(Baccalauréat, 흔히 'Bac'[박]이라고 줄여서 말함)는 대학 입학 자격시험(고등학교 졸업 자격시험이기도 함)을 가리킨다. 까다로운 4시간의 철학 시험을 시작으로 대략 1주일간 걸쳐 치르는데, 특히 바깔로레아의 철학 논술시험은 무척 논리적이고 창조적인 성격의 높은 사고력을 측정하는 제도로 유명하다. 즉 바깔로레아 입시 제도는 스스로 생각하고, 행동하는 시민을 길러내는 것이 그 목적이다. 철학시험에 출제된 논제는 프랑스 지성을 가늠하는 잣대로 인식되며, 국민적 관심사가 되기도 한다.

프랑스에서는 바깔로레아 시험을 통과해야 고교 졸업이 인정된다. 평등교육의 이상을 실현하기 위해 바깔로레아를 통과하면, 그랑제꼴을 제외한 모든 대학에 지원할 수 있는 자격이 주어진다. 그러나 시험에 변별력이 없기 때문에 대학에 진학한 이후, 이때부터 치열한 경쟁을 하게 된다.

바깔로레아(Baccalauréat)에 대한 보충 사항

바깔로레아는 크게 일반, 기술, 직업 등 3개 분야로 나뉘어진다. 대학 진학을 목표로 한 일반 분야에 지원할 때는 인문·경제사회·자연계 등으로 나누어 응시

한다. 학생들의 선택권을 보장하느라 외국어 23개를 비롯해, 선택 가능한 시험과목이 총 73개나 된다. 최근에는 바깔로레아의 외국어 선택과목에 한국어가 새롭게 채택되었다.

바깔로레아를 치르는 고교생들

학생들은 프랑스어, 철학, 수학, 외국어, 역사&지리 등 공통 및 선택과목을 포함 9~12개 과목을 서술형, 또는 논술로 치른다. 따라서 고교 졸업반이 되면, 1년 내내 바깔로레아에 출제될 만한 예제들 중심으로 수업을 듣고, 답안 쓰는 연습을 반복한다. 바깔로레아는 한 가지 주제에 대해 교과시간에 배운 지식을 활용해, 자신의 견해를 서술하는 형식이다. 이를 준비하기 위해 평소 '주제 중심의 수업'이 일상화되어 있다. 한편 바깔로레아의 필기 시험과 더불어, 마지막 단계에 구술 시험을 함께 치른다. 바깔로레아는 과목당 20점 만점에 10점 이상을 받으면 합격한다.[20] 매년 6월에 치르는 이 시험은 80퍼센트 정도의 높은 합격률을 보인다.

바깔로레아는 전국의 고교 교사가 문제은행 방식으로 출제한다. 모범답안을 만들고 채점도 직접 하기 때문에 수업과 입시가 일관성 있게 움직인다. 한편 프랑스 고교 교사는 이처럼 연구를 기본으로 하면서 국가고시를 관할해, "교수"(professeur)로 불린다. 바깔로레아는 기본적으로 구술과 필기, 조별과제로 보는데, 주관식으로만 된 답안을 채점할 때, 약 17만 명의 채점관들이 동원되어 총 400만 장의 답안지를 평가한다. 따라서 바깔로레아를 치르는 데 많은 재정이 소요되어 시험의 총비용이 약 3000억 원에 달해 프랑스 내에서는 고비용, 저효율의 논란이 끊이지 않고 있다. 최근에는 똑같은 답안지를 놓고도 채점관에 따라 매기는 점수가 천차만별이라는 문제점도 제기되었다.

20 바깔로레아뿐 아니라, 프랑스에서의 모든 시험은 20점 만점으로 채점하며, 각각의 해당 점수 옆에 mention(언급)이 함께 기재된다. 즉 채점관은 excellent(아주 탁월함), très bien(매우 훌륭함), bien(훌륭함), assez bien(충분히 좋음), passable(통과) 등과 같은 '언급'을 써준다.

최근 프랑스 교육의 교과과정

프랑스에서는 초·중·고교 때부터 과목별 수업과 과제에서 독서와 글쓰기(레포트 작성)가 일상화되어 있다. 특히 수업의 3분의 2는 쓰기, 3분의 1은 말하기에 집중되어 있다. 어릴 때부터 책 요약과 자신의 의견 쓰는 법을 가르치며, 신문과 시사잡지, 도서, 다큐멘터리 등 2차 자료의 양이 교과서를 압도한다. 또한 프랑스와 이웃 나라 독일에선 2006년 9월 학기부터 역사 교과서를 같이 편찬해(프랑스와 독일 역사학자들이 각각 5명씩 참여해, 프랑스어판·독일어판 공동발간), 르네쌍스 시대부터 제1차 세계대전과 제2차 세계대전, 현재 유럽연합의 형성과정에 이르기까지 프랑스와 독일의 고등학생들이 같은 교과서로 올바르게 정립된 역사관을 배우고 있다.

한편 최근 프랑스 정부는 중학교에서 이중 언어 수업을 확대할 것과 초중고교에서 '합창'을 정규 과목으로 편성할 것을 추진했다. 합창이 학생들 간의 유대감을 키울 수 있고, 암기 능력 향상에도 도움이 된다는 연구 결과를 근거로 했다. 아울러 최근 프랑스 학교정책은 초등학교에서 애국심을 고취시키는 교육 강화로 교과과정에서 '마리안느'를 가르치도록 하는 내용을 포함시켰다.

또 다른 한편으로 프랑스의 학교 교육에선 '체육을 중시하는 면'을 볼

학교 체육을 중시하는 프랑스

수 있다. 1880년부터 학교 체육을 의무화시켜 체육 수업이 매주 초등학교 4시간, 중학교 3시간, 고등학교 2시간씩 있다. 고교 3학년 학생들도 대입 시험 '바깔로레아'를 치른 후에도 졸업 직전까지 정규 체육 수업을 받는다. 프랑스 교육부는 바깔로레아 총점의 5퍼센트 비율로 체육 내신 성적을 의무적으로 반영해 학교든, 학생이든 체육을 게을리할 수 없도록 제도적 장치를 만들어 놓았다.

아울러 일반 과목 교사는 임용 시험 합격한 후, 2~3개월 연수만 받고 바로 배치된다. 한편 체육 교사는 이보다 긴 1년간 연수를 받아야 한다는 점은 신체를 다루는 과목이란 면에서 더욱 중요하게 여기는 것이다. 특히 프랑스 대부분의 고교에선 5~6가지 이상 체육 프로그램을 운영한다. 따라서 학생들은 각자 적성과 취향에 맞게 그 중 세 가지 운동을 선택한다. 또한 대부분의 초중고생들은 수요일엔 아예 수업이 없거나 오전 수업만 하는데, 학생들은 이날 오후를 활용해 학교 내, 또는 해당 종목 시설을 찾아 다른 학교나 지역 스포츠 센터에서 운동한다. 프랑스에서는 '동네 생활체육 활동'도 활성화되어 있다.

국립대학교(Université)

프랑스에서는 바깔로레아(Baccalauréat)를 획득한 뒤, 3년 학사학위 과정의 Licence(기존의 DEUG+Licence) → 2년 석사학위 과정의 Master(기존의 Maîtrise, MST+DEA 또는 DESS) → 3년 박사학위 과정의 Doctorat 학위가 있다. 이것은 1999년 유럽 통합학위에 따라 새로 개정된 학제로, 개혁 이전의 중간단계의 과정들을 없애고, 학위 체계를 유럽 전체의 시스템과 일치하도록 간소화시켰다. 즉 유럽연합 내에서 통용되는 공통학위 체계를 중심으로 세 과정의 첫 글자를 따서 "LMD"(Licence - Master - Doctorat)라고 부른다. 이는 유럽공동체 회원국 간의 자유로운 학위 교환을 목적으로 학교 간 학점 교환과 학위를 인정하기 위해 도입되었다.

한편 박사학위를 취득하기 위해서는 논문심사나 단체실습 등을 통과한 후에 학위를 받을 수 있다. 새로운 LMD 학제 시스템은 학기제로 운영되며, 한 학기에 30학점을 이수해야 한다. 또한 마스터 과정을 마치기 전까지 학과를 불문하고 제2외국어 시험에 통과해야 학위를 받을 수 있다. 입학 서류는 늦어도 6월 이전까지는 제출해야 한다.

| 프랑스 대학의 특징 |

국립대학교(학사과정~박사과정)의 경우, 내국인과 유럽연합 출신 유학생일 때 학비가 거의 무료이며, 약간의 학생회비만 내면 된다. 특히 박사학위 논문을 가리켜 "thèse"라고 칭하며, 그 이전의 학위논문들은 "mémoire"라고 명명해 학위별 논문을 구분한다. 논문이 통과된 학생들은 사무국에서 각자 졸업증서를 받으면 전 수업과정이 끝나게 된다. 논문발표가 끝난 다음에는 동료들과 간단한 다과 칵테일 파티 정도만 갖는다.

지금의 프랑스 대학은 '68혁명'의 산물이다. 1971년 모든 대학이 국립으로 바뀌고, 대학의 공교육·평준화 정책이 도입되었다. 특히 빠리의 모든 대학들은 68혁명 이후 통합되어 '빠리1~빠리13 대학교'와 같이 일련 번호가 매겨져 있다. 따라서 대학은 평준화되어 있어 대학 간의 서열이 없고, 각 대학교마다 특성 학부·학과만 있을 뿐이다. 평준화된 대학의 형편은 부족한 예산 때문에 기자재를 포함한 여러 시설들과 학생 복지 면에서 열악한 편이다. 빠리에 있는 대학들은 운동장 없이 대학 건물만 있는데, 학생들은 공강 시간에는 가까운 까페나 근처 공원에서 차를 마시거나, 책을 읽는다.

68혁명

프랑스의 68혁명은 모든 권위주의와 보수 체제 등 기존 사회질서에 반발하고, 유럽 대륙에 개인주의와 자유주의, 녹색운동, 남녀 평등과 여성 해방, 학교와 직장에서의 평등·반전·반핵 등을 확산시킨 '유럽사회 운동'의 상징이며, '문화 혁명'으로까지 발전했다. 발단은 학내 문제로, 1968년 3월 22일 빠리 근교의 낭떼르(Nanterre) 대학에서 대학 당국의 권위적 행정에 대한 반발로 비롯되었다. 캠퍼스에서 시작된 학생 시위는 금세 '사회변혁 운동'으로 불붙었다. "금지하는 것을 금지한다"라고 내세우면서 사태가 절정에 이른 1968년 5월 24일, 지식인들과 더불어 근로 조건에 불만을 품은 노동자 1000만여 명이 거리에 쏟아졌다.

프랑스의 대학생과 지식인, 노동자들이 거리로 쏟아져 나와 수주간 시위를 하면서 경찰과 대치했던 이 문화 혁명은 "5월 혁명", "5월의 위기"로도 불린다. 이를 계기로 알제리 이민자에 대한 거주 증명서 발급 등 이민 규제 완화(1968년), 대학 평준화(1971년), 낙태 합법화(1975년)가 차례로 이루어졌다. 이민 정책, 결혼 문화 등 현재 '프랑스 사회의 근간'이 여기에 뿌리를 두고 있다. 이 외에 세대 간의 관계가 달라졌으며, 엘리트 문화의 대중화, 노동자의 권리 강화 등이 일어났다. 사회 분위기를 통째로 바꾼 68혁명을 겪은 이후, 샤를르 드 골(Charles de Gaulle) 대통령은 1969년 4월에 하야했다.

그랑제꼴(Grandes Écoles)

소수정예 특수 명문대인 '대학 위의 대학' 그랑제꼴을 해석하면 '큰 학교', '위대한 학교'가 된다. 프랑스의 대학교육은 대중을 위한 일반 국립대학과 소수 엘리트를 위한 그랑제꼴로 철저히 이원화되어 있다. 기술·무역·경영·행정 및 기타 분야의 크고 작은 국립과 사립 수백 개의 그랑제꼴이 있다. 하지만 프랑스를 움직이는 최고급 인재를 양성한다고 알려진 대표적인 그랑제꼴은 20여 곳이 채 안된다. 프랑스의 일반 국립 대학교들은 평준화되어 있지만, 해당분야 전문가를 길러내는 그랑제꼴은 바깔로레아를 통과하더라도 따로 입학 시험을 치러야 한다.

따라서 그랑제꼴은 일반 국립대학과 달리, 입학하기는 힘들어도 3년간의 가장 실무적이고 고급화된 학업을 마치게 되면, 유수 대기업 임원이나 정부 기관의 행정관료, 학자, 전문직 인력 등 좋은 지위에 취직이 보장되는 '엘리트 양성소'다.

과거 프랑스의 대통령, 장관이나 변호사, 세계적으로 이름난 프랑스 여러 대기업들의 최고경영자 등은 대부분 그랑제꼴 출신이다. 그랑제꼴을 졸업한 엘리트 젊은이들의 초임은 일반대학 졸업자에 비해 거의 2배나 된다. 최근 그랑제꼴의 졸업생들은 대기업, 투자은행, 전략컨설팅에 몰리는 경향이 강하다.

한편 프랑스 상경계 최고 그랑제꼴로는 ESSEC(고등경제상업학교)과 더불어 명문 경영대학원 HEC(고등상업학교)이 손꼽힌다. 이러한 그랑제꼴들은 미국의 MBA(경영학 석사 과정)를 도입해 운영하고 있다. 이러한 비즈니스 스쿨을 포함한 그랑제꼴에서는 최근 국제화 경쟁력에 발맞추어 영어로 진행하는 수업이 늘어나고 있다.

프레빠(Prépa) 과정

고교 졸업생 4퍼센트 이내 최우수 학생들의 경우, 그랑제꼴에 들어가기 위한 예비학교 '프레빠'(Prépa) 과정에 진학한다. 그 이후 2년간의 '그랑제꼴 준비반'(classe préparatoire)에서 또 탈락시키기도 한다. 즉 프레빠는 순전히 그랑제꼴 입시만 준비하는 예비학교다. 이곳은 주요 명문고에 설치된 별도의 대학 학부과정으로, 프레빠에도 명문 그랑제꼴 합격률에 따라 엄격하게 서열이 매겨진다. 그랑제꼴 준비반의 경우, 매일 필수과목에 대해 구술 테스트가 이어지고, 주말마다 논술 시험이 치러진다. 또한 주어진 텍스트를 논평하는 미니 논문 숙제가 일주일에 3~4건씩 주어진다.

이 준비반 과정이 힘들어 중도 포기하고, 일반 국립대학으로 빠져나가는 경우도 있다. 프레빠를 이수한 학생에게는 그랑제꼴 합격 여부와 상관없이 일반 국립대학교 학위를 자동 부여한다. 프레빠 과정을 마친 학생들은 희망하는 그랑제꼴에 복수 지원한다. 그랑제꼴 입학시험은 필기시험 1주일, 구두시험 1주일 등 총 2주일 가량 소요된다. 필기시험은 철학·수학·역사·영어 등 6~7개 과목을 보고, 구두시험 또한 이와 비슷하다. 다만 그랑제꼴 준비반에서 시험에 한 번 불합격하게 되면, 재시험에 응시 못한다는 규칙이 있다.

프랑스의 최고명문 그랑제꼴 – 프랑스 '두뇌의 산실'

① 빠리 고등사범학교(에꼴 노르말 쉬뻬리외흐, École Normale Supérieure) – 혁명 후, 1794년 프랑스 교육체계를 혁신하기 위한 과정으로 설립되었으며, 중등학교 교사를 양성하는 것을 목적으로 졸업생들은 중등학교와 대학 분야, 국가 및 사기업으로 진출한다.

빠리 고등사범학교의 오래된 석조 건물

에꼴 노르말 쉬뻬리외흐(ENS)는 소수정예로 루이 파스퇴르, 쟝 뽈 싸르트르, 앙리 베르그쏭, 미쉘 푸코 등을 배출한 저명한 그랑제꼴이다. 빠리 5구 빵떼옹(국가 영웅들의 묘소) 뒤편에 위치한 이 학교는 1808년에 지어진 석조 건물로, 지금까지도 그대로 강의실로 사용하고 있다. 특히 빠리 고등사범학교는 노벨상 수상자를 다수 배출했으며, 자유로운 연구 분위기와 창의성을 독려하는 교육을 지향한다.

② 빠리 이공과대학(에꼴 폴리떼끄니끄, École Polytechnique) – 에꼴 폴리떼끄니끄는 나폴레옹이 총애한 학교로, 이과 부문 영재들이 다니는 국방부 소속 국립 고등교육기관이다. 이곳은 공공 분야에 필요한 기술 인력 양성을 위해 1794년에 설립되었다. 나폴레옹 황제 시절부터 내려오는 '책임감 있는 과학기술자 양성'이라는 학교 설립의 목표 아래, 군대의 기술 전문장교를 양성하게 되었다. 한편 프랑스 혁명기념일(7월 14일)의 가두행진에선 에꼴 폴리떼끄

최고급 엘리트를 키워내는 에꼴 폴리떼끄니끄

혁명기념일 학생들의 가두행진

니끄 학생들이 맨 앞줄에 서서 행진한다. 이는 나폴레옹 시절 때 이공계 인력을 우대하고 존중한다는 뜻으로 생겨난 전통이다.

지금은 사관학교는 아니며, 졸업 후 겨우 10퍼센트 정도만 프랑스 공공기관이나 군에 취직한다. 대부분의 졸업생들은 TGV를 만드는 알스톰(Alstom)이나, 또는 에어버스(Airbus) 등 프랑스를 대표하는 대기업의 엘리트로 진출한다. 특히 LVMH 그룹의 베르나르 아르노 회장 등, 프랑스 40대 기업의 총수 중 에꼴 폴리떼끄니끄 출신이 다수를 차지한다.

프랑스 한 해 약 70만 명의 고교 졸업생들 중 에꼴 폴리떼끄니끄에 입학하는 학생은 약 500명뿐이다. 그 중 100명 정도를 외국인으로 채우는데, 추천을 받아 서류 심사를 거친 뒤, 필기시험을 본다. 외국 학생에게는 장학금 형태로 생활비를 지원해준다. 그랑제꼴 준비반에서는 1주일에 40시간 이상 수업을 듣고, 기숙사에서 밤 11시까지 공부만 하는 생활을 2년 동안 지속한다. 아울러 바깡스는 전혀 없으며, 국경일에도 시험을 본다. 그랑제꼴 진학 후에도 시험을 3개월마다 한 번씩 치르고, 전교 1등부터 500등까지 순위를 모두 공개한다.

③ 빠리 정치대학(씨앙스 뽀, Sciences Po) – 1872년에 세워져 프랑스의 유명한 정치인들을 많이 배출시킨 이 학교는 '사회과학 중심'의 최상위 명문 그랑제꼴이다. 입학률이 8~13퍼센트로 입학이 매우 까다로운 학교로 알려져 있으며, 소수 정예의 우수한 학생들만 선발한다. 프랑스 다수의 대통령과 국회의원, 외교관 등 정계 주요인사들을 가장 많이 배출한 프랑스 고위 엘리트 양성 대학이다. '프랑스 사회 지도층의 요람' 씨앙스 뽀는 국제관계 및 정치 분야에서 프랑스 최고 동문 네트워크를 자랑한다.

한편 씨앙스 뽀는 연구보다 취업에 강한 학교로, 무엇보다 전문성 있는 훌륭한 교수진과 실용적인 수업들을 내세운다. 이 학교의 재학생들은 졸업 때까지 영어를 제외한 외국어 수업을 의무적으로 수강해야 하는데, 최근 한국어도 개설되었다. 그랑제꼴 특성상 소수정예의 작은 학교 규모에도 불구하고 세계 대학평가 '정치 및 국제학 분야'에서 2024년 세계 2위를 차지했을 정도로, 해당 분야에서 세계 최고 수준으로 평가받고 있다.

씨앙스 뽀의 학교 건물

초엘리트 '국립행정학교'(ENA) 폐지

최근 프랑스 정부는 대통령 4명을 배출한 국가 지도자 양성기관 '국립행정학교'(에나[ENA])의 문을 닫기로 결정했다. 즉 ENA를 폐지하고, '공공서비스연구소'(ISP)라는 새로운 기관으로 대체한다고 밝혔다. 당초 신분, 배경과 관계없이 공무원을 양성한다는 차원에서 문을 열었지만, 시간이 지날수록 오히려 프랑스 권력 중심부를 ENA 출신이 꿰차다시피 하면서 평등을 구현하겠다는 처음의 취지와 많이 벗어났다는 지적을 받았다.

실제로 국립행정학교 재학생 중, 이른바 특권층 출신이 차지하는 비중이 70퍼센트 이상에 달하는 것으로 나타났다. 이렇듯 국립행정학교 폐교를 결정한 것은 2018년 말~2019년 초 불평등 해소를 촉구하며 프랑스 전역에서 열기가 뜨거웠던, '노란 조끼' 시위의 영향이 크다. 정부의 유류세 인상 계획에 반대하면서 시작된 이 시위는 그 당시 마크롱 정부의 정책 전반을 비판하는 시위로 확대됐다. 이에 따라 이 당시 마크롱 정부는 2019년 4월 말 대국민 담화를 통해 ENA를 폐지하겠다는 구상을 밝히며, 민심 달래기에 나섰다.

철저한 '피라미드 구조'의 엘리트 교육

흔히 프랑스는 대학까지 평준화한 '평등의 나라'로 알려졌다. 그러나 프랑스는 '철저한 엘리트 교육 시스템'을 유지하고 있다. 그랑제꼴로 상징되는 프랑스 엘리트 교육은 '능력에 따른 차별'에 뿌리를 두고 있다. 요컨대 그랑제꼴 출신의 소수 인원이 프랑스를 이끌고 나가는 '이원화'된 프랑스의 교육제도를 보여준다.

명문 그랑제꼴 학생들은 '예비 공무원' 자격으로, 매달 약 240만 원 정도의 월급까지 받으며, 졸업 후에는 공무원 임용 기회까지 누리는 등, 수많은 특혜를 누린다.[21] 한편 프랑스의 엘리트 교육은 '명문고교(루이 르 그랑, 앙리 꺄트르) – 프레빠(그랑제꼴 준비반) – 그랑제꼴'로 이어지는 철저한 '피라미드 구조'를 띠고 있다.

특히 세계적 인재들의 요람인 루이 르 그랑(Louis-Le-Grand) 명문 고교는 1563년에 설립되었으며, 루이 14세의 후원을 받았다. 쏘르본느 대학 근처 라땡

21 프랑스 사회는 '관료주의'가 지배한다. 즉 선발 과정을 통하여 프랑스 최고의 인재들이 공직에 배치된다. 한편 프랑스인들은 관료주의로 인한 불편함과 드는 비용을 받아들인다. 왜냐하면 '이들이 앞으로 프랑스를 이끌어나갈 사람들이다'란 인식 아래, 그랑제꼴 학생들에게 대우해주는 걸 수용하는 편이다.

구역의 중심에 있으며, 이 학교는 일반 고교 과정과 그랑제꼴 준비반을 운영하는데, 이 준비반은 특히 유명 그랑제꼴 합격률이 높기로 유명하다. 루이 르 그랑 고교의 선생님들은 일주일에 수업이 10시간 정도인데, 다른 행정업무를 할 필요가 없기 때문에 오로지 수업 준비와 학생 지도에만 집중을 하게 된다.

리쎄 '루이 르 그랑' 정문

또한 수학계의 노벨상으로 평가되는 '필즈상'(Fields Medal) 수상자를 여럿 배출한 루이 르 그랑 고교의 수학 수업은 공식을 알려주고 문제풀이를 하는 방식이 아니라, 주어진 문제가 해결될 때까지 교사와 학생이 토론을 하는 시스템이다. 이때 일대일 구술시험을 치러 수시로 학습 진도를 확인하므로 수학을 깊이 이해하게 된다. 또 다른 명문 고교, 국립 앙리 꺄트르(Lycée Henri IV)도 마찬가지로 빠리 남쪽 5구에 위치해 있다. 이 두 학교는 학군 내 거주 학생을 80퍼센트 정도 선발하고, 나머지 20퍼센트 정도를 특별 전형으로 선발한다. 1795년에 세워진 앙리 꺄트르 명문 고교는 바로 실존주의 철학의 대가 '쟝 뽈 싸르트르'(Jean-Paul Sartre)와 정치인 '에마뉘엘 마크롱'(Emmanuel Macron)이 졸업했으며, 싸르트르는 이곳에서 후학을 양성했다.

사립 전문학교(에꼴, École)

프랑스에서는 국립대학교가 순수 학문을 연구하는 이론적인 측면에 치중하는 반면에, 사립 전문학교는 전문적인 실무 교육을 통해서 다양한 분야의 전문가들을 배출하는 것을 목표로 한다. 프랑스에서는 실무 교육이 발달된 에꼴(École)이 인기가 많다. 다양한 전문 분야 중에서도 요리·와인·사진·영화·패션·디자인·분장·플로리스트·미술·애니메이션·예술품 복원·예술 경영·음악·무용처럼 예능 계통이 많다. 이 외에 호텔·건축·통번역 등 여러 분야의 에꼴이 있다. 해당 분야에 따라 학비와 학제, 취득 학위 등 각기 다르다. 즉 에꼴은 학교에 따라 학비가 차이가 난다. 아울러 수업 기간도 짧게

6~12개월 과정의 단기 코스부터 3~5년 과정의 장기 코스까지 다양하며, 편입도 가능하다.

유명한 사립 전문학교의 요리 분야에서는 '파란 리본'이라는 뜻을 지닌 르 꼬르동 블뢰(Le Cordon Bleu)가 있다. 르 꼬르동 블뢰는 프랑스 요리와 제빵·제과 분야를 전수하는 곳으로, 국제적인 마케팅에 성공하면서 이름이 널리 알려졌다. 이 학교의 유래는 19세기 빠리에서 한 요리 잡지가 이름난 요리사들을 모아 특별 강좌를 열어 큰 인기를 얻게 되었고, 1895년 잡지명을 딴 요리 학교 '르 꼬르동 블뢰'가 세워졌다.

한편 패션 분야에서의 유명한 에꼴로 에스모드(ESMOD)가 있다. 이곳은 나폴레옹 시절 왕실 재단사에 의해 세워진 학교로 오랜 역사를 자랑한다. 또한 프랑스 내에서도 인기가 높은 에꼴 드 루브르(École de Louvre)는 1882년 고급예술 교육과 박물관 행정교육을 목표로 세워졌다.

학생들에 대한 혜택과 대학문화

무료에 가까운 학비를 비롯해, 학생들이 경제적 어려움을 겪지 않고 학업에 열중할 수 있도록 프랑스 정부는 다양한 정책들을 시행하고 있다. 즉 학생들은 나라로부터 '주택 보조금'을 지원받아 낮은 부담금으로 거처를 구할 수 있고, 만 26세 미만의 젊은이들은 기차를 이용할 시 할인된 금액으로 이용할 수 있다. 또한 프랑스 학생들은 프랑스 각 도시·구역별로 분포된 학생식당을 비롯해, 미술관·박물관·극장·공연장·도서관 등, 문화·여가생활에서 할인을 받을 수 있다. 참고로 프랑스를 포함한 각 나라 유럽에 교환학생으로 온 경우, 유럽학생 비자만 있으면 빠리 모든 기관들의 각종 입장료가 무료다.

이렇게 다양한 혜택을 받으며 생활하는 프랑스 대학생들도 방과후나 방학에는 열심히 아르바이트를 한다. 프랑스인들은 어릴 적부터 돈에 대한 개념을 철저하게 배우기 때문에, 대학생이 되면 본인의 생활비는 직접 벌어 쓰는 것을 당연하게 여긴다. 그뿐 아니라, 남는 시간을 이용해 자발적으로 다양

프랑스 대학생들의 초대 모임

한 자원봉사에도 참여한다. 이렇듯 프랑스 대학생들은 자신들이 사회·문화적인 혜택을 받고 있고, 아울러 이를 사회에 돌려줘야 한다는 시민의식을 자연스럽게 배워 나간다.

한편 프랑스 대학생들의 여가는 대개 삼삼오오 모여 이야기를 나누며 시간을 보낸다. 프랑스에서는 '초대 문화'가 발달해 있기 때문에, 바깥에서 시간을 보내는 대신, 친구들을 집에 초대해 각자 들고 온 음식을 나누어 먹거나, 함께 음악을 듣기도 하고, 때로는 음식을 만들어 친구들에게 대접하기도 한다. 즉 '절약형 파티 모임'을 자주 갖는다. 이를 "라붐"(La Boum)이라고 하는데, 프랑스 레스토랑이나 클럽이 상당히 비싸서 대학생들에게는 부담이 많이 되기 때문이다. 학교에서는 개인적인 인맥을 통한 소모임들이 많은데, 예를 들어 밴드 소모임을 만들어 학생들끼리 거리에서 공연을 하기도 한다.

최근 프랑스 교육개혁안

프랑스 정부가 실시한 최근 교육개혁 내용을 보면, 먼저 초등학교 수업일수를 주 4일제로 축소하였다(수요일에 수업이 없다).[22] 중학교에서는 학생들의

22 맞벌이 가정이 많은 프랑스에선 초등학생 자녀가 있는 부모들을 위해 회사에서 제공되는 각종 지원 혜택들이 많다. 즉 수요일은 오전만 출근하거나, 하루 전체를 쉴 수 있게 허락해준다. 또한 일부 회사에

학력 수준과 특성에 맞춰 보다 다양화된 수업을 유도하고자 한다. 고교에서는 핵심 필수과목(프랑스어, 수학, 외국어) 비중의 확대와 선택과목을 축소하는 교과과정의 개편을 시도했다. 또한 학부모와 학생들의 선택권을 넓히고 더 경쟁력 있는 공립학교를 키우기 위해 고교 학군제를 대폭 개편하는 개혁안을 추진했다.

아울러 새로운 교육개혁안에 따르면, 앞으로 프랑스의 전통적인 평등주의를 깨고 대학에 경쟁 원칙을 도입하려 한다. 그동안 프랑스에서는 대입자격시험인 바깔로레아만 통과하면 그랑제꼴을 제외하고 원하는 대학과 학과에 진학할 수 있었다. 학생을 골라서 뽑는 건 학생이 교육받을 권리를 침해한다고 생각하기 때문에, 별다른 선발 과정 없이 대부분 수용해야 하며, 바깔로레아에 통과한 학생들은 기본적으로 동등하게 원하는 공부를 할 권리를 가지고 있는 것으로 간주해왔다. 만약 지원자가 몰려 정원을 초과하는 대학·학과의 경우, 우선 학생이 사는 지역이 대학·학과와 같은 지역인지를 고려하고, 더 나아가 무작위 추첨으로 학생들을 선발해왔다.

하지만 요즘 프랑스에선 이러한 무작위 추첨 제도를 폐지하고, 대학에 학생 선발권을 확대해주는 방식으로 전환하려 한다. 요컨대 학교 성적과 활동 기록, 학교의 학생에 대한 의견을 참고해 대학들이 입학이나 조건부 입학, 불합격자를 가리도록 허용했다. 이에 따라 새로운 교육개혁을 반대하는 일부 젊은이들의 불만은 커지고 있으며, 교육 분야에서 경쟁 원리가 강조되면서 이에 반대하는 젊은이들이 벌이는 시위도 점점 과격해지는 측면이 있다.

프랑스 교육의 결론

프랑스 교육의 특징으로는 무상교육·국가가 책임지워진 교육·조기교육·전문화된 교육(다양성)이 있게 된다. 프랑스에서는 조기교육을 통해 개인

서는 자녀의 문화활동비 일부를 매달 지원해준다.

의 소질과 적성을 발견하는 데 관심을 쏟는다. 요컨대 박물관·미술관 등 관람 견학을 포함한 야외 체험학습, 여러 미술활동(화가들의 아뜰리에를 활용한 직접 실습체험)이나 음악·여가활동(스포츠센터에서 발레 수업 등 체육활동) 등 다양한 문화·예술 교육을 통해서 어릴 때부터 각자 개인의 소질·적성·개성을 알 수 있게 해준다.

이렇듯 프랑스 정부의 청소년 활동에 대한 관심과 노력은 자기계발을 통해 개개인의 성찰과 재능의 발견, 취미생활을 가능하게 해준다. 이에 따라 초등학교와 중학교 시절 자신의 갈 길을 정확히 찾아가도록 학교와 교사, 상담기관에 의해 학생들을 유도한다.

특히 프랑스에서는 일반교육 과정인 유치원 때부터 국민이 내는 세금으로 무상교육을 받는다. 프랑스의 교육제도는 국가재정에 전적으로 의존하고 있어 국민들에게 높은 세금 부담률과 국가재정의 적자를 초래했다. 유치원부터 대학(대학원)까지 책임지는 프랑스 정부는 앞으로 더 많은 투자를 대학에 지원하겠다고 밝혔다.

한편 현재 프랑스 대학에서는 입학은 쉽게 하지만, 2학년 진급할 때 40퍼센트 정도만 올라갈 정도로 중퇴나 자퇴 등, 학년을 거듭할수록 탈락하는 학생들이 많아진다. 낙오한 학생들은 다른 전공을 공부하기 위해 전과하거나, 아르바이트를 한다. 지금의 대학교육 제도는 '돈과 시간의 낭비'라는 비판도 높다. 한편 학교를 졸업한 후, 젊은이들의 높은 실업률과 심한 박사학위 취업난 등, 그 효과를 잘 거두어들이지 못하는 부정적인 측면도 강하다. 다시 말해 교육효과의 비효율성을 낳고 있다.

아울러 프랑스 대학의 재정은 정부가 70퍼센트를 부담하는 구조이기 때문에 대학의 자율권은 상당히 부족한 편이다. 그러나 현재 프랑스 정부는 대학 개혁법을 만들어 현재 '대학 자율화를 추진'하고 있다. 즉 국가 발전을 위해 대학의 경쟁력 회복 시급과 대학에 학생 선발권 등, 자율권 확대에 초점을 맞추고 있다. 한편으로 고등학교 교사 수 감축에 따른 교육의 열악한 상태에 고등학생들의 항의 시위가 발생하기도 하였다. 최근 프랑스 정부의 대학지원 방안에 따르면, 앞으로 대학 예산의 50퍼센트 증액과 더불어 대학의 자율적 재정관리 등을 골자로 기숙사·식당 등 학생 복지시설 개선, 대학 인력의 재정비, 열악한 연구 기자재의 현대화, 젊은 연구진 및 강사진의 처우 개선, 기업 기부금을 더 많이 유치하도록 유도한다는 것 등을 포함한다.

7

대중영화와 도서관

프랑스는 '영화의 탄생지·종주국'이자, 영화를 예술분야에서 '제7의 예술' 분야로 규정짓는다. 한편 빠리에는 영화 학도들을 위한 많은 에꼴 전문 교육기관들이 있다. 이 단원에서는 영화의 탄생 시점이라 할 수 있는 뤼미에르 형제와 조르쥬 멜리에스가 활동했던 시기와 더불어, '씨네마때끄 프랑쎄즈'라는 영화박물관 겸 도서관에 대해 알아보고자 한다. 아울러 씨네마때끄 프랑쎄즈와 연관된 누벨바그 시기의 영화 사조도 함께 살펴보겠다.

한편 영화에 대한 프랑스인들의 성향은 '감독을 중시하는' 측면이 있다. 즉 배우가 아무리 무명이라도 연출 감독을 믿고 영화를 보러 간다. 특히 영화를 관람할 때 프랑스인들이 중요시하는 것은 시나리오, 대사와 연출, 촬영의 질이다.[23]

세계의 지식을 탐험할 수 있는 도서관은 서로 다른 문화와 세상을 이해할 수 있는 여행의 통로이자 열쇠가 된다. 빠리는 세계에서 공공도서관이 가장 많은 도시로, 빠리의 도서관은 체류하면서 한 번쯤 방문하게 되는 공간이다. 따라서 이 단원에서는 빠리에 어떤 주요한 도서관들이 있는지 고찰해보며, 이 분야는 프랑

23 이와 연관지어 볼 때, 영국의 전설적인 배우 로렌스 올리비에(Laurence Olivier, 1907~1989)는 "영화는 감독의 예술이며, 드라마는 작가의 예술이고, 연극은 배우의 예술이다"라고 정의 내렸다.

스 사회적인 측면, 또는 관광지 방문 차원으로도 볼 수 있겠다.

프랑스에는 이성과 철학이 발달해 책을 많이 읽고, 도서관 또한 많다. 한편 프랑스는 책값이 비싸서 책을 빌려주는 '순회 이동도서관'(Bibliobus)이 전국적으로 발달했다. 프랑스의 많은 국립대학들은 예산 부족으로 운영이 효율적으로 이루어지는 게 어려운 실정이다.

미떼랑(Mitterrand) 국립도서관 – 아날로그와 디지털, 자연과 사람

| 국립도서관의 위치와 위상 |

빠리에는 프랑스 국립도서관이 2곳에 위치해 있다. 먼저 1구에 구 리슐리외(Bibliothèque Nationale de France-Richelieu) 국립도서관[24]과 그 다음 빠리 13구 쎄느강변에 1996년 지어진 신 프랑스 국립도서관(BNF, Bibliothèque Nationale de France)이 있다. 새로운 국립도서관을 추진했던 '문화 대통령' 프랑쓰와 미떼랑(François Mitterrand)의 이름을 따서 "미떼랑 도서관"이라고도 불린다.

프랑스 건축가 도미니끄 뻬로(Dominique Perrault)가 설계한 미떼랑 도서관은 최첨단의 현대식 건축물로, 최다 서적 보유의 세계 최대 도서관이다. 이 건물은 모두 유리로 되어 있으며, 매우 독특한 구조로 설계되어 있다. 양 사각형의 네 모서리에 22층의 건물들이 마치 4개의 책을 반 쯤 펼쳐놓은 듯, 서로 마주보고 있다. 아울러 그 주변을 둘러싼 보행자 전용로인 넓은 나무데크

24 세계에서 가장 아름다운 도서관 중의 하나인 리슐리외 도서관은 프랑스 국립도서관 중 하나이며, 루브르 궁이 있는 빠리 중심가에 위치해 있다. 도서관 내부가 웅장한 이곳은 17세기에 설립, 루이 14세가 이용하던 도서관이기도 하다. 따라서 고대부터 현대까지 다양한 시대의 귀중한 유물을 전시하며, 풍부한 문서·미디어 자료를 보관하고 있어 그 역사적 중요성과 BNF의 본거지로 주목받는다. 이 도서관은 산책하면서 쉴 수 있는 예쁜 정원 또한 갖춰져 있으며, 도서관 내 열람실은 무료 개방되어 있다. 이곳에서 방대한 분야의 책들을 빌릴 수 있을 뿐 아니라, 음악도 들을 수 있으며, 최첨단 기술로 검색할 수 있다. 최근 12년간의 리노베이션을 거쳐 더 많은 방문객을 맞이하고 있다.

국립도서관 내부의 '울창한 숲'

'리슐리외' 구 국립도서관의 내부

산책길, 그리고 에스컬레이터를 타고 내려가면 중앙부분에 심어진 울창한 소나무와 전나무 숲 등으로 인해, 독특하고 획기적인 형태의 장소로 인식된다. 즉 '건물 안의 숲'이라는 공원화된 자연친화적 개념을 엿볼 수 있으며, 특히 도서관 아래 나무 계단에 앉아 쎄느강을 바라보며 휴식을 취할 수 있다.

| 국립도서관의 세부 사항과 관광명소화 |

숲을 중심에 두고 사면으로 설계된 타워 하단 부분의 열람실은 통유리로 되어 있어서 책을 읽거나 학습을 하는 도중 휴식을 취할 겸, 자연 속의 나무 숲을 바라볼 수 있다. 층층히 내려가는 하단 부분의 열람실에서 책을 찾아 주문하면, 고속기계가 4개 타워의 서적 보관 창고에 저장된 책들을 자동으로 가져다 준다. 책들은 오랜 보관을 위해 기계 안에서 빛이 차단된 책꽂이에 보관된다. 또한 이 건물들의 특징은 온도, 빛의 양을 완벽하게 조절하기 위해 유리창에 나무 블라인드를 설치했다.

한편 국립도서관 주변에 새로 개발된 베르씨 구역(12구)과 연계해(미떼랑 국립도서관과 베르씨 공원 사이에는 프랑스 실존주의 여성 철학자 · 작가의 이름을 딴 '씨몬느 드 보브와르' 교가 위치함), 점점 방문객들이 늘고 있다. 국립도서관의 열람실로 들어갈 때에는 입장료를 내는데, 26세 미만 학생은 할인이 된다. 특히 프랑스

국립도서관의 나무데크 산책로

국립도서관의 쉼터 '통행 계단'

에 거주하면서 알로까씨옹(주택보조금)을 받는 유학생은 무료다. 도서관 내 서점도 위치한다.

이 국립도서관은 프랑스 왕실의 장서에서 출발해, 수많은 소용돌이의 역사를 거치면서 16세기 이후 출간된 모든 책들을 소장하게 되었으며, 도서 진열대를 한 줄로 늘어 놓으면 무려 395킬로미터에 달한다. 이곳에서는 자료의 수집과 보존·지식의 가치를 소통시키며, 연구 및 협력 학술교류를 위한 전문적인 전시 프로그램과 컨퍼런스·콘서트·토론회 등과 같은 문화행사들이 진행된다. 이렇듯 각종 기획전시 및 문화생활을 한 곳에서 할 수 있어, 각계각층의 다양한 이용객이 늘어났다. 국립도서관에는 프랑스 왕실에서 전해 내려오는 고서부터 시청각 자료까지 열람할 수 있는 자료들이 무궁무진하다. 특히 판화와 사진 소장품 분야에서는 세계 최대의 자료들을 보유하고 있다.

쌩뜨 쥬느비애브(Sainte-Geneviève) 도서관

쏘르본느 대학과 가까워 많은 학생들이 찾는 대형 도서관으로, 이곳은 빠리 5구 빵떼옹 옆에 위치해 있다. 빠리 좌안에 위치한 5구는 '프랑스 지식과 문화의 요람'으로 대변된다. 쌩뜨 쥬느비애브는 5세기경 사람으로 '빠리를 지킨 수호신·성녀'처럼 여겨지는 인물이다. 451년 쥬느비애브는 빠리 시민들을 규합해, 훈족(흉노족)의 침입에 대항했다. 그녀는 다른 여인들과 함께 빠리

쌩뜨 쥬느비애브 도서관

쌩뜨 쥬느비애브 도서관의 내부

를 구원해 달라는 간절한 기도를 올렸고, 그녀들의 기도는 이루어졌다. 쥬느비애브는 곧 성녀로 추대되었고, 이후 빠리의 수호성인이 되었다. 쌩뜨 쥬느비애브 도서관 입구에는 그녀의 흉상이 조각되어져 있다.

한편 1851년에 지어진 이 도서관의 아름다운 내부는 19세기 신그리스 양식(고딕 양식의 복귀)을 말할 때 빼놓을 수 없는 곳이다. 즉 열람식 지붕에는 중앙에 늘어선 가는 철재 기둥에서 좌우로 갈라진 한 쌍의 철재 아치(철재 지붕)가 괴어져 있다. 중앙에 늘어선 16개의 기둥들은 순전히 미관을 고려해 세운 것이다. 또한 500명이 앉을 수 있는 도서관의 메인홀은 40개의 대형창을 통해 들어오는 햇빛으로 채광이 아주 잘 되어 있다. 책상에 스탠드가 설치된 이 도서관에는 1811년부터 현재까지 출판된 저작물, 정기 간행물 등 95만 권이 넘는 장서를 보유했으며, 신학·철학·법률·의학 및 모든 분야의 풍부한 자료들이 보관되어 있다.

아울러 쌩 미쉘(Saint-Michel) 구역의 쌩뜨 쥬느비애브 도서관이나 국제대학기숙사촌(씨떼 위니베흐씨떼흐)에 있는 씨떼(Cité) 도서관의 경우, 학생증 제시로 간단한 출입증을 교부받아서 입장할 수 있다.

뽕삐두 센터(Le Centre Georges Pompidou) 도서관

'복합문화센터' 뽕삐두 내 43만여 권의 장서를 갖춘 공공정보도서관은 통제 없이 무료 입장이 가능하다. 뽕삐두 도서관은 소수의 마이크로 필름을

복합문화센터 '뽕삐두'

뽕삐두 센터 부근 '니키 분수'

제외하고는, 완전 개가식으로 되어 있어 편리하게 이용할 수 있다. 주말에도 이용 가능한 이곳은 현대적인 시설과 노트북 전용 콘센트 구비, 와이파이 사용 등 최신식 정보시스템으로 인해, 아주 편리하다라는 평을 받는다.

이 도서관의 특징은 수업을 마친 후 이용하는 학생이나, 퇴근 후 책을 읽으려는 직장인을 위해서 프랑스의 도서관들 중 휴일과 국경일을 포함해 가장 늦게 문을 닫는다. 소장도서에는 항상 새로운 소설과 시집, 미술과 음악 관련 등 예술 신간들이 꾸준히 들어온다.

도서관 내부에는 기둥이 없는 탓에 탁트인 내부를 책상과 서고가 가득 채우고 있다. 또한 책상들과 그 사이 통로가 다 넓어 한눈에 쾌적하다라는 느낌을 받는다. 큰 규모의 도서관으로 혼자 공부하는 공간 이외에도, 음악을 듣거나 영상을 보는 공간, 자료를 찾아볼 수 있는 공간 등으로 구성되어 있다. 요컨대 젊은 세대의 니즈에 맞춘 뽕삐두 도서관은 진입 장벽이 없는 다양성 수용의 상징성을 지니며, 자유로운 공공도서관으로 인식되어 있다.

프랑스 대중영화

| 영화의 탄생지 프랑스 |

'영화'라는 장르를 탄생시킨 프랑스는 세계 어느 나라의 영화들보다 특색있는 영화사조를 선보였고, 이에 따른 다양한 형식과 장르의 작품들을 출현시켰다. 프랑스에서는 영화가 단순한 오락이 아니라, '예술이자 철학'으로 소비된다. 한편 프랑스의 유명한 제작 배급회사 겸 극장 체인점으로는 '고몽'(Gaumont)과 '빠떼'(Pathé)가 있다. 이는 프랑스 영화를 감상하게 될 때 처음 등장하는 글자 자막에서, 또는 프랑스 각 도시에 분포된 극장명에서도 발견하게 된다. 특히 '빠떼'라는 이름은 프랑스 경제계의 거물인 샤를르 빠떼(Charles Pathé)에서 비롯되었는데, 그는 1896년 영화사를 설립했다. 이 영화사는 20세기 초반 세계 최대의 영화사로 성장했으며, 고몽과 함께 프랑스 영화의 발전에 큰 공헌을 했다.

| 영화의 개척자 뤼미에르 형제 |

세계 최초로 영화를 만들어 상영한 형 '오귀스뜨 뤼미에르'(Auguste Lumière)와 동생 '루이 뤼미에르'(Louis Lumière) 형제는 리옹에 거처가 있었던 것에 기인해, 현재 리옹에는 '뤼미에르 형제 영화 박물관'이 있다. 아울러 '벽화도시' 리옹의 오래된 건물 벽에는 리옹이 배출한 다른 인물들과 함께 뤼미에르 형제의 모습을 볼 수 있다.

혼자 순간적인 영상을 틈이 난 구멍으로 들여다보는 에디슨의 기계장치

영화의 개척자 '뤼미에르 형제'

영화의 대중화 선구자 '조르쥬 멜리에스'

(kinetoscope[키네토스코프])와 달리, '대중영화의 아버지'라고 여겨지는 뤼미에르 형제는 영화에 스크린을 통한 영사 기능을 부여했던 점에서 대비된다. 즉 그들은 '씨네마토그라프'(cinématographe)라는 기계를 선보였는데, 바로 필름을 연속적으로 영사해 스크린을 통하여 볼 수 있는 장치였다.

'스크린'이라는 장치를 통해서 여럿이 함께 공감할 수 있는 획기적인 방식이 채택되어진 셈이다. 뤼미에르 형제가 1895년 세계 최초로 만든 영화 '뤼미에르 공장의 퇴근'(La sortie des usines Lumière)과 1896년 '라 씨오따 역에 도착하는 기차'(L'Arrivée d'un train à La Ciotat) 등은 당시 빠리 중심가의 그랑 까페에서 문화·예술인들을 초청한 가운데 공식적으로 상영되었다. 그러나 뤼미에르 형제 자신들은 이 새로운 예술을 과학적 호기심으로만 다루고, 머지않아 영화 제작을 포기하게 된다.

| 영화의 대중·상업화의 선구자 조르쥬 멜리에스 |

한편 그랑 까페 상연회의 관람객이었던 조르쥬 멜리에스(Georges Méliès)는 당대의 유명한 마술사이자 사진사였다. 그 또한 영화에 대중성을 가미하는 데 결정적으로 공헌했는데, 기계로서의 영화적 가치를 '예술로서의 영화'로 대중에게 각인시킨 주역이다.

그는 영화의 기틀·토대를 이루어낸 인물로, 영화를 예술로 인지한 '최초의 영화 제작자'이며 '영화 언어의 발명가'다. 요컨대 멜리에스는 스토리보드 작업과 성공적인 상업화로 이끌게 한 '연출'을 최초로 선보였으며, 마술사 경험을 이용하여 특수한 무대장치와 기발한 촬영, 편집 기법 등으로 비로소 관객들에게 현실감 있는 환상적 시각 체험을 제공했다. 그가 제작한 500여 편의 영화들 중, 약 20여 편은 멜리에스가 직접 영화 미술을 책임지고 진행할 정도의 '영화 미술의 선구자'였다.

아울러 그는 세계 최초의 '영화 제작 프로덕션'과 역시 최초의 '종합 촬영소'를 세웠으며, 영화의 흥행 체제도 확립했다. 1902년 '달세계 여행'(Le voyage dans la lune)이라는 환상적인 영화를 통해서 이전의 기록영화가 아닌, 허구적·가상적 이야기를 영화에 설정하는 시도를 했다. 이는 영화에 지대한 대중적인 영향을 끼치게 되는데, 이로써 멜리에스는 뤼미에르 형제와 함께 본격적인 영화 장르를 탄생하게 한 인물이 되었다.

– 유럽에서 개최되는 '세계 3대 영화제'를 손꼽으면 베니스(1932), 깐느(1946), 베를린(1951)이다. 이 중에서 세계 최대 영화축제인 '깐느(Cannes) 국제영화제'에 대한 설명을 덧붙이자면, 프랑스가 영화 발상지일 뿐 아니라 이 영화제에 세기적 걸작이 많았고, 상을 운영하는 화려하고 세련된 방식이나 스타급 심사위원 진용에서 앞선 점을 들 수 있다.

한편 매년 5월에 펼쳐지는 깐느 영화제는 영화감독의 재능과 창의적인 시도를 중점적으로 평가하며, 특히 이 영화제는 '작가주의' 작품을 선호한다. 즉 '작가주의'란 영화를 처음 제작할 때부터 전체 과정을 지휘하고 책임질 수 있는 작가 한 사람이 필요하며, 그 작가가 만든 영화가 진정한 '예술영화'라고 표현할 수 있게 된다.

씨네마때끄 프랑쎄즈(Cinémathèque Française)
– 누벨바그 시기 영화인들의 놀이터

| 씨네마때끄 프랑쎄즈 |

프랑스는 '제7의 예술' 영화를 탄생시킨 종주국으로, 빠리에는 영화 학도들을 위한 많은 에꼴 전문 교육기관들이 있다. '프랑스의 자존심' 씨네마때끄 프랑쎄즈는 1936년 필름 수집광 앙리 랑글르와(Henri Langlois)에 의해 설립된 영화박물관 겸 도서관·상연관으로 상연되고 있다. '씨네마때끄'(cinémathèque)라는 말은 영화(cinéma)와 도서관(bibliothèque)의 합성어다. 즉 이곳은 프랑스 영화는 물론, 세계 영화사의 발자취들을 소장하고 있는 영화 도서관이다.

영상 자료의 보존과 연구 분야에서 세계적으로 유명한 이곳은 2005년 빠리 12구 베르씨 공원(Parc de Bercy) 근처에 재개장했다. 내부에는 3개의 상영관을 비롯해, 영화박물관·기획전시장·영화도서관 등이 조성되어 세계 각국의 영화 팬들의 주목을 받고 있다. 특히 영화도서관에는 2만 권이 넘는 책과 1만여 편에 가까운 필름을 소장하고 있다. 씨네마때끄 프랑쎄즈는 꿈의 명작이나 해외의 진귀한 작품들을 상영해, 영화광들이 모여드는 명소(고전영화 팬들의 성지)로 자리매김하고 있다. 이와 더불어 작품 해설과 토론을 병행하며, 관객은 영화 관람 후 관람평을 남기거나, 상영 후 감독과의 대화에 적극적으로 참여한다.

이러한 문화는 '영화는 곧 사유'라는 프랑스식 인식에서 출발한다. 관객은 단순히 스토리의 소비자가 아니라, 장면의 해석자이자 비평가가 된다. 특히 영화박물관의 전시실에는 영화의 역사·제작과 관련된 자료나 사진·영상·촬영장비·소품·의상 등의 수집품들을 잘 갖춰 전시하고 있다.

씨네마때끄 프랑쎄즈

| 누벨바그 영화의 특징 |

특히 씨네마때끄 프랑쎄즈는 1950년대 말 '누벨바그'(Nouvelle Vague 새로운 물결) 시기의 영화감독들이 영화를 배우고 비평한 곳이다. 대표적인 누벨바그의 대표주자로는 프랑쓰와 트뤼포와 장 뤽 고다르, 아녜스 바르다를 비롯해, 알랭 레네, 끌로드 샤브롤, 에릭 로메르 등이 있다. 바로 씨네마때끄 프랑쎄즈가 누벨바그를 꽃피우게 한 성지이자, 그들의 놀이터였음을 알 수 있다.

이 시기 영화의 특징은 '제작여건'과 '촬영기술'에 있었다. 즉 스튜디오 및 완벽한 영상미를 거부하고, 여건에 맞는 저예산으로 간결한 제작과 최소한의 기술팀에 의해 보다 가벼운 촬영기구를 사용했다. 영화를 하나의 독창적인 예술로 끌어올린 누벨바그 시기 작품들의 특징은 전통적인 영화에 대항해, 줄거리보다 '표현'에 중점을 두고, 현실과 카메라와의 '직접적인 접촉'(카메라 워킹)을 중시했다. 또한 완결되지 않은 스토리와 영상의 감각적 표현 등 종래의 영화 개념을 바꾸어 놓았다. 이 외에도 화면의 반복, 갑작스러운 인물의 등장, 야외 촬영 등의 방법으로 누벨바그 시기 감독들은 내러티브의 연속성을 파괴했으며, 기존 영화의 문법을 뒤흔들었다. 그들은 한마디로 과거의 구조들을 깨뜨렸으며, 자유롭고 기발한 작품들을 선보였다.

아울러 이 시기는 '작가주의'와 '작가영화'로 특징지을 수 있다. 즉 누벨바그 시기는 카메라를 통해 감독의 주관적인 의도나 시각을 표현하였다. 아울러 언어를 통하여 작가들이 메시지를 전달하듯이, 영화도 '독창적인 언어'가 존재하며, 영화에서의 작가는 바로 '감독'이라고 주장한다.

| 누벨바그 영화의 대표작 400번의 구타 |

대표적인 '누벨바그' 영화로 자주 거론되는 작품들로는 가정과 사회에서 사랑받지 못하는 문제아 소년 앙뜨완느(Antoine)를 그린 '400번의 구타'(1959)가 있다. 영화 제목명은 프랑스 속담에 "어릴 때 적어도 400번은 맞아야 철이 든다"라는 이야기에서 비롯되었다. 이 영화는 불행했던 소년 시절의 기억과 영화광으로서의 추억을 담담하고도 따뜻하게 그려내고 있다.

400번의 구타는 이제껏 볼 수 없었던 영화의 낯선 아름다움으로 사람들을 경탄시켰으며, 아울러 누벨바그의 신호탄이자 대표작이 되었다. 영화 400번의 구타는 맨 마지막 장면을 주목할 만하다. 즉 소년원을 탈출해 바닷가로 향해가는 소년을 카메라가 죽 쫓아가는 '롱 테이크'(long take) 기법과 뒤돌아 보는 앙뜨완느의 얼굴을 '클로즈업'(close-up)해 정지된 모습은 오래도록 기억에 남는 '극적 여운의 효과'를 갖고 있다. 400번의 구타 영화의 마지막 장면은 '프랑스 영화계의 명장면'으로 기억되고 있다.

누벨바그 영화의 대표작 '400번의 구타'

| 누벨바그의 서정시인 프랑쓰와 트뤼포 |

400번의 구타는 바로 프랑쓰와 트뤼포(François Truffaut)의 '자전적 데뷔작'으로 1959년 깐느 영화제 최우수 감독상을 비롯해, 뉴욕비평가협회 최우수 외국어영화상 등을 받았다. '네 멋대로 해라' 시나리오를 집필하기도 했던 트뤼포의 또 다른 작품들로 '피아니스트를 쏴라', '쥘르와 짐' 등이 있다.

먼저 그의 두 번째 영화 '피아니스트를 쏴라'는 그가 비평가 시절에 각별한 애정을 보였던 저예산 B급 필름 느와르(암흑가를 무대로 한 비정한 범죄물)에 바쳐졌다. 영화 내용은 과거 갱스터였던 고독한 피아니스트의 사랑과 절망의 메시지를 담고 있다. 트뤼포

프랑쓰와 트뤼포

의 백과사전적인 영화지식을 보여주듯, 이 영화는 다양한 스타일과 무드로 펼쳐지며, 영화 제목에서 독특한 뉘앙스를 느낄 수 있다. 또한 '쥘르와 짐'은 쥘르와 짐 두 사람 앞에 매력적인 여인 까뜨린느가 나타나고, 그 둘은 동시에 그 여인과 사랑에 빠지게 되는 내용을 담고 있다.

그는 대표적인 영화작가이며, 고다르와 함께 영화평론지 '까이에 뒤 씨네마'(Cahiers du Cinéma)에서 평론가로 뛰어난 활약을 했다. 한편 프랑스적인 향취를 물씬 풍기는 감독이기도 했던 그의 영화는 '예술과 인생', '영화와 허구', '젊은이와 교육'과 같은 매우 엄숙한 주제를 일관되게 파헤치고 있다.

프랑쓰와 트뤼포 영화도서관(Bibliothèque du cinéma François Truffaut)

프랑스 영화 팬의 성지, 프랑쓰와 트뤼포 영화도서관은 2008년 빠리시가 직접 운영하는 영화전문 도서관으로 문을 열었다. 이곳은 빠리 1구 '대형 종합 쇼핑센터' 포럼 데 알(Forum des Halles) 안에 위치한다. 이 도서관에는 3만 2천여 정도의 영화·TV·비디오 관련 도서, 72여 종의 전 세계 영화 관련 전문잡지, 2천 2백여 개의 대여 가능한 DVD를 구비했다. 프랑쓰와 트뤼포 영화도서관의 특징은 희귀 자료도 열람 가능하며, 매주 영화 무료 상영과 씨네아티스트와의 만남 등, 다양한 프로그램을 주최한다.

| 누벨바그의 과격한 전사 장 뤽 고다르 |

누벨바그 동시대의 양대 기수, 프랑쓰와 트뤼포가 '누벨바그의 서정시인'이라면, 장 뤽 고다르(Jean-Luc Godard)는 '급진개혁을 주장한 선동가'였다. '고다르 이전'과 '고다르 이후'라는 말이 있듯이, 그는 현대 영화언어의 발전에 획기적인 공헌을 남겼다.

고다르의 영화는 일정한 틀에 머무르지 않고 새로움을 추구하는 등, '해체적'이고 '실험적인 형식'을 구현했다. 요컨대 행위에 대한 논리적인 설명을 거부하며, 비약과 생략된 편집의 묘미를 잘 보여준다. 아울러 그의 영화에는 기존의 윤리관에 대한 냉소와 새로운 반역정신, 해체적이고 반항적인 이미지가 넘친다. 이미지만으로도 모든 것을 설명하는 장 뤽 고다르, 그의 최초 장편영화 '네 멋대로 해라'(1960) 이 한 작품에서 적어도 누벨바그파는 결정적인 성공을 거두었다. 이른바 '누벨바그' 시대를 본격적으로 열게 되었으며,

장 뤽 고다르

영화사의 흐름을 바꿔놓았다. 이 영화로 고다르는 프랑스 영화비평가협회 작품상을 비롯해, 베를린 영화제에서 감독상을 수상했다.

반항적인 이미지로 센세이션을 불러 일으킨 장 뽈 벨몽도(Jean-Paul Belmondo)와 진 세버그(Jean Seberg, 미국 여배우) 주연의 네 멋대로 해라는 '새로운 영화언어'를 선보였다. 즉 주인공 미쉘(Michel)이 카메라를 응시하면서 관객을 향해 제멋대로 말을 거는 형태의 '즉흥 연출'과 '애드립'을 선보인다. 고다르의 초기 작품들은 미국 영화들의 인기있는 멜로 드라마와 추적극의 관습들을 변형시킨 것이다.

한편 고다르는 당시 기준으로는 대단히 파격적인 연출, 즉 '점프컷'(jump cut, 장면의 비약적 전개) 이외에, '핸드 헬드(hand-held) 기법' 촬영(일명 '들고 찍기')을 선보였다. 이는 카메라를 삼각대 등에 고정시키는 대신, 손으로 직접 들고 바짝 붙여서 거칠게 흔들며 촬영하는 형태다. 누벨바그 시기 미학적인 관점에서 집중적으로 조명받은 이러한 파격적인 기법은 생생한 '현장감'과 '사실감'을 표현하는 데 매우 유용했으며, 1960년대 이후에는 의도적으로 이 기법을 사용하였다.

| 누벨바그의 대모 아녜스 바르다 |

아녜스 바르다(Agnès Varda)는 벨기에 출신의 누벨바그를 이끌었던 프랑스 영화감독이다. 누벨바그의 유일한 여성감독이었던 그녀는 원래 예술사와

사진을 전공해 큐레이터가 되는 것이 목표였으나, 우연한 기회에 잡은 카메라와 평생을 함께 했다. 바르다는 함께 어울리던 동료들의 영화 이야기에 공감하지 못했고, 그녀가 첫 영화를 제작할 당시 영화를 본 경험이 열 편 정도 밖에 지나지 않았기에, 기존의 영화문법이 아닌, 그녀만의 '독특한 영화문법'을 창조할 수 있었다.

아녜스 바르다

이렇듯 바르다가 만드는 영화는 기존의 것들과 완전히 다른 형태였으며, 그녀는 기존의 극 영화와는 다른 다큐멘터리적인 영화를 선보였다. 이는 기존의 관습적인 영화제작 시나리오가 아니라, '책처럼 읽을 수 있는 영화'를 만들고자 했던 그녀는 감독이 작가처럼 본인이 원하는 스타일대로 이야기를 써 내려가는 '작가주의 경향'(영화쓰기(ciné-writing))에 부합한다.

그녀는 영화를 여성의 목소리를 표현하는 도구로 사용했다. 여성의 실존을 고민한 '5시부터 7시까지 끌레오'부터 여성의 자기 결정권을 주장하는 '노래하는 여자, 노래하지 않는 여자'까지 그녀는 영화를 통해 사회적 인식을 개선하려 했다. 바르다의 영화는 극의 몰입을 방해하고, 현실과 동일한 시간의 흐름, 현실적인 이미지와 사운드를 사용함으로써 관객들에게 끊임없이 현실을 상기시켜준다. 이는 바르다가 전달하려고 하는 메시지를 관객들에게 부여하는 차원을 넘어서 관객들에게 그러한 내용을 요구하는 정도까지 이른다. 이렇듯 초창기 극영화에서 아녜스 바르다의 '다른 방식으로 보기'는 엄격한 구조와 리얼리티를 고수하는 스타일로 드러난다. 68혁명 이후 개진된 여성의 사회운동 흐름 속에서, 바르다는 그녀의 아름답고 혁명적인 영화를 통해 현실과 개념의 간극을 좁히고자 부단히 노력했다.

바르다의 후기 다큐멘터리 작업들, 즉 '이삭줍는 사람들과 나', '아녜스 바르다의 해변', '바르다가 사랑한 얼굴들'은 기술의 진보와 창작자의 성숙함이 정교한 조화를 이룬 경우다. 한편 '아녜스가 말하는 바르다'는 본인이 직접 출연하면서 90세에 바라본 영화와 예술에 대한 인생회고록 형태의 다큐멘터리다.

아울러 그녀는 2019년 작고하기 직전까지 65년 동안 작품활동을 하면서 24편의 장편영화를 남겼다. 바르다의 작품 세계는 '방랑자'로 베니스영화제 황금사자상(1985), 유럽영화상 유럽영화아까데미 평생공로상(2014)과 깐느영화제 명예황금종려상(2015), 미국아까데미 위원회가 주관하는 명예오스카상(2017), 베를린영화제 명예황금카메라상(2019) 등, 여러 상들을 받으며 인정받았다.

제5부

프랑스 관광

프랑스 지방

수도권 지역

빠리 – 예술가들이 사랑한,

예술을 사랑하는 도시

1

프랑스 지방

프랑스 여러 도시에서 볼 수 있는 트램

넓은 영토와 다양한 모습을 지닌 프랑스의 지방들은 각기 다른 특색있는 분위기와 정취를 느낄 수 있다. 프랑스 대부분의 도시들은 구도심이 중심부에 위치해 있으며, 그 주변으로 신시가지가 펼쳐져 있다.

최근 프랑스 여러 도시들의 특징은 예전의 노면전차(트램) 노선을 부활시켜 운행하고 있다는 점이다. 트램의 등장은 폭발하는 자동차의 수요와 함께 자동차 전용도로를 넓히는 자동차 우선의 정책이 아니라, 그 수요를 억제하고자 전동차를 개설하고, 자동차용 도로를 좁혀나가는 바로 '사람 본위의 정책'이라는 평가를 받는다. 즉 트램은 바쁘게 돌아가는 도시생활 속에 조금이나마 여유를 찾을 수 있게 해주는 의미를 지닌다. 전차는 전기를 사용해 온실가스를 전혀 배출하지 않는데, 한 걸음 더 나아가 도심의 매력을 살려 이를 '움직이는 예술품'으로까지 승화시켰다. 프랑스의 각 도시들은 환경 친화적인 트램을 건설하면서 쇠락해가던 도심지의 외관까지 새롭게 단장했고, 이후 도심의 거주인구가 늘어나고, 상권이 되살아나는 효과까지 생겨났다.

한편 빠리를 비롯한 프랑스 전역의 각 도시들에서는 가장 아름다운 건물을 시청으로 지정한 것을 알 수 있다. 또한 대부분의 지방 도시들은 규모가 작아 반나절이면 걸어서 시내를 다 돌아볼 정도로 아담하다. 각 도시들을 방문할 때에는 도심의 중심부에 있는 관광안내소 ⓘ에서 정보를 구하며, 무료로 시내 지도를 받아 체류할 숙소, 방문할 식당이나 까페, 각 관광지들의 위치 및 거리명 등을 참조한다.

북불(Le Nord) & 삐까르디(Picardie) 지방

북불과 삐까르디 지방은 노르망디 옆 프랑스 북쪽 끝부분에 서로 맞닿아 있는 곳을 가리킨다. 즉 북불 지방이 영국과의 해협 쪽에 위치해 있으며, 벨기에와 가까운 지역인 반면에, 삐까르디 지방은 북불 지방의 바로 밑쪽에서부터 빠리 수도권 지역(일 드 프랑스)의 위쪽까지 해당한다.

| 북불(Le Nord) 지방 |

다양한 문화가 공존하는 지역

북불 지방은 "노르 빠 드 깔레"(Nord-Pas-de-Calais)라고 불린다. 영국과 벨기에로 가는 입구로서 이 지역은 고도의 새로운 기술과 다양한 문화가 공존하는 '유럽 문화수도'[1] 릴(Lille)을 중심으로 상업과 산업으로 북적대는 곳이

1 '유럽 문화수도'란 유럽 대륙의 도시들 중, 매년 선정해 1년간에 걸쳐 집중적으로 각종 문화 행사를 전개하는 사업을 가리킨다. 유럽 문화수도는 최근 30년 동안 유럽에서 가장 중요하고 인기있는 행사로 인정받고 있다. 2004년에 선정된 릴에 이어서, 마르쎄이유 또한 2013년에 이미 지정된 바 있다.

지만, 또한 평화와 고요함도 공존하는 곳이다. 북불 지방은 견실한 농업 활동과 석탄 산업이 활성화된 곳으로 잘 알려져 있다.

한편 역사 깊은 불로뉴 쉬르 메르(Boulogne-Sur-Mer) 항구와 쏨(Somme)[2] 계곡 사이의 해안은 풍부한 조류 지역으로 한가롭게 산책할 수 있는 곳이다. 쏨 계곡은 지극히 시골적인 광대한 습지로 이루어져 있으며, 풍요로운 야생의 삶을 즐길 수 있는 지역이다. 강은 삐까르디 지방을 가로질러 흐르고, 작은 호수와 숲들이 모여 있어 캠핑 장소로도 좋으며, 산책과 뱃놀이, 낚시 등의 다양한 여가활동을 할 수 있다. 무엇보다 이곳의 제1차 세계대전 전투지와 기념관에서는 20세기 역사의 중요한 사실들을 알려준다. 요컨대 쏨 지역에 있는 많은 묘지들은 제1차 세계대전 때 벌어진 대량 학살의 비참함을 생각나게 하는 '역사적 증언지'다.

복잡한 해안선과 플랑드르 문화

프랑스의 가장 북쪽에 위치한 이 지역에는 관광지와 기념관들이 많다. 높이 치솟은 고딕 양식의 성당들에서부터 와즈(Oise)강을 따라 늘어선 위세 당당한 성, 그리고 제1차 세계대전의 전투지와 기념관들에 이르기까지, 지나간 역사에 대한 한 면을 잘 말해주고 있다. 도버해협 쪽으로 있는 뒹께르끄(Dunkerque), 깔레(Calais), 불로뉴 쉬르 메르 및 세련된 르 뚜께(Le Touquet) 리조트 등지의 항구들은 쏨강 어귀에서 벨기에 국경까지 뻗어있는 마을들이다. 이곳은 복잡한 해안선을 따라 펼쳐진 북불 지방의 주요 지역이라고 할 수 있다.

그 중 불로뉴 쉬르 메르는 진한 바다 향취를 느끼게 해주며, 이곳에서 깔레까지 연결된 흰 절벽은 환상적인 장면을 연출한다. 아울러 르 뚜께는 19세기 중반부터 유명 건축가들이 설계한 별장이 들어서, 현재는 도시 전체가 다

2 쏨 전투는 제1차 세계대전 당시 영국과 프랑스 연합군과 독일군이 2회에 걸쳐 벌인 격전지로 잘 알려져 있다.

플랑드르식 건물 모습

북불 지방의 특유한 건물 모습

양한 위락시설들로 이루어진 대규모 휴양 단지가 되었다.

한편 플랑드르 문화는 벨기에와의 경계 지역에서 볼 수 있다. 벨기에풍의 맥주와 풍차, 운하가 존재하는 등, 프랑스라고 여겨지지 않는 낯선 느낌의 문화가 존재한다. 영어로 "플랜더스"(Flanders)라고 불리우는 '플랑드르'(Flandres)는 프랑스 북부와 벨기에, 네덜란드에 걸친 저지대를 가리킨다. 벨기에와 가까운 북불 지방에서도 플랑드르 특유의 가옥 모습을 발견할 수 있게 된다. 즉 건물 위쪽의 양쪽 모습이 계단모양으로 된 특이한 형태를 띤다.

아울러 프랑스 북부지방을 대표하는 지역음식으로는 달걀, 소시지가 들어간 체다치즈 퐁뒤, 벨기에식 홍합찜과 감자튀김, 맥주 등을 들 수 있다.

프랑스의 작은 벨기에 '릴'

유로스타 초고속열차(TGV)는 프랑스 깔레를 경유해, 프랑스 북부 주요 도시이자 교통의 중심지 '릴'을 통과하게 된다. 현대적인 대도시 릴은 예전 벨기에의 영토여서 '스머프와 땡땡의 고향' 벨기에의 분위기가 곳곳에 묻어나며, 이웃나라 벨기에인들이 이곳으로 쇼핑하러 오는 곳이기도 하다. 벨기에의 수도 브뤼셀(Bruxelles)에서 릴까지 TGV로 35분이 걸릴 정도로 가깝다. 도시 곳곳에는 플랑드르 문화의 고풍스러운 건물들이 우뚝 솟아 있다.

또한 대부분의 프랑스 큰 도시들처럼 릴에도 트램이 운행하며, 축구 열

릴 도심 한복판 '그랑 쁠라스 광장'

릴 크리스마스 마켓 풍경

기도 강한 곳으로 알려져 있다. 릴은 북부 공업지대의 중심도시로 중요하며, 피혁·식품공업 이외에 릴 시내에서는 섬유 공업이 발달했다. 이곳은 과거부터 공업이 성행해, 일찍이 아기자기한 매력을 간직한 구도심 '뷰 릴'(Vieux Lille)이 형성되었다.

주요 관광지로 대도시 릴 한복판에는 아름다운 커다란 광장 '그랑 쁠라스'(Grand Place)가 조성되어 있으며, 프랑스에서 가장 오래된 미술관 '빨레 데 보쟈르'(Palais des beaux arts)가 위치한다. 또한 릴은 예전부터 오페라 활동이

릴 도심에 위치한 '빠리의 문'

활발했던 곳으로, 오페라 건물(Opéra de Lille) 이 외에, 노트르담 드 라 트레이유(Notre-Dame de la Treille) 대성당과 쌩모리스(Saint-Maurice) 성당 등이 있다. 특히 19세기에 지어진 트레이유 대성당은 중세 고딕 양식을 현대적인 의미로 재해석한 신고딕 건축양식의 영향을 받아 웅장함과 모던함을 동시에 지닌다.

한편 1667년 루이 14세가 도시를 점령한 것을 기념하기 위해 세워진 개선문 '빠리의 문'(Porte de Paris)이 릴의 관광 명소로 손꼽힌다. 겨울철 풍경이 아름다운 릴에는 크리스마스 마켓이 열려 도심 골목마다 다양하고 예쁜 장식들이 빛난다.

도버해협 횡단 항구 깔레

프랑스 북부 항구도시 깔레(Calais)는 10세기 말까지 작은 어촌에 불과했으나, 도버 해협 간 최단거리에 위치한 지리적 이점 때문에 중세 때부터 중요한 항구가 되어왔다. 영국의 런던에서 출발하는 시속 300킬로미터의 유로스타는 도버해협 횡단 항구 '깔레'(Calais) 간 운행하는데, 통과하는 유로터널은 1994년 8년 만에 완공되었다. 세계 최장의 해저터널 구간(약 37.9킬로미터)을 통과하는 이 초고속열차는 역에서 간단한 출입국 절차만 밟으면, 2시간 30분 만에 영·불 수도를 주파하니 비행기보다 편리하다. 영불 해협 밑의 지하터널 건설로 인해, 영국과 프랑스·벨기에·네덜란드·독일 간의 연결이 용이하게 되었다. 최근에는 런던에서 암스테르담 구간도 새롭게 추가 개통되었다.

조각상 '깔레의 시민들'

한편 깔레는 과거 백년전쟁 중인 1347년 영국군에게 함락되었는데, 그 당시 깔레시의 지도자급 인사 시민대표 6인 '깔레의 시민들'이 영국왕 에드워드3세 앞에 출두해 다른 시민들을 구했다는 이야기가 전해 내려온다. 바로 이러한 일화가 로댕(Rodin)에 의해 1895년 조각상으로 구현되어졌다. 바로 상류층이 지니는 도덕적 의무를 다한 '노블레스 오블리쥬'(Noblesse oblige)의 전형적인 예로 꼽힌다. 깔레의 시민들(Les Bourgeois de Calais) 조각상은 바로 깔레 시청의 광장에 위치해 있으며, 빠리 로댕 미술관의 정원뿐만 아니라, 코펜하겐·런던·필라델피아·뉴욕 등, 전 세계 12개 도시들에서도 볼 수 있다.

| 삐까르디(Picardie) 지방 |

한편 빠리와 가까운 내륙 쪽 삐까르디 지방의 보베(Beauvais)와 아미앵(Amiens)에는 유명한 고딕 양식의 성당들이 있다. 아울러 이 지역에는 역사적인 장소 꽁삐에뉴(Compiégne)성 또한 위치해 있다.

보베 성당과 고딕 양식의 걸작 아미앵 성당

먼저 보베 대성당에는 천문 시계가 볼 만한데, 이곳은 제2차 세계대전 때 폭탄 투하의 위험을 모면했다. 작은 마을 보베에 위치한 이곳의 성당은 "쌩 삐에르"(Saint-Pierre) 대성당이라고 불린다. 이 성당은 좀 더 신에게 가까이 다가가고자 했던 중세인들의 야망으로 인해, 결국에는 참혹한 결과를 가져왔다. 즉 1225년에 건축을 시작한 이 성당은 1284년 제단 천장이 무너지고, 이어서 1573년에는 종탑마저 무너지고 만다. 이는 그 당시 고딕 양식의 성당들이 앞다투어 성당의 천장을 높여가던 경쟁으로 빚어진 결과로 볼 수 있다.

보베 대성당 정면의 장미창

프랑스 고딕 양식의 시초

아미앵 대성당의 정면

아미앵 대성당의 후면

'쨍드니 대성당'을 시작으로 랭스 대성당 38미터, 아미앵 대성당 42미터, 여기에다 쌩 삐에르 보베 대성당이 48미터까지 천장을 높이는 데 성공했으나, 몇 년 후 보베 성당은 붕괴되고 만다.

이와 더불어 '고딕 양식의 걸작' 아미앵 대성당은 정교한 목조각을 볼 수 있다. 이 성당의 또 다른 특징은 보베 성당의 일부가 무너지면서 아미앵 성당이 프랑스에서 가장 높은 본당이 되었고, 프랑스의 대성당 가운데 내부 공간이 가장 넓은 성당으로 알려져 있다. 1220년에 착공해 15세기까지 여러 부분들이 계속적으로 추가되었다. 이 성당에는 3600여 개의 조각상들이 있으며, 서쪽 정면의 장미창은 플랑브와이앙(후기 고딕) 양식으로 만들어졌다.

역사적 장소 꽁삐에뉴성

꽁삐에뉴(Compiégne)는 빠리에서 북쪽으로 80킬로미터 떨어진 작은 마을로, 수도권 지역과 가까운 위치에 있다. 화려한 꽁삐에뉴성은 루이 15세의 여름 휴양지로 14세기에 짓기 시작해, 1786년에 완공했다. 또한 이 성은 오스트리아에서 온 마리 앙뜨와네뜨가 루이 16세를 처음 만났던 곳이며, 나폴

프랑스의 역사적 장소
'꽁삐에뉴성'

레옹 1세는 이곳에서 오스트리아 공주 마리 루이즈(Marie-Louise)와 두 번째 결혼식을 올렸다.

한편 이 성의 정원은 영국식으로 조성되어 있으며, 주변 꽁삐에뉴 숲은 오래전부터 사냥터로 쓰여졌다. 산책을 하거나 소풍을 즐기기에 아주 적합한 이 숲에는 프랑스 국립전쟁기념관이 위치해 있다. 한편 이 숲은 제1차 세계대전의 휴전 협정이 체결된 장소이기도 한데, 독일은 이곳 숲에 열차를 가져다놓고 그 안에서 항복 문서에 서명했다.

브르따뉴(Bretagne) 지방

| 브르따뉴 지방의 특징과 독자적인 문화 |

브르따뉴 지방은 프랑스와 합병되는 1500년 전까지 따로 형성된 독립 국가로 프랑스 북서쪽 대서양 해안에 위치한 오랜 전통의 지방이다. 프랑스에서는 영국을 '큰 브르따뉴'라는 뜻을 지닌 "그랑드 브르따뉴"(Grande-Bretagne)라고 부른다. 그 이유는 5세기 경 영국 켈트족(Celts)들이 앵글로색슨족의 압박을 피해 브리따니아로부터 이주한 후, 정착한 이들 켈트인을 "브리튼인"(프랑스어로 "브르똥인"[Breton])으로, 그 지방을 역시 "브리따니아"(Britannia)라고 부르게 되었다. 따라서 오늘날의 지방명 브르따뉴는 바로 여기에서 유래했다.

이곳 브르따뉴 지방으로 이주해 정착해서 '켈트 문화의 꽃'을 피운 켈트족(프랑스어로 "쎌트족"이라고 부름) 브르따뉴인들은 켈트족의 피를 이어받아 프랑스인이기보다는 아일랜드인이나 스코틀랜드인과 가깝다. 영국 켈트족의 후예인 브르따뉴인들은 전통적으로 매우 종교적인 사람들이며, 독자적인 언어와 전통 고유의 민속이 존재한다. 특히 하얀색 레이스가 달린 모자에 수가 놓인 검은 드레스 차림의 민속의상을 볼 수 있다. 즉 브르따뉴는 역사적으로 특이한 발전과 전통의 켈트 음악과 악기들, 그리고 많은 신화가 전해 내려오는 등, 그들만의 독자적인 문화를 지녀왔다. 특히 브르따뉴 지방과 아일랜드, 스코틀랜드, 웨일스에 전승된 켈트 음악은 경쾌하면서도 애수를 띤 곡조로 전 세계적으로 많은 팬들을 확보하고 있다.

| 브르따뉴 지방의 거석문화 |

긴 세월 동안 바다의 공격에 저항해온 대륙의 끝, 브르따뉴 지역에는 영국의 고대 거석기념물 '스톤헨지'(Stonehenge)처럼 평행으로 놓인 선돌이 무려 1099개가 마치 긴 통로를 이루듯 줄지어 서 있다. 거대한 돌들이 일렬로 죽 늘어서 수직으로 정렬된 시기는 약 7000년 전, 신석기 시대 말기와 청동기 시대 초기인 선사시대로, 바다 건너온 알려지지 않은 민족에 의해 세워졌다.

평행하게 줄지어선 거석군 유적지

"누가 이 큰 돌들을 이런 식으로, 왜 세워 놓았을까"란 많은 의구심 속에 이 큰 돌들이 바다 바람을 막기 위해 세워졌다는 설, 또는 프랑스 남서부 순례지 루르드처럼 이곳을 성스러운 땅으로 인식해서 제사를 지내기 위해 돌들을 세웠다는 설, 하지 때 태양이

뜨는 방향과 일치하고 있어 태양숭배의 종교의식, 고대의 천문관측 장치 등, 여러 가지 전설들이 존재한다. 그렇지만 여전히 어떤 목적으로 세워졌는지 아직 밝혀진 것은 없다. 이렇듯 브르따뉴는 거석문화가 발달된 지방으로 고대 고인돌, 화강암 바위, 동굴 등 돌이 많은 지방이다. 특히 이 지역에는 신비로운 분위기가 감도는 '유럽 최대 규모의 거석군 유적지' 까르낙(Carnac)이 있다.

| 브르따뉴 지방의 특산물 |

이 지역에는 옆 지방 노르망디처럼 포도가 재배되지 않고, 대신 사과가 많이 경작된다. 따라서 브르따뉴 지방의 특산물은 사과주 '씨드르'(cidre)와 사과브랜디 '깔바도쓰'(calvados) 등을 들 수 있다. 이 외에 브르따뉴 지방은 전통적인 제조 방식의 바닷물 해수가 첨가된 유염 버터와 브르따뉴의 전통음식 '크레쁘'(crêpe) 등이 유명하다. 크레쁘는 예전에 가난한 브르따뉴 지방의 곡식이 잘 자라지 않는 척박한 땅에 메밀을 심은 데서 유래된다. 즉 크레쁘는 이 지방에서 탄생한 음식으로 버터를 두른 프라이팬에 익힌 메밀 전병을 간식으로 먹거나, 또는 메인 요리, 혹은 후식으로 먹는 등, 프랑스에서 무척 대중화된 요리다.

또한 브르따뉴 지방은 조수간만의 차가 심한데, 바닷물에 잠겼던 목초와 바닷바람으로 키운 어린 양고기 요리 '프레 쌀레'(pré-salé)가 유명하다. 어린 양이 염분을 많이 함유한 목초를 주식으로 하기 때문에, 이 음식은 은은

몽쌩미쉘의 명물 '대형 오믈렛'

쌩말로 해안가의 참나무 방벽

한 바다향과 짠맛이 특징이다.

한편 몽쌩미쉘 수도원으로 올라가는 골목길에는 1888년부터 변함없는 레시피와 재료를 사용하는 프랑스 전통쿠키(사브레과자), 몽쌩미쉘의 명물 '대형 오믈렛'을 파는 유명한 레스토랑이 있다. 수플레처럼 부풀린 이 음식은 전통적 방식으로 달걀과 유염 버터 등을 듬뿍 넣고 장시간 거품을 낸 뒤, 화덕에 구워내는 프랑스 가정식 요리에 해당한다. 겉은 노릇하고 속은 무스처럼 부드러운 것이 특징이다.

| 브르따뉴 지방의 주요 도시들 |

이 지방의 특색있는 장소로 우선 16~19세기 경 영국 해적과의 전투가 벌어졌던 항구도시 쌩말로(Saint-Malo)와 바로 근처에 위치한 몽쌩미쉘(Mont-Saint-Michel)을 들 수 있다. 먼저 쌩말로는 빠리 몽빠르나쓰(Montparnasse)역에서 TGV로 3시간 정도 걸려 도착하게 되는데, 이곳은 무척 아름다운 해안가 도시다. 17세기 해적들의 거점이 되었던 쌩말로는 북해 건너 영국과 대치해 영국과의 오랜 전쟁으로 구도심 전체가 성벽으로 둘러싸여져 있다. 현재는 그 성벽 위로 산책을 할 수 있어 구시가 주위를 한바퀴 돌아볼 수 있다. 성채에서 바라보는 바다와 부두의 풍경이 무척 아름답다.

또한 해안가에는 19세기 후반부터 세운 참나무 방벽이 또 하나의 볼거리다. 죽 일렬로 늘어선 오크나무 기둥의 이 독특한 해안 풍경은 오래된 화

성벽도시 '쌩말로'

산책하기 좋은 쌩말로 성벽

강암 성벽을 거센 파도로부터 보호하기 위해 방파제 삼아 만든 것이다. 쌩말로 해안의 갯벌은 밀물과 썰물 때 무려 13미터 차이가 난다.

렌느(Rennes)는 브르따뉴의 행정수도로 전통적·전형적인 프랑스의 분위기를 느낄 수 있으면서, 지하철이 다녀 구경이 편한 프랑스풍의 도시다. 브르따뉴 지방의 관문이라 할 수 있는 렌느는 브르따뉴의 남동부 지역을 돌아보는 경우 기점이 되는 도시다. 브르따뉴 지방의 생계 수단은 바다쪽에 위치한 관계로 대부분 어업이다. 바다쪽과 가까운 서부 브르따뉴가 대체로 '척박하고 고립된 지역'에 해당된다면, 이에 비하여 지방청 소재지인 렌느 주변의 동부 브르따뉴는 이보다 훨씬 더 열려져 있다. 요컨대 서부 브르따뉴보다 개방되어 있으며, '비옥하고 풍요로운 지역'에 속한다.

| 대표적 관광지 몽쌩미쉘 |

1979년 유네스코 세계문화유산에 등재된 몽쌩미쉘은 이곳까지 기차를 타고 가다가 버스로 갈아탄 후, 또 한참 걸어가야 되므로 투어 프로그램을 이용하는 게 좋겠다. 매년 300만 명 이상이 방문하는 몽쌩미쉘은 브르따뉴와 인근 노르망디 경계에 위치해 있는데, 이 지역 주민들의 정서상 브르따뉴 지방에 속하는 것을 더 선호한다.

수도원 위주로 펼쳐진 유적지·관광지 '몽쌩미쉘'은 2014년 대륙과 새로운 다리로 연결되어 있다. 섬을 보호하기 위해 걸어서, 또는 자전거를 타고 가거나, 무료 셔틀버스를 이용해야 한다. 밀물, 만조 때 몽쌩미쉘은 마치 바다 위에 떠올려진 바위섬, 암초섬, 혹은 작은 산처럼 보여진다.

특히 몽쌩미쉘을 포함한 브르따뉴 부근의 해역은 지구상에서 가장 드넓은 갯벌로, 밀물과 썰물 조수간만의 차이가 심해 어패류가 풍부하다. 아울러 몽쌩미쉘 부근의 깡깔르(Cancale)는 로마 시대부터 굴 생산지로 유명한 곳이다. 한편 몽쌩미쉘 수도원까지 올라가는 곳에는 구불구불 이어진 골목길마다 수많은 음식점과 매점, 기념품점, 고풍스러운 호텔 등이 즐비해 있다.

언덕길 맨 위에는 8~16세기까지 오랫동안 지어진 수도원이 위치한다.

이곳은 세월의 흐름에 따라 수도원, 요새, 감옥과 같은 여러 기능을 담당했다. 이 수도원은 성자 오베르가 꿈에서 이곳에 수도원을 지으라는 대천사 성 미카엘(쌩 미쉘)[3]의 계시를 받아 짓게 되었다. 이 중세 시대 때의 수도원 건축 양식은 끝이 뾰족한 첨탑 모양의 고딕 양식이다. 이는 하늘과 가까워지고 싶은 인간의 욕망을 표현한 것이다. 마치 하나의 성채 같은 수도원 내부는 크고 장엄하다. 특히 수도원 테라스에서 바라보는 풍광이 한 폭의 그림 같다.

기타 브르따뉴 지방의 관광지들

이 외 브르따뉴에는 프랑스 최초의 도심형 케이블카가 운행중인 해군항 브레스뜨(Brest), 뽈 고갱의 흔적을 되새겨볼 수 있는 예쁜 마을 뽕따방(Pont-Aven)이 있다. 한편 전형적인 브르따뉴의 특성을 지닌 깽빼르(Quimper)에선 1690년부터 발전된 수공예 도자기를 비롯한, 도자기 제조 기술산업을 찾아볼 수 있다. 또한 브르따뉴엔 2000년 전부터 전통적 방식에 의해 최고 명품소금 게랑드를 생산하는 '세계 최대의 천일염 생산지' 게랑드(Guerande)도 위치한다. 이 지역은 브르따뉴 지방의 대서양 연안에 위치해 있으며, 오로지 태양열과 바람, 바다가 빚어낸 자연 그대로의 소금을 만드는 천혜의 자연 조건을 자랑한다.

노르망디(Normandie) 지방

| 노르망디 지방의 특산물 |

'치즈와 사과주의 고향' 노르망디 지방은 빠리에서 2시간 정도 걸려 도착한다. 제2차 세계대전 당시 노르망디 상륙 작전을 떠올리게 하는 이곳은 치즈, 버터 등의 유제품과 낙농업이 발달된 지역이다. 프랑스는 자연산 덩어리 치즈가 유명하며, 치즈 종류가 무려 400여 종이나 되는데, 그 중 가장 잘

3 '몽쌩미쉘'(Mont-Saint-Michel) 수도원의 의미를 보자면, '몽'(Mont)은 산, '쌩'(Saint)은 성자, '미쉘'(Michel)은 대천사 미카엘을 뜻한다. 즉 '성 미카엘의 산'이란 뜻을 지녔다.

알려진 것은 이 지역의 특산물인 까망베르 치즈다. 표면은 흰 곰팡이로 덮여 있고, 속은 크림처럼 녹아나는 이 치즈는 "치즈의 여왕"이라 불린다. 이 외에도 노르망디에서는 옆쪽에 위치한 브르따뉴 지방과 마찬가지로 포도 재배를 안 하는 대신 사과로 유명하다. 사과가 많이 생산되기 때문에, 역시 사과를 발효시킨 술 '씨드르', 사과브랜디 '깔바도쓰'와 더불어 사과 타르뜨처럼 사과가 들어간 음식들이 많으며, 각종 해산물과 어패류, 홍합 요리 등이 발달하였다.

| 노르망디 지방의 특징 |

노르망디 지역의 특색은 북부 프랑스를 특징지어주는 스산한 날씨와 잿빛 하늘, 바람이 느껴진다. 아울러 이곳 지방 특유의 집모양, 즉 나무를 덧댄 '꼴롱바쥬'(colombage, 기둥의 목재를 외부로 노출시킨 형태) 양식의 반목조 붉은색 건물들을 흔히 볼 수 있다. 한편 노르망디 지방은 '영화의 추억과 낭만'을 되새겨볼 수 있는 장소다. 우선 영화음악이 유명한 작품 '남과 여'를 촬영했던 도빌과 '괴도 뤼팽'의 영화로 알려진 에트르따, 그리고 젊은 시절 까뜨린느

'노르망디식 반목조' 전통주택

드뇌브가 열연했던 '쉘부르의 우산'의 쉘부르(Cherbourg) 등이 있다. 아울러 인근 노르망디 지방과 경계선상에 위치한 브르따뉴 지방의 몽쌩미쉘(Mont-Saint-Michel)도 영화 '라스트 콘서트'의 촬영 배경장소였다. 이 외에 노르망디 지방의 유명한 도시로는 루앙, 르 아브르, 옹플뢰르, 세계적으로 유명한 치즈 고장 까망베르(Camembert) 등이 있다.

| 노르망디 지방의 주요 도시들 |

우선 루앙(Rouen)은 노르망디 지방을 포함한 북프랑스를 대표하는 중심 도시다. 이곳은 노르망디 지방의 행정수도로, 프랑스 제3의 상업항구 도시면서 상공업 중심지다. 이곳에서는 주민들의 친절하고 따뜻한 마음씨를 접할 수 있어 "놀기에는 빠리, 살기에는 루앙"이라는 말이 있을 정도로, 조용하고 부유한 고장의 이미지를 가지고 있다. 쎄느강 하구에 위치한 루앙은 로마 시대부터 그 역사가 이어지며, 이후 노르망디 공국의 수도로 번영을 누린 옛 도시다.

모네가 즐겨 그린 노트르담 대성당

루앙 대시계

이곳에는 1200년경부터 16세기까지 여러번의 증축에 의해 현재의 모습으로 완성된 노트르담 대성당이 있다. 따라서 이 성당은 다양한 '고딕 건축 양식의 전시장'으로 여겨진다. 또한 152미터 첨탑의 압도적 크기와 섬세한 조각 장식들이 특징적인데, 루앙 대성당은 제2차 세계대전 당시 크게 파손되어 지금의 모습으로 복원되었다. 특히 '인상파의 거장' 끌로드 모네는 이 대성당을 소재로 30점 이상의 그림을 그렸다. 그는 빛에 따라 시시각각 다양하게 변화하는 대성당의 아름다움에 매료되었다. 여름밤에는 이 루앙 대성당 파사드(출입구가 있는 정면부)에 그의 작품이 투영되는 조명쇼 '모네의 대성당'을 즐길 수 있다.

루앙에는 노트르담 대성당과 더불어 구시가 거리 위에 아치를 그린 대시계(Le Gros-Horloge)도 주목하게 된다. 즉 고딕 양식의 종탑과 황금색, 붉은색으로 구성된 르네쌍스 양식의 시계탑이 조화를 이룬다. 대시계는 1389년에 제작되어 지금까지 15분마다 종을 울리고 있다. 한편 잔다르크(Jeanne d'Arc, 1412~1431)가 15세기에 화형당한 광장에는 거대한 십자가가 서 있다.

또한 쎄느강 하구에 있는 '오래된 항구마을' 옹플뢰르(Honfleur)에서도 모네, 꾸르베, 부댕 등 인상파 화가들이 이곳의 평화로운 마을 풍경을 많이 그렸다. 동화같은 모습의 이 작은 마을은 요트타기와 관광업의 중심지이자, 어업의 요지에 해당한다. 또한 노르망디 지역 쎄느강 하구에는 유럽에서 제일 긴 노르망디 다리가 있다. 이 거대한 현수교는 옹플뢰르와 맞은편 연안의

아름다운 항구마을 '옹플뢰르'

현수교 형태의 노르망디 다리

르 아브르(Le Havre)를 잇는 새로운 명소로 떠오르고 있다. 르 아브르 역시 작은 어촌 항구마을로 거리 조형물에서부터 그래피티, 인상파 예술 작품에 이르기까지 예술로 가득한 곳이다.

| 영화의 추억과 낭만의 관광지 |

도빌(Deauville)에서는 매년 3월 '도빌아시아 영화제'와 9월 '미국 영화제' 등이 개최되며, 세계적인 여름 휴양지이기도 하다. 여름철마다 빠리의 사교계가 옮겨왔다고 할 정도로 프랑스 상류층이 몰려드는 이곳은 1860년부터 '세계적인 리조트 휴양지'로 알려졌다. 특히 도빌 해변의 특징은 해안가를 따라 죽 펼쳐져 있는 산책길 '쁠랑슈'(planche, 흰 나무판자로 된 보드 워크)가 유명한 곳이며, 해변에서 말을 타고 산책하는 프랑스인들도 볼 수 있다.

한편 노르망디 지역의 유명한 관광지, 에트르따(Etretat) 해안가는 무엇보다 자갈 해변과 갈매기떼, 절벽 위의 교회, 초록색 언덕 등 풍광이 수려하다. 코끼리 바위와 깎아지른 절벽은 석회암 지형으로, 해안가에 서서 좌우로 펼쳐진 절벽을 바라보면 파도에 침식된 다양한 모양의 바위가 햇빛을 받아 온통 하얗게 보인다. 하지만 태양이 구름에 가리게 되면 음산한 느낌의 회색빛 절벽으로 변하게 된다. 이렇게 빛에 따라 시시각각 변하는 풍경 때문에 빛을 사랑한 인상파 화가들이 유난히 좋아했다. 특히 19세기 중반 모네, 꾸르베, 부댕, 꼬로 등이 영감을 받아 그림을 그린 이후, 많은 관광객들이 이곳에 몰

에트르따의 코끼리코 바위와 자갈해안

에트르따의 아름다운 절경

리게 되었다.

또한 이곳은 1909년에 발표된 '기암성', 원제목은 『바늘구멍(*L'Aiguille creuse*)』이란 추리소설의 배경지로, 셜록 홈즈와 괴도 뤼팽의 대결 이야기가 전개된다. 즉 코끼리 코처럼 생긴 바위 속이 비어 있고, 해저터널로 연결되어 비밀창고로 쓰인다는 설정과 이곳을 배경으로 한 전설의 수수께끼를 중심으로 스토리를 발전시켜 나간다. 한편 이 마을에는 추리소설의 저자 모리스 르블랑(Maurice Leblanc)의 집과 뤼팽 박물관 등이 있다.

알자스(Alsace) 지방

| 알자스 지방의 특징 |

프랑스 북동부 지역에 위치한 알자스 지방은 독일과의 국경지대에 보쥬(Vosges) 산맥, 남쪽은 스위스와 접경지대를 이루고 있다. 알자스는 알퐁스 도데(Alphonse Daudet)의 『마지막 수업(*La dernière classe*)』에서도 묘사되었듯이, 지금도 독일의 이미지를 지우기 어렵다. 오랫동안 독일과의 전쟁으로 예전부터 이 지방의 운명은 전투 결과에 따라 무려 열일곱 번이나 자주 바뀌었다. 이러한 역사의 굴곡 속에서도 알자스인들은 로마 시대부터 지금까지 여전히 변함없는 그들만의 문화와 정신을 굳건히 지켜오고 있다. 따라서 이 지역의 주민들은 프랑스인도 아니고, 독일인도 아닌 바로 '알자스인'이란 의식이 강하다.

목조가옥 형태도 독일과 가깝고, 양 국가의 주부들이 시장에 물건을 사러 아무런 검색 없이 왕래하며, 매일 국경을 넘어 출근하는 사람들도 있다. 지리적으로나 문화적으로 독일의 영향을 많이 받은 이 지역은 독일어처럼 들리는 알자스 방언이 독특하며, 이곳의 풍경은 너무나 평화롭고 아름답다. 특히 알자스 지방의 각 도시에서 펼쳐지는 크리스마스 마켓은 무척 전통적인 관습으로 하나의 명물이 되었다. 크리스마스에 전나무를 장식하는 풍습은 알자스 지방에서 시작되었듯이, 이 지방은 겨울철 풍경이 무척 아름답다.

알자스 지방의 포도밭 전경

| 알자스 지방의 특산물 |

특히 1570년부터 매년 12월경 이 지방의 정통 크리스마스 마켓(유럽의 3대 크리스마스 마켓)에서는 약한 불에 계핏가루와 슬라이스한 오렌지, 레몬 등을 넣고 30분 이상 따뜻하게 데운 레드 와인 '뱅쇼'(vin chaud, 독일어로는 글뤼바인[Glühwein])를 맛볼 수 있다.

한편 동쪽으로는 독일이 위치해 있고, 라인강 상류가 흐르는 가운데 야트막한 언덕 위로 펼쳐진 포도밭은 유명한 화이트 와인의 주산지다. 이곳은 독일과 가까워 '양배추 절임 요리' 슈크루뜨(choucroute)와 식사할 때 리슬링 화이트 와인이나 맥주를 즐겨 마신다. 전통적인 맥주의 제조 방법은 소규모 양조장뿐 아니라, 크로넨부르(Kronenbourg 1664)와 같은 대형 양조장에서도 아직까지 전해지고 있다. 또한 버터와 달걀을 가득 넣은 '둥글게 부푼 모양의 빵' 브리오슈(brioche)는 이 지역의 특산물로 손꼽히며, 전통적으로 부활절 때 커다란 크기로 만들어 먹는다.

크리스마스 시즌의
노트르담 대성당 모습

스트라쓰부르에 위치한 유럽의회 본부

| 와인의 주요 산지 |

알자스 지방은 12세기 초부터 고급 화이트 와인 생산지로 잘 알려져 있다. 알자스의 광활한 포도밭은 보쥬 산맥의 동쪽 언저리, 라인강을 향해 비스듬하게 누워 있는 구릉지에 발달되어 있다. 이러한 천혜의 지형으로 인해 이곳은 고온 건조한 대륙성 기후와 자연스러운 배수, 충분한 일조량을 갖게 된다. 알자스의 낭만적인 와인가도와 라인강을 따라 펼쳐진, 그림 같은 와인의 땅 알자스에는 67개 산지에서 과일향이 풍부한 화이트 와인을 생산한다.

한편 아름다운 알자스의 와인가도는 남북으로 길게 뻗어 있는 와이너리 중심부를 달리게 되는데, 이는 독일의 와인가도와 연결되어 있다. 알자스의 주요 포도품종 역시 리슬링, 게뷔르츠트라미네, 실바네르 등 독일에서 유명한 품종이거나, 독일식 이름을 따서 만든 것이 대부분이다.

오늘날 세계적인 알자스 와인은 세대를 이어오는 가족 중심의 와이너리가 대부분이다. 알자스의 포도원은 보르도 지역처럼 큰 규모의 샤또가 아니라, 가족 중심의 세대를 이어온 중세풍의 오밀조밀한 아름다운 반목조 건물들에 자리잡고 있다.

노트르담 대성당 앞의 크리스마스 마켓

'반목조 주택의 운하도시' 스트라쓰부르

| 알자스 지방의 주요 도시들 |

알자스 지방의 특색은 다양하고 아름다운 천혜의 자연경관과 더불어 급속히 공업화된 면모를 들 수 있다. 아울러 전통에 충실한 알자스 중세 마을들은 각각의 개성을 가지고 있다.

한편 빠리 동역에서 이 지방의 행정수도 스트라쓰부르(Strasbourg)까지 TGV로 2시간 정도 걸린다. 스트라쓰부르는 1998년 도시 전체가 세계문화유산으로 지정될 정도로, 역사와 문화가 생생하게 살아 숨쉬는 프랑스의 8번째로 큰 도시다. 아울러 독일풍의 진한 밤색 나무판자를 덧댄 고풍스러운 반목조 가옥 형태로, 낭만적인 운하 도시다. 운치있는 강변 풍경과 더불어, 산책하기 좋은 쁘띠 프랑스(Petite France) 구역이 있어 구도심의 분위기를 즐길 수 있다.

스트라쓰부르 도심 한가운데에는 고딕 양식의 노트르담 대성당이 우뚝 솟아 있어 도시의 랜드마크 역할을 하고 있다. 1176년부터 1880년까지 약 700년에 걸쳐 건축된 이곳 또한 1988년 세계문화유산으로 지정되었다. 붉은 사암으로 만들어져 붉은 빛을 띠는 이 대성당에서 가장 유명한 걸작품은 1843년에 만들어진 세계에서 가장 큰 천문시계다. 18미터의 길이로 된 멋진 천문시계는 매시각 15분이면 1번, 30분이면 2번 종이 치면서 인형이 이동한다. 이 성당의 앞면에는 섬세한 입체 세공이 무척 아름답다.

또한 '유럽의 교차지점' 스트라쓰부르는 빠리와 체코의 프라하 중간 지

아름다운 꼴마르의 강변

꼴마르의 예술적인 간판

점에 위치한다. 유럽의 대륙 한복판에 위치한 지리적 특성상, 유럽연합의 본회의장 건물인 유럽의회(유럽 국회의사당) 본부를 이곳에 두게 되었다. 한편 '유럽의 수도'에 해당하는 유럽연합 본부는 벨기에의 브뤼셀에 위치해 있다.

한편 알자스 지방에는 와인의 중심도시 꼴마르(Colmar)가 있다. '알자스의 진주' 꼴마르는 많은 전쟁을 겪으면서도 중세의 건축물들이 알자스에서 가장 잘 보존된 도시로 알려져 있다. 꼴마르에서도 알자스 전통의 반목조 가옥들을 볼 수 있으며, '작은 동화마을' 같은 도심은 그 자체가 '하나의 박물관'이라고 여겨질 정도로, 그림처럼 아름다운 자연풍경을 자랑한다.

무역도시인 동시에 항구였던 꼴마르는 16세기에 전성기를 누렸다. 쁘띠 브니즈(Petite Venise), 즉 '작은 베네치아'라고 알려진 강변 거리가 특히 아름다우며, 그림 같은 운하의 수로를 따라 예전의 상인들이 포도를 배에 싣고 다녔다. 이곳은 한때 알자스 와인 수출의 중심항이기도 했다. 따라서 이곳은 화이트 와인 가도를 여행할 때 기점이 된다. 운하와 더불어 고딕 양식의 여러 성당들, 미술관, 오랜 역사와 전통을 지닌 레스토랑, 예술작품처럼 아름다운 간판 등, 파스텔 색조의 반목조 저택들이 죽 늘어서 있는 강변 풍경은 무척 로맨틱한 산책길과 잘 어울린다.

르와르(Loire) 지방

| 르와르 지방의 특징 |

이곳은 숲이 있는 자연경관이 빼어나고, 날씨가 따뜻해 일명 "프랑스의 정원"이라 일컬어진다. 또한 "프랑스의 곡창지대"로 불리울만큼 농업지역이기도 하다. 프랑스 중서부 지방에 위치한 르와르 지방은 빠리와의 접근성 때문에 중세 때부터 왕·영주·왕자·귀족들의 별장인 고풍스러운 성들이 르와르 강변을 따라 수십 채가 지어졌다. 귀족들은 여름에 별장처럼 와서 쉬었고, 근처 숲에서 사냥을 했다. 특히 이곳은 '르와르 강변의 성들'이라는 뜻을 지닌 "샤또 드 라 르와르"(Château de la Loire)라고 불리운다. 이 지역은 '프랑스 문화의 요람'으로, 절대왕권 시절 '유럽문명의 중심지'로 대변된다.

뚜르(Tours)는 15세기 빠리에서 왕실이 옮겨와 잠시 프랑스의 수도 역할을 했었다. 바로 르와르 지방의 행정수도 뚜르는 고성 기행의 베이스 캠프 역할을 하고 있다. 이 지방은 빠리 몽빠르나쓰(Montparnasse)역에서 초고속열차 TGV로 1시간 10분 거리에 위치한다. 르와르 지방에는 15~17세기에 지어진 80여 개의 고성들이 르와르 강변을 따라 워낙 띄엄띄엄 위치해 있기 때문에 개별적으로 찾아가기 힘들다. 따라서 이 지역을 방문하려면 다양한 고성 투어 프로그램에 참여하는 것도 좋다. 고성은 관람용과 로맨틱한 고성 호텔로 개조한 경우가 있으며, 소유주가 개방하지 않고 개인 용도로만 사용하는 것 등으로 나뉘어진다.

| 르와르 강변의 주요 고성들 |

a. 르와르 고성들 중 가장 널리 알려진 샹보르(Chambord)를 들 수 있다. 르와르 강변의 고성들 가운데 샹보르성은 가장 크고 화려한 성이며, 방 개수가 무려 440여 개나 된다. 오르고 내릴 때 서로 마주치지 않게끔 설계된 이곳의 나선형 이중 계단은 그 당시 활약했던 레오나르도 다 빈치(Leonardo da Vinci)의 생각이 깃들어 있다. 현재 외국 손님이 묵는 영빈관

웅장하고 화려한 샹보르성

샹보르의 고딕 양식 지붕

으로도 쓰여지고 있는 샹보르성은 1519년 프랑쓰와(François) 1세가 착공해, 1658년 '태양왕' 루이 14세가 완공했다. 중세 건축과 르네쌍스 양식이 조화를 이룬 건축물로, 1981년 유네스코 세계문화유산에 등재됐다. 한편 프랑쓰와 1세의 또 다른 업적은 바이킹의 침략으로부터 빠리를 방어하기 위해, 군사용 목적의 위압적인 분위기의 성채와 토굴같은 감옥이었던 루브르를 르네쌍스 양식의 화려한 궁전으로 탄생시켰다.

b. 슈농쏘(Chenonceau)성의 대표적인 특징은 르와르 고성들 중, 유일하게 강위에 지어졌다는 것과 대대로 성의 주인이 여성(귀부인들의 성)이었던 점이다. 즉 '가장 우아하고 로맨틱한 귀부인의 성'으로 알려져 있다. 요컨대 왕후, 애첩 등 총 6명의 여인들이 성의 주인이었다. 특히 이탈리아 명문귀족 가문인 메디치가 출신 왕비 까뜨린느 드 메디시스(Catherine de Médicis)와 이 당시 앙리(Henri) 2세보다 20년이나 연상이었던 애첩 디안 드 쁘와띠에(Diane de Poitiers)가 대표적인 경우다. 따라서 이 성은 여성들을 배려한 '개방형 구조'의 특색을 띠었다. 이같은 몇몇의 경우들을 보면, 여성들의 드레스를 배려해 나선형이 아닌 직선형 계단을 취했으며, 부엌의 위치가 바로 강 옆에 있어 쉽게 물을 긷거나, 음식물을 배로부터 수송했다. 15세기의 성채 가운데 유일하게 독립탑을 갖고 있고, 3개의 건물과 강변까지 이어진 다리가 우아하다. 가장 아름다운 구조물로는 까뜨린느 드 메디시스가 증축한 길이 60미터의 슈농쏘성 회랑이 있다.

르와르강 위에 지어진 슈농쏘

블르와성의 팔각형 나선형 계단

c. 르와르 강변의 고성들에서 유일하게 뚜르 시내에 위치한 블르와(Blois)를 주목할 수 있다. '프랑스 건축물의 보석' 블르와성의 특색은 여러 왕들에 의해 건설에만 13세기부터 17세기까지 400년이 걸렸다. 여러 왕들이 자신의 취향에 맞는 건축양식을 택해 증축했기 때문에, 다양한 건축양식이 혼재되어 있다. 따라서 왕실이 꿈꾸던 "이상적인 성의 완성판"이라 불린다. 이 성을 방문하면 각 건물의 정면에 건물을 세운 왕이나 왕자들의 이름이 붙여진 걸 발견할 수 있다. 아울러 성에서 바깥으로 돌출된 팔각형 나선형 계단도 특이할 만하다.

원래 이곳은 블르와 백작의 성이었으나, 루이 12세 이후 4세기 이상 프랑스 왕가의 저택으로 사용되었다. 그 후 왕위계승권을 둘러싸고 앙리 3세가 정적인 기즈(Guise) 공을 암살하는 등, 피의 역사를 간직한 곳이기도 하다.

d. 앙브와즈(Amboise)성은 요새 같은 모양새를 갖추었으며, '방어용 성곽'에 해당한다. 높은 성벽이 전에는 성채였음을 말해주며, 언덕 위에 위치한 앙브와즈성의 테라스에서는 르와르강 주변 아기자기한 예쁜 집들과 강줄기를 감상할 수 있다. 이 성의 특징은 샹보르성처럼 고딕과 르네쌍스의 건축양식을 모두 볼 수 있다. 프랑스 혁명기에 성이 파괴되어 지금은 예전의 약 1/4만이 남아 있지만, 고딕에서 르네쌍스 양식으로 변하기 전의 과도기 양식을 확인할 수 있다.

'방어형 요새 성곽' 앙브와즈

앙브와즈성 주변 풍경

특히 이 성은 레오나르도 다 빈치와 많은 연관이 있는데, 그가 머물던 저택인 끌로 뤼쎄(Clos Lucé)성이 이곳의 지하 동굴과 연결되어 있다. 다빈치는 이탈리아 문화를 사랑하고 예술가들을 존경한 프랑쓰와 1세의 초대로 여기에서 머물며 지내다 생을 마감했다.

끌로 뤼쎄는 레오나르도 다 빈치가 살던 당시의 원형을 그대로 간직하고 있는데, 그의 발명품 스케치와 원형이 존재한다. 또한 앙브와즈성의 또 다른 특징은 안마당에 쌩 위베르(Saint-Hubert) 예배당 단독 건물을 들 수 있는데, 바로 이곳에 '르네쌍스의 심장' 레오나르도 다 빈치가 잠들어 있다. 이 예배당은 고딕 양식의 후기에 등장한 '플랑브와이앙'(Flamboyant) 양식(불꽃을 연상시키는 복잡한 장식)의 건물로, 규모는 작지

다 빈치가 머물던 성
'끌로 뤼쎄'

만 정교하고 세밀한 세부 조각 장식이 돋보인다.

| 기타 르와르 고성들 |

처음 건축 당시의 모습을 그대로 잘 간직하고 있는 예쁘고 아담한 슈베르니(Cheverny)성이 있다. 이곳은 귀족의 생생한 생활상을 엿볼 수 있는 사유 저택으로, 단정한 주거 용도의 성이다. 즉 크고 작은 여러 개의 원형 탑들로 둘러싸인 반은 요새이고, 반은 주거용인 건축물이다. 부지 내에는 수렵견사와 사슴뿔을 전시한 수렵 박물관도 있다. 이곳에서는 지금도 여전히 정기적으로 사냥이 행해지는 성답게 많은 사냥개들을 사육한다.

그 밖에 여성적인 프랑스의 초기 르네쌍스 양식미가 느껴지는 아제이르 리도(Azay-le-Rideau)성과 기하학적인 프랑스식 장식 정원으로 유명한 빌랑드리(Villandry)성 등이 있다.

옛 프랑스를 느낄 수 있는 르와르강변 성들은 과거의 문화와 귀족들의 생활양식을 간직한 일종의 박물관 같은 느낌이 든다. 성의 각 방에는 옛 시대에 사용하던 물건들과 더불어 호화로운 가구, 침대, 양탄자 등이 놓여 있어 그 당시 생활모습을 잘 보여준다. 아울러 아름답게 가꾸어진 정원과 분수를 감상하며 산책하게 된다. 여름철 밤엔 르와르 성들의 정원에서 불꽃놀이 축제 등을 즐길 수 있다.

소박하고 아담한 슈베르니성

르네쌍스(Renaissance) 양식의 특징

'재생'을 뜻하는 르네쌍스 건축은 "이탈리아 양식", "로마 양식"이라고 불린다. 아무튼 르네쌍스 건축은 이탈리아와 연관지어 간주할 수 있으며, 고대와 중세적 요소가 합쳐진 모습을 취한다. 르네쌍스 양식의 특징은 균형 잡히고 통일된 형태로, 분할의 미가 뛰어난 '조화'와 '균형'을 강조한다. 장식성을 자랑하는 르네쌍스 양식의 특성상, 국왕·귀족의 성이나 저택에 많이 사용되었다. 방위적인 요소보다 호화로운 인상, 쾌락적인 생활과 연회를 위한 건축물들로 많은 굴뚝이나 장식적인 탑 등이 특징이다. 도시에서도 귀족이나 부유층의 저택, 광장, 분수 등에 이탈리아적인 우아미를 도입한 르네쌍스 건축물을 볼 수 있다. 빠리 시내에서는 쎄느강에서 가장 오래된 다리 '뽕 뇌프'(Pont Neuf)가 르네쌍스 양식의 대표적인 경우다.

| 와인의 주요 산지 |

르와르 지방의 또 다른 특징으로는 이곳이 '와인 생산지'란 점이다. 화이트 와인과 '분홍색 포도주'라는 뜻을 지닌 로제(rosé) 와인의 주요 재배지역에 해당한다. 특히 앙주(Anjou)와 뚜렌느(Touraine) 지역에서는 토속 품종인 쉬냉 블랑을 사용해 와인을 생산하고 있다. 특히 르와르강 유역의 상큼한 화이트 와인인 쌍세르(Sancerre)와 뿌이 퓌메(Pouilly-Fumé)는 풀향기와 허브향이 특징인 쏘비뇽 블랑만으로 만들어진다.

| 르와르 강변의 주요 도시들 |

뚜르에 이어서 살펴볼 르와르 지방의 대표적인 몇몇 도시로는 우선 앙제(Angers)를 들 수 있다. 프랑스의 옛 수도 역할을 한때 이 지방의 뚜르에서 담당한 터라, 이 지역은 정확한 표준 프랑스어를 가장 잘 구사하는 곳으로 어학연수생, 유학생 등이 뚜르를 비롯해, 특히 앙제에서 많이 공부하고 있다. 현재 인구 16만 명이 거주하는 소도시이지만, 학생이 3만 명 이상일 정도로, 앙제는 중세 이래의 '학원 도시'로 잘 알려져 있다.

한편 앙제 위쪽에 위치한 르망(Le Mans)은 매년 6월에 펼쳐지는 '자동차 경주'로 유명한 도시다. 이곳도 인구 15만 명의 소도시이지만, 세계 최고의 내구(오래 견딤) 자동차 경주 '르망 24시간 레이스 축제' 때는 25만 명의 자동차 인구가 모인다. 이 경주는 자동차의 최고 스피드를 겨루는 여느 대회와 달리, 24시간 동안 레이서 3명이 번갈아가며 서킷을 가장 많이 도는 차량이 우승하게 된다. 한편 경주장 바로 옆에 '르망 24시 박물관'이 위치해 있는데, 규모도 크고 자동차 종류도 많아서 레이스를 관전하러 오는 관광객들이 방문하기에 좋다.

오늘날 지방분권화 정책으로 지리적 위치상 점점 빠리의 산업부속구역으로 변화되어가고 있는 오를레앙(Orléans)은 미국의 도시 뉴올리언스를 연상케 한다. 즉 뉴올리언스는 누벨 오를레앙(Nouvel Orléans)의 영어식 발음으로 1700년대 프랑스인들이 개척한 도시다. 1781년 당시 프랑스 재상이었던 오를레앙 공의 이름을 따서 도시명을 짓게 되었다. 뉴올리언스는 지금도 프랑스 분위기가 나는 도시로 알려져 있으며, 몇몇 프랑스풍의 명소들이 남아 있다.

론느-알쁘(Rhône-Alpes) & 싸브와(Savoie) 지방

| 론느-알쁘(Rhône-Alpes) 지방 |

론느-알쁘 지방의 특색

론느-알쁘 지방은 지명에서도 알 수 있듯이, 론느(Rhône)강과 알프스(Alpes) 산맥 등에 의해 둘러싸여진 아름다운 자연환경을 지닌 곳이다. 이 지방의 중심지로는 '미식의 도시' 리옹(Lyon)이 있다. 지리적 위치로 보면 보쥬 산맥에서 발원한 쏜느(Saône)강과 알프스 산맥에서 발원해 남쪽 지중해로 흘러가는 론느(Rhône)강이 합류하는 곳에 위치한다. 바로 리옹시의 경제적 영향과 결합 수용정책으로 인해, 주변 지역들과 긴밀한 관계를 유지해가고 있는 것이다. 이 도시의 풍경은 강 주변의 집·건물·성당·언덕과 우거진 수풀 모습이 마치 독일의 라인강 주변 분위기와 흡사하다.

리옹의 특징과 이미지

리옹은 같은 이름의 빠리 리옹(Lyon)역에서 TGV로 약 2시간 정도의 거리에 위치해 있다. 이곳은 프랑스 남과 북의 중간 지점에 자리잡고 있어 예전부터 이 두 지역을 연결하는 중요한 고리 역할을 하고 있다. 옛 프랑스 왕조 골(Gaule)국의 수도였기도 한 이곳은 고대 로마의 영향을 많이 받은 도시로 남아 있다. 프랑스인의 조상 골르와(Gaulois)로 대표되는 '아스떼릭스'(Astérix)는 프랑스 문화를 상징하는 대표적 캐릭터로 통하고 있으며, 이는 만화·영화·상품 등을 통해 알 수 있다. 특히 아스떼릭스는 프랑스 문화상품들 중에서도 가장 수익이 높다.

아울러 리옹은 전통 인형극 '기뇰'(Guignol)로 특징지을 수 있는데, 기뇰은 주로 여러 형태의 정치적 풍자를 소재로 다룬다. 리옹을 대표하는 이미지 기뇰은 1808년 프랑스 인형극의 주인공 이름이었으나, 나중에는 그 당시 널리 쓰이던 줄을 달아 조종하는 형식(마리오네뜨)이 아닌, 인형 안에 손가락을 넣어 조종하는 인형(손인형)의 대명사가 되었다. 리옹 구도심에는 기뇰 전문 공연장이 3개나 있다.

기뇰 박물관의 인형

여러 산업과 미식의 도시 리옹

현재 프랑스에서 도시 규모는 빠리 다음으로 두 번째, 인구 수는 빠리·마르쎄이유에 이어 세 번째로 많은 리옹은 예전부터 교류지이자, 통로 역할의 요충지였다. 아울러 이곳은 여러 특성 있는 문화산업 도시의 특징을 나타내고 있다.

한편 리옹의 아기자기한 분위기의 전통식당을 가리켜 “부숑”(Bouchon)이라고 부른다. 푸짐한 현지 음식을 제공하는 소박한 전통 식당인 부숑은 리옹의 진정한 상징이라 할 수 있다. 이렇듯 리옹은 '세계적인 미식의 본고장'(식도락)일 뿐 아니라, 프랑스의 대표 은행 크레디 리요네(Crédit Lyonnais) 본사(금융)가 바로 리옹에 있으며, 중세 때부터 내려오는 전통 인쇄술(책인쇄), 비단과 직물을 취급하는 산업과 제약 산업 등이 발달한, 한마디로 상업·예술문화의 중심지다. 특히 리옹이 문화산업 분야가 발달한 측면으로, 전 세계 22개국 팀이 참가하는 제빵·제과업계의 올림픽인 '월드페이스트리컵'(World Pastry Cup) 대회가 격년제로 개최된다.

리옹의 여러 모습과 빛 축제

오늘날 리옹을 상징하는 푸르비애르(Fourvière) 노트르담 대성당이 구도심에 위치해 있다. 웅장한 로마네스크 양식의 이 성당은 높은 언덕에 있어 아름다운 리옹 시내가 한눈에 보인다. 이곳에서 맑은 날에는 알프스 산맥의 최고봉 '몽블랑'까지 보인다. 리옹의 방문할 만한 또 다른 장소로는 도시의 중심에 넓은 벨꾸르(Bellecour) 광장이 위치한다. 광장 한쪽에는 리옹에서 태어난 쌩떽쥐뻬리(Saint-Exupéry)의 동상을 감상할 수 있다.

아울러 쏜느강의 서쪽 연안에 있는 리옹의 구도심 '뷰 리옹'(Vieux Lyon)은 1998년 유네스코 세계문화유산으로 지정되었다. 마치 타임머신을 타고

푸르비애르 성당에서 보여지는 리옹 도심

유럽에서 가장 큰 리옹 벽화 건물

환상적인 분위기의 리옹 빛 축제

과거로 돌아간 것 같은 착각을 일으키게 할 정도로 고풍스러운 건물들과 골목이 잘 보존되어 있다. 현재도 르네쌍스 양식의 건물에서 부엌과 욕실만 개조해 돌계단을 오르며 사람들이 살고 있다. 또한 리옹은 '벽화의 도시'라고 할 만큼, 도시 곳곳 오래된 건물 벽에는 리옹에서 펼쳐진 다양한 역사적 이슈들과 리옹이 배출한 인물들이 그려져 있어, 리옹의 역사와 문화를 잘 보여준다.

한편 리옹을 특징지울 수 있는 것은 '리옹 빛 축제'(Fête des lumières Lyon)가 있다. 리옹시는 '유네스코 미디어아트 창의도시'로 지정되었는데, 리옹 빛 축제는 매년 12월 초에 펼쳐진다. 이때 각 가정에서도 창문가에 밤새도록 초를 밝히는 등, 리옹 강변과 거리는 환상적인 분위기를 자아내며, 리옹 도심의 겨울밤을 아름다운 색으로 눈부시게 수놓는다.

기타 론느-알쁘 지방의 주요 도시들

리옹의 독특한 옛 정취의 분위기는 리옹에서 버스를 타고 1시간 정도의 거리에 위치한 '뻬루쥬'(Pérouges)라는 중세 마을에서도 느낄 수 있다. 이곳은 언덕 꼭대기에 위치한 중세의 흔적을 그대로 간직한 작은 마을로, 12세기 중세의 저택들과 조약돌로 된 거리로 이루어졌다. 더 나아가 소설가 스탕달을 떠올리게 하는 그르노블(Grenoble), 아몬드를 넣은 달콤한 과자 '누가'(Nougat)가 유명한 몽뗄리마르(Montelimar) 등은 론느-알쁘 지방의 또 다른 특색있는 도시로 손꼽힌다.

| 싸브와(Savoie) 지방 |

싸브와 지방의 특징

'알프스의 진주' 싸브와 지방은 론느-알쁘 지방의 부속 지역에 해당하며, 알프스 산맥 쪽과 더 가까운 곳에 위치한다. 따라서 론느-알쁘 지방보다 동쪽으로 더 치우친 이곳은 알프스 고산지대의 목장이 많은 지방임을 알 수 있으며, '버터와 치즈의 생산지'이기도 하다. 또한 싸브와 지방은 한 폭의 그림처럼 푸른 초원이 끝없이 펼쳐지며, 멀리 만년설의 알프스 준봉이 멋진 장관을 이루는 전원 풍경을 자랑한다.

아름다운 호수 도시 안씨

이 지방의 매력적인 중세 도시 안씨(Annecy)는 프랑스를 방문한 여행자는 꼭 들러보아야 할 아름다운 곳이다. 안씨는 지친 여행자에게 내면의 깊은 휴식과 함께 은은한 난초처럼 오래도록 추억의 향기를 남겨준다. 이 도시의 외곽 쪽에 위치한 넓은 '안씨 호수'(Lac d'Annecy)는 유럽에서 가장 투명도가 높은 에멜랄드빛 호수로, 편히 쉴 수 있는 휴양지 같은 느낌이 들게 한다. 이러한 이유로 인해, 안씨는 프랑스인들이 퇴직 후 노년에 가장 살고 싶은 마을에 해당한다. 호반에 자리잡고 있는 작은 마을들과 호숫가에 서 있는 고성 등이 알프스 산맥을 배경으로 마치 한 폭의 그림 같은 풍경을 이룬다.

휴양지 같은 안씨 호수

구도심에는 그림처럼 꾸며진 운하와

안씨의 아름다운 운하 구도심

안씨성을 둘러싼 아름다운 호수

꽃으로 장식한 다리, 띠우(Thiou) 운하 중간에 세워진 12세기 중세 감옥이었던 아름다운 릴르 궁전(Le Palais de l'île) 등이 있다. 사진 찍기에 예쁜 이 성은 현재 역사 박물관으로 방문객들을 맞이한다.

한편 구시가 언덕 꼭대기에 세워져 있어, 안씨 시가지를 조망할 수 있는 안씨성(Château d'Annecy)과 함께 안씨 호숫가 부근의 바쓰(Vasse) 운하 쪽에 위치한 사랑의 다리(Pont des Amours)도 멋진 관광지로 추천된다. 빠리 리옹역에서 TGV로 약 3시간 40분 걸쳐 도착하는 안씨는 매년 6월 개최되는 '국제 애니메이션 영화제'로도 유명한 도시다.

스위스풍의 레저 도시 샤모니

리옹에서 3시간 정도 걸리는 등산과 스키, 트레킹의 도시 샤모니(Chamonix)는 알프스와 인접한 도시답게 자연환경을 충분히 잘 활용한 곳이다. 즉 1924년 동계 올림픽, 스키나 스포츠 클라이밍 월드컵 대회 개최 등과 같은 레저·관광산업이 발달했음을 알 수 있다. 아름다운 경치와 더불어, 샤모니는 최근 쇼핑과 미식을 즐길 수 있는 '복합레저 도시'로 자리매김하고 있다. 이곳은 주민이 1만 명도 채 되지 않는 소도시이지만, 트레킹과 암벽 등반, 패러글라이딩 등 산림과 레저를 접목해 연간 180여만 명의 관광객을 유치한다. 이처럼 '프랑스 알프스의 관문' 샤모니는 겨울 스포츠 명소이지만, 최근 이상 고온이 잦아지고 있다.

에귀일 디 미디 투명 유리박스 '포토존'

스위스 분위기의 샤모니

늘 관광객들로 붐비는 이 조그만 마을의 주택 모습이나 집 창문가에 꽃 장식해 놓은 것을 보면, 전체적으로 스위스 분위기가 나는 도시다. 따라서 인근 스위스 내의 프랑스어권 도시들, 즉 쥬내브(Genève)와 몽트뢰(Montreux), 로잔느(Lausanne) 등을 연계해, '알프스와 호수'란 테마로 여행하는 것도 특별한 추억이 된다.

샤모니는 산악 도시라 여름철에도 자주 흐리고 비가 오는데, 이곳에는 둘러볼 만한 여러 관광지들이 많다. 우선 케이블카로 몽블랑 꼭대기까지 20분 정도 올라가는 전망대 '에귀일 뒤 미디'(Aiguille du Midi)가 있다. 세계적으로 손꼽히는 이 전망대는 높이 3842미터에 위치한 곳으로, '알프스의 만년설' 몽블랑(Mont Blanc)을 가장 가까이서 감상할 수 있다. 최근 절벽 낭떠러지 위에 바닥이 투명한 '유리 전망대'를 조성해 스릴감을 느끼게 해준다.

그 밖에 샤모니의 관광지로 몽땅베르 산악 열차를 타고 프랑스에서 가장 긴 알프스의 얼음빙하 '메르 드 글라스'(Mer de Glace)도 만날 수 있다. 특히 안씨에서 샤모니로 가는 기차의 창 밖 모습은 울창한 숲들로 인해 무척 빼어난 절경을 자랑한다.

물의 도시 에비앙

세계적인 온천 휴양지 에비앙(Évian)은 스위스와 국경을 이루는 레망 호반의 고급 리조트 지역이다. 원래 지명은 '에비앙 레 뱅'(Évian-les-Bains)으로, 프랑스의 유명한 미네랄워터 상표를 연상시킨다. 생수 회사의 탄생지답게 도시 곳곳에는 빼어난 물을 이용한 수(水) 치료 센터와 번듯한 스파 시설들이 즐비하다. 유럽에서 두 번째로 큰 바다같은 호수 '레망 호'(Lac Léman, 제네바 호수)는 도시에 고요하고 평화로운 풍경을 선사하며, 도시의 원천에서 길어 올린 물은 세계에서 가장 많이 팔리는 생수 브랜드로 거듭나 도시의 경제적 원천이 되어준다.

즉 에비앙 도시를 떠받치는 생수 에비앙과 에비앙 관련 제품의 위력은 그야말로 막강하다. 요컨대 도시 전체 수입원 중 절반 가량을 에비앙 회사가 담당하고 있는 것이다. 에비앙에는 중후한 분위기의 건물들이 많은데, 특히 에비앙 생수 수원지(원천)인 '까샤의 샘'(Source Cachat)은 일반에게 개방되어 있어, 현지 주민과 관광객들이 샘물을 직접 받아갈 수 있다.

바다처럼 넓은 레망 호수

물이 좋고 온화한 기후에 풍경도 좋으니 당연히 사람들이 몰려들고, 따라서 에비앙은 자연스럽게 럭셔리한 휴양지로 발전했다. 결론적으로 싸브와 지방은 호수·산·빙하·물 등, 아름다운 대자연의 자원을 잘 만끽할 수 있는 곳이다.

프랑스의 주요 미네랄워터

프랑스는 산이 많지 않고 나지막한 구릉과 평야지대가 많은 나라이므로, 물사정이 안 좋다. 프랑스에서는 먹는 물을 일찍이 산업화시켰으며, 따라서 마트를 포함해, 자동판매기에서도 다양한 종류의 미네랄워터를 판매한다.

프랑스에서 구매할 수 있는 미네랄워터 종류를 알아보면, 먼저 볼빅(volvic)은 에비앙과 함께 가장 무난한 맛을 지녔으며, 약간 짠 맛이 나는 비뗄(vittel)이 있다. 이 외에 짠 맛이 많이 나는 꽁트레쓰(contrex)는 다이어트를 하고자 하는 사람들에게 풍부한 미네랄 성분뿐 아니라, 몸에 필요한 필수영양소를 갖춘 물로 판매된다.

특히 톡 쏘는 상큼한 맛을 지닌 빼리에(perrier)는 녹색 유리병에 든 탄산가스 미네랄워터다. 유럽에서는 탄산수를 마시는 사람과 일반생수를 마시는 사람의 비율이 반반일 정도로, 프랑스에서도 탄산 미네랄워터가 무척 대중적이다. 아울러 프랑스에서는 예전부터 자연식수의 질이 좋지 않았고, 또한 파티 문화가 발달

투명한 호리병 '꺄라프'

다양한 종류의 미네랄워터

해 탄산수를 음용한 것으로 전해진다.

한편 프랑스 일반식당이나 학생식당에 가면, 식탁 위에 대부분 "꺄라프"(carafe)라고 불리우는 투명 호리병에 든 물을 무료 서빙 받는다.

누벨 아끼땐느(Nouvelle Aquitaine) 지방

| 누벨 아끼땐느 지방의 특징 |

'새로운 아끼땐느'(Nouvelle Aquitaine)란 뜻의 누벨 아끼땐느 지방은 르와르 지방 밑으로 프랑스 서부와 미디 뻬레네 위쪽 남서부에 걸쳐 있는 지방이다. 2016년 구 아끼땐느(Aquitaine)와 리무쟁(Limousin), 그리고 프랑스 3대 AOP 인증 프리미엄 버터를 생산해내는 쁘와뚜 샤랑뜨(Poitou-Charentes) 등, 3개의 지역을 합병해 설립됐다. 그 면적은 프랑스 전체 영토의 8분의 1을 차지하며, 이는 오스트리아보다 넓다. 이 지방은 유럽 최대의 농업지역이자, 경관이 뛰어난 관광중심지다. 온화한 해양성 기후로, 해안 지역에는 굴과 홍합 등의 양식장과 대서양 연안의 해양 공원, 역사적인 여러 해변 휴양지들이 위치해 있다. 누벨 아끼땐느 지방의 최남단에는 많은 계곡들, 빙하 호수, 자연 공원 등이 있는 뻬레네(Pyrénées) 산맥이 펼쳐져 있다.

쌩떼밀리옹(Saint-Émilion)과 같은 아름다운 와인 지역이 있는 프랑스 남서부는 영국적 특성이 독특하게 결합된 지역이다. 아끼땐느 지역은 원래 영국 땅이었지만, 영국인들은 백년전쟁(1337~1453)에서 이 지역을 잃게 되었다. 이 지역은 가론느(Garonne)강과 대서양이 만나는 지점에 위치한 덕분에, 프랑스 굴 최대 생산지 아르까숑(Arcachon)을 비롯해, 해산물의 품질이 뛰어나다.

아울러 이러한 지리적 이점으로 인해, 지금도 여전히 번창하는 '무역 중심지' 보르도(Bordeaux)가 이 지방의 행정수도다. 보르도는 '물 가까이'라는 의미를 지닌, 마르쎄이유 다음으로 오래된 무역항이다. 이미 로마 시대부터 주요 항구였으며, 중세 때부터 무역과 운송업이 발달했다. 한편 12~15세기 3백여 년간 영국에 와인 판매를 독점하여 많은 이윤을 얻기 시작했으며, 지리상의 발견으로 아메리카 대륙과 교역이 시작되자, 보르도는 대서양 해안에 위치한 이점을 살려 와인 시장의 점유율을 넓히게 되었다.

| '물과 와인의 도시' 보르도 |

프랑스에서 9번째로 인구가 많은 도시 보르도(Bordeaux)는 와인을 대표하는 곳으로, 2년마다 한 번씩 프랑스 최대 와인축제가 개최된다. 6월 말~7월 초에 가론느 강변을 따라 와인을 맛보는 연회와 함께 다양한 문화행사와 불꽃쇼 등이 펼쳐진다. 아울러 보르도 지역에서 즐길 수 있는 와이너리 투어는 보르도 관광청 웹사이트나 보르도 구도심 관광안내소에서 진행하는 프로그램을 예약한다. 이때 6시간 정도 와이너리를 방문하는 '반나절 투어'와 식사 포함해, 다수 와이너리 방문의 '종일 투어'로 나뉘어진다.

한편 보르도는 와인뿐만 아니라, 축적된 부를 바탕으로 르네쌍스풍의 우아하고 아름다운 문화유산 건축물들로도 유명하다. 특히 보르도의 구도심 전체는 귀족적이고 오래된 품격이 느껴진다. 구도심 전체는 2007년 유네스코 세계문화유산에 등재되어 볼거리가 가득하다.[4]

2006년에 지어진 미르와르 도(Le Miroir d'eau)[5]는 '물의 거울'이란 뜻을 지닌 고풍스럽고 예술적인 분위기를 자아내는 아름다운 구조물이다. 부르스(Bourse) 광장과 3개의 건축물을 정면으로 마주하고 있어 일정 시간이 되면 광

4 보르도 구도심은 2천년 넘게 역사적 중심지 역할을 해왔고, 로마시대의 고대 유적뿐만 아니라, 18세기 고전주의와 신고전주의 건축물들이 통일성 있게 보존되어 있다. 따라서 보르도는 347개의 건축물들을 문화재로 지정해 보호하고 있다.

5 부르스 광장 맞은편에 펼쳐진 '미르와르 도'는 화강암 타일 위에 2센티미터 깊이의 물이 고여 있는데, 세계에서 가장 큰 규모의 '평면 분수'다. 물이 잔잔하게 흘러서 거울 같은 형태를 지닌 '물의 정원'으로 비춰진다. 이는 단순히 고여 있는 물이 아니다. 즉 주기적으로 3분간 물이 충전되고, 15분간 거울 효과와 5분간 배수, 이어서 3분간 안개 효과의 순서로 작동된다. 900개 분사기에서 뿜어져 나오는 물줄기는 무척 신비로운 광경이다.

보르도 트램 주변 잔디밭

물의 거울 광장에 비쳐진 궁전 건물

보르도 대극장의 야경 모습

장 바닥을 물로 적셔 연못처럼 만든다. 그러면 물 표면 위로 18세기 건축물들을 그대로 비추게 되어, 고전주의 양식의 건축물들이 마치 물 위에 떠있는 듯한 아름다운 모습이 펼쳐진다. 아울러 건물들 앞을 가로지르는 트램과 더불어, 해질녘 고풍스러운 야경은 '물의 거울 광장'에 그대로 반사돼 보여 환상적인 분위기를 연출한다. '물의 거울' 근처 가론느 강변을 따라 걷다 보면, 보르도에 최초로 지어진 운치있는 삐에르 다리(Pont de Pierre)가 있다. 밤이 되면 17개의 아치로 이루어진 다리의 조명이 강물에 비춰져 더욱 운치있고 아름답다.

| 보르도 도심의 특징 |

2016년 구도심 바깥쪽에 개관한 씨떼 뒤 뱅(La Cité du Vin)은 '와인의 도시'답게 보르도뿐만 아니라, 전 세계 지역의 와인과 연관된 전시 공간이다. 이 와인 박물관의 독특한 외관은 와인잔을 돌릴 때 소용돌이치는 모습에서 영감을 받아 디자인되었으며, 8층 전망대에선 보르도 도심과 그 주변을 흐르는 가론느강의 풍경이 펼쳐진다. 박물관 티켓에는 와인 한 잔이 포함돼 있어, 취향에 맞는 와인을 추천받을 수 있다.

한편 구도심에는 18세기 건축물로 둘러싸인 꼬메디(comédie) 광장이 위치해 있으며, 1780년에 세워진 보르도 대극장(Grand Théâtre)은 12개의 여신상으로 고대 그리스 로마 신전처럼 둘러싸인 '신고전주의 양식'의 걸작이다. 웅장하면서도 고풍스러운 이 건축물은 개관한 이후 아직까지 오페라나 발레와 같은 공연이 열리는 유서깊은 장소인데, 이곳보다 약 백년 후에 지어진 빠리 '오페라 가르니에'(Palais Garnier) 건물이 바로 이 대극장을 많이 참고해 설계되어졌다.

구도심으로 들어가는 골목 위쪽으로 보이는 보르도 대시계(La Grosse Cloche)를 거쳐, 또 다른 보르도 구도심의 핵심 장소는 바로 유럽에서 가장 넓은 깽꽁스(Quinconces) 광장이다. 우뚝 솟은 지롱댕 동상(Monument aux Girondins) 주위로 다수의 청동 조각상과 분수대, 광장의 절반 이상이 녹지대로 꾸며진 아름다운 곳이다.

보르도 구도심의 깽꽁스 광장 분수

한편 1998년 유네스코 세계문화유산으로 지정된 쌩 앙드레(Saint-André) 대성당의 특징은 성당 본채 건물과 완전히 분리되어 지어진 50미터의 종탑과 성당의 내부 벽면을 가득 채운 성화들을 볼 수 있다. 이 종탑은 232개의

보르도 쌩 앙드레 대성당

보르도 전통 빵과자 '까눌레'

계단을 오르면 보르도 시내를 한눈에 내려다볼 수 있다. 로마네스크와 중세 고딕 양식 등 시대별 건축양식이 혼재된 웅장하고 화려한 건축물로, 쌩 앙드레 대성당은 1096년 성당을 짓기 시작해, 5세기에 걸쳐 장기간 증개축이 계속되었다. 이 성당의 또 다른 특색은 800킬로미터의 '산티아고 데 콤포스텔라'(Santiago de Compostela)로 가는 프랑스 순례길에 포함되어 있다.

와인과 함께 보르도를 대표하는 특산품은 전통 빵과자 '까눌레'(cannelé)다. 바닐라빈과 럼주가 들어가 향긋하면서도 고급스러운 이 디저트는 보르도 지방의 수도원에서 만들어진 과자다. 고온에서 오랫동안 굽는 이 빵과자는 겉은 틀에 발려진 밀랍 때문에 캐러멜화되어 딱딱하리만큼 바삭하고 쫄깃하지만, 속은 촉촉하고 밀도감 있는, 마치 커스터드처럼 부드러운 반전 매력을 지녔다. 까눌레는 '세로홈을 판', '주름을 잡은'이란 뜻을 지녔는데, 예전에 보르도 수녀원에서 플루트 모양의 세로로 홈이 있는 틀로 구워서 '까눌레'라는 이름이 붙여졌다.

| 보르도 주변의 특색있는 장소들 |

'광활한 사구' 뒨 뒤 필라(Dune du Pilat)는 아르까숑(Arcachon) 해안 쪽으로 3킬로미터에 걸쳐 장관을 이룬다. 이 사구는 숲과 바다 사이 절묘하게 위

보르도 주변 해안가 필라 사구

치한 유럽 최대 규모의 모래 언덕이다. 높이 104미터, 넓이가 500미터나 되는 거대한 규모를 자랑한다. 대서양을 마주한 이 파노라마식 경관의 필라 사구에서는 소풍 온 관광객들이 일광욕을 하거나, 가을철 언덕 위를 거쳐가는 철새떼의 광경을 잘 볼 수 있다.

한편 앙굴렘(Angoulême)은 보르도에서 북동쪽으로 80킬로미터 떨어진 곳에 위치해 있는 인구 5만 명의 소도시이지만, '세계 최대 출판만화축제'가 개최될 때는 매년 20만 명이 넘는 관광객이 방문한다. 1974년부터 매년 1월, 앙굴렘 도시 전체가 거대한 만화 축제의 무대가 되어 길거리와 광장·시청·교회·학교·극장 등에서 만화 및 영상 전시, 콘서트 등을 진행한다. 세계적으로 권위를 인정받는 이 만화축제는 프랑쓰와 미떼랑(François Mitterrand) 정부의 대중문화 지원에 힘입어 깐느 영화제와 함께 프랑스를 대표하는 5대 국제 문화 행사로 자리잡았다.

아울러 리무쟁(Limousin) 지역은 풍부한 고령토를 이용해, 리모쥬(Limoges)를 중심으로 전통적으로 빈티지한 색감의 도자기 산업이 발달하였으며, 고급 관광휴양지로 인기가 좋은 비아리츠(Biarritz)는 나폴레옹 3세가 스페인 출신 황후와 가끔씩 쉬어간 이후, 유럽의 왕족·귀족들 사이에 유명한 휴양지로 자리잡았다. 스페인 국경에서 약 25킬로미터 떨어진 비아리츠의 암초와 절벽, 백사장이 어우러진 해변은 빼어난 풍광을 자랑한다.

미디 삐레네(Midi-Pyrénées) 지방

| 다양한 모습을 지닌 미디 삐레네 지방 |

"미디"(Midi, '정오의 태양'이란 의미)라고도 불리는 미디 삐레네(Midi-Pyrénées) 지방은 프랑스 전체적으로 볼 때는 '옥씨따니(Occitanie) 지방'에 속하기도 한다. 프랑스 남서부 지역, 즉 옥씨따니 지방의 일부분인 미디 삐레네 지역은 한마디로 정오의 태양이 빛나는 중세 요새화된 마을들이라고 특징지을 수 있다. 잘 알려져 있지 않은 미지의 고장으로, 북쪽의 따뜻한 석회석 고원으로부터 삐레네 산맥 남단의 눈덮힌 봉우리에 이르는 프랑스에서 가장 넓은 지역이며, 제일 변화가 많은 지방에 해당한다.

산봉우리와 골짜기에는 옛 모습 그대로인 여러 중세 도시와 점점이 흩어져 있는 성들과 3백여 개의 요새화된 마을들이 있는 반면에, 미디 삐레네 지방은 모직물·염료 산업에서 세계적인 명성을 자랑하며, '최첨단 항공산업의 메카' 뚤루즈(Toulouse) 등 여러 산업이 발달했다. 또한 성지순례가 끊이지 않는 루르드(Lourdes)의 기적 등 다양한 모습들을 가진 지역이다.

| 미디 삐레네 지방의 특색 |

뚤루즈 위쪽으로 펼쳐진 베제르(Vézère) 계곡 인근, 몽띠냑(Montignac) 마을에서 라스코(Lascaux) 동굴의 황소 그림과 같은 '선사시대 벽화'가 발견되었다. 이는 유럽의 다른 어떤 지역보다 그 역사가 오래된 고대의 생활상을 짐작하게 한다.

주변 환경과 어우러진 라스코 동굴 IV 입구

1940년에 발견된 구석기 시대 크로마뇽인들의 그림들에는 고라니, 들소, 황소와 검은색과 갈색 말들이 화살의 공격을 피해 무리를 지어 이동하는 모습이 묘사되어 있다. 동굴의 벽면 높은 곳에 그려진 채화와 각화는 대략 1500개나 되며, 이 벽화는 중요한 제례 의식을 위한 주술적 의미로 해석된다. 1948년 일반인들에게도 공개하다가 벽화가 훼손되자, 1963년에 폐쇄하였다. 그 후 20년이 지나 대중들의 요구를 충족시키기 위해, 1983년 처음 발견된 라스코 동굴 I에서 약 200미터 떨어진 곳에 실제 크기로 복제된 인공동굴 라스코 II를 조성해 공개하고 있다. 라스코 동굴은 총 I~IV까지 4개로 구분되며, 이 중 라스코 동굴 III은 하이라이트를 모은 이동식 전시물로 전 세계 라스코 팬들에게 동굴의 매력을 전하기 위해 각지에서 전시회를 개최한다. 한편 2016년 새로운 복제 동굴과 예술센터인 라스코 동굴 IV가 설립되어, 이곳에서 최첨단 기술로 옛 벽화의 모습을 자세히 알 수 있게 한다.

더 남쪽에 있는 빼슈 메를르(Pech Merle) 동굴은 암석이 매우 특이하게 형성되어 있는데, 이곳에도 대형 코끼리와 검은 점이 박힌 흰 말, 들소, 인간의 모습 등이 그려진 구석기 시대의 거대한 유적지가 있다.

한편 프랑스 남서부와 스페인을 가르는 삐레네 산맥 부근 지역에는 프랑스의 상징처럼 여겨지는 '붉은 베레모의 원조' 바스끄인(Basques)들이 살고 있다. 대부분의 바스끄 지역은 스페인에 있지만, 소수 프랑스에도 속해 있다. 바스끄인들은 고유의 바스끄어를 사용하며, 그 외에도 음악이나 게임, 민속 전통 등 독특한 생활 방식을 고수하고 있다.

| 첨단 항공산업 도시 뚤루즈 |

미디 삐레네 지방의 대표 도시 뚤루즈(Toulouse)는 인구수가 빠리·마르쎄이유·리옹에 다음가는 프랑스 제4의 도시다. 대서양 연안과 지중해를 연결하는 지점에 위치해 있으며, 가론느강과 1996년 유네스코 문화유산으로 지정된 미디(Midi) 운하의 분기점에 자리잡고 있다. 뚤루즈는 프랑스 최대 항구도시 마르쎄이유까지 TGV로 1시간 정도 걸린다. 이렇듯 뚤루즈는 프랑스 남부 최대의 교통·산업·문화의 중심지로, 특히 유럽 1위를 자랑하는 '항공우주산업' 분야가 떠오르는 첨단 과학의 도시다.

따라서 뚤루즈에는 프랑스가 자랑하는 세계적인 항공기 에어버스(AIRBUS) 본사에서 운영하는 에어로스코피아가 있다. 이곳에는 항공우주전시장, 항공박물관 또한 있다. 항공박물관에서는 에어버스사의 역사와 항공기 조립과정을 관람하는 항공투어를 할 수 있다. 에어버스 기업은 프랑스를 포함

'프랑스 남부 교통의 중심' 뚤루즈 마따비오역

뚤루즈에 위치한 에어버스 본사

해, 독일·스페인의 항공산업 기업들이 각각 모여 만든 다국적 기업이다. 즉 '유럽연합 소유의 기업'에 해당한다.

뚤루즈의 교통수단 케이블카 '뗄레오'

아울러 뚤루즈는 인구 네 명 중 한 명은 학생일 정도로, 젊고 활기찬 도시다. 프랑스 국립 항공대학을 포함해, 여러 공학 학교 등에서 모두 11만 명이 넘는 이공계 대학생들이 공부하고 있으며, 4백여 개에 이르는 대학부설 및 민간 연구실험실에서 석·박사급 연구원 약 2만 명이 기업과 계약을 체결, 신기술을 연구하고 있다. 한편 뚤루즈에는 2022년 '뗄레오'(Téléo)라는 도심형 케이블카가 개통되어 도심 내 교통체증의 해결책으로 각광받고 있다. 이 케이블카는 프랑스에서 가장 긴 거리를 운행하는 교통 시스템으로, 3킬로미터 길이의 노선이 가론느강을 가로질러 설치되어 있다. 이는 뚤루즈 도심의 대학과 병원 등을 연결한다.

| 장밋빛 도시 뚤루즈의 특색 |

뚤루즈는 석양에 비친 건물의 붉은 벽돌과 대리석이 장밋빛으로 변해 보여, 일명 "장밋빛 도시"(La Ville Rose)로도 일컬어진다. 해질녘쯤 황홀한 매력적인 분위기를 자아내는 쌩 삐에르(Saint-Pierre)교 주변도 방문해볼만한 장소다. 이와 더불어, 웅장한 외관과 독특한 형태의 팔각형 벽돌 종루가 유명한 쌩 쎄르냉(Saint-Sernin) 대성당이 있는데, 유럽에서 가장 잘 보존된 11세기 로마네스크 양식의 예배당이다. 이 성당 또한 스페인 북서부의 산티아고 데 콤포스텔라로 가는 길에 들르는 주요 순례지였다. 1998년 쌩 쎄르냉 대성당은 프랑스 내 순례길과 함께 유네스코 세계유산으로 등재되었다.

한편 도심 한복판에는 크리스마스 마켓 등, 주요 행사가 펼쳐지는 '뚤루

쌩 쎄르냉 대성당의 웅장한 모습

뚤루즈 시청의 야경 모습

즈의 상징' 까삐똘(Capitol) 광장이 있다. 이 광장 주변 시청 건물의 2층에는 뚤루즈 출신의 신 인상파 화가 앙리 마르땡(Henri Martin)의 작품들로 가득 전시되어 있다.

이 지방의 특산품으로 프랑스 내 명성이 자자한 뚤루즈 소시지를 비롯해, 프랑스 남서부 지방을 대표하는 가정식 '전통 콩 스튜' 까술레(cassoulet)가 있다. 또한 세계에서 가장 비싼 브랜디 중의 하나인 아르마냑(Armagnac)도 프랑스 남서부 최고의 상품에 해당된다. 꼬냑(cognac)이 대형 회사 중심이고, 2번 이상 증류를 해야 한다면, 아르마냑은 소규모 가족 경영의 양조장으로, 1번만 증류하는 전통적 스타일의 개성 있는 브랜디다. 따라서 꼬냑은 향이 은은하고 맛이 섬세하고 부드러워 여성적인 느낌이 든다면, 아르마냑은 향이 강하고 거칠고 텁텁한 맛이 난다. 남성적인 브랜디로 알려진 아르마냑은 도시의 세련된 느낌보다는 오히려 자연스러움과 소박함이 배어 있는 농촌의 이미지가 느껴진다. 한편 꼬냑이 대부분 수출되는 제품인 반면에, 아르마냑은 프랑스 내부 판매가 많은 차이점이 있다.

프랑스 남서쪽 지역 토속요리 '까술레'

| 신비로운 성지 루르드 |

루르드 성지

미디 삐레네 지방의 삐레네 산맥 북쪽 기슭에는 유럽 최대 순례지 중의 하나로, 성모 발현과 치유로 유명한 루르드(Lourdes)가 있다. 1858년 14세의 시골 수녀 베르나데뜨 수비루(Bernadette Soubirous)는 마을 근처 마사비엘(Massabielle) 동굴에서 18회에 걸쳐 성모 마리아의 환상을 보았다. 그 후로 그녀는 기적적인 치료의 능력이 있는 샘으로 인도되었다. 교회는 1862년 그 기적을 인정하였으며, 이후 많은 사람들이 이 성스러운 물로 치료되었다고 주장한다. 오늘날 이 지역은 매년 세계 각지로부터 600만 명이 넘는 순례자가 찾아오는 성소와 교회, 치료소 등으로 이루어진 최대의 순례지가 되었으며, 그에 따라 관광 산업도 크게 발전하였다.

한편 루르드 로제르 노트르담(Notre-Dame-du-Rosaire de Lourdes) 성당은 성모 마리아 발현을 기념하기 위해 1889년에 지어진 건축물로, 여러개의 채색 모자이크 종교화와 섬세한 장미 문양의 돔 천장 내부, 로마 비잔틴 양식의 화려하고 독특한 입구 아치들이 조화를 이룬다.

그 밖에 뚤루즈 인근 알비(Albi)란 지역은 '물랭 루즈'를 그린 앙리 드 뚤루즈 로트렉(Henri de Toulouse-Lautrec)이 태어난 곳으로 알려져 있다.

랑그독-루씨용(Languedoc-Roussillon) 지방

| 랑그독-루씨용 지방의 특징 |

랑그독-루씨용 지방의 지리적 위치는 프랑스 남서쪽, 즉 프로방스 지방의 왼쪽에 있다. 대중적으로 인지도가 낮은 이곳은 중앙 산악지대인 마씨프 쌍트랄과 삐레네 산맥, 가론느강과 론느강에 이르기까지 죽 뻗어 있다. 전체적으로 이 지역은 험준한 산맥과 완만한 해안선으로 이루어져 있다.

한편 랑그독 지방은 인근 프로방스 지방처럼 일 년 내내 비가 거의 내리지 않는 화창하고 따뜻한 날씨를 보여준다. 이로 인해 계절에 따라 목축떼가 이동하며 풀을 뜯어먹는 평화로운 모습과 방대한 포도밭을 발견하게 된다. 이 지역은 프랑스에서 가장 넓은 규모의 '대단위 포도원'을 자랑한다.

| 랑그독-루씨용 지방의 특산물 |

랑그독-루씨용 지방의 특산물로는 우선 걸쭉한 '콩 스튜' 까술레(Cassoulet)[6]가 유명하다. 이는 흰 강낭콩과 베이컨, 양파, 소시지 등과 함께 마늘, 향신료, 토마토를 뚝배기에 넣어 푹 삶은 상당히 진한 맛의 토속 요리다. 또한 세계 3대 블루치즈(푸른 곰팡이 치즈) 중의 하나인 코를 찌르는 자극적인 로끄포르(Roquefort, 하얗고 특유의 단맛이 나는 양젖치즈)가 있다.

아울러 세계 3대 진미에 속하는, 얇게 저며 요리에 얹거나 소스로 만들어 향을 즐기는 감자 모양의 트뤼프(송로버섯)도 잘 알려져 있다. '땅 속의 다이아몬드' 트뤼프는 17세기 유럽 전역에서 인기를 얻게 되었다. 송로버섯이 값비싼 진미로 취급받는 이유는 인공 재배가 힘들어 대부분 자연산이고, 버섯과 흙·나무뿌리·사향 등이 뒤섞인 듯한 강렬하고 독특한 냄새 때문이다. 조금만 요리에 넣어도 엄청난 존재감을 발휘한다. 한편 흰 송로버섯이 검은 송로버섯보다 특유의 향이 깊고 오래가며, 생산량 또한 훨씬 적어 가격이 비싸다.

| 랑그독 지방의 대표도시 몽뻴리에 |

대표도시로 먼저 남프랑스의 대표적 행정·상업·문화 중심지 몽뻴리에(Montpellier)를 들 수 있다. 지중해 연안에 위치한 몽뻴리에에는 랑그독 지방의

6 까술레는 프랑스 남서부 지역을 대표하는 가정식 요리로, 여러 종류의 소시지와 고기를 강낭콩과 함께 볶은 스튜이다. 이 까술레는 약간씩 변화를 주어 오리나 거위, 생선, 또는 훈제 햄이나 삼겹살, 소시지, 양고기 등으로도 요리한다.

몽뻴리에 개선문

높은 곳에 위치한 뻬이루 공원

행정수도이면서, 이곳은 여행지로 방문하기보다는 살고 싶은 도시로 여겨진다. 이곳은 프랑스 남부 특유의 열대 야자수들과 함께 12세기에 지어진 건물들의 '유서 깊은 중후한 구도심'과 '현대식 건물들의 신시가지'가 조화롭게 펼쳐져 있다.

한편 1289년에 설립된 유서 깊은 몽뻴리에 대학은 의학 분야에서 세계적인 명성을 가지고 있어, "대학의 도시"라고도 불린다. 프랑스에서 7번째로 큰 도시이자, 몽뻴리에 전체 인구 28여만 명 중 절반 정도가 34세 이하이며, 그 중 25퍼센트는 학생이 차지할 정도로 '젊음의 도시'이기도 하다. 요컨대 몽뻴리에는 따뜻한 날씨, 주위 아름다운 경관으로 인해 많은 유학생과 어학연수생들이 공부하는 도시다.

이곳의 도심에서 방문할만한 대표 장소로는 우선 화려한 오페라 건물과 극장, 노천 까페들, 분수가 있는 만남의 장소 '꼬메디(Comédie) 광장'이 있다. 이곳은 유럽 최대의 보행자 전용 광장으로, 다양한 문화 행사가 펼쳐지는 타원형 광장이다. 또한 들라크르와·꾸르베·마네·모네·드가·라파엘 등 근대 화가들의 작품을 많이 전시한 몽뻴리에를 대표하는 최대 규모 '파브르 미술관'(Musée Fabre)이 위치한다. 아울러 유럽에서 가장 오래된 식물원인 '쟈르댕 데 쁠랑뜨'(Jardin des Plantes, 1593년에 조성)를 비롯해, 동물원과 아쿠아리움 등 도시 안에는 문화·예술을 경험할 수 있는 볼거리들이 풍부하다.

또한 도시의 서쪽 끝 뻬이루(Peyrou) 공원에는 880미터에 걸쳐 연결된 고

꽃무늬가 그려진
몽뻴리에 노면전차

대 로마식 수도교(아치 모양)의 멋진 장관이 펼쳐져 있다. 공원 중앙에는 루이 14세의 동상이 있고, 그 뒤에 아름다운 몽뻴리에 개선문이 위치한다. 뻬이루 공원에서는 몽뻴리에의 전경과 삐레네 산맥을 바라볼 수 있다.

한편 이 도시에는 아름답게 꽃무늬가 디자인된 트램이 다닌다. 2000년에 개통된 몽뻴리에 노면전차는 구도심에서 변두리까지 한바퀴 도는 형태로, 세계에서 가장 아름다운 대중교통이다. 아울러 몽뻴리에 시내에서 약 20킬로미터 떨어진 지중해 부근의 빨라바쓰(Palavas) 마을은 산책하기 좋은 유명한 해변가다.

| 기타 랑그독 지방의 주요 관광지들 |

지중해를 배경으로 라 그랑드 모뜨(La Grande Motte) 등, 이 지역에는 최근 '관광산업의 육성'으로 수많은 해양 리조트들이 들어섰다. 이곳에는 각종 스포츠와 위락·레저시설 등을 갖춘 '종합관광단지'로 개발되어 있다. 라 그랑드 모뜨 지역은 프랑스 정부가 계획한 관광도시로, 인접 국가인 스페인과 이탈리아로 가는 관광수요를 되찾기 위해 1950년대 계획, 60년대 준비, 70년대 건설 과정을 거쳐 조성했다. 이 관광단지의 건물들은 주변 산악지형과 잘 어울리게끔 피라미드 형태로 건립된 것이 특징이다.

피라미드에서 영감 받은 해양 리조트

한편 라 그랑드 모뜨 이외에, 프랑스 남부투어로 홍학과 염전, 흑우의 상징인 에그 모르뜨(Aigues-Mortes)가 있다. 이 마을엔 소금박물관 또한 위치했으며, 핑크빛 염전으로도 유명한 곳이다. 항구 성채도시로 성곽과 성내 마을은 그대로 보존되어 있으며, 주민들이 살면서 생활하고 있다. 마을도 예쁘고, 상가 모습들이 방문하는 즐거움을 자아낸다. 마을 내 물이 흐르는 수로가 있으며, 에그 모르뜨는 루이 9세가 십자군 전쟁을 위해 100척의 전함과 3만 5000명의 병사를 이끌고 출정했던 곳이기도 하다. 따라서 마을 곳곳에는 루이 9세의 흔적이 담겨 있다. 참고로 13세기, 루이 9세는 12세 때 왕위에 올라 프랑스 왕권 정치에 큰 획을 그은 인물이다.

한편 터널 형식의 아치형 수로 '가르교'(Pont du Gard)도 로마인들에 의해 2000년의 역사를 지닌 랑그독 지방의 관광지로 손꼽힌다. 가르교는 거대한 벽돌 조각으로 원형 경기장과 더불어 로마 기술의 주요 위업을 나타낸다. 이 다리는 약 49미터의 높이, 275미터의 길이에 연속된 3층 아치로 이루어져 있다.

1세기 중반쯤 만들어진 가르교는 물이 부족한 근처 님므까지 물을 운반하던 고가식 수로로, 로마인이 만든 수로들 중 가장 높은 것으로 알려졌다. 또한 가장 보존 상태가 좋은 로마 유적으로도 알려져 있으며, 1985년 유네스코 세계문화유산으로 등재되었다. 고대 로마인의 토목기술 수준을 짐작케하는 가르교는 중세 시기에는 일반 다리로 사용되기도 했으며, 가까이 다가갈수록 그 장관에 압도된다.

가르교의 3층 아치

| 루씨용 지방의 주요 도시들 |

삐레네 산맥과 가까운 루씨용 지방의 도시들로는 빼르삐냥(Perpignan)과 까르까쏜(Carcassonne)이 있다. 먼저 빼르삐냥은 프랑스와 스페인의 다리 역할을 하는 도시로, 스페인 특유의 문화를 엿볼 수 있다. 17세기까지 스페인 땅이었으며, 지금도 까딸루냐 문화권에 속해 있어 까딸루냐어를 사용하는 도시다. 야자나무와 화려한 터키옥색 및 분홍색 저택과 상점, 향긋한 향료와 쿠스쿠스, 빠에야 등을 파는 아랍 지역이 있다. 아랍적 특성을 지닌 빼르삐냥은 늘 사람들이 북적대고, 이로 인해 생동감 넘치는 남부의 정서가 뚜렷이 느껴지는 곳이다.

또한 까르까쏜은 기원전 100년경 로마 군대가 이곳을 점령하고 있던 켈트족을 몰아내고 성벽을 짓기 시작했는데, 건축술이 뛰어났던 로마인들이 까르까쏜의 이중 성벽 가운데 안쪽 성벽을 쌓고 살기 시작한 것이 까르까쏜의 기원이 되었다. 따라서 요새로 유명한 까르까쏜은 중세도시의 분위기를 지닌 곳으로, 동화 속에 나오는 작은 탑과 성벽으로 이루어져 있다. 즉 이곳 탑의 지붕들은 원뿔 모양처럼 생겼으며, 여러 겹의 성벽들을 거쳐 들어가면

까르까쏜 요새의 성벽

미디 운하 '까날 뒤 미디'

전망 좋은 까르까쏜 요새

"라 씨떼"(La Cité)라고 불리는 도심이 나타난다.

이곳은 중세도시의 전형적인 모습을 고스란히 간직하고 있다. 이곳엔 레스토랑·상점·공동우물·광장·골목과 주택 등 마을이 형성되어 있어, 중세인들의 삶을 경험하게 해준다. 특히 시떼성들 중 북서쪽에 위치한 전망좋은 '꽁딸성'(Château Comtal, 백작의 성)은 성벽 안쪽에 있기 때문에 "요새 속의 요새"라 불릴 정도로, 마치 'ㄷ' 형태의 삼중으로 견고하게 만들어졌다. 한편 꽁딸성 안에는 첨탑 5개, 망루 9개 등이 있어 씨떼성의 핵심 요충지에 속한다.

요새로 둘러싸여진 라 씨떼는 성곽을 중심으로 도시가 형성된 모습이 마치 브르따뉴 지방의 쌩말로를 보는 듯하다. 한편 1997년 유네스코 세계문화유산에 등록된 이곳은 빠리·몽쌩미쉘에 이어 세 번째로 일년 간 약 500만 명의 관광객이 방문할 정도로 프랑스에서 인기있는 유명한 장소다.

전체적으로 이중으로 된 견고한 성벽은 유럽에서 가장 큰 것으로, 그 전략적 위치로 인해 끊임없이 종교적 대립의 중심지가 되어 왔으며, 중세의 전투에서 중요한 곳이 되었다. 이중으로 성벽을 쌓은 후, 단 한 번도 함락된 적이 없는 난공불락의 요새로, 수세기 동안 이슬람과 기독교 세력이 영역 다툼을 벌인 곳이다.

한편 오드강을 중심으로 중세시대 성이 있는 동쪽의 구도심과 주택가가 있는 서쪽의 신시가지로 구분된 까르까쏜 지역에는 역시 1996년 유네스코 세계문화유산으로 등재된 '미디 운하'(Canal du Midi)[7]를 볼 수 있다. 이는 17세기에 지어진 지중해와 대서양을 잇는 약 240킬로미터의 운하(바다의 교차점)로, 큰 2개의 바다를 최단거리 이동할 수 있었던 통로상 요충지에 바로 까르까쏜이 위치해 있는 것이다. 따라서 예전부터 무역교류의 중요성으로 통로상 강력한 요새가 필요했었다. 과거 물자운송 용도의 미디 운하는 현재 '관광보트 투어'의 명소가 되었다.

한마디로 랑그독-루씨용 지방은 프랑스 고대와 중세, 현대적인 모습이 동시에 조화를 이룬 지역이다. 아울러 전형적인 프랑스 분위기와 함께 스페인, 아랍 지역의 특징이 잘 어우러져 있다. 또한 이 지역에서는 중세 그대로의 소박한 마을 모습을 찾아볼 수 있으며, 이곳은 중앙산악지대 '마씨프 쌍트랄'이 남동쪽으로 늘어짐으로써 형성된 산악지대 속에 있는 지역에 해당한다. 따라서 외부와의 접근이 쉽지 않은 프랑스에서 가장 아름다운 시골 풍경과 만날 수 있다.

7　까날 뒤 미디는 뛰어난 엔지니어링 및 예술적 디자인으로, 2016년 국제 역사 토목공학 랜드마크에 지정되었다. 요컨대 아름다운 수문과 매력적인 강변 마을 같은 '예술과 자연과의 조화'를 기술적으로 이룩했다.

| 프로방스(Provence) 지방 |

프로방스 지방의 특징

프로방스 풍경들은 마치 화가가 그림을 그려놓은 듯한 나무와 돌 같은 자연 소재, 아울러 화사하고 강렬한 색채가 잘 조화를 이룬 풍요로운 땅이다. 프로방스의 풍경으로는 죽 펼쳐진 보랏빛 라벤더, 반 고흐의 해바라기, 포도와 올리브 나무 잎새 사이로 거침없이 내리꽂히는 프로방스의 따사로운 햇살을 들 수 있다. 프랑스 남부 지역은 알프스에서 불어오는 바람 '미쓰트랄'(mistral), 건조하고 강한 자외선, 일년 내내 햇빛이 비치는 화창하고 맑은 날씨를 보여준다.

이곳에서는 베레모를 쓴 할아버지들이 볼링공보다 작은 공을 던지거나 굴리는 전통놀이 '뻬땅끄'(pétanque)를 하는 모습을 흔히 볼 수 있다. 뻬땅끄는 프랑스에서 대중적이고 인기있는 공놀이로, 이제는 빠리의 큰 공원 등 프랑스 전역에서 즐기고 있다.

뻬땅끄하는 할아버지들

한편 싱그러운 봄의 화사함을 닮은 프로방스 마을의 특징은 하나의 '건축 스타일'로 굳어졌다. 요컨대 프로방스풍의 개성과 이미지는 하나의 양식이 되었다. 한편 '프로방스 스타일'이라는 말은 햇살의 풍요로움과 더불어 느긋함과 여유있는 생활방식을 뜻한다. 이름에서부터 듣는 이의 마음을 설레게 하며, 아름답다는 찬사가 가장 잘 어울리는 프로방스, 그 각각의 마을은 서로 비슷한 듯하면서도 개성을 뚜렷하게 지키고 있다. 이곳 주민들은 라틴 민족 계통이나 아랍계의 피가 많이 흐르고 있는데, 매우 개방적이고 친절하다.

프로방스 지방의 대표도시 아비뇽

빠리 리옹역에서 TGV로 2시간 30분 정도 걸리는 아비뇽(Avignon)은 프로방스를 대표하는 유서 깊은 역사도시다. 인구 9만여 명의 아비뇽은 중세 성벽과 지중해로 흘러드는 아름다운 론느강과 어우러져 그야말로 한폭의 그림 같은 곳이다. 1995년 유네스코 세계문화유산으로 등재된 '교황청 궁전'(Palais des Papes)은 '아비뇽 유수'[8]로 유명하다. 이 교황청 건물은 14세기 한때 7명의 교황이 살았으며, 고딕 양식으로 지어진 높이 50미터, 두께 4미터의 거대한 요새처럼 지어진 성이다. 하늘을 찌를듯한 높이와 카메라로 전면을 한 번에 담을 수 없을 만큼의 웅장함과 장대함, 여기에 모래색의 외벽은 이 건물이 기나긴 역사를 지녔다는 것을 드러내준다.

한편 제2차 세계대전 후 유럽을 평화와 화합의 장으로 만들기 위한 발판으로, 1947년 배우이자 연출가 쟝 빌라르(Jean Vilar)에 의해 창안된 '아비뇽 페스티벌'은 매년 10만 명 넘게 찾아올 정도로 다양한 공연 예술 축제로 성

8 이 도시는 '아비뇽 유수'(幽囚, 잡아 가둠) 사건으로 유명하다. 프랑스 왕 필리프 4세는 왕권을 강화하기 위해 로마 교황 보니파키우스 8세와 분쟁을 일으켜 승리를 거두고 로마에 있는 교황청을 아비뇽으로 옮긴다. 이를 통해 1309년부터 1377년까지 약 70년 간 교황 7명이 아비뇽에 발이 묶이게 되는 사건을 말한다.

웅장하고 견고한 교황청 궁전

아비뇽 연극 축제

도중에 끊어진 아비뇽 다리

장했다. 축제는 주최 측의 엄격한 심사를 거친 공연팀들의 공식 프로그램인 '페스티벌 인(In)'과 아마추어 단체들이 누구나 자유롭게 공연을 거리에서 펼쳐 보이는 '페스티벌 오프(Off)' 두 개로 나뉘어진다. 매년 7월 약 한 달간 펼쳐지는 '아비뇽 연극 축제' 때마다 옛 교황청 궁전 마당은 거대한 야외무대로 변신하고, 수도원 건물도 공연 무대로 활용된다.

예전에 한국의 산울림 극단이 아일랜드 태생의 프랑스 부조리 희곡작가 사무엘 베케트(Samuel Beckett)의 '고도를 기다리며' 공연을 하기도 했다. 아울

아를르 지역의 민속의상

러 여름밤 교황청 안뜰에서는 건물의 벽에 교황청과 함께 아를르 도시의 역사와 특징을 영상으로 상영하는 '아비뇽 빛 축제'(미디어아트 쇼)가 펼쳐진다. 한편 이 도시에서는 "쌩 베네제 다리"(Pont St-Bénézet)라고 불리는 아비뇽 다리가 유명한데, 다리가 완공된 12세기에는 900미터 다리였지만, 지금은 도중에 끊어진 다리와 4개의 다리 기둥만 남아 있다.

갈로-로망 시대의 유적지 님므와 아를르

아비뇽 밑으로 좀 내려가면 왼쪽으로는 갈로-로망 시대 유적지의 대표적인 도시 님므가 있고, 오른쪽으로 프로방스 특유의 전통 민속의상이 돋보이는 아를르가 위치한다. 이 세 도시들의 위치는 지도상 삼각형을 이루고 있다.

프랑스 남부 지방 곳곳은 예전에 로마인들의 지배를 받던 지역이라 갈로-로망 시대의 원형경기장 등을 비롯해, 로마의 유적들이 아직도 남아 있

도개교 '반 고흐 다리'

아를르의 고대로마 원형경기장

다. 그 중에서도 님므(Nîmes)에는 보존 상태가 매우 좋은 고대투기장(Arènes)이 있는데, 1세기 말 경에 세워져 오늘날에도 사용되고 있다. 조립식 지붕까지 갖춘 현재 님므 원형경기장은 연극과 음악 공연을 비롯해, 투우나 테니스 경기 등 다양한 행사가 항상 펼쳐지고 있다. 고대의 주요 교통 중심지였던 님므는 프랑스에 있는 가장 오래된 '로마 시대 도시'로 알려져 있다.

특히 아를르(Arles)는 네덜란드 화가 '반 고흐'를 떠올리게 한다. 고흐가 한때 이곳에 정착해서 그림을 그렸던 지역으로, 이곳에는 고흐가 입원했던 병원터에 현재 종합문화센터 공간이 위치해 있다. 즉 에스빠스 반 고흐(Espace Van Gogh)에는 고흐가 예전에 그린 그림 속 풍경이 그대로 재현되어 있어, 현재도 아름다운 정원을 볼 수 있다. 이 외에 포롬 광장의 까페 반 고흐, 마을에서 3킬로미터 떨어진 반 고흐 다리(도개교)와 론느 강변도 그의 자취를 느낄 수 있는 풍경이다.

한편 아를르도 5세기까지 로마제국의 교역을 담당했던 곳이라, 유네스코 세계 유산으로 지정된 로마의 유적들이 많은 도시다. 역시 이곳에도 잘 보존된 원형경기장과 고대극장 등이 있다. 그 중 1세기 말경 세워져 2만 명 정도를 수용할 수 있는 원형경기장에서는 지금도 공연장으로 사용되거나, 매년 투우 축제가 펼쳐지고 있다. 아울러 아를르는 작고 고즈넉한 로마 시대 유적이 있는 마을로, 프로방스 특유의 주황색 기와지붕들을 볼 수 있다.

기타 프로방스 지방의 주요 지역과 도시들

야생의 낙원 까마르그(Camargue) 지역은 자연 생태계 보존이 뛰어나며, 백마·검은 소·양떼 등이 초원에서 뛰어다니는 평화롭고 한가로운 풍경을 만끽할 수 있다. 아를르와 가까운 퐁비에유(Fontvieille)는 우리에게 잘 알려진 『풍차 방앗간 편지(*Lettres de mon moulin*)』의 연작을 집필한 알퐁스 도데(Alphonse Daudet)의 풍차로 잘 알려져 있는 작은 마을이다.

한편 '근대 회화의 아버지' 뽈 쎄쟌(Paul Cézanne)이 만년에 작품활동을 했던 엑쌍프로방스(Aix-en-Provence)도 프로방스 지방에 속한다. 이곳에는 전시관 '쎄쟌의 아뜰리에'가 유명하다. 이 도시는 줄여서 "엑쓰"라고 부르는데, 엑쓰는 고대 라틴어로 '아쿠아', 즉 '물'을 뜻한다. 도시명에서도 알 수 있듯이, 곳곳에 100여 개의 아름다운 분수가 많아 골목 골목에 개성이 넘치는 '분수의 도시'다. 아울러 엑쓰의 특산물은 꽃잎 모양 디저트 '깔리쏭'(calisson)이 유명하다. 이는 부드럽고 쫀득한 과자로, 캐러멜의 식감에 가깝다. 또한 오랑쥬(Orange)는 인구 3만 명 정도의 작고 아름다운 도시다. 이곳에는 가장 보존상태가 좋고, 약 1만 명 관중을 수용할 수 있는 로마 시대의 원형극장이 있다. 이 웅장한 규모의 고대극장은 유네스코가 1981년 지정한 세계문화유산이다.

| 꼬뜨 다쥐르(Côte d'Azur) 지방 |

꼬뜨 다쥐르 지방의 특징

'푸른 물빛, 쪽빛의 해안'이라는 뜻의 꼬뜨 다쥐르 지방은 맑은 하늘과 내리쬐는 햇볕, 야자수가 늘어선 해변 산책길을 연상케 한다. 이곳은 프로방스 지방의 부속 지역에 포함되며, 일명 "리비에라(Riviera) 해안"이라 불린다. 프로방스 바로 아래 지중해와 마주하고 있는 이 지방은 특색있고 매력적인 경치를 자랑한다. 이렇듯 늘 많은 관광객들이 방문하는 프랑스 남부는 예술과 낭만, 여유가 가득한 프랑스의 정취를 만끽하기에 최고의 여행지로 손꼽힌다.

특히 이탈리아와 가까운 니스 기차역은 각 국경을 넘을 때 꼭 거쳐가는 곳이라 항상 많은 배낭객들로 붐비는 곳이다. 리비에라 해안가를 따라 죽 펼

마르쎄이유 노트르담 성당에서 보여지는 풍경

쳐지는 꼬뜨 다쥐르 지방의 대표적인 도시들로 마르쎄이유 · 뚤롱 · 쌩트로뻬 · 그라쓰 · 깐느 · 니스 · 망똥 등이 있으며, '프랑스 내 소국' 모나코가 위치해 있다.

꼬뜨 다쥐르의 주요 도시들과 관광지

'지중해 무역과 상업 중심지' 마르쎄이유(Marseille)는 기원전 600년경 그리스인들이 세운 프랑스에서 가장 오래된 도시에 해당된다. 1650년 즈음 프랑스에서 처음으로 커피를 수입해 마시기 시작한 역사도 있다. 현재 프랑스에서 두 번째로 인구가 많은 마르쎄이유는 오래전 그리스인들에 의해 건설되어졌으며, 약 86만 명의 인구를 지닌 '남프랑스의 중심'이 되었다. 지중해 건너 북아프리카에서 이주해온 아랍 계통 이민자가 인구의 약 25퍼센트를 이루는 등, '국제도시' 마르쎄이유 도심의 전체적인 분위기는 다양한 전통과 문화가 섞여 있음을 알 수 있다.

'프랑스 최대 항구 도시' 마르쎄이유는 구항구 거리와 신항구 거리로 나뉜다. 또한 노트르담 성당은 높은 고지대에 위치해 있어 시가지 풍경과 지중해의 전망이 한눈에 들어온다. 13세기에 지어진 성당 안에는 항구 도시답게 항해를 무사히 마치기를 기원하는 배 모형물들이 많이 있다. 한편 알렉쌍드르 뒤마의 『몽테 크리스토 백작』 소설 배경지인 이프섬(île d'If)은 구항구(Vieux Port)의 부두에서 배를 타고 20분 정도 걸리는 곳에 위치한다. 지중해에 떠 있는 이프섬에는 예전에 실제로 많은 정치범들이 수감되었던 감옥 '이프성'이 있다.

아울러 석회암 절벽의 '깔랑끄 국립공원'도 지중해 선상에서 감상할 수 있는 특색있는 경관으로, 흰 바위의 표면과 진녹색 바다의 빛깔이 멋지게 조화를 이룬다. 천혜의 자연환경 깔랑끄에선 트래킹도 즐길 수 있다. 한편 마르쎄이유에는 박물관 건축 형태가 상당히 창의적인 유럽 지중해 문명 박물관(뮤셈, Mucem) 또한 위치해 있다. 즉 그물 모양의 외관과 더불어, 내부 공간은 박물관과 갤러리를 서로 절묘하게 융합했고, 상부 테라스에서 마르쎄이유 항구의 아름다운 풍경을 느껴볼 수 있다.

특히 마르쎄이유의 명물은 '부이야베쓰'(bouillabaisse)라는 유명한 생선수프 요리다. 프랑스식 얼큰한 해물탕에 해당하는 부이야베쓰는 이쪽 지방의 어부들이 즐겨 먹었으며, 3~4가지 생선에 올리브유와 향신료 등을 같이 넣고 끓여, 국물과 건더기를 따로 먹는다.

한편 프랑스 남부 지방은 들판에 핀 보라색의 라벤더를 많이 볼 수 있는

이프성 올라가는 길

지중해 해안가 석회암 절벽 '깔랑끄'

데, 그 중에서도 연중 꽃에 둘러싸여 있는 '향수 마을' 그라쓰(Grasse)에서는 세계의 모든 향기 원재료의 90퍼센트가 탄생된다. 이 도시에는 향수 제조 과정과 역사를 관람하며, 향수를 직접 만드는 일에 참여하고 체험할 수 있는 국제향수 박물관이 있다.

축제 도시 깐느와 망똥

매년 5월 세계 3대 영화제 중의 하나인 '깐느 영화제'와 곧이어 6월에 펼쳐지는 '깐느 국제광고제' 등은 아름다운 해변과 더불어 깐느(Cannes)를 세계적으로 잘 알려지게 한 유명한 페스티벌이다. 해안가 쪽에는 주변 수많은 영화인들의 손도장이 찍혀 있는 메인 컨벤션 센터, 아녜스 바르다(Agnès Varda) 극장, 루이 뤼미에르(Louis Lumière) 극장 등이 위치하였다. 인구 8만여 명의 작은 '축제 도시' 깐느에는 영화제 기간 동안 무려 20만 명이 몰려든다. 또한 깐느 광고제는 1953년에 창설되어 가장 오랜 역사와 권위를 가진 세계 최대의 광고 축제다.

이 광고제는 획기적이고 독특한 아이디어가 돋보이는데, 국제 광고계의 새로운 흐름과 경향을 만끽할 수 있다. 한편 깐느는 니스처럼 자갈이 아닌 모래 해변이며, 젊고 대중적인 휴양지 니스와 달리, 깐느는 부자들의 고급스러운 휴양지로 잘 알려져 있다.

또한 니스 카니발과 거의 비슷한 시기, 2월 중순부터 3월 초까지 망똥

망똥 레몬 축제

망똥 야자수 해변

(Menton)에서는 레몬 축제가 펼쳐진다. 1934년에 망똥 지역의 특산물 레몬을 알리기 위해 시작되어 매년 약 24만 명의 방문객들이 찾아올 정도로 널리 알려진 남프랑스의 대규모 축제다. 축제 기간 중에는 해안도로를 따라 행진하는 화려한 마차들 퍼레이드뿐 아니라, 거대한 조형물 제작과 정원 장식에 140톤에 달하는 레몬과 오렌지(레몬과의 색깔 구분을 하기 위해)를 사용한다. 축제 기간 중 상한 레몬과 오렌지는 즉시 교체되며, 행사가 끝나고 축제에 사용되었던 과일들은 싼 가격에 판매한다. 축제의 상징이라 할 '비오베(Biovès) 정원'에선 고무줄로 레몬과 오렌지들이 모두 연결되어 하나의 작품을 이루는 초대형 조형물들을 감상할 수 있다.

아름다운 풍경의 망똥은 인구 3만 명 정도의 작은 해안도시이지만, 이탈리아와 가까운 지중해 연안의 따뜻한 날씨라는 자연적 조건으로 인해, 예로부터 레몬과 오렌지의 주요 산지로 유명했다. 독특하고 환상적인 이 레몬 축제는 매년 애니메이션부터 세계 문화까지 각기 다른 다양한 주제로 펼쳐진다.

니스의 특색과 카니발

꼬뜨 다쥐르 지방 도시들 중, 가장 잘 알려진 니스(Nice)는 프랑스 남동부 노선 빠리 리옹역에서 TGV로 5시간 정도 걸린다. '프랑스 최대 리조트 지역' 니스는 연중 온난한 기후와 아름다운 풍광 덕분에 18세기 중반부터 부유한 유럽의 왕족과 귀족들이 겨울 추위를 피해 찾아온 고급 사교장이자 휴양지였다. 프롬나드 데 장글레(Promenade des Anglais)는 '영국인들의 산책길'이라는 뜻으로, 니스 해변을 따라 길게 펼쳐진 유명한 대로다. 또한 북유럽의 왕족과 귀족들이 겨울 궁전으로 세운 화려한 별장들이 니스 곳곳에 남아 있다.

세계적으로 유명한 '니스 카니발'은 세계 3대 축제 중 하나로, 그 역사가 1873년부터 시작될 정도로 무척 오래되었다. 꽃과 조명을 아낌없이 사용한 축제용 차량 퍼레이드는 매년 주제가 달라진다. 전 세계에서 100만 명 이상

세계 3대 축제
'니스 카니발'

이 찾아오는 니스 카니발은 보통 2주 동안 낮과 밤에 걸쳐 꽃마차 퍼레이드나 가장 행렬, 색종이 날리기, 밀가루 전쟁 등 다양한 행사가 펼쳐지며, 불꽃놀이로 마무리된다. 특히 밤이 되면 거리와 대형 조형물에 아름다운 조명이 비추어진 가운데 퍼레이드가 펼쳐진다. 이는 꼬뜨 다쥐르에 봄을 부르는 축제로 해마다 2월 중순에 개최된다.

한편 꼬뜨 다쥐르 지방에는 미술관과 박물관이 다양해 유럽 예술의 정수를 접할 수 있다. 특히 니스에는 선명한 붉은색의 마띠스(Matisse) 미술관 등, 여러 특색있는 미술관들이 많다. 특히 샤갈(Chagall) 특유의 독특한 색채와 그림을 전시한 샤갈 미술관은 도시 북쪽의 한적한 언덕 위에 자리잡고 있다. 한편 이탈리아의 분위기가 넘치는 구도심 근처, 성터(Le Château)가 있는

성터에서 바라본 니스 해변

마띠스 미술관

언덕 위로 올라가면 니스 시가지와 지중해의 절경이 한눈에 펼쳐진다.

프랑스 내 소국 모나코

바티칸에 이어 세계에서 두 번째로 작은 나라 모나코(Monaco)는 새하얀 모래사장, 지중해의 푸른빛, 아름다운 해변을 자랑하는 유명한 관광국이자 부유국이다. 국토 대부분이 해안 절벽으로 이루어진 모나코는 니스에서 기차로 약 20분 거리에 위치해 있어, 니스에 머무르며 함께 방문할 수 있다. 현재 주민 대다수가 프랑스인으로 구성되었으며, 언어도 프랑스어를 사용한다. 인구는 약 3만 명으로 대부분 카톨릭 신자이며, 범죄 발생율이 매우 낮은 국가다. 독립국가이면서 전기·수도·통신 등 대부분 프랑스가 공급하고 있지만, 우표만큼은 그 나라 독자적으로 사용하고 있다. 모나코의 우표는 아름다울 뿐만 아니라, 희소가치도 높아 마니아들에게 인기가 높다. 모나코는 국민들에게 세금을 걷지 않고, 대신 카지노와 F1그랑프리 자동차 경주대회(운전 난이도가 꽤 높은 코스로, 모나코의 구불구불하고 좁은 도로에서 펼쳐짐)로 외부 관광객들에게서 수익을 얻는다. 한편 왕위를 계승할 사람이 없으면 프랑스에 귀속되는 구조다.

고급 요트들이 즐비한 해안과 더불어, 모나코 궁전이 있는 해안 절벽의 언덕 위에서 바라보는 풍경이 무척 아름답다. 이 외에도 아쿠아리움이 있는 모나코 해양 박물관, 모나코 대성당과 해안 옆에 위치한 건물 자체가 예술작

요트들이 즐비한 모나코 해안

우아한 건물의 그랑 카지노

품인 아름다운 건물 '국영 카지노'를 볼 수 있다. 1861년에 지어진 그랑 카지노(Grand Casino) 건물은 빠리에 있는 나폴레옹 3세 시절, 오페라 가르니에를 설계한 샤를르 가르니에(Charles Garnier)의 작품이다.

기타 꼬뜨 다쥐르 지방의 주요 도시와 관광지들

꼬뜨 다쥐르 지역에서 잘 알려져 있는 장소로는 작은 어촌 항구도시 '쌩트로뻬'(St-Tropez)가 있는데, 현재 이 항구마을은 화려한 요트들이 정박한 항구와 더불어, 예술가·미술가·작가·영화인 등 많은 예술인들이 찾는 곳이 되었다.

이 외에 언덕 꼭대기에 위치한 중세풍의 아름다운 마을들도 꼬뜨 다쥐르를 대표하는 아름다운 곳이다. 즉 피카소가 활동한 앙띠브(Antibes)에는 피카소 박물관이 위치해 있으며, 샤갈과 마띠스, 피카소가 사랑한 남프랑스의 요새 마을 '쌩 뽈 드 방스'(St-Paul de Vence)가 있다. 16세기에 만들어진 중세 마을로, 작은 성 안에는 좁은 골목과 집들이 아기자기하게 펼쳐져 있다. 이곳은 샤갈이 노년에 머물렀던 마을로, 현재 이곳엔 샤갈의 묘지가 있다. 또한 지중해가 한눈에 펼쳐지는, 전망좋은 '선인장 열대정원'의 에즈 빌리지(Eze Village)가 있다. 이 마을은 니스와 모나코 중간 지점에 위치한다. 이러한 중세 마을들은 성터와 돌로 지은 건물들(주로 예쁜 기념품점·공방·갤러리·아뜰리에·작은 성당·레스토랑과 까페 등)과 미로처럼 꼬불꼬불 이어지는 좁은 길, 이와 어우러지는 예술적인 간판 등, 온 마을이 마치 '거대한 디자인 박물관'을 걷는 느낌이 들 정도로 아름다운 동화 속 풍경을 자랑한다.

꼬뜨 다쥐르의 작은 중세 마을

에즈의 전망좋은 지중해 풍경

2
수도권 지역

일 드 프랑스(île-de-France)는 '프랑스의 섬'이라는 뜻을 지닌다. 즉 빠리를 둘러싸고 있는 둥그런 동심원 형태의 지역을 가리킨다. 일 드 프랑스는 빠리를 중심으로 한 프랑스의 옛 주였던 곳이기도 하다. 특히 고속철도나 버스를 타고 빠리에서 조금만 벗어나도 아주 작은 도시와 마을들이 무척 여유롭고, 매력적인 곳이라는 인상을 받게 되며, 그림 같은 풍요로운 자연을 만끽할 수 있게 된다.

수도권 지역의 특징

수도권 지역은 프랑스에서 가장 인구밀도가 높은 지역으로, 빠리 인구(220여만 명)를 포함해서 약 1240만 명의 인구를 지니고 있다. 즉 빠리의 주변 근교 지역에는 대부분 주거타운이 형성되어 있다. 빠리를 포함한 수도권 지역은 프랑스 전체 면적의 2.2퍼센트를 차지하지만, 프랑스 인구의 약 20퍼센트가 집중되어 살고 있다.

다닥다닥 붙은 4~5층 건물들(내부는 가구가 다 갖추어진 스튜디오 원룸 형태)의 빠리를 벗어나면, 나지막한 1~2층의 단독주택들의 모습이 나타나며, 북동쪽으로 공장지대가 형성되어 있다. 빠리를 포함해, 그 주변을 둘러싸고 있는 수도권 지역은 남서쪽과 북동쪽의 생활환경 모습이 확연하게 차이가 난다.

일 드 프랑스의 토지 중에서 겨우 20퍼센트만이 도시화가 되어 있다. 따라서 이 지역은 숲과 평야를 가로지르는 느긋한 풍요로움과 한적하고 평화로운 전원 풍경이 펼쳐진다. 빠리와 또 다른 프랑스의 아름다운 경관과 역사적 유적물, 자연의 순수함을 느낄 수 있다. 이렇듯 빠리 근교에는 아름답고 조용한 전원 도시들이 펼쳐져 있다.

한편 최근 수도권 지역엔 여러 신도시를 건설해 빠리에 집중된 산업 활동들을 주위로 분산시키며, 빠리로부터 혜택을 받지 못하는 몇몇 지역들을 발전시키고, 교외 도시들 사이의 교류를 원활하게 하는 데 주안점을 둔다.

수도권 지역은 역사적 전통뿐 아니라, 경제와 산업에도 매우 발달함을 알 수 있다. 요컨대 일드프랑스에는 GDP의 30퍼센트, 500대 기업 본사의 75퍼센트가 몰려 있다. 특히 이 지역은 서비스와 관광 산업이 발전했다. 프랑스의 관광 산업은 무역 수지 개선에 중요한 몫을 담당하고 있다.

베르사이유(Versailles) 궁전

| 베르사이유의 전체적인 특징 |

빠리 남서쪽 20킬로미터 지점에 위치해 있으며, RER C5선 Versailles-Rive Gauche(Château de Versailles)행 종점에서 하차한다. 빠리 시내에서 40분 정도 소요된다. 루이 14세(1638~1715)에 의해 1682년 궁전으로 거듭난 베르사이유 궁전은 모든 유럽 왕실 궁전의 모델이 되었다. 이곳은 연간 730여만 명의 관광객이 찾는 프랑스에서 가장 화려하고 웅장한 규모의 궁전이며, 절대 왕권의 상징이다.

17~18세기 '유럽 궁정 문화 중심지'였던 베르사이유는 막대한 비용을

베르사이유의 프랑스식 정원

웅장하고 화려한 베르사이유 궁전

대형 샹들리에 전시장 '거울의 방'

들여 완성했다. 이 궁정은 좌우대칭의 2개 건물을 지닌 3층 건물로, 호화건축·실내장식·정원이 일체가 된 거대한 예술작품이다. 특히 귀족들의 무도회와 베르사이유 조약(제1차 세계대전 종결)의 조인식이 있었던 대형 샹들리에 전시장 '거울의 방'(Galerie des Glaces)이 있다. 이곳에서는 주로 궁정 축제와 중요한 행사들이 열리거나, 주요 외국 사신들을 접대했다. 후에 루이 14세의 베

낭만적인 그랑 트리아농

소박한 쁘띠 트리아농

르사이유 영화도 루이 16세의 처형과 함께 막을 내린다. 베르사이유 궁전의 정원에는 기하학적 양식의 정원과 루이 14세가 뱃놀이를 위해 만든 거대한 십자가 형태의 인공호수 '대운하'(Grand Canal)가 있다.

| 베르사이유의 별궁들과 부속건물 |

운하의 오른쪽으로 펼쳐지는 정원을 가로질러 그랑 트리아농(Grand Trianon) 궁전이 위치한다. 핑크빛 대리석으로 지어져 매우 로맨틱하고 우아한 분위기의 이 별궁은 루이 14세가 엄격한 궁정 생활에서 벗어나 조용하고 한가로운 여유를 누리기 위해 지어진 곳이다. 그랑 트리아농은 오늘날 대통령 영빈관으로, 국빈 방문 때 이용되고 있다.

그랑 트리아농 궁전에서 더 오른쪽으로 가면, 루이 16세의 부인 마리 앙뜨와네뜨(Marie Antoinette, 1755~1793)가 가장 좋아했던 쁘띠 트리아농(Petit Trianon) 궁전이 나타난다. 신고전주의 양식이 접목된 이 궁전은 바로 루이 15세의 애첩이었던 퐁파두르(Pompadour, 1721~1764) 후작부인을 위해 만든 거처다. 매우 단순하면서도 우아한 건축양식의 쁘띠 트리아농은 궁전의 화려한 삶에 지친 왕족들이 와서 숨을 돌리던 곳이기도 하다. 특히 이 별궁은 정원 쪽 외관에 기둥 장식을 잘 살린 특징을 지녔다.

한편 쁘띠 트리아농에서 오른쪽 정원으로는 기둥이 있는 둥근 형태를 띤 사랑의 신전이 있다. 아울러 이곳을 지나서 오솔길을 따라 걸으면, 여왕의 촌락(Hameau de la Reine)이 위치한다. 특히 자연회귀 사상의 영향을 받아 짓게

베르사이유 '여왕의 마을'

한 왕비의 마을은 화려한 궁정생활에 답답해 한 마리 앙뜨와네뜨를 위해 만든 곳이다. 이곳에는 그녀의 목가적 생활을 위해 소박하고 아담한 12채의 소박한 시골집들을 지어 하나의 전원적인 농촌마을을 조성했다. 실제로 그녀는 이곳에서 농사일을 하거나, 소젖을 짜는 등 평범한 농촌의 일상을 즐겼다. 농가 옆 동물농장과 더불어 잘 보존되어 있는 농가와 물레방아 등, 프랑스의 평온한 옛 전원 풍경을 잘 보여준다.

베르사이유 궁전 내 주요 관광 포인트를 연결해주는 이동 수단인 미니 열차(Petit Train)가 있으며, 방대한 베르사이유 정원을 자유롭게 돌아볼 수 있는 '자전거 대여 시스템' 또한 이용할 수 있다. 한편 이 거대한 규모의 정원에는 대운하와 더불어, 20여 개의 분수와 200여 점의 조각들이 장식되어 있다. 성수기 시즌에는 정원의 분수쇼가 펼쳐진다. 정원이 워낙 넓다보니 유료 공간 외에, 모든 사람들에게 개방되는 무료 공간으로 나뉘어진다.

프랑스식 정원

프랑스식 정원은 인공미와 자연미의 조화로 17세기 때 정립되었다. 특히 베르사이유(Versailles) 정원은 루이 14세 당시의 절대군주, 질서의식, 권력, 시대상 철학이 깃들어 있다. 조경가 앙드레 르 노트르(André Le Nôtre, 1613~1700)는 프랑스식 정원의 개념을 세운 인물로, 프랑스 여러 유명한 성들의 정원과 분수, 운하 등을 계획했다. 철저한 기획 아래 하나의 완벽한 예술품을 만들어내려는 고전주의 철학이 그 밑바탕에 깔려 있다. 프랑스식 정원은 인위적, 규칙적인 패턴을 중시해 미로를 연상시키는 완벽한 대칭 구조와 균형 강조, 엄격한 기하학적 양식의 잘 정돈된 정원 모습을 취한다. 또한 나무 모양도 획일적인 반듯한 원추 형태로 다듬어졌다.

'프랑스 정원의 최고 걸작' 베르사이유 궁의 정원은 좌우대칭으로 구분된 기하학적인 모양의 나무와 곳곳에 흩어져 있는 고대신화를 소재로 한 대리석과 청동조각으로 꾸며져 있다. 특히 베르사이유 정원은 루이 14세가 가장 심혈을 기울이고 마음에 들어했으며, 왕 스스로 『정원안내 입문서』를 써 산책 코스를 소개할 정도였다. 루이 14세에 의해 뛸르리 정원을 설계했던 르 노트르가 베르사이유 정원 또한 조성했다. 실제 정원이 조성될 당시에는 그 규모가 약 2400만 평이었는데, 프랑스 대혁명 이후 규모가 줄어들면서 현재는 약 10분의 1 수준인 250만 평 정도만 남아 있다.

한편 영국식 정원은 기하학적인 프랑스식 정원에 대비되어, '자연의 지형을 중시해' 연못과 수목의 불규칙, 비대칭적인 배치를 띈 형태를 말한다.

프랑스식 정원의 원추 형태 나무들

대칭 구조의 프랑스식 정원

마리안느(Marianne)

프랑스의 수호 여신 마리안느는 자유·평등·박애의 '프랑스혁명 정신'과 '프랑스 공화국'을 상징하는 가상의 여성이다. 1830년 프랑스 낭만주의 화가 들라크르와(Delacroix)가 그린 '민중을 이끄는 자유의 여신'에서 프랑스 삼색기와 긴 총을 든 채, 혁명의 선봉에 선 여신이 바로 '마리안느 이미지의 원조'라고 볼 수 있다.

들라크르와의 그림이 인기를 끌자, 1848년부터 프랑스 전역 각 도시의 시청 입구와 역사적 장소에는 저마다 모습을 달리 한 마리안느 동상이 세워졌다. 빠리의 경우, 마레(Marais) 지역 근처 레퓌블리끄 광장(Place de la République) 한복판에 마리안느 동상이 있다. 이 동상의 마리안느는 프랑스 혁명을 상징하는 원뿔형 모자를 쓰고, 오른손에 자유를 상징하는 올리브 가지, 왼손에는 '인간의 권리'라고 적힌 현판을 들고 있다. 특히 오늘날 레퓌블리끄 광장은 '프랑스 민주주의의 상징'과도 같은 장소로 여겨진다.

아울러 마리안느의 흉상은 프랑스 전국 3만 6천여 곳의 관공서 입구마다 세워져 있다. 최초의 마리안느는 18세기 평범한 복장에 당시 유행하던 혁명 보닛을 쓴 서민 여성의 모습이었다. 근래에 와선 마리안느를 기리기 위해, 그 시대를 대표하는 대중적이고 인기있는 여성을 마리안느 공식 모델로 선정한다.

빠리 레퓌블리끄 광장의
마리안느 동상

Liberté · Égalité · Fraternité
RÉPUBLIQUE FRANÇAISE

프랑스 공화국의 상징 '마리안느'

라 마르쎄예즈(La Marseillaise)

대혁명은 프랑스의 전반적인 모든 분야에 그 흔적을 남겼다. 프랑스는 지나치게 호전적이고 전투적인 가사 내용의 국가(the national song) '라 마르쎄예즈'를 갖고 있다. 이러한 가사 내용은 원래 대혁명 때 군가로 만들어진 것을 국가로 채택했기 때문이다. 즉 라 마르쎄예즈는 '프랑스 혁명 정신을 담은 국가'다.

이 노래 제목은 당시 전국에서 빠리로 모여든 의용군 중, 마르쎄이유로부터 온 일행이 이 노래를 부르면서 빠리로 진군해온 데서 연유하며, '마르쎄이유 군단의 노래'라는 뜻을 가지고 있다.

퐁뗀느블로(Fontainebleau)성

빠리 남동쪽 퐁뗀느블로를 방문하려면, 빠리 리옹역(Gare de Lyon)에서 기차를 타고 가다 버스로 환승한다. 이 성은 원래 왕족들이 이곳에서 사냥을 즐길 때 묵었던 작은 집들이 있던 곳이었다. 유서 깊은 퐁뗀느블로성은 프랑쓰와(François) 1세 때부터 여러 프랑스 왕들이 거쳐간 오래된 역사를 간직하고 있다. 따라서 각 시대의 왕들이 증·개축해 이 성은 한 가지 양식이 아닌, 수세기에 걸친 다양한 양식들이 혼합되어 있다. 특히 이곳은 둥근 아치형의 로마네스크 양식과 르네쌍스 양식의 복합체가 되었으며, 프랑스에서 규모가 가장 큰 왕궁으로 알려져 있다.

퐁뗀느블로성의 매력은 성 주위의 여유로운 분위기와 숲의 경관이라 할 수 있다. 특히 코르시카섬 출신의 나폴레옹은 이곳을 매우 좋아했으나, 그는

규모가 가장 큰 왕궁 '퐁뗀느블로성'

안마당에서 황제의 제관을 빼앗기고 엘바섬으로 유배를 떠난다. 이 성의 정원도 베르사이유 정원을 조성했던 르 노트르가 17세기에 개조했다.

이 성을 둘러싸고 있는 퐁텐느블로 숲은 밀레와 같은 바르비종(Barbizon)파(19세기 말 주로 농촌생활의 순수함과 경건함을 그린 '전원화파') 화가들이 즐겨 그렸던 곳으로, 오늘날 많은 관광객들이 찾는 휴식처가 되었다. 바르비종은 전원적인 풍경으로, 밀레(Millet)가 그린 '만종', '이삭 줍는 여인들', '괭이에 기댄 사람' 등 유명한 작품 배경이 되었으며, 이곳에는 밀레 기념관(생가와 작업실)이 있다. 밀레 기념관은 돌벽의 전원주택이 처마를 맞대고 있는 바르비종의 중심 거리에 위치해 있는데, 이곳을 방문하려면 퐁텐느블로성과 연결된 정기 관광버스를 이용하는 게 편리하다.

나폴레옹(Napoléon) 1세

나폴레옹(1769~1821)은 이미 두 자녀가 있었던 6살 연상의 미망인 죠세핀(Joséphine)과 결혼했다. 죠세핀을 향한 나폴레옹의 사랑은 너무도 강렬해서 여러 일화들을 남겼다. 그의 첫째 왕비였던 죠세핀을 끝까지 사랑했던 듯, 나폴레옹은 나중에 엘바섬을 탈출한 뒤, 죠세핀이 먼저 최후를 맞았던 말메종을 방문하면서 "내 생애에 있어 여자는 그대뿐이었다"라고 말하며 눈물을 흘렸다고 한다.

한편 나폴레옹은 프랑스 중앙은행과 프랑스의 예전 화폐였던 프랑화 창설, 법률면에선 '현대 민법의 기초'인 나폴레옹 법전(세계 3대 법전 중 하나) 편찬, '바깔로레아'(대학입학 자격시험)와 같은 교육제도 재정비 등, 여러 분야에 걸쳐 '현대 프랑스의 토대'를 만들었다. 현재 나폴레옹은 빠리 남쪽 앵발리드(Invalides) 돔 교회에 잠들어 있다. 앵발리드는 1687년 '태양왕' 루이 14세가 프랑스 참전·상이용사를 위한 군 병원으로 지은 유서 깊은 건물로, 군인들을 예우

나폴레옹이 잠든 돔 교회 '앵발리드'

하는 차원에서 궁전처럼 웅장하고 화려하게 지었다. 이곳은 프랑스군 전몰용사 추모 공간과 군사박물관으로 구성된 보훈 시설이다. 또한 앵발리드의 정원은 빠리에서도 아름답기로 손꼽히는 장소다.

보르비꽁뜨(Vaux-le-Vicomte)성

당시의 권력자 루이 14세는 재무상 니꼴라 푸케(Nicolas Fouquet, 1615~1680)의 보르비꽁뜨성에 초대받았을 때, 그 어마어마한 호화로움에 질투를 느껴 빠리에 있는 궁정을 베르사이유로 옮길 것을 결정했다. 루이 14세는 푸케의 성보다 더 호화로운 베르사이유를 짓기 위해 보르비꽁뜨성 건축에 동원되었던 건축가 르보와 망싸르, 실내장식가이자 화가 르브룅, 조경가 르 노트르를 비롯해, 푸케의 성에 연관된 대예술가들을 초빙했다.

이렇듯 보르비꽁뜨성은 17세기 이후 프랑스 건축의 유행을 선도한 곳으로, 비록 규모는 작지만 화려함과 예술성만큼은 무척 뛰어나 많은 영화의 배경장소가 되기도 했으며, 전망대도 오를 수 있다. 이 성은 베르사이유와 달리, 교통편과 지명도 때문에 좀 한산한 편이다. 그렇지만 이곳은 볼 것이 많은 화려한 궁전 내부뿐만 아니라, 프랑스에서 가장 섬세하고 아름다운 정원이 있는 성으로 손꼽힌다. 즉 완벽한 대칭과 기하학적 아름다움이 느껴지는

우아하고 고상한 보르비꽁뜨성

보르비꽁뜨성의 프랑스식 정원

전형적인 프랑스식 정원에 해당한다.

푸케는 1000여 개의 황금 접시를 사용한 연회에 루이 14세를 초대했다가 결국에는 왕의 미움을 사게 되어 성과 전 재산도 빼앗기고, 이후 꼴베르가 그를 국고 횡령죄로 고발해 종신형을 선고받았다. 결국에는 푸케의 뒤를 이어 꼴베르가 재무상 자리를 이어받았다. 퐁뗀느블로성에서 북쪽으로 10킬로미터 거리에 위치한 보르비꽁뜨성을 방문하려면, Verneuil-l'Étang역에서 전용 셔틀버스(성 개장일에 맞춰서 주말과 공휴일, 성수기에만 운행)를 이용한다. 아울러 5월 초~10월 초 사이 토요일마다 불꽃 축제 등 야간 개장을 한다.

샹띠이(Chantilly)성

샹띠이성은 16세기 르네쌍스 양식으로 지어진 우아하고 아름다운 건물로, 빠리의 북쪽 근교에 위치해 있다. 왕의 소유가 아닌, 귀족의 궁전(1884년 대부호였던 오말 공작의 소유) 중 가장 아름다운 이 성은 유럽에서도 손꼽힐 정도로 그 아름다운 풍경을 자랑한다. 또한 샹띠이는 '생크림의 본고장'(일명 샹띠

르네쌍스 양식의 샹띠이성

이 크림, 설탕을 넣고 휘저어서 만든 달달하고 풍미 있는 휘핑 크림)이기도 하다. 바로 이 크림이 샹띠이성에서 개발된 것이다. 이곳은 자유롭게 둘러볼 수 있는 그랑 샤또(Grand château)와 가이드를 동반해야 하는 쁘띠 샤또(Petit château)로 나뉜다.

그 중 그랑 샤또는 프랑스 대혁명 때 파괴되었던 것을 다시 복원한 것으로, 작은 루브르 '꽁데 미술관'(Musée Condé)이 샹띠이 전체 성 안에서 가장 주목받는 곳이다. 이곳에는 보티첼리·라파엘로 등의 르네쌍스, 바로크 회화 거장들과 앵그르·들라크르와 같은 대가들의 작품이 전시되어 있다. 한편 빠리 국립도서관 다음으로 인정받는 쁘띠 샤또의 도서관엔 11세기부터 전해지는 고서 등, 약 3만여 권의 귀중한 자료들을 많이 소장하고 있다.

아울러 샹띠이성 바로 옆에 위치한 말 박물관에서는 살아 있는 경마의 세계를 감상할 수 있다. 박물관에는 원형 마장이 있어 말 240마리를 둘 수 있는 세계 최대 규모의 마구간이다. 이는 18세기 꽁데(Condé) 공작 시대에 만들었는데, 오늘날에도 경마용 말이 사육되고 있으며, 정기적으로 승마쇼도 열리고 있다. 또한 이곳에는 말과 마술(馬術)에 관한 그림과 조각·도자기·마구 등, 온갖 자료들이 전시되어 있는 '프랑스 승마의 진원지'다.

한편 샹띠이성의 정원에는 거대한 호수를 끼고 있어 산책하기에 무척 운치가 있다. 이 정원도 역시 베르사이유 정원을 설계한 르 노트르의 작품이다. 정원은 대운하와 크고 작은 분수와 호수, 조각상의 배치로 이루어졌으며, 샹띠이의 풍요로운 넓은 숲과의 조화가 멋지다.

쎄느강(La Seine) 주변 인상파 화가의 마을들

일 드 프랑스 주변의 쎄느강에 반사되는 광선은 인상파 화가들(고흐·모네·르느와르·고갱·쎄쟌·마네·드가 등)을 유혹했다. 여기에서는 고흐의 발자취를 찾아 떠나는 '오베르 쉬르 와즈'와 모네의 마을 '지베르니'에 대해 중점적으로 살펴보기로 한다.

| 오베르 쉬르 와즈(Auvers-sur-Oise) |

빠리 북서쪽에 위치한 오베르 쉬르 와즈는 인상파 화가 빈센트 반 고흐(Vincent van Gogh, 1853~1890)의 발자취가 짙게 남아 있는 평화로운 지역이다. 이 한적한 시골 마을은 일명 "오베르"라고도 불리워진다. 반 고흐는 그림 같은 전원이 펼쳐진 이곳에서 70일간 머물면서 70개 이상의 작품을 남겼다. 고흐가 그린 '오베르 교회' 이 외에 오베르성, 고흐의 집과 고흐 공원, 고흐가 좋아했던 밀밭, 닥터 가쉐의 집, 고흐의 지지자였으며 평생 정신적·경제적 후원자가 되어준 동생 테오와 고흐의 묘지가 위치한다. 동생 테오가 고흐와 주고받은 수많은 편지들은 후에 문학 작품으로 인정받을 정도로 가치가 높다.

특히 반 고흐의 집은 고흐가 기거했던 라부 여인숙(Auberge Ravoux) 건물인데, 1층은 레스토랑, 2층은 기념품점과 서점, 그리고 3층의 다락방에 고흐의 방과 시청각실이 있다. 아울러 17세기에 지어진 오베르성은 현재 인상파 화가의 전시회장으로 이용되고 있다. 그 밖에 오베르에는 반 고흐가 압생트(absinthe)[9]를 마시기 위해 즐겨 찾던 까페를 개조해 만든 박물관 또한 위치한다. 이곳은 작은 규모로, 당시의 모습을 보존한 바와 압생트를 마시는 기구, 관련 자료와 그림 등이 전시되어 있다. 고흐 마을을 방문하려면, 대형 기

고흐가 그린 오베르 교회

고흐의 집 '라부 여인숙'

9 향쑥, 살구씨, 회향, 아니스 등을 주된 향료로 써서 만든 술로, 19세기 후반 프랑스에서 많이 마셨던 술이다. 알코올 도수가 45도일 정도로 강하고 약간 쓴맛이 나는 식전주에 해당한다.

차역 빠리 북역(Gare du Nord)에서 출발해, 뽕뜨와즈(Pontoise)역에서 하차한다. 그런 다음 오베르행 버스로 갈아타서, Clos du Château에서 내리면 된다.

| 지베르니(Giverny) |

지베르니는 '인상주의의 거장' 끌로드 모네(Claude Monet, 1840~1926)가 1883년부터 활동했던 마을이다. 이 마을은 빠리에서 북서쪽 80킬로미터 지점, 프랑스 북서부 노르망디(Normandie)와 일 드 프랑스 경계선에 위치해 있다. 이곳에는 '꽃의 정원'으로 둘러싸인 프랑스 감성 가득한 모네의 집과 작업실, 수련으로 장식된 '물의 정원'(수련 정원) 등이 있다. 이는 원예가이기도 했던 모네가 손수 조경한 두 개의 정원이다. 특히 물의 정원은 그의 대표작으로 잘 알려진 '수련' 연작이 탄생한 장소이기도 하다. 이렇듯 이곳은 작은 집과 정원에 불과하지만, 계절마다 서로 다른 색과 분위기의 정원을 장식하는 꽃들로 인해 목가적이고 아름다운 경치와 모네의 흔적을 찾아볼 수 있다. 한편 모네의 집 가까이에 '인상주의 미술관'이 위치해 있다. 이곳에는 모네의 작품을 비롯해, 프랑스 인상주의 영향을 받은 19~20세기 이후의 미국을 포함한 세계 각국 화가들의 작품을 주로 전시한다. 이 미술관의 정원 또한 넓고 아름답다.

모네가 프랑스 정부에 기증한 수련 8점의 연작 시리즈는 루브르 박물관 옆 뛸르리 정원에 위치한 오랑쥬리(Orangerie) 미술관 내부에 상설 전시되어

수련 연작의 배경 '물의 정원'

'꽃의 정원'으로 둘러싸인 모네의 집

있다. 초대형으로 제작된 모네의 작품이 자연광을 살린 두 개의 둥근 전시실에 전시되어 독특한 미술 감상을 할 수 있게 했다. 모네는 관람객들이 섬세하게 연못에 핀 수련을 감상하길 바라는 마음으로 자연광이 있는 특별전시관을 프랑스 정부에 요구했다.

가는 방법은 대형 기차역 빠리 쌩라쟈르역(Gare Saint-Lazare)에서 출발해, 베르농(Vernon)역에서 하차한다. 여기서 모네의 정원까지는 셔틀버스나, 혹은 미니 열차를 이용한다.

말메종(Malmaison)

빠리 서쪽에 위치했으며, RER A1선에서 하차한다. 말메종은 나폴레옹 1세의 첫 부인이었던 조세핀(Joséphine, 1763~1814) 황후가 살았던 곳으로, 매우 유명하다. 이곳에는 말메종성과 더불어, 나폴레옹의 유품을 전시하고 있는 브와 프레오(Bois-Préau)성이 있다.

말메종성은 1622년에 건축된 것으로, 조세핀이 이 성을 구입했을 때에는 성의 중앙부만 있었다. 한편 다양한 종류의 꽃과 나무로 가득한 아름다운 '조세핀의 장미 정원'과 산책로, 섬세한 장식이 돋보이는 내부 등, 조세핀이 많은 시간과 돈을 들여 가꾼 흔적들이 오늘날에도 성 곳곳에 남아 있다.

이렇듯 말메종성 주변의 전원적인 경치가 매우 뛰어나다. 정면 입구를

조세핀 황후

고즈넉한 말메종성

따라 일직선으로 뻗어 있는 길이 인상적인 말메종성은 성이라기보다는 대저택에 가깝다. 1906년 이래, 말메종은 나폴레옹과 조세핀의 추억이 담긴 물건들을 소장한 '나폴레옹 국립박물관'으로 모습이 바뀌어 방문객들을 맞이하고 있다. 내부가 군용막사같이 조성된 이곳에는 황제의 가족이 사용하던 침대, 가구와 초상화, 소지품과 기념품 등이 제1제국 시대의 양식으로 지어진 방에 전시되어 있다.

쌩 제르맹 앙 레(Saint-Germain-en-Laye)

쌩 제르맹 앙 레는 말메종과 같이 빠리 서쪽 외곽에 위치했으며, 빠리에서 RER A1선으로 약 20분 거리에 있다. 이 지역은 주변 경치의 아름다움으로 인해, 빠리인들에게 인기있는 행락지로 손꼽힌다. 이 마을에는 16세기 프랑쓰와(François) 1세가 르네쌍스 양식으로 건설했던 당시 모습을 그대로 복원한 쌩 제르맹 앙 레 성이 있다. 이곳은 현재 국립 고고학 박물관으로 방문객을 맞이하고 있다. 특히 이 성 주변에서는 저 멀리 라데팡스 지역 초고층 신시가지와 빠리 에펠탑, 쎄느강 물줄기, 포도밭 등이 한눈에 건너다 보이는 절벽쪽에 전망대가 위치해 있다. 전망대 주변은 한적하고 운치있는 거대한 쌩 제르맹 앙 레 숲의 산책로와 연결되어 있다.

성의 정원과 쎄느강 쪽으로 향한 숲의 동쪽을 두르고 있는 넓은 산책로 '그랑드 테라스'(Grande Terrasse)도 역시 루이 14세가 르 노트르에게 조성하게 했다. 깔끔하게 정돈된 정원과는 달리, 숲은 야성적인 매력이 넘치는 장소

르네쌍스 양식의 쌩 제르맹 앙 레 성

절벽쪽의 전망대

로, 그랑드 테라스를 따라 걷다보면, 곳곳에 숲으로 통하는 입구가 있다. 숲 속에는 산책로가 잘 조성되어 있어 산림욕을 즐길 수 있다. 이 쌩 제르맹 앙 레 숲은 중세 때부터 오랫동안 프랑스 왕과 귀족들의 사냥터로 각광받아온 곳이다. 현재 대부분의 숲은 생태계 보호구역으로 지정되어 국가가 체계적으로 관리하고 있다.

한편 성 뒤쪽의 전망대 옆에는 "앙리 4세 궁전"이라고 불리는 'Pavillon Henri IV'(빠빌롱 앙리 꺄트르)라는 큰 저택을 개조한 4성급 호텔이 있다. 바로 이곳에서 루이 14세가 태어나 어린 시절을 보냈으며, 또한 알렉쌍드르 뒤마가 『삼총사』와 『몽테 크리스토 백작』을 집필한 장소이기도 하다. 아울러 쌩 제르맹 앙 레 마을은 '인상주의 음악의 대가' 작곡가 끌로드 드뷔시(Claude Debussy, 1862~1918)의 탄생지로, 그의 생가를 박물관 겸 관광안내소로 운영하고 있다.

라데팡스(La Défense)

빠리가 '문화와 예술의 도시'라면, 라데팡스는 '미래형 첨단의 도시'에 해당된다. 이곳은 1960년대 프랑스의 주요 기업 및 다국적 기업들의 본사를 유치하기 위해 빠리 서쪽 외곽 지역에 건설되었다. 한마디로 라데팡스는 초고층 빌딩들이 즐비한 '비즈니스 상업 개발구역'이다. 시를 계획한 지 30여 년 만에 도시의 외형이 완성됐다.

복합도시 라데팡스는 업무·상업·주거·문화 등, '다기능 복합개발 도시'의 성공적인 사례로 평가받고 있다. 이곳은 개선문에서 지하철 1호선으로 10분 가량이면 도착할 정도로, 빠리 시내에서 가깝다. 즉 빠리 도심의 샹젤리제 거리의 에뜨왈(Étoile) 개선문에서 일직선으로 서쪽에 위치해 있다.

높이 36층 건물의 신개선문(라 그랑드 아르슈[La Grande Arche])은 프랑쓰와 미떼랑(François Mitterrand) 전 '문화 대통령'의 건축 계획으로, 1989년(프랑스 대혁명 200주년을 기념) 덴마크 건축가에 의해 세워졌다. 신개선문은 112미터의 높이로 씨떼섬의 노트르담 대성당을 그 안에 넣을 수 있는 크기일 정도로

고층빌딩으로 둘러싸인 라데팡스 넓은 광장

신개선문 주변 야경

거대하고 웅장하다. 신개선문 건물 안에는 정부 기관·민간 기업·전시관·회의장·사무실 등이 있으며, 캡슐형 엘리베이터로 올라가 옥상 전망대에서 바라보는 멋진 지상의 직선과 빠리시의 전경이 일품이다.

신개선문(빠리의 미래)은 에뜨왈 개선문(빠리의 역사·과거)이 있는 샹젤리제와 꽁꼬르드 광장을 거쳐 루브르 박물관의 까루젤 개선문에 이르기까지 이 3개의 개선문들이 일직선상에 위치한다. 신개선문은 라데팡스 지역을 대표하는 랜드마크로 손꼽힌다. 아울러 신개선문 주변에는 야외조각품들과 함께 국제회의장과 세계무역센터 등, 현대적이고 세련된 최첨단 건물들이 늘어서 있다.

이 지역의 특징은 지상에서는 보행자만 다니게 되어 있다. 도시 전체를 복층 구조로 설치해, 자동차·버스·지하철·RER 교외선 등 모든 교통시설들은 전부 지하로 다닌다. 요컨대 이곳은 세계적인 '복합교통 환승 시스템'을 완비하였다. 또한 주차장 등 도시 인프라 일체가 지하에 잘 깔려 있다. 지면은 단단한 특수 재료로 덮여 있기 때문에 교통관계로 일어나는 소음은 전혀 없다.

신개선문의 캡슐형 엘리베이터

아스떼릭스 공원(Parc Astérix) & 유로 디즈니랜드(Euro Disney)

아스떼릭스 공원은 빠리 북동쪽 샤를르드골 공항("르와씨(Roissy) 공항"이라고도 부름) 근처에 위치한다. 공항의 제3터미널 지상에는 아스떼릭스 공원의 티켓 파는 곳과 바로 놀이공원으로 가는 셔틀버스 정거장이 있다. 이곳은 1989년에 세워진 '프랑스식 공원'으로, 프랑스 옛 조상 이름(유명한 만화 주인공 이름)을 딴 테마 놀이공원이다.

아스떼릭스를 주제로 건설된 공원은 다양한 공연도 즐길 수 있는 세계에서 가장 체계적인 테마파크다. 즉 고대 그리스와 로마 문화에서부터 근대에 이르기까지 각 시대별로 구성된 총 6개의 테마공원이 있다. 아스떼릭스 공원은 어른들도 즐길 수 있는 것이 많다. 즉 '놀이 기구 위주의 공원'으로, 초고속 롤러코스터가 종류별로 5개나 있다.

아스떼릭스 공원의 초고속 롤러코스터

한편 어린이 중심의 거대한 공원, 유로 디즈니랜드는 빠리 동쪽, 마른 라 발레(Marne la Vallée) 지역의 신도시에 위치해 있다. 이곳은 빠리에서 35분 정도 소요되는, 1992년에 세워진 미국식 공원이다. 이 유로 디즈니는 캘리포니아·플로리다·도쿄에 이어 세계에서 네 번째로 생긴 디즈니 왕국이다. 아울러 유로 디즈니 근처엔 미국식 대형 명품아울렛 매장 '라 발레 빌라쥬'(La Vallée Village)[10]가 위치해 있다.

라 발레 빌라쥬

10 이곳은 2000년 10월에 오픈한 빠리 지역의 최초 정통 아울렛몰이다. 이 대형 명품아울렛 매장에는 100여 개의 브랜드가 입점해 있으며, 질 좋은 유명 상품을 최고 60퍼센트까지 저렴한 값에 구입할 수 있다.

프랑스인들은 어린이 위주의 미국식 공원 유로 디즈니보다도 바깡스 위주로만 개장하는 아스떼릭스 공원을 더 선호한다. 아스떼릭스 공원을 찾는 방문객이 꾸준히 늘고 있는 점으로 보아, 이러한 점에서도 프랑스인들의 국민 정서상 '문화적 자존심'이 드러남을 알 수 있다.

쏘 공원(Parc de Sceaux)

빠리 남쪽에 위치해 있으며, RER B4선 Parc de Sceaux역에서 하차한다. 빠리 시민들에게 편안한 휴식처로 사랑받고 있으며, 아름다운 성과 더불어 연못과 산책로가 있는 큰 규모의 공원이다. 그림 같은 정원의 쏘 공원은 17세기 말 프랑스의 유명 조경가 르 노트르가 그 당시 재무상이었던 꼴베르(Colbert, 1619~1683)의 요청을 받고 설계했다. 베르사이유 정원을 만든 르 노트르가 디자인한 공원답게 매우 정확한 기하학적 양식으로 조성되었다.

'작은 베르사이유 정원'이라는 별명을 지닌 쏘 공원은 다양한 종류의 관목들이 말끔하게 다듬어져 있으며, 숲 · 운하 · 분수 · 산책길이 공원 곳곳에

산책하기 좋은 넓은 쏘 공원

있는 아름다운 대저택들과 잘 조화를 이루고 있다. 아울러 이곳은 한적하고 여유롭게 산책하기 좋은 평지길과 나무숲들로 이루어져 친근하고 고즈넉한 분위기를 자랑한다. 공원 내부에는 1937년부터 일 드 프랑스 박물관(Musée de l'île-de-France)으로 사용되고 있는 쏘 성(Château de Sceaux)도 자리하고 있다. 19세기에 지어진 이 성은 현재 17세기 꼴베르 이후, 소유주들의 역사와 귀중한 소장품들이 전시되어 있다. 한편 쏘 공원 가는 길의 주변 부촌 마을의 독특한 전원주택들은 그 모습이 무척 다양하고도 아름답다.

기타 수도권 지역의 관광지들

매우 한적한 소규모 마을 에땅쁘(Etampes), 12세기 고딕 양식의 노트르담 대성당(유네스코 세계문화유산 등록)으로 잘 알려진 샤르트르(Chartres) 등이 위치한다. 아울러 과거 왕실의 수렵장이었던 랑부이예 숲으로 잘 알려져 있고, 1870년 국가에서 매수한 이래, 프랑스 대통령의 여름 별장으로 이용되고 있는 랑부이예(Rambouillet)성 등을 주목할 만하다.

3

빠리
예술가들이 사랑한, 예술을 사랑하는 도시

꿈꾸는 사람들의 도시 & 걷고 싶은 도시

'문화와 예술의 도시' 빠리는 그 자체가 하나의 박물관이라고 할 수 있을 정도로 많은 역사적·문화적 유산을 지녔다. 그렇지만 이러한 역사적인 유물 이외에도, 빠리에서는 늘 다양한 공연 등 문화적 변모를 거듭하며, 활력이 넘치는 도시의 모습을 보여준다. 다시 말해 빠리는 늘 '공연중'이자 '전시중'이다. 각종 공연이 넘쳐나니, 도시 자체를 '공연장'으로 볼 수 있다.

한편 최근 빠리시가 본격적으로 '도로 혁신 프로젝트'를 시행해, 그 모습이 새롭게 바뀌어가고 있다. 즉 차가 몰리는 도심 곳곳이 보행자 위주의 공간으로 변모했다. 특히 쎄느강 주변의 도로 일부를 보행자 전용 거리로 바꾸어 다양한 볼거리들과 행사가 넘치는 '걷고 싶은 도시'의 이미지를 천천히 즐길 수 있게 한다. 아울러 빠리는 앞으로 배기가스 오염을 막기 위해 차량 통행을 억제하는 정책을 추진 중이며, 특정 길은 전기차만 다닐 수 있도록 규제할 방침이다.

빠리의 모습

서유럽의 한복판에 위치한 빠리는 유럽의 다른 나라, 각 대륙으로 쉽게 뻗어나가는 지리상의 위치로 인해, 예전부터 활발한 교류의 무대로 비춰졌다. 지금도 세계 여러 분야의 회의·전시회·박람회가 항상 개최되고 있으며, 빠리에서의 유행과 모든 감각은 곧 전 세계로 퍼져 나간다. 이러한 빠리의 집중화는 빠리 중심의 방사선 형태로 뻗어나가는 교통망 외에도, 정치·경제·산업·문화 등 모든 분야에 걸쳐 발견된다.

16세기 당시 이미 프랑쓰와(François) 1세는 "빠리는 도시가 아니라, 하나의 국가"라고 선언했던 것처럼, 프랑스 국민들도 "빠리는 프랑스가 아니라, 그 자체의 다른 세상"이라고 말한다.

중세부터 근대에 이르기까지 빠리를 둥그렇게 둘러싼 확장된 성벽들이 있어, 예전에 타 지역에서 빠리로 이동할 때에는 이 성벽의 문을 통과해야 했다. 따라서 빠리의 외곽 지역 곳곳에는 지금도 "porte(문) ~"라고 불리는 지명들이 많다. 즉 세월이 흐르면서 성벽이 있던 자리는 외곽과 경계를 이루는 자동차 도로인 '빠리 외곽 순환도로'(périphérique)로 변모했으며, 성벽의 문이 위치했던 곳은 지금은 광장이나 교차로가 되었다.

빠리의 역사

빠리가 태어난 근거지·전초지는 '씨떼(Cité)섬'이다. 빠리의 역사는 바로 이 씨떼섬에서 시작되었다. 참고로 쎄느강변에는 조그마한 섬이 두 개 있다. 왼쪽에 있는 섬이 씨떼섬인데, 이곳엔 노트르담(Notre-Dame) 대성당, 스테인드글라스로 둘러싸인 아름다운 쌩뜨 샤뻴(Sainte-Chapelle) 성당, 혁명기 시절 감옥이었던 꽁씨에르쥬리(Conciergerie) 등이 위치해 있다. 반면에 오른쪽엔 17~18세기 아름다운 거리 모습이 남아 있는, 한적한 분위기의 쌩 루이(Saint-Louis)섬이 있다.

작은 씨떼섬에 기원전 2세기, 골르와(Gaulois)인의 한 부족인 '빠리씨'(Parisii)라는 부족이 정착했다. 쎄느강 근처에 위치한 이 지역은 기름진 토

전망좋은 몽마르트르 '싸크레꾀르 성당'

고성 분위기의 빠리 시청

양과 많은 가축들로 인해, 번성하기 시작하여 점차 도시를 형성하게 되었다. 조그만 어촌에서 시작한 도시는 점차 규모가 커졌으며, 첫 번째 토착 민족의 이름을 기념해 현재의 이름인 "빠리"로 불리기 시작했다. 그 후 빠리는 시저가 이끄는 로마군에 의해 점령당한 후, 300년 동안 로마인의 통치를 받는다. 즉 이 당시 갈로-로망 시대의 빠리는 "뤼떼쓰"(Lutèce)로 불렸다. 프랑스인의 선조인 골(Gaule)족을 정복한 로마군은 빠리에 여러 공공건물들을 세우기 시작했다. 현재 쏘르본느 대학 부근 쌩 미쉘 구역(5구)의 국립 중세시대 박물관(끌뤼니 박물관) 내부 '끌뤼니 공중 목욕탕'은 대표적인 갈로-로망 시대의 유적이다. 로마의 지배 이후, 빠리는 급격히 팽창·발전하게 된다.

오늘날 빠리의 모습에 대해 잘 이해하려면 무엇보다 19세기 중반(1850년대) 나폴레옹 3세 치하, 당시 빠리 시장이었던 오스만(Haussmann, 1809~1891) 남작의 업적에 대해 살펴보아야 한다.

오스만 시장

즉 오스만은 산업 혁명 이후, 늘어난 도시 인구의 팽창과 그로 인한 위생 상태, 환경 파괴, 슬럼화 등에 철저한 도시계획을 세워 본격적으로 대응했다. 오스만은 17년 동안 빠리 시내의 근대화·도시화에만 전념했다. 그는 당대의 가장 뛰어난 건축가와 기술자들을 모아 19세기 중반, 산업 혁명으로 인해 급격한 도시 인구의 팽창에 대응한 '최초의 대규모 도시계획'을 세웠다. 오스만 시장의 '빠리 개조계획'은 중세적인 빠리의 도시구조를 근대적으로 변모시켰으며, 빠리 시내를 바둑 무늬처럼 정연한 모습으로 바꾸었다.

| 오스만 시장의 빠리 개조계획 |

a. 중세의 복잡하고 비위생적인 거리를 재정비함으로써, 주요 도로를 체계적으로 연결한 교통망을 조직했다. 이에 오스만은 샹젤리제 한쪽 끝을 재설계해, 개선문을 중심으로 12개의 거리를 별 모양의 방사형으로 만들어 재개발하였다. 과거 유물의 존재 여부와 관계없이 구도심과 새로운 외곽 지역 사이, 쎄느강의 양쪽, 빠리의 중심을 관통하는 도로들을 체계적으로 연결했다. 따라서 그는 빠리를 질서정연하고, 교통 소통이 원활한 도시로 발전시켰다.

b. 유명한 빠리의 하수도를 이 당시 정비했다. 즉 물을 계속 흐르게 하고, 공기를 순환시킬 수 있는 '도시의 허파' 기능을 만들기 위해, 엄청난 크기의 지하 운하를 팠다. 빠리의 하수도는 과거로부터 현재까지 약 500년 이상의 개발과정을 거치게 되었다. 이렇듯 현재 지하에 넓은 하수도가 만들어져 그곳으로 각종 전화 케이블선, 난방과 가스 파이프라인 등이 거미줄처럼 터널의 천장에 매달려 있다. 빠리 전역의 하수도망의 총연장은 2400킬로미터에 달한다. 이것을 일렬로 연결하면 빠리에서 이스탄불에 이르는 길이다. 오늘날에는 이 하수도가 관광명소가 되었는데, 께 브랑리-쟈끄 시라끄 박물관(Musée du Quai Branly-Jacques Chirac) 근처 '빠리 하수도 박물관'(Musée des Égouts de Paris)이 위치해 있다. 이곳은 도보로 관광을 해야 하며, 하수도에서 사용되었던 다양한 종류의 기구들이 전시되어 있다.

c. 그 당시 환경오염과 최악의 위생 상태로 인해, 하수도와 더불어 빠리에

아름다운 마로니에 가로수길을 만들었으며, 대규모 녹지 공원들을 조성했다. 우선 빠리의 서쪽 16구 옆에 방대한 불로뉴(Boulogne) 숲을 조성했는데, 매우 넓은 이 숲에는 산책로를 비롯해, 경마장과 축구 경기장·자동차 경주장과 자전거 경주로·정원과 호수·보트 대여장·수영장·테니스 코트·카페와 레스토랑 등이 위치한다.

불로뉴 숲 안에는 각종 놀이기구와 미니 농장이 조성된 아끌리마따씨옹 놀이공원(Jardin d'Acclimatation)이 있다. 아울러 이곳엔 서울시와 빠리시의 합작으로 세워진, 고즈넉한 풍경의 정자가 있는 '서울 정원'(Jardin de Séoul, 2002) 또한 찾아볼 수 있다. 이 정원은 독특한 디자인으로 설계한 루이 뷔똥 현대 미술관 후면과 마주한 곳에 위치해 있다. 한편 2014년 10월에 세워진 루이 뷔똥 재단의 현대 미술관은 하얀 유리 돛단배 형태를 띈 '예술의 소통 공간'으로 마련되었다. 그 밖에 불로뉴 숲은 잘 알려진 바가뗄 장미 정원 등 볼거리가 가득하다. 빠리 서쪽의 불로뉴 숲과 더불어, 빠리 남동쪽 12구 옆에는 뱅쌍느(Vincennes) 숲이 조성되어 있다.

루이 뷔똥 재단의 현대 미술관

d. 모든 시민들에게 필요한 시청과 구청들·시장·도서관·교회·극장·기차역·병원과 같은 여러 공공 시설들을 빠리의 전 지역에 걸쳐 고르게 분포시켰다.

e. 빠리의 조명을 근대화함으로써, '빛의 도시' 빠리를 만들었다.

f. 현재와 같은 달팽이 모양의 20개 빠리 구, '아롱디쓰망'(arrondissement)을 정했다.

| 빠리의 전체적인 특징 |

빠리는 쎄느강을 사이에 두고 쎄느강 북쪽을 "우안"이라고 부른다. 이곳은 '정치와 행정의 중심지'(대통령 관저 '엘리제궁'이 8구 꽁꼬르드 광장 근처에 위치)이며, 은행과 대기업들이 몰려 있는 '상업 지역'(샹젤리제 거리, 오페라 구역 등)으로 형성되어 있다. 특히 8구(개선문과 샹젤리제 거리)는 빠리 제1의 상업 구역으로, 몇몇 특권자들의 거주지가 되었다.

반면에 쎄느강 남쪽을 "좌안"이라고 부른다. 이곳에는 라땡 구역과 쏘르본느 대학(빠리 제4대학) · 쌩 제르맹 데 프레(구역명) 등, 까페 · 각종 공연장 · 영화관 · 대학과 에꼴들 · 도서관 · 서점 등이 많이 형성된 '젊은이들의 거리'로 이루어져 있다. 따라서 좌안은 '학문 문화활동 지역'에 해당한다.

a. 벨리브(Vélib) : 프랑스에는 큰 도시들마다 시에서 관리하는 공공자전거가 있는데, 도시마다 이름 · 자전거색 · 가격이 모두 다르다.[11] 빠리의 경우, 편리한 친환경 교통시스템 '벨리브'가 있다. 벨리브는 '자전거'(vélo)와 '자유'(liberté)의 합성어로, 자전거로 인해 도시와 사람들에게 '자유로움'을 부여하겠다는 뜻이 담겨 있다. 이 교통수단은 현재 빠리의 또 다른 문화로 자리매김했다.

   2007년 7월부터 빠리 시내의 교통 체증과 에너지 절약, 대기오염을 방지하기 위해 도입된 세계에서 규모가 가장 큰 공용자전거 시스템(무인 자전거 대여 · 보관)으로, 빠리를 방문한 여행객들도 즐겨 사용한다. 벨리브 앱을 다운받고 실행해서 사용하는데, 일반 자전거와 전기 자전거 두 종류가 있다(약 40퍼센트는 전기 자전거). 자전거를 빌려 타고 이동한 뒤, 300미

11 대표적으로 리옹(Lyon)의 자전거 시스템은 "벨로브"(Vélo'v)라고 불린다. 빠리보다 2년 먼저 도입해 성공을 거둔 리옹의 벨로브는 '자전거'(vélo)와 '사랑'(love)의 합성어에 해당된다.

빠리 공용자전거 '벨리브'

자전거 전용도로 표시

터씩 위치한 가까운 자전거 정류장에 반납하면 된다. 참고로 안장이 거꾸로 놓인 자전거는 고장난 경우이다.

벨리브를 사용할 때 해당된 금액 이외 보증금이 있으며(모든 지불은 신용카드로만 결제), 만일 기간 내 반납을 안 할 경우 보증금이 인출된다. 프랑스는 자전거를 많이 이용하는 나라답게, 자전거 전용도로도 잘 정비되어 있으며, 자전거 도로에 전용 교통신호 또한 설치되어 있다.

참고로 빠리에서 전동킥보드의 경우, 이로 인한 사고가 빈발하고, 거리 곳곳에 아무렇게나 방치돼 시민들의 통행을 방해하고, 도시 미관까지 해친다는 불만이 컸다. 따라서 빠리시는 주민 투표를 거쳐 2023년 9월 1일부터 전동 킥보드 대여 서비스를 금지한다고 밝혔다. 다만 개인이 소유한 전동 킥보드를 규제하는 것은 아니다. 빠리시는 유럽 주요 도시 중, 전동 킥보드 대여 서비스를 금지하는 유일한 도시가 되었다.

b. 트램(Tram) : 빠리에는 69년 만에 2006년 12월부터 트램이 재운행되고 있다. 빠리를 환경친화적이고 경쟁력 있는 '꿈의 도시'로 거듭나게 하려는 계획으로 시행되었다.[12] 빠리의 심각한 교통 상황을 개선하기 위해,

12 최근 빠리는 기후변화로 인한 피해를 막고 각종 사고와 소음 공해를 줄이기 위해 차량 속도 제한, 주차요금 인상, 시내 주차공간 축소와 같은 '친환경 정책'을 펼치고 있다. 이에 따라 편도 3차로 중, 1개 차로가 버스 및 자전거 전용도로로 사용되는 등, 빠리 시내 전 구역에서 시속 30킬로미터 제한을 적용했다.

길거리 원통형 공중화장실

트램은 소음과 교통정체도 없으면서, 대기오염을 일으키지 않는 친환경적인 교통시스템이다. 트램은 주로 빠리 경계선을 그대로 따라 돌거나, 빠리 외곽쪽 부도심과 교외를 연결한다.

c. 화장실 문화: 빠리의 길거리에는 원통형 모양의 자동 공중화장실을 종종 찾아볼 수 있다. 화장실 문 입구에는 각 사용 상황에 따라 여러 색의 알림 불빛이 있다. 아울러 자동 시스템의 공중화장실 외벽에는 동네 지도도 붙여져 있다. 한편 빠리의 일부 상가나 까페 등, 건물 내부의 화장실에서는 돈을 받는 경우가 있으며, 오래전에 지어진 지하철역 내부에서는 공중화장실을 찾아보기 힘들다.

d. 기타 사항들: 빠리의 모든 길거리 벽에는 이름이 붙여 있어, 지도만 있으면 관광지·상점·공공기관·숙소 등을 찾기 쉽다. 예) Rue de Tolbiac(똘비악 거리), Av. des Champs-Elysées(샹젤리제 도로), Bd. St-Michel(쌩 미쉘대로), Rue보다는 Boulevard와 Avenue가 더 넓은 도로에 해당한다. 즉 이 두 개의 도로는 양쪽 대로변에 가로수가 심어진 큰 거리를 가리킨다. Boulevard는 옛날 빠리의 성곽을 허물고 만든 '대로'를, Avenue는 '시가지 큰 도로'를, Rue는 작은 규모의 길로 '동네 골목길'을 각각 의미한다.

요컨대 '차 없는 빠리'를 지향하고자 한다. 이러한 모습은 빠리뿐 아니라, 유럽 주요 도시의 차량속도 제한 정책에서도 보여진다.

한편 한국 건물의 1층은 프랑스에서는 0층에 해당된다. 지하층은 한국과 세는 방식이 같다. 참고로 빠리의 행정구역은 전체 20구로 나뉘어져 있다. 주택과 행정기관, 각종 상점 등 주소 끝에 붙는 우편번호를 보게 되면, 75013의 경우, 75는 '빠리'를 가리키며, 013은 '13구'를 말한다.

| 빠리 각 구역별 특징 |

'르 누벨 옵쎄르바뙤르'란 주요 시사주간지는 빠리 20개구의 생활환경을 비교 분석했는데, 그 결과를 보면 각 구역의 특징들을 잘 알 수 있다.

8, 15, 16구와 같은 서쪽 지역에는 부자들의 화려한 저택들이 줄을 잇고 있는데, 이 지역은 근처에 자연 녹지가 있어 훌륭한 생활환경을 자랑한다.

반면에 빠리에서 생활환경이 가장 열악한 구들은 18, 19, 20구로 조사되었는데, 이곳들은 모두 빠리 북동쪽 지역에 위치해 있다(이민 노동자들이 많이 사는 지역). 몽마르트르 언덕이 있는 이 지역은 교통이 매우 불편하고, 편의 시설이나 녹지도 거의 없어 황량하고 우울한 분위기를 보여주고 있다. 특히 동쪽 지역의 구들은 매우 낙후된 곳으로, 서민들의 집단 주거지에 해당한다. 특히 19, 20구는 빠리에서 인구밀도가 가장 높은 구들이기도 하다.

아울러 쎄느강 좌안에 있는 5, 6구는 빠리에서 문화 혜택을 가장 많이 받아온 지역이다. 이곳의 라땡가에는 쏘르본느 대학과 함께 많은 에꼴(école)·도서관·서점·영화관·공연장·까페들이 밀집되어 있기 때문에 이 구역은 '프랑스 문화와 지식의 요람'으로 꼽힌다. 반면에 문화적 혜택의 측면에서도 빠리의 북동쪽은 완전히 소외되어 왔다. 이러한 빠리 각 구역별 생활환경과 분위기는 인근 수도권 지역에까지 그대로 연장된다.

빠리 제4대학 '쏘르본느 대학'

최근의 관광지 – 최근에 조성된 빠리의 '걷고 싶은' 친환경적인 장소들

오늘날 프랑스는 과거의 유물 문화재 도시에서 22세기를 지향하는 '인간 중심도시'를 꿈꾼다. 즉 걷고 싶은 도시를 지향하는 프랑스는 전통을 중시하는 것을 바탕으로, 도시변화를 추구하는 '그랑 빠리(Grand Paris) 계획'을 통해 혁신적이고 지속가능한 도시를 실현시키고 있다.

| **꿀레 베흐뜨 산책길**(Coulée Verte René-Dumont) |

프롬나드 쁠랑떼는 폐쇄되었던 바스띠유역에서 빠리 동남쪽 4.7킬로미터에 이르는 예전의 고가철로 길을 재개발해, 1993년 나무와 식물이 가득한 산책길로 바꾼 장소다. 처음에는 프롬나드 쁠랑떼(Promenade Plantée, 가로수길)라는 평범한 이름이었다가, '초록 오솔길'이라는 뜻을 가진 '꿀레 베흐뜨'(Coulée verte)와 프랑스 환경 운동의 선구자 '르네 뒤몽'(René Dumont)을 기념해 이름이 바뀌어졌다.

산책로 및 정원, 짙은 녹색 벤치 등으로 조성된 이 '예술의 육교' 공중정원은 빠리지앵의 쉼터가 되었으며, 영화배경 장소로도 등장했다. 한편 철길 아래 아치 모양의 공간에는 아트 갤러리, 장인의 가구·공예 공방과 까페 등으로 고쳐 사용하고 있다. 산책로는 바스띠유 오페라(Opéra Bastille) 건물 뒤쪽

공중산책로 '프롬나드 쁠랑떼'

친환경 쇼핑몰 '베르씨 빌라쥬'

에서 시작해 뱅쌍느 숲 입구까지 이어지며, 빠리 12구에 조성된 이곳은 세계 여러 도시들의 트레일 재개발의 모델이 되기도 했다.

| 베르씨 빌라쥬(Bercy Village) |

예전의 와인 저장고와 도매시장을 최근 도시개발 사업에 의해 재탄생한 곳으로, 베르씨 빌라쥬는 19세기 세계 최대 와인 시장을 형성했던 역사적인 장소다. 현재는 웰빙과 쇼핑을 동시에 즐기는 '복합문화공간'으로 변모했다. 이곳의 차 없는 거리는 오솔길을 걷는 듯하며, 당시 와인을 운반했던 기차 레일의 흔적은 마치 남프랑스의 작은 시골마을로 소풍 온 느낌이 든다. 쎄느강변을 따라 12구에 위치한 베르씨 빌라쥬는 아담하고 예쁘게 지은 상점들(친환경·웰빙·여가·휴식 등을 테마로 한), 서점, 와인 전문점, 까페와 레스토랑, 레저센터와 영화관 등이 위치한 쇼핑가다. 특히 이곳의 건축물들은 나무와 유리로 지어져 자연친화적인 느낌이 물씬 나 한가롭게 산책하는 기분으로 쇼핑할 수 있는 이색적인 공간이다.

인근 영국식 정원을 현대적으로 조성한 낭만적인 정원 '베르씨 공원'(Parc de Bercy)과 '꿀레 베흐뜨 산책길', 복합기능 형태의 빠리 최대 공연장인 '베르씨 스타디움'(Palais Omnisports Bercy Arena), '놀이공원 박물관'(Musée Des Arts Forains), 영화 박물관인 '씨네마때끄 프랑쎄즈'(Cinémathèque Française) 등이 서로간 가까운 거리에 위치해 있어 함께 방문해 볼 만하다. 베르씨 일대는 요즘 들어 빠리에서 가장 각광받으며 시시각각 발전하고 있는 구역으로, 베르씨 구역은 21세기형 공원도시로 거듭 태어나고 있다. 빠리를 방문하면, 이렇게 새로 조성된 구역들은 반드시 들러서 현재 빠리가 추구하는 이미지를 느껴보아야 한다.

| 씨몬느 드 보브와르(Simone de Beauvoir)교 |

빠리 쎄느강에서 가장 나중에 생긴 37번째의 다리[13]로, 북쪽 12구 베르씨 빌라쥬와 남쪽 13구 프랑스 국립도서관(Bibliothèque Nationale de France)을 잇는 보행교다. 빠리시의 균형 회복의 상징물로, 이중 구조의 여성스럽고 가볍고 우아한 다리다. 이 다리는 버팀목 없이, 두 개의 곡선이 서로 교차하는 특이한 형태를 이룬다.

즉 다리 중간 지점에 아래에서 올라온 사람과 위에서 내려오는 사람이 만날 수 있게끔 조성한 점이 포인트다. 아울러 다리 아랫부분은 피크닉을 즐기기 위한 구조로 구성되었다. 특히 자유로운 풍경이 펼쳐지는 이 다리의 바닥은 친환경적인 나무 데크로 만들어졌다. 마치 파도를 연상시키는 듯한 이 다리는 현대적인 디자인이 무척 인상적이다.

씨몬느 드 보브와르교의 현대적인 디자인

13 싸르트르와의 계약결혼으로 잘 알려진 씨몬느 드 보브와르는 프랑스 실존주의 철학자이자 문학가로, 『제2의 성(性)(*Le deuxième sexe*)』, 『위기의 여자(*La femme rompue*)』와 같은 대표작들이 있다.

기타 빠리의 걷고 싶은 다리들

빠리의 37개 다리들 중, 알렉쌍드르 3세교는 북쪽 8구 그랑 빨레(Grand Palais 전시회나 과학 박람회 장소)와 남쪽 7구 앵발리드(Les Invalides 나폴레옹이 잠든 군사박물관)를 연결하는 다리로, 빠리에서 가장 멋있고 아름다운 다리다. 1900년 만국박람회와 때맞추어 건설된 이 다리는 양쪽 끝에 화려한 아르 누보 양식의 가로등과 우아한 동상들로 장식되었다. 이 다리의 초석을 놓았던 러시아 황제 알렉쌍드르 3세의 이름을 따서 불리게 되었다.

그 밖에 낭만적이고 운치있는 '보행자 전용의 예술교' 뽕 데 자르(Pont des Arts)가 있다. 예술교는 루브르와 프랑스 학사원(프랑스 최고의 학술기관)을 이어주는 다리로, 화려하진 않지만, 산책하기 좋은 매력있는 목재 다리다. 하나의 작은 공원같은 이 다리는 연인들이 많이 찾으며, 각종 전시와 여러 특색있는 공연들이 펼쳐진다.

아울러 '고풍스러운 다리' 뽕 뇌프(Pont Neuf)도 1607년 앙리 4세 때 완성한 빠리의 석조다리로 잘 알려져 있다. 씨떼섬과 쎄느강 양쪽을 이어주는 뽕뇌프의 뜻은 '새로 지어진 다리'이지만, 아이러니하게도 지금은 빠리에서 가장 오래된 다리가 되었다. 이 다리는 세워졌을 당시부터 지금까지 많은 예술작품의 무대가 되었으며, 오랫동안 빠리의 중심 통로 역할을 해왔다.

화려한 아르누보 양식 '알렉쌍드르 3세교'

낭만적인 예술교 '뽕 데 자르'

고풍스러운 석조 다리 '뽕뇌프'

| 께 브랑리-쟈끄 시라끄 박물관(Musée du Quai Branly-Jacques Chirac) |

좌안 7구에 위치한 이곳은 2006년 6월 쎄느강변에 문을 연 '브랑리 강변'이란 뜻의 신비로운 분위기가 감도는 국립박물관이다. 쟈끄 시라끄(Jacques Chirac) 예전 대통령이 빠리 시장을 지낼 때부터 계획하기 시작한 박물관으로, 대담하고 개방적인 건축양식이다. 즉 철제 구조물과 더불어, 전면이 유리로 둘러싸인 화려한 건물은 현대 건축미를 내세운다.

께 브랑리 박물관은 아랍 세계 연구소의 건축에 참여했던 쟝 누벨(Jean Nouvel)이 설계한 친환경적 건물이다. 쟝 누벨의 건축물은 빛과 조명, 공간, 자연의 조화를 매우 중시함을 알 수 있다. 현대적이면서도 자연을 잘 활용한 건축물은 특히 이끼, 풀, 식물로 완전히 덮여 신기하고 독특한 장관을 이루어 내는 박물관의 유리벽에서 찾아볼 수 있다. 즉 "녹색벽"이라 불리우는 이 수직 정원 또한 '하나의 전시 공간'을 제공하고 있는 것이다. 한편 박물관의 정원은 축구장의 약 1.7배 면적의 야생 그대로의 생태공원으로 가꾸어져 있다. 이 건물은 다양한 색깔과 칸칸이 덧창이 움직이면서 빛을 조절하는 창문 구조는 환상적인 느낌이 들게 한다.

이곳에선 비유럽 지역(아시아·아메리카·아프리카·오세아니아)의 원시 토착문명과 예술·역사적 유물들을 소개하고 있다. 특히 께 브랑리 박물관 내부의 특징은 나선형 경사로를 따라 30만여 점의 소장품들 중, 엄선된 약 3500점

께 브랑리 박물관의 초록색 식물 벽면

께브랑리 박물관의 독특한 디자인

의 전시품들을 구획 구분이 없는 거대한 공간에 전시하고 있어, 독특하고 참신한 세계를 보여준다. 특히 박물관 내 까페 테라스에서 보여지는 에펠탑의 모습은 막히는 벽 없이 완전한 '에펠뷰'를 자랑한다.

대표적인 관광지 – 빠리에서 잘 알려진, 방문할 만한 장소들

| 빼르 라쉐즈(Père Lachaise) 묘지 |

빼르 라쉐즈 묘지 입구의 안내소에서 묘지 안내도(프랑스의 저명 인사들이 잠든 위치)를 받으며, 무료 입장한다. 빠리에서 가장 넓고 아름다운 묘지인 이곳은 프랑스의 사회·문화적 역사가 압축적으로 드러나 있으며, 나무들로 뒤덮인 언덕 위에 위치해 있다. 이곳은 다양한 조각 석상과 작은 예배당, 우거진 숲과 구불구불하게 나 있는 미로 같은 좁은 길들, 또한 넓은 정원이 펼쳐져 있다. 이제는 '영혼의 순례', '묘지 기행'으로 인기있는 공원으로 자리잡게 되어 인근 지역의 분위기를 한층 더 평화롭게 해준다.

1804년 최초의 정원식 묘지로 설립된, 이곳에 잠들어 있는 저명 인사들로는 쇼팽과 화가 모딜리아니, 들라크르와, 프랑스 작가인 발자끄, 프루스뜨, 고전희극 극작가 몰리에르, 아일랜드 문학가 오스카 와일드, 무용가 이사

평온한 공원 같은 빼르 라쉐즈 묘지

도라 덩컨, 오페라 가수 마리아 칼라스, 가수 겸 영화배우 이브 몽땅, 샹송의 여왕이자 '작은 참새'라는 애칭을 지닌 에디뜨 삐아프 등이 있다.

한편 빠리 3대 묘지로는 빼르 라쉐즈 묘지(20구)와 더불어, 몽마르트르 묘지(18구), 몽빠르나쓰 묘지(14구)가 있다. 이러한 야외 묘지들은 다양한 분야의 문인과 예술가들이 잠들어 있는데, 이 장소들은 시민들의 휴식처로 이용될 정도로 평온하고 고요한 정취를 지닌다.

몽빠르나쓰 타워(Tour Montparnasse)

몽빠르나쓰 묘지가 있는 14구에는 빠리 시내에서 가장 높은 59층 빌딩 몽빠르나쓰 타워가 있다. 이곳은 여러 사무실들로 활용되고 있는 몽빠르나쓰 구역의 랜드마크로, 1973년에 지어졌다. 이 빌딩은 56층 유리창이나 망원경을 통해 보는 아름다운 전경뿐만 아니라, 까페·레스토랑·기념품샵 등이 위치해 있으며, 59층 전망대 겸 옥상 야외 테라스가 개방되어 있다. 처음에는 빠리 시내의 경관을 훼손한다는 비판이 쏟아졌다.

이 빌딩의 옥상 전망대에서는 '360도 파노라마뷰'로 감상이 가능해 반짝거리는 에펠탑과 화려한 조명의 샹젤리제 거리와 개선문 등, 빠리의 멋진 모든 전경을 한눈에 볼 수 있다. 해질녘 시간에 맞춰서 오르면 가장 아름다운 빠리의 야경을 기억할 수 있게 된다.

빵떼옹(Panthéon)

프랑스의 저명 인사와 연예인, 문학가, 예술가 등이 잠든 빠리 3대 묘지 이외에, 프랑스에 공헌한 위인들이 잠들어 있는 곳은 5구 쏘르본느 대학 근처에 위치한 빵떼옹이다. '국립묘지' 빵떼옹은 기둥이 있는 돔이 특징으로, 원래 빠리의 수호성녀 '쥬느비애브'를 모신 사원이었다. 이곳을 루이 15세가 자신의 병이 나은 것을 신에게 감사하기 위해 건축가 수플로(Soufflot)에게 명해 재건한 신고전주의 양식의 성당이다.

빵떼옹 건물은 돔 아래의 죽 늘어선 열주로 인해, 상당히 경쾌한 느낌을 받는다. 특히 18세기 말에 완공된 이곳의 꼭대기 돔은 4월 초~10월 말까지 개방하는데, 이곳에서 바라보는 빠리 풍경은 무척 아름답다.

몽빠르나쓰 타워

프랑스 위인들의 지하묘소 '빵떼옹'

이곳의 지하묘소에는 과학자 뀌리 부부와 작가 빅또르 위고, 에밀 졸라, 사상가 장 쟈끄 루쏘, 볼떼르, 20세기 중반 소설가이면서 문화부 장관을 역임했던 앙드레 말로, 몽떼 크리스토 백작과 삼총사를 쓴 19세기 낭만주의 작가 알렉쌍드르 뒤마, 혁명가 미라보 등, 80여 명의 지성인들이 잠들어 있다.

| 라 빌레뜨 공원(Parc de la Villette) |

예전에 거대한 도축장과 육류 도매시장이 있던 곳을 '문화 대통령' 프랑쓰와 미떼랑(François Mitterrand)[14]에 의해 1986년 새롭게 재개발된 복합문화 예술공원이다. 빠리 19구 북동쪽, '미래 지향적인 종합공간' 라 빌레뜨는 산책로 · 정원 · 문화시설 · 광장 · 야외전시물 등이 넓은 부지에 조화롭게 자리하

14 1981년부터 1995년까지 재임했던 최초의 사회당 출신 미떼랑은 '전통과 현대의 공존'이라는 구상하에, 빠리 대규모 개발계획의 일환으로 '그랑 프로제'(Grand Projet, 큰 계획)를 선보였다. 이 대단위 도시 정비 계획을 기점으로, '현대 건축의 경연장' 빠리의 건축물들은 다이내믹하게 변모했다. 미떼랑 대통령의 '문화적 도시 개발'과 '국가의 기념비적 건축물 건립'을 목표로 한 그랑 프로제는 빠리의 풍경에 현대적인 감각을 더했다. 바로 문화를 통해 강대국으로 부상해야 한다는 미떼랑의 생각은 여러 기념비적인 문화유산들로 남겨지게 되었다. 즉 루브르의 '유리 피라미드'를 비롯해, 라데팡스의 '신개선문'(그랑드 아르슈), 세계 최대 규모 '미떼랑 국립도서관', 오페라 공연장 '바스띠유 오페라', 인상파 화가 미술관으로 변모한 '오르쎄 미술관', 빠리 북동쪽의 멀티 공간 '라 빌레뜨 공원'의 건물들, 이슬람 문화를 느낄 수 있는 '아랍 세계 연구소', 그리고 프랑스 북부 노르망디 지방의 '노르망디 대교'와 같은 굵직한 건축물들을 통해 '문화 대통령'의 위상을 잘 드러내었다.

고 있다. 색다르고 독특한 빠리를 발견하는 탐방으로, 라 빌레뜨는 과학·산업과 관련된 독특한 기획전이 항상 펼쳐지는 국립과학산업 박물관이자 과학테마공원이다.

라 빌레뜨 내부는 몇 개의 구역으로 나뉘어진다. 즉 유럽 최대 규모의 과학산업 박물관 이외에, 사방이 유리로 되어 있고 둥그렇게 생긴 영화관 '제오드'(Géode), 음악학도들을 위한 최고의 교육기관 '빠리 고등사범음악원'(ENMP)과 국립음악관, 아울러 음악 박물관과 음악 시티, 또한 라 빌레뜨 공원과 대규모 콘서트홀 등이 위치해 있다. 한마디로 도시 공간 속에 다양한 문화를 접할 수 있도록 설계되어 있어, 누구나 접근이 가능한 도시 공원(과학·음악·건축·문화·레저)이다. 따라서 라 빌레뜨 공원은 빠리의 '복합놀이공간'이자 '멀티예술공간'인 셈이다.

아울러 이곳에서는 전시회·체험·음악과 영화·박물관 등 상시 운영되는데, 매년 여름에는 '재즈 뮤직 페스티벌'과 '대형 스크린 야외영화 축제', 유

멀티예술공간 '라 빌레뜨'

명 가수 콘서트 등 대형 이벤트도 자주 펼쳐져, 시민들의 휴식 장소로 애용되고 있다.

| 아랍 세계 연구소(Institut du Monde Arabe) |

아랍 세계 연구소는 빠리 식물원 근처(빠리 5구)에 위치한 은색의 독특하고 아름다운 현대 건축물이다. 프랑스 건축가 장 누벨(Jean Nouvel)이 1987년 12월, 쌩-루이 섬 맞은편 좌안에 완공한 이곳은 이슬람 문화를 직접 보고 느낄 수 있는 공간으로, 아랍 건축의 전통적인 양식을 살려 고도의 세부적인 묘사를 한 것이 특징적이다. 기하학적인 모양을 배치한 유리와 알루미늄, 철제로 된 지상 10층의 이 세련된 초현대식 건축물은 최신의 건축자재를 선보이고 있다. 즉 아랍 문화원은 모더니즘의 다양한 이미지를 실험하되, 심플함과 투명함을 더욱 고양하는 수단으로 금속과 유리를 사용한 것이 특징이다. 여기에다 전통적인 아랍의 전통 문양 건축양식이 잘 조화된 훌륭한 건축물로 평가받고 있다.

이러한 독특한 형태를 취한 세부적인 특징들은 사진기의 원리를 본떠 만들었다고 하는 이 건물의 창에 있다. 금속성의 재료로 디자인된 창은 2만 7천여 개의 조리개판과 242개의 그릴로 만들어져 자동적으로 열리고 닫히며, 시간에 따른 빛과 열의 양을 조절해 실내 온도를 유지한다. 조리개의 문양은 아라베스크 문양을 본떠, 그 현대적인 감각이 조화롭게 녹아들어 있

아랍 세계 연구소의 외관

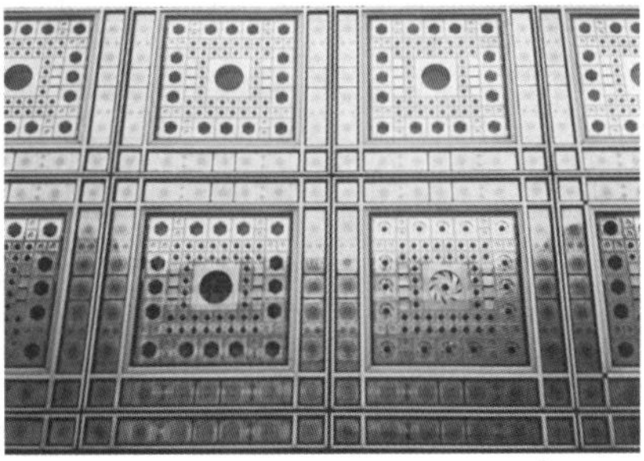

아랍 세계 연구소의 조리개판

다. 즉 이 건축물의 특징은 칼처럼 날카로운, 대칭적인 직선들을 모아서 하나의 멋진 곡선을 표현하는 형이상학적인 모습을 취한다. 이렇게 아름다운 문양을 통해서 외부와 소통할 수 있음을 보여주며, 장 누벨은 아랍 세계와 유럽 문화와의 관계, 전통과 현대의 이중적 의미를 담고 있는 이 건축물로 '프랑스 최고의 건축상'을 받았다.

이곳에는 창세기부터 현재에 이르기까지의 이슬람 문화와 예술을 소개하고 있는데, 다양한 이슬람 작품을 전시하는 전시장과 미술관, 도서관 등이 있어 아랍 문화에 대한 이해를 높일 수 있다. 특히 9층 무료 전망대로 올라가면, 노트르담 대성당과 그 주변 쎄느강의 멋진 풍경을 가장 아름다운 위치에서 감상할 수 있는 까페가 위치한다.

| 에펠탑(Tour Eiffel) |

'빠리의 상징' 에펠탑은 누구나 사진과 추억거리를 남겨오는 '빠리 관광 1번지'다. 쎄느강변 7구에 위치해 있는 이곳은 빠리의 상징으로, 낮과 밤에 따로따로 방문해 시간대별로 달라지는 에펠탑의 정취를 느껴보아야 한다. 특히 환한 주홍색 불빛의 야경이 압권이다. 에펠탑에 불이 들어오기 시작하면, 매 정각마다 반짝거리는 조명쇼가 시작된다. 건립 당시에는 빠리 미관을 해친다고 많은 비판을 받았지만, 이제는 매년 약 700만 명이 찾는 빠리의 명물이 되었다. 1991년 유네스코 세계문화유산으로 등재된 에펠탑 방문객의 80퍼센트가 외국인이다.

에펠탑의 포토존으로는 이에나(Iéna)교를 건너 샤이요(Chaillot)궁(해양·인류·건축·문화유산 박물관)쪽 트로까데로(Trocadéro) 광장에서 찍으면, 에펠탑 전체 모습을 담을 수 있다. 또한 에펠탑을 가운데 두고 그 반대편으로 육군사관학교(École Militaire)까지 이어지는 광대한 샹 드 마르쓰 공원(Parc du Champ de Mars)이 위치한다.

에펠탑은 1889년 대혁명 100주년 빠리 세계박람회를 기념하기 위해 에펠(Eiffel)이 설계해 만들어진 것이다. 324미터 높이의 이 철탑에는 대혁명이

'화이트 에펠' 모습

에펠탑 주변 '혁명기념일 축제'

일어난 1789년을 기념하기 위해, 1789개의 계단이 만들어졌다. 제2전망대까지 걸어서 올라갈 수도 있으며, 엘리베이터로 3층(top floor)까지 올라갈 수 있다. 전망대 티켓 예약은 에펠탑 공식 홈페이지를 이용한다. 특히 날씨가 맑은 날에는 빠리 남서쪽으로 약 80킬로미터 지점에 위치한 샤르트르(Chartres) 노트르담 대성당까지 보인다. 에펠탑 제1전망대에는 탑의 역사를 전시한 미니 박물관과 영상 자료실, 기념품점 등이 있으며, 2층에는 아름다운 전망을 제공하는 최고급 르 쥘 베른(Le Jules Verne) 레스토랑이 위치한다.

아울러 최근 에펠탑 야경하면 '화이트 에펠'을 꼭 감상해봐야 한다. 화이트 에펠은 해가 진 후 자정부터 5분 동안 화이트 조명만 반짝이는 타임을 말한다. 이때 에펠탑이 온통 흰색으로 반짝거리는 장관을 연출한다. 이 5분 동안의 시간은 '빠리 여행의 최고 순간'이 될 듯 하다. 한편 하얀 조명만 반짝거리는 화이트 에펠 이후, 조명이 모두 꺼진 에펠탑을 "다크 에펠"이라 부르는데, 이 또한 나름 분위기 있는 에펠탑의 또 다른 매력으로 남게 된다.

제6부

빠리 체류

교통

생활공간

유로화 & 유럽연합

1
교통

빠리에서의 교통은 나비고 교통카드를 중심으로, '가장 대중적인 교통수단'인 지하철과 RER 수도권 전철 교외선·버스를 비롯해, 최근 주목받는 '공용자전거' 벨리브·'심야버스' 녹띨리앙·'노면전차' 트램·기차 등을 이용할 수 있게 된다. 여기에서는 '기간제' 나비고 데꾸베흐뜨 교통카드와 '횟수제' 형태인 나비고 이지 교통카드를 포함한 버스, 지하철, RER 교외선 등을 중점적으로 살펴보고자 한다. 이와 더불어 프랑스에서의 TABAC(따바, '담배가게')의 개념에 대해서도 알아보겠다.

나비고 데꾸베흐뜨(Navigo Découverte) 교통카드

현재 빠리시에서는 2008년 7월부터 '나비고'라는 새로운 형태의 플라스틱 교통카드로 대체했다. 나비고는 선불충전 방식에 따라 자유롭게 사용이 가능한 카드다. 즉 자신이 선택해 사용하는 기간에 따라 1일권, 1주일이나 1개월 단위로 미리 충전해 사용한다. 특히 외국 여행객용 '나비고 데꾸베흐뜨'(Navigo Découverte) 교통카드는 지하철 역사 내 자동발매기 옆 '서비스 안내

소'의 창구 직원을 통해 카드발급비를 지불한 후, 즉시 발급이 가능하다.

여러 기간별 충전 방식에서 먼저 나비고 1주일권(semaine[쓰맨느])이 있다. 1주일권은 보통 한 주가 시작되는 요일에 충전한다. 요컨대 그 주 월요일~일요일까지 사용하게 된다. 또한 나비고 1개월권(mois[므와])은 한 달이 시작되는 초반에 충전한다. 즉 매달 1일~그 달 말일까지 사용할 수 있다.[1] 각각 해당하는 기간 동안 1~5존(zone)까지 무제한 탈 수 있는 버스·지하철·RER(수도권 전철)·트램[2] 구간 공용 정기 교통카드다.

이 교통카드는 나중에 사용한 후, 반납(보증금 환불)도 안 되며, 도난이나 분실 시 재발급 또한 안 된다. 따라서 나중에 빠리를 재방문 시 구입했던 나비고를 다시 사용하게 된다(나비고 여행객용·나비고 이지 교통카드 다 유효기간은 10년). 한편 창구에서 카드와 케이스를 함께 받는데, 이 카드에 여권상 성과 이름을 기입하고, 증명사진을 붙인다. 이후 카드 충전기에서 원하는 기간만큼 충전해 사용하며, 재충전도 얼마든지 가능하다.

나비고 이지(Navigo Easy) 교통카드

2019년 6월부터 도입된 이 나비고 이지 교통카드는 나비고 데꾸베흐뜨 카드와 달리, 한 번 사용할 때마다 충전된 승차권이 1회씩 차감되는 '횟수제' 형태다. 또한 '기간제'인 나비고 데꾸베흐뜨와 달리, 나비고 이지는 필요에 따라 계속 충전해줘야 한다(유효기간은 없음). 또한 자동발매기 겸 충전기의 액정화면에서 각각 요금이 다르므로, '지하철-기차 티켓', 또는 '버스-트

1 나비고 데꾸베흐뜨 일주일권의 경우, 이전 주 금요일~사용하는 주 목요일 자정까지만 해당기간 월~일요일까지 사용 가능한 1주일권을 구매 및 충전할 수 있다. 아울러 한달권은 전 달 20일 이후로 역시 구매 및 충전 가능하다. 한편 프랑스는 소득 기준으로 65세 이상 저소득층에게 지하철 요금을 20~80퍼센트를 할인해준다.

2 트램(노면전차) 이용 시 탑승 전과 후, 문에 있는 버튼을 눌러야 문이 열리게 되며, 나비고 카드는 인식기에 터치한다. 여러 교통수단들 중 가장 깔끔하고, 내릴 역과 노선도 안내 등이 편리하게 제일 잘 되어 있다.

램 티켓' 중 선택해야 한다.[3] 한편 각각의 묶여진 교통수단 한에서만 90분 이내 환승이 가능하다. 아울러 대부분의 자동발매기 겸 충전기에선 현금, 신용카드 모두 사용 가능하다.

나비고 이지 카드 발매기 겸 충전기

충전한 후, 지하철 승강장으로 들어갈 때 보라색 터치패드 위에 갖다댄다. 이때 카드를 터치할 때마다 현재 남은 개수가 액정화면에 뜬다. 탑승할 때만 터치하고, 하차 때는 태그하지 않아도 되는 방식이다(버스도 마찬가지).

아울러 나비고 이지는 따로 이름을 적거나, 사진을 붙이지 않아도 돼 타인에게 양도 또한 가능하나, 나비고 데꾸베흐뜨처럼 카드발급비가 따로 있다. 발매기에서 직접 교통카드의 구매가 가능한데(실행할 때 영어로 언어선택 가능), 나비고 이지는 스마트폰 앱(Bonjour RATP 또는 IDF Mobilités)을 사용해 교통권을 이용할 수도 있다. 이때 스마트폰 앱을 사용해 티켓을 구매할 경우 카드발급비는 따로 없다.

버스를 비롯한 지하철·RER·트램 등, 빠리의 모든 교통 시설을 이용할 때에는 나비고 교통카드와 같은 승차권을 항상 지니고 있어야 한다. 몇 명의 검표원들이 불시에 버스에 타서, 또는 지하철역의 통로나 출구 바로 앞에 대기해 엄격하게 단속한다. 이때 무임승차 단속에 걸릴 시 매우 높은 벌금을 지불하게 된다.

3 한편 공항 이동시 특화된 것으로, 나비고 이지 카드에 빠리에서 갈 수 있는 '공항 전용 티켓'(RER B선 전용 또는 르와씨 버스용)을 별도로 충전할 수 있다. 이때 2종류 교통수단의 요금은 같다. 아울러 나비고 데꾸베흐뜨 1주일권은 별도 충전 없이 공항행 RER B선 탑승이 가능하다(1일권 제외).

두 칸 차량의 굴절버스

쾌적한 버스 실내모습

버스(Bus)

지하철과 달리, 버스는 창문 밖으로 관광지나 길거리·건물·상점 모습 등의 빠리 풍경과 골목골목을 생생하게 관람할 수 있다는 장점이 있다. 버스 정류장엔 도착 예정 시간이 표시되어 있으며, 아울러 usb 충전 포트가 있는 정류장도 있다. 모든 버스 정류장에는 정차하는 버스의 번호가 표시되어 있으며, 정류장 이름이 적혀 있다.

한편 버스 탑승 시, 앞문으로 타서 인식기에 나비고 교통카드로 태그해 승차한다. 내릴 때는 하차지점 안내 방송과 더불어, 정류장 이름을 표시한 앞쪽 전광판을 보고 빨간색 버튼을 눌러 뒷문으로 하차한다. 한편 승객들이 많은 노선의 굴절(2량짜리) 차량 경우, 가운데 중간문과 뒷문으로도 타고 내릴 수 있다. 유의할 점은 버스 창문을 열지 못하고, 냉방도 되지 않는다. 아울러 전체적으로 좌석이 높은 편이며, 대체로 둘씩 네 명이 서로 마주보게 되어 있다.

따바(TABAC)

담배가게 '따바'는 빠리를 포함해, 프랑스 각 도시·마을들 곳곳에서 볼 수 있다. 이곳에서는 교통권뿐 아니라, 심카드·전화카드·신문·잡지·엽서·체류증 인지·우표·복권과 더불어 노상 주차카드·주차위반 벌금 납부 인지 등을 팔며, 대부분 까페도 겸하고 있어 커피·차·음료와 함께 샌드위치 같은 간단한 식사도 할 수

대중적인 편의시설 '따바'

있다. 한마디로 서민들의 일상생활과 매우 밀접한 따바는 생활에 필요한 모든 것들을 구비했으며, 많은 것들을 해결할 수 있는 '편의시설'에 해당한다.

지하철(Métro)

지하철은 빠리의 주요 대중 교통수단이다. 빠리 교통공사(RATP)[4]에 의해 운영되는 지하철은 1900년 7월 만국박람회 때 처음 개통되었다. 거미줄처럼 얽혀 있는 지하철은 빠리 각 구역마다 어디서든지 쉽게 Ⓜ으로 된 지하철 입구를 찾을 수 있다. 빠리의 지하철역은 미로찾기를 하듯이, 구불구불한 통로와 계단이 많아 길 찾는 재미가 있다.

4 빠리교통공사(RATP)는 주로 빠리와 수도권 지역에서의 지하철·RER·버스·심야버스·트램·몽마르트르 케이블카(푸니쿨라)를 운영하는 교통 공기업이다. 빠리를 가로질러 흐르는 쎄느강을 사람 얼굴 모양으로 형상화한 로고를 사용한다. 한편 'Bonjour RATP 앱'은 대중교통을 이용하는 빠리지앵들이 필수로 사용하는 앱이다. 여기에서 빠리 버스·지하철·RER·트램 노선도 및 벨리브 자전거 공유와 더불어, 버스와 지하철 시간표를 확인할 수 있다. 또한 실시간 교통 정보 확인, 경로 안내, 티켓 구매, 나비고 충전까지 한 번에 처리할 수 있는 필수 앱이다.

빠리 지하철역 구내모습

빠리 지하철역 승강장

| 빠리 지하철의 특징 |

a. 1호선(유명한 관광지들을 두루 거쳐가서 여행객이 이용하기 좋은 노선)을 제외하고 대체로 역 이름 안내 방송이 없으며(특히 오래된 노선의 경우, 안내 방송이 나오지 않으며, 안내 방송이 나오는 노선의 경우, 각 나라 주요 언어로 소개됨), 스스로 바깥에 붙어 있는 큰 표지판을 보고 내린다.

b. 지하철역 각각의 정거장 사이 길이가 무척 짧으며, 전동차 내부도 좁다.

c. 환승 시 좀 많이 걷는다. 따라서 대형 환승역(샤뜰레, 몽빠르나쓰 비엥브뉘 등)에선 아주 긴 수평으로 움직이는 '무빙 워크'를 흔히 볼 수 있다.

d. 전동차 문은 자율에 맡기는 시스템으로, 대부분 자동문이 아니고 수동식 문이기 때문에 내리거나 타는 사람 스스로 '회전식 손잡이 레버'(예전 방식의 전동차 차량)를 위로 제껴 올리거나, '버튼'(근래 방식의 전동차 차량)을 누른다. 이때 열린 문은 자동으로 닫힌다. 만약 승하차 시 아무도 작동을 시행하지 않을 경우, 전동차 문은 열리지 않는다.

하지만 1호선과 4호선, 나중에 건설된 14호선(라 마들렌 교회~미떼랑 국립도서관) 등 일부 차량은 전자동 시스템이며, 차츰 현대식으로 바꾸는 중이다. 특히 1호선과 14호선은 무인 운전 시스템으로 스크린 도어가 설치되어 있다. 아울러 14호선은 전동차 간의 통로가 없이 뻥 뚫려 있으며, 지하철 역사의 모습이 마치 공항이나 우주정거장 같은 모습을 취한다.

e. 빠리 지하철의 좌석은 전동차에 따라 각기 다른 좌석의 형태(옆으로 짧게

전동차의 회전식 레버 출입문

전동차의 버튼식 출입문

배열)를 취하는데, 대체로 둘씩 네 명이 서로 마주보게 되어 있다. 한편 전동차 문가에 있는 접이식 좌석은 한적할 때는 앉아 있다가 출퇴근 시, 또는 전동차 안이 만원일 땐, 일어서서 공간 확보를 해주는 것이 예의다.

f. 빠리시의 지하철역들은 오래전에 지어져서 지하철역 내부에 공중 화장실도 없으며, 전체적으로 시설이 노후되었다. 따라서 지하철역 내에 엘리베이터가 설치된 곳은 4퍼센트밖에 되지 않는다. 또한 전동차 내부는 물론, 역사도 대부분 냉방시설이 설치되어 있지 않다.

g. 빠리시에서 테스트해 높은 경쟁률 속에 뽑힌 아마추어 음악가와 연주자들이 전동차나, 또는 지하철역 안에서 독특한 공연문화를 선보인다.

h. 프랑스에서 지하철을 탈 때 알아두면 편리한 용어들로는 입구(Entrée), 출구(Sortie), 행선지(Direction), 갈아타는 곳(Correspondance), 승차권(Billet) 등이 있다.

수도권 전철(RER)

도시 재정비 사업으로 인해 도심의 주거지가 사무실이나 상가로 바뀌고 교외에 베드 타운이 들어서자, 수많은 시민들이 교외에서 시내로 출퇴근하게 되었으며, 이들은 폭발적인 교통량 증가를 가져왔다. 빠리시는 이러한 교통 문제를 해결하기 위해 고속전철인 교외선 RER를 개설했다. 고속전철은

2층으로 된 RER C선

수도권 지역 교외와 빠리 도심을 단번에 직통으로 연결시켜준다는 장점을 갖는데, 기존의 빠리 지하철 노선들과도 환승이 가능해 편리하다.

시속 80킬로미터의 빠른 속도로 달리는 급행전철 RER은 같은 선이라도 여러 갈래로 갈라진다. 그렇기 때문에 플랫폼의 안내 전광판에서 목적지역에 표시된 것(불이 들어와 있는지)을 확인한 후 탑승한다. 또한 지하철과 마찬가지로 RER의 전동차 문도 수동식이어서 타고 내릴 때 문에 있는 버튼을 누른다.

RER 수도권 전철의 주요 노선으로 A선(쌩 제르맹 앙 레~말메종~라데팡스~유로디즈니랜드, 쎄느강 북쪽을 동서로 달림), B선(샤를르 드 골 공항~국제 대학기숙사촌[씨떼 위니베흐씨떼흐]~쏘공원~오를리 공항, 쎄느강 북쪽과 남쪽을 통틀어 남북으로 달림), C선(베르사이유 궁전~에펠탑~앵발리드(군사박물관)~오르쎄 미술관~에땅쁘, C선의 주요 노선으로는 쎄느강 남쪽 강변을 따라 활모양으로 달림) 등이 있다. 그 밖에 D선, E선 등이 있다.

2

생활공간

빠리 재래시장의 모습

이 장에서는 빠리에서 지내거나 생활하면서 경험하게 되는 필수 사항들을 실용적인 측면으로 살펴보기로 한다. 즉 전화카드와 심카드, 우체국, 은행, 학생식당과 체류지 등 빠리에서 체류할 시, 대면하게 되는 여러 생활공간에 대해 알아본다.

한편 "한 나라의 문화를 잘 느끼려면 시장에 가 보라"는 말이 있을 정도로, 시장은 '도시의 이면을 비춰주는 거울', '현지 삶과 문화를 마음껏 엿볼 수 있는 장소'에 해당한다. 시장을 찾아가 진열된 물건들도 구경하고, 직접 사보기도 하고, 상인과 손님의 모습을 지켜보는 등, 한 지역의 사는 모습과 인정을 가장 쉽게 체험할 수 있는 방법들 중 하나는 바로 대표적인 생활공간인 '시장'을 방문해보는 것이다.

전화카드(Télécarte) & 심카드(Carte sim)

공중전화부스

현재 프랑스에는 동전 전화기는 없으며, 전화카드로 통화할 수 있는 전화기만 설치되어 있다. 전화카드는 종류에 따라 가격이 다르다. 국제 전화는 선불 카드인 '앵떼흐나씨오날 뗄레꺄흐뜨'(internationale télécarte)를 구매하는 것이 좋다. 이런 것들은 주로 신문·잡지·우표·복권 등을 파는 따바(Tabac, 담배 가게)나 우체국에서 구매한다. 한편 전화카드의 디자인이 예술적이고 독특해, 다 사용한 후에도 버리지 않고 수집하는 사람들이 많다.

요즘은 프랑스로 떠나기 전, 보통 선불 유심(usim)을 챙긴다. 또는 저렴한 데이터로 정보검색과 연락을 위해 프랑스에 도착한 후, 유심을 살 경우 공항 인포메이션 센터나, 빠리 시내 곳곳에 있는 통신사 매장, 공항·대형 기차역·규모가 큰 지하철역·길거리에 위치한 체인점 '를레'(Relay, 신문·잡지 등을 파는 잡화점)나 '따바'에서 구매해, 기존에 사용하던 유심칩을 제거하고, 크기에 맞게 똑 떼어서 스마트폰에 새로운 칩을 장착해 사용한다. 이때 여러 기간별·데이터 용량 중, 상황에 맞게 선택한다. 아울러 해외 유심칩 구매 후, 직접 혹은 직원의 도움으로 유심 등록도 필요하다. 한편 물리적 실체가 없는 내장형 유심으로 QR코드, 혹은 코드를 입력해 설치가 가능한 '이심'(esim)을 신청·이용하기도 한다.

우체국(Poste)

프랑스 우체국의 우편마크(LA POSTE)는 노란색 바탕에 파란색 글자로 씌어 있으며, 제비 모양을 취한다. 거리에서 쉽게 노란색 우체통이 눈에 띄며, 우체국에는 다양한 크기의 소포용 상자를 구비하고 있다. 우표 구매는 운치 있는 그림 형태의 우체국 창구 이외에, 스티커 형태의 우표 자동판매기나 따바가 있다. 한편 국제우편은 길거리 우체통의 오른쪽 투입구(외국 전용)에 넣는다.

프랑스 우체국의 우편마크

프랑스 우체국의 기원은 1576년 왕실의 '파발'(공문을 급히 보내기 위해 설치한 통신 기관)로 출발해, 현재 직원이 24만여 명에 달하는 '거대 공기업'이 되었다. 최근 이메일 시대를 맞아 본연의 업무가 줄어들자, 우체국은 '가사 종합 서비스 기업'으로 거듭나고 있다. 즉 혼자 사시는 독거 노인을 자녀가 우체국에 부탁해 '찾아가는 서비스' 활동을 한다. 예를 들어 우체부가 주기적으로 방문해 노인 어르신들의 여러 행정 업무들뿐만 아니라, 집 내·외부 수리해야할 것들을 대신해주며, 또는 그들의 말동무 역할까지 한다. 이 외에도 우체국(라 뽀스뜨)은 고령자용 태블릿 대여나 저염·저당 식단을 개발해, 거동이 불편한 노인들에게 저렴한 가격으로 식사를 배달하는 사업, 가구 조립이나 잔디 관리와 같은 여러 세부적인 서비스 활동을 한다. 아울러 동네 작은 우체국들은 운전면허 온라인 시험장 역할도 담당하고 있다.

은행(Banque)

대표적인 프랑스 3대 은행으로는 BNP Paribas(베엔뻬 빠리바), Société Générale(쏘씨에떼 제네랄르), Crédit Agricole(크레디 아그리꼴, 1894년에 생긴 '농업협동조합' 같은 개념)이 있다. 이 중 BNP 빠리바 은행은 프랑스 최대 은행이다.

길거리 현금인출기

프랑스에서의 수표 사용은 수표책을 은행에서 발행 받아 한 장씩 뜯어서 사용한다. 이때 사용자가 기입할 내용과 금액 숫자를 전부 프랑스어로

써야 한다. 요즘 프랑스인들은 수표책보다는 신용카드를 많이 사용하고 있는 추세다. 대표적인 신용카드로는 꺄르뜨 블뢰(Carte Bleue), 비자(Visa) 등이 있다. 한편 현금인출기는 거리 벽에 바로 붙어 있어, 돈을 찾으려는 사람들이 길거리 현금인출기 앞에 줄 선 모습을 흔히 볼 수 있다. 한편 요즘 프랑스 대형할인점이나 마트, 시장 등에선 소액 결재의 카드 거래는 취급 안 한다.

학생식당(Restaurant U)

'학생협회', '대학생 후생복지 서비스 센터'를 뜻하는 C.R.O.U.S.(Centre régional des oeuvres universitaires et scolaires)는 대학 소재지마다 설치되어 숙소·식당·직업 알선 등, 학생의 생활 전반에 걸쳐 지원을 담당하는 기관이다. Crous가 표시된 학생식당은 대학교에 딸린 식당이라기보다는 정부 차원에서 지원하는 식당이다. 값비싼 일반식당보다 훨씬 저렴하고, 음식의 질과 양도 훌륭한 '학생복지 개념의 식당'이다. 여러 지방 도시들과 빠리 각 구역별로 분포돼 있다.

메뉴 구성으로는 기본빵 이외에, 신선한 샐러드 종류의 전채 요리(각종 소스들 포함)와 파스타·피자·쇠고기 스테이크 또는 닭요리와 감자튀김·연어요리·케밥 등과 같은 메인요리들이 있으며, 음료수를 포함해 요구르트·푸딩과 더불어 디저트 케이크(타르뜨·머핀·에끌레르) 등의 후식 중에서 고른다. 학생식당에서는 학생뿐 아니라 배낭객, 일반인도 식사할 수 있다.

학생식당 차림

뷔페식 학생식당

체류지(Pension)

빠리에 장기간 머무를 시 체류지로는 대학·사설·종교단체 기숙사, 또는 스튜디오(내부에 가구가 다 갖추어진 형태) 등을 이용한다. 기숙사의 장점은 값이 저렴하며, 여러 시설들을 편리하게 이용할 수 있다는 것이다. 즉 건물 층층마다 씽크대 딸린 식당·화장실·샤워실 등이 위치해 있고, 각 방마다 기본적인 가구들이 다 구비되어 있는데, 특히 방 내부는 보통 간접 조명(스탠드) 시스템을 갖추었다. 기숙사는 빠리에 오랫동안 체류할 경우 적당하다.

국제 유학생 대학기숙사촌(Cité internationale universitaire)

이곳은 쎄느강 남쪽 14구에 약 140여 개국 출신의 유학생들이 머무르는 기숙사촌을 말한다. 이 다국적 씨떼 기숙사는 1차 세계대전 이후, 세계 각국 젊은이들의 교류와 전쟁의 상처 극복을 위해 조성되었다. 1920년대부터 각 나라의 기숙사 건물관들이 하나씩 생겨나 각국의 개성을 대표하고 있다. 초창기에 생긴 영국관과 독일관은 고풍스러운 멋을 간직하고 있으며, 르 꼬르뷔지에가 설계한 스위스관은 개성적인 건축 스타일로 눈길을 끈다. 한편 2018년 9월 한국관도 건립되었다. 260여 명을 수용하는 숙소 이외에, 공동취사장과 식당·매점·학습실·휴게실·공연장과 음악연습실·아뜰리에 등, 다양하고 편리한 시설들도 마련되어 있다.

'씨떼 기숙사'의 전체적인 모습은 넓은 대지 위에 공원처럼 펼쳐진 산책로를 따라서 각국의 건물들이 띄엄띄엄 배치된 가운데, 나무와 숲이 우거진 여유롭고 한적한 모습이다. 40여 개의 기숙사 건물은 약 1만 명 정도를 수용할 수 있으

씨떼 기숙사의 메인센터

국제 유학생촌 씨떼 기숙사

며, 이 대단위 기숙사 단지는 전 세계 독지가들이 자기 나라의 이름을 내건 기숙사를 지어 기부함으로써, 오늘날과 같은 대규모 기숙사촌이 되었다. 기숙사촌 입구에는 학생식당과 까페, 도서관 등이 위치한 웅장한 건물 메인센터(기숙사촌 본부)를 중심으로, 우체국·은행·극장·수영장·축구전용 잔디구장·테니스장·조깅코스 등이 펼쳐져 있어 학생들의 편의를 돕는다. 빠리 대학에 재학 중인 학생에게 우선적으로 입주권을 주지만, 빈방이 있을 때는 일반 여행자들도 이용할 수 있다.

또한 기숙사촌 건너편에는 운치있고, 산책하기 좋은 영국식 정원의 예쁜 '몽쑤리 공원'(Parc Montsouris)이 자리잡고 있다. 수도권 전철 RER B선 Cité Universitaire(씨떼 위니베흐씨떼흐)역에서 하차한다.

한편 씨떼 기숙사를 포함한 프랑스의 기숙사들은 대부분 1인 1실이며, 방안에는 침대·책상과 의자·옷장·책꽂이·탁자 등의 가구들이 조명 기구, 세면대 등과 함께 구비되어 있다. 기숙사 내에는 씽크대와 전자레인지, 냉장고, 식탁이 완비된 식당·빨래방·화장실·샤워실·스포츠와 레크레이션 시설·공중전화 등, 일반적으로 공동생활 편리시설들이 구비되어 있다.

산책하기 좋은 몽쑤리 공원

3

유로화 & 유럽연합

유로화(Euro)는 국제 기구에서 유럽연합의 영향력을 높이기 위해, 또한 유럽국가 간의 활발한 무역 경제활동을 위해, 더 나아가 유럽 여행자들의 편의성을 위해 설립된 화폐 단위다.

아울러 유럽연합(EU)은 유럽의 정치·경제 공동체로 집행위원회, 각료이사회, 유럽의회가 유럽 차원의 입법·행정 권한을 부여받고 있다. 더 나아가 유럽의 정치 통합을 한층 강화하는 유럽연합 미니헌법 '리스본 조약'이 2009년 12월에 발효되어, 유럽연합을 보다 단단한 '정치공동체'로 지향하고자 한다. 또한 리스본 조약은 유럽연합을 보다 효율적인 통합체로 개혁하고, 국제무대에서의 위상을 보다 더 강화하기 위한 구상이 담겨져 있다.

유로화(Euro)

| 유로존의 특징 |

유로화의 상징 표기 '€'는 가운데 2줄이 그려진 형상인데, 가운데 2줄은 유로화 통화 가치의 안정을 바라는 의미다. 2002년 1월 1일부터 사용되기 시작했으며, 현재 유럽공동체에 속한 유로존(유로화 사용국들을 가리킴)이 사용하는 유럽단일 화폐다(몇몇 나라들 제외). 아울러 유로화의 보조통화 단위인 센트(cent)도 있다. 한편 유럽연합 회원국은 아니지만, 모나코·산마리노·바티칸·안도라 등은 EU와 합의하에 유로화를 사용하고 있다.

'유로화 상징' 조형물

앞으로 유로존의 가입국은 점차 늘어날 전망이다. 유로화의 가치를 보증하는 유럽중앙은행(ECB)은 독일 프랑크푸르트에 위치해 있다. 최근 ECB의 조사에 따르면, 유로존 거주자들은 매장에서 결제할 때 현금을 사용하는 경우가 전체의 4분의 3에 달할 정도로, 현재 유로화 현금은 유럽 경제에 필수적인 요소로 남아 있다.

| 유로화 지폐 |

우선 지폐(6종류 5, 10, 20, 50, 100, 200유로)의 도안(디자인과 색깔)이 각각 다르다. 각 지폐의 색깔은 화사하고 밝은 파스텔톤으로 되어 있다. 지폐마다 유럽의 건축사조를 보여줄 수 있도록 유럽 각 시대의 건축양식과 유럽연합을 상징하는 별들이 그려져 있다. 즉 유로 지폐의 앞면에는 '화합과 개방'의 이념을 담고 있는 '문'과 '창문' 같은 건축물[5]이, 뒷면에는 '다리'[6]와 '유럽 지도'가

5 참고로 여러 예술사를 대표하는 유럽의 건축물이 그려져 있으나, 실제 존재하는 건축물은 아니다. 그 이유는 여러 국가들이 모인 '유로 지역'의 특성상 한 특정 나라를 대표하지 않게 하기 위해서다. 즉 유럽 각 건축사의 양식을 상징하는 도안에 해당하는 것이다. 널리 쓰이는 권종은 5, 10, 20, 50유로다. 5유로(고전 양식·회색), 10유로(로마네스크 양식·붉은색), 20유로(고딕 양식·파란색), 50유로(르네쌍스 양식·오렌지색), 100유로(바로크&로코코 양식·초록색), 200유로(철과 유리 양식·황갈색) 등으로 구성되어 있다.

6 유로화 지폐 뒷면 디자인은 유럽대륙의 지도 위에 각 세기를 대표하는 다리들이 그려져 있는데, 이는 유럽연합 시민간, 그리고 유럽연합과 외부세계와의 교류 및 상호 이해를 나타낸다.

있다.

한편 유로 최고권액인 500유로 지폐가 2019년 초를 기점으로 완전히 사라지게 되었다. 따라서 유로화 지폐는 예전보다 한 종류가 줄어든 총 여섯 종류가 되었다. 유로 최고권액인 500유로가 그동안 돈세탁, 비자금 거래, 각종 테러와 같은 범죄에 악용되는 문제와 고액권 지폐 특유의 유통 과정에서 나타나는 어려움 등의 문제점으로 인해 지폐 발행을 중단하기로 했다.

따라서 500유로 지폐는 2013년부터 발행된 유로화의 두 번째 시리즈인 일명 '유로파' 시리즈에서도 제외되었다.

| 새롭게 바뀐 유로화 지폐들 |

2015년 2월 새롭게 공개된 20유로 지폐에는 '초상창'이란 혁신적인 위조방지 기술이 적용되었다. 특히 20유로 지폐의 위조문제가 특히 심각한데, 반대쪽에서 빛을 비추면 지폐의 오른쪽 창이 투명해지며 신화 속 '유로파 공주'의 얼굴이 나타난다. 또 '20'이라는 숫자가 에메랄드 빛을 띠는데, 기울이는 각도에 따라 지폐의 왼쪽 면에 유로파 공주의 얼굴로 바뀌는 특수 홀로그램 기술도 적용되었다.

ECB는 2013년 5월과 2014년 9월에 5유로와 10유로짜리 신권을 각각 도입한 바 있다. 아울러 유럽중앙은행은 2019년 5월 고액권 100, 200유로 신권들도 유로파 시리즈를 차례로 도입하게 되었다. 이번에 신권을 만들게 되면서 전체적인 디자인과 크기, 위조방지기술 등 여러 가지 요소들이 추가되고 바뀌게 되었다. 이 지폐들에도 유로파 시리즈가 적용되어 유로파의 얼굴이 그려져 있는데, 평상시에는 투명 처리되어 있다. 또한 이 부분에다 빛을 비추는 각도에 따라 앞면에는 유로화 기호가, 뒷면에는 액면가가 보인다. 공통점으로 배경에 삼각형 무늬의 홀로그램도 나타나며, 숨은 띠도 적용되어 거의 가운데에 배치해 놓은 것도 특징적이다.

한편 유럽에서 가장 많이 사용되고 있는 50유로 지폐에도 2017년 4월 이러한 위조방지 기술 장치가 도입된 바 있다. 여기에서는 에메랄드빛으로 새겨진 숫자 '50' 위에 빛을 비추면, 그리스 신화에서 제우스 신이 황소로 둔갑해 납치한 페니키아 공주 '에우로페'의 초상을 볼 수 있다. 최근에 발행된 모든 유로화 신권은 구권보다 크기가 작아져 지갑에 넣기가 수월해졌다.

| 유로화 동전 |

유로 동전(8종류 1, 2유로 및 1, 2, 5, 10, 20, 50센트)의 뒷면은 숫자가 씌어진 "공통 면"으로, 유럽을 중심으로 한 지구본(1, 2, 5센트)과 유럽 지도(나머지 유로 동전)와 같은 '유럽연합의 통합을 상징'하는 기본 문양으로 통일되어 있다. 반면에 동전 앞면은 "국가 면"이라고 불리며, 각 국마다 서로 다른 자국의 고유한 문양으로 디자인했다. 즉 각 국가의 개성과 상징을 담을 수 있도록 했고, 동전의 디자인에 상관없이 유로화 사용 국가들(유로존)에서는 똑같이 사용할 수 있다. 동전도 지폐처럼 금액별로 색깔이 각기 다르다(1, 2유로는 둘 다 금색과 은색으로 되어 있고, 10, 20, 50센트는 금색이며, 1, 2, 5센트는 청동색이다).

한편 프랑스가 발행하는 동전에는 모두 RF가 새겨져 있는데, 이것은 프랑스 공화국(République Française)을 의미한다. 1, 2, 5센트에는 프랑스 공화국을 상징하는 여인 '마리안느'(Marianne) 초상화가 있다. 한편 10, 20, 50센트에는 각각 한쪽에 전진하는 여성을 상징하는 '씨 뿌리는 여신'과 함께, 시몬 베이유(10센트, 철학자이자 정치가), 조세핀 베이커(20센트, 미국에서 태어난 프랑스 댄서이자 가수 · 인권운동가),[7] 마리 퀴리(50센트, 과학자)의 초상화가 새겨져 있다. 이들은 다 프랑스의 위인들을 모신 '국립묘지' 빵떼옹에 잠들어 있다. 각 국가의 상징이 들어가는 유로 동전의 앞면은 15년마다 교체할 수 있다. 또한 동전 1, 2유로에는 육각형에 둘러싸인 참나무, 올리브나무와 프랑스의 표어인 자유 · 평등 · 박애가 표기되어 있다.

7 20센트는 자세히 보면, 동전 테두리에 7개의 움푹 들어간 부분이 있는데, 이는 장애인을 위해 스페인 꽃모양을 선택한 것이다.

유럽연합(EU)

| 유럽연합의 기원과 형태 |

정치·경제동맹 '단일 시장'을 추구하는 유럽연합은 1957년 로마조약을 통해 유럽연합의 전신인 '유럽경제공동체'(EEC 석탄 및 철강 공동시장)가 설립된 것을 기반으로 한다. 한편 로마 조약을 "EEC 조약"이라 부르기도 한다. 이후 1993년에 유럽연합의 설립 토대가 된 '마스트리히트(Maastricht) 조약'이 정식으로 발효되어 '유럽연합'(EU)이라는 이름이 확정되고, 제도적 기틀도 완성되었다.

유럽연합 국기

한편 유럽연합을 상징하는 깃발은 남색 바탕에 노란색 원모양으로 12개의 별이 그려져 있다. 이는 유럽연합이 처음 출범할 당시 가입국이 12개국이었던 것에 기인한다. 현재 유럽연합의 공식 언어로는 24개의 언어가 사용되고 있다. 실제 업무에서는 주로 영어·프랑스어·독일어가 진행언어로 사용되고 있으며, 24개의 공식언어를 사용하는 경우는 유럽연합의 관보를 비롯한 대외홍보 업무 등에 한정되는 경향이 있다. 그렇지만 직접투표로 구성되는 유럽의회에서는 개별 회원국을 존중하고, 각국 시민의 원활한 참여를 위해 회원국의 모든 공식 언어가 사용된다.

| 유럽의회(EP) |

유럽의회는 유럽연합(EU)의 입법부로, 유럽연합에서 행정부 역할을 하는 EU 집행위원회와 사법부인 유럽사법재판소(ECJ)와 함께 유럽연합을 이끄는 핵심 기관이다. 아울러 유럽의회는 EU 소속 기관들을 감독·통제하는

벨기에 브뤼셀에 위치한 EU 본부

역할을 하며, 유럽위원회가 제출한 법안을 심의해 법을 제정한다. 개별 국가 의회처럼 법안을 독자적으로 발의하지는 않지만, 환경·노동·정보보호·난민 등, 유럽연합 회원국에 '공통 적용되는 법'을 만든다. 또한 유럽의회에서는 유럽연합 회원국의 신규 가입에 대해 거부권을 행사할 수 있다. 그 밖에 EU 차원의 주요 정책에 대한 동의권, EU의 대통령 격인 집행위원장 선출권도 가지고 있다.

한편 유럽의회의 의사당은 프랑스의 스트라쓰부르에 있지만, 실제 회의는 집행위원회(EU 본부)가 있는 벨기에의 브뤼셀(유럽의 수도)에서 주로 이루어진다. 의원의 임기는 5년이다.

유럽의회의 전체 의원 수는 총 720명이며,[8] 인구 비례로 각 회원국에 의석을 배분한다. 한편 각국에서 유권자들이 지지 정당에 투표하면 득표율만큼 각 정당이 미리 순서를 정해 내건 후보를 당선시킨다. 이 선거는 유권자만

8 의석수는 인구 변화 등을 반영해, 통상 5년마다 EU 조약에 의거해 조정한다. 다만 인구가 적은 나라의 존재감이 너무 미미하지 않도록 6석의 국가별 '최소 의석'을 정했다.

3억 7300여 만 명에 달한다.

유럽의회의 권한과 역할에 대해 살펴보자면, 한 해의 예산을 배분하는 등, 유럽연합 단위의 입법권을 가진 유럽의회의 기능은 유럽 국민의 삶과 깊이 관련되어 있다. 유럽의회에서는 유럽연합 주민들이 유럽 전역에서 휴대폰 자동로밍 서비스를 받을 수 있게 하고, 매년 일정한 보조금으로 유럽 농민을 보호하고 있다. 또한 데이터의 개인정보 보호, EU 내 이동통신비 상한선 설정과 같은 EU 단일시장에 적용되는 법규를 제정하며, 유럽의 기후·에너지·이주민에 대한 정책 방향을 결정한다.

한편 유럽의회는 회원국이 9개국이던 1979년 첫 선거를 치렀으며, 이는 유럽 각국의 집권 정당과 정치 지도자들에 대한 중간평가의 성격을 띠고 있다. 그러나 첫 선거에서 61.9퍼센트였던 투표율은 줄곧 하락하고 있다. 요컨대 각국 국민들이 브뤼셀 소재 EU 본부에서 지시를 내리는 유럽연합에 대해 갈수록 환멸을 느껴 투표를 거부했기 때문이다.

회원국은 선거 기간 중 1~2일간 직접 투표로 유럽의회 의원을 선출하는데, 세부적 방식은 각국이 정한다. 프랑스의 경우, 전국을 여러 선거구로 나눠 선거를 진행한다. 유럽의회 선거는 국가의 '정당' 대신 추구하는 정치 노선이 비슷한 의원들이 다른 나라 정치인과 힘을 모아 '정치 그룹'을 만들어 유세를 한다.

| 리스본 조약과 유럽연합 대통령 |

리스본 조약(유럽통합헌법)의 공식 명칭은 '유럽연합 개정조약'으로, 유럽연합 회원국 정상들이 2007년 10월 포르투갈 수도 리스본에서 열린 정상회담에서 합의해, 그해 12월 공식 서명했다. 유로화 도입이 '경제공동체' 지향이라면, 이 조약은 유럽이 단일 '정치공동체'로 나아가기 위한 일종의 '유럽연합 미니헌법'과 같은 성격을 띤다. 한편 리스본 조약의 50조에는 '유럽연합의 회원국 탈퇴' 조항을 넣었다.

2년 6개월 임기의 유럽연합 대통령(EU 정상회의 상임의장)과 5년 임기의 외무장관(EU 외교·안보 고위대표)직을 신설하고, 유럽연합 회원국 간 군사협력 강화, 유럽의회의 권한도 대폭 강화하는 동시에 정책 결정, 집행의 효율을 높이는 것을 골자로 한다. 즉 대외적으로 유럽연합을 대표할 인물을 내세워 국제사회에서 유럽연합의 영향력을 키우겠다는 것이다. 참고로 유럽연합을 대표하는 대통령의 임기는 1번의 중임이 가능하므로, 총 5년까지 맡을 수 있다. 통상 유럽의회 선거 후, 유럽연합 대통령 임명을 회원국 수장들이 지명도가 있고, 유럽을 대표할만한 사람으로 합의해 발표한다.

리스본 조약은 이미 경제적 통합을 어느 정도 이룬 유럽이 정치적 통합을 이루기 위해 추진하고 있는 숙원 사업으로, 이 조약의 근본 취지는 유럽연합의 정치적 통합을 발전시키는 동시에 의사결정 구조를 효율화시키는 데 있다. 즉 의사결정 과정에서 모든 유럽연합 가입국의 만장일치제 대신에, EU 전체인구의 65퍼센트 이상, 전체 회원국 중 15개국 이상이 찬성하면 체결되는 가중다수결제를 많은 부분에 도입했다. 한편 2009년 12월 1일 리스본 조약이 발효되어 서로 함께 손잡은 유럽연합은 국제 무대에서 '하나의 유럽'을 표방하는 목소리가 커지게 되었다.

| 브렉시트 협상 이후 최근 유럽의 상황 |

2020년 1월 브렉시트(Brexit, 영국의 유럽연합 탈퇴) 이후, 영국이 기업투자 감소로 입은 경제적 손실이 속속 가시화되어 큰 규모의 생산성 손실을 본 것으로 나타났다. 한편 최근의 여론조사 결과에 따르면, 영국인 56퍼센트가 "브렉시트를 후회한다"(Bregret[브레그레트], 브렉시트에 대한 후회)라고 답변했다. EU에서 탈퇴한 후, '고립 경제'가 불러온 부작용으로 무역·투자 감소가 두드러져 브렉시트로 인한 경제적 손실이 연 155조 원에 달한 것으로 추산되는 등, 심각한 타격을 받은 것이다.

아울러 브렉시트 때문에 영국과 프랑스 모두 항구에서 복잡한 검문을 해야 하기 때문에, 국경을 통과하는 시간이 많이 늘어났다. 예를 들어 영국인들이 휴가철 영국과 프랑스간 도버해협을 건너는 데 양안(영국의 도버항과 프랑스의 깔레항) 간의 입국 절차가 최소 6시간 정도 걸린다.

한편 브렉시트 협상 이후, 후속 대책의 차질 없는 진행으로 인하여 유럽연합과 영국 사이엔 상당한 변화들이 생기게 되었다. 예전에는 거주나 이동에 제한이 없었지만, 이제는 영국인이 90일 이상 EU 회원국에 체류하려면 비자를 받고, 주기적으로 갱신해야 한다. 따라서 EU 회원국에 거주하는 영국인 약 130만 명은 이러한 불편을 감수하게 된다. 반대로 EU 회원국 국민이 영국에 90일 이상 머무르려 해도 마찬가지로 비자가 필수 동반된다. 즉 EU 회원국 국민의 자유 왕래를 막은 여파로 노동력이 부족해지는 결과를 낳게 되었다. 요컨대 노동시장의 혼란이 가중되었다. 영국이 유럽을 떠나 홀로서기를 하려던 명분 중 하나였던 이민 문제는 오히려 악화된 상태다. 2004년 당시 저임금·저숙련 노동자들의 대규모 유입에 사라지는 일자리의 불만이 팽배했었다. 브렉시트로 EU 출신 이민자가 대폭 줄자 농업·건설·간병 등과 같은 노동 집약 산업에선 인력난이 발생되었다. 이에 EU 이민자 대신 비(非)EU 이민자만 폭증하는 효과가 발생했다.

아울러 유럽연합과 영국은 교역을 할 때 관세를 매기지 않기로 합의했다. 그렇지만 브렉시트 이전보다 교역 절차는 번거로워진다. 세관 서류를 준비하고, 통관·검역 절차를 거쳐야 하기 때문이다. 이에 따라 영국 기업들 입장에서는 번거로워질 뿐 아니라, 예상 밖의 혼란을 겪을 수 있게 된다.

결국 영국에서의 글로벌 기업들은 잇따라 서둘러 협상이 타결되기 전, 영국을 탈출하는 '브렉소더스'(Brexodus, 영국 탈출)를 시행하기도 했다. 즉 프랑스·독일·네덜란드 등 다른 유럽 국가로 본사를 옮긴다거나, 또는 세율이 높은 영국에서의 대표 본토 기업이 법인세율이 낮은 싱가폴로 본사를 옮기게 되는 절차가 이루어졌다. 이와 더불어 외국 국적을 취득하는 영국인들이 폭발적으로 증가했던 것처럼, 영국에서의 시장과 기회를 잃을 것을 우려한 기업과 인재들의 탈출이 이어졌다. 즉 향후 EU의 법인세 혜택을 유지하기 위해 선박 회사들이 EU 회원국으로 선박 국적을 바꾼다거나, 기업들은 EU 국가들과의 사이에서 관세 장벽이 생기고, 통관·검역 절차가 까다로워지면서 물류 대란이 일어날 것을 우려했다.

한편 EU 단일시장에 이처럼 무관세·무쿼터로 접근할 수 있는 권리를 얻는 대신, EU와 동일한 수준의 노동·환경 규제를 받아들이고, 기업 보조금 지급도 EU 기준에서 벗어나지 않기로 했다. 영국 수출에서 EU 비율이 43퍼센트에 달하기 때문에 이에 따르지 않을 수 없었다.

또한 브렉시트 협상 이후 달라진 상황으로는 전문 자격증이 예전에는 EU에서 자동 인정되었으나, 이제는 영국 내에서만 인정받게 되었다. 아울러 영국은 앞으로 EU 회원국과 분쟁을 겪게 될 때, 지금처럼 유럽사법재판소의 결정에 따르지 않게 되며, 통상적인 국제법에 따라 처리하게 된다.

| EU 반(反)이민 정서 확산 |

최근 유럽 국가들이 앞다퉈 이민자 단속을 위해 국경 경비를 강화하면서 EU 통합의 상징인 '쉥겐(Schengen) 조약'이 흔들리고 있다. 1995년 발효된 이 조약은 유럽 내 국경을 개방하고, 비자 정책을 통일해 자유로운 이동을 보장하는 체제다. EU 대부분 국가와 미가입국 등, 약 4억 5000만 명에 달하는 거주민뿐만 아니라, 여행자들도 혜택을 누려왔다.

쉥겐 조약은 원칙적으로 치안이나 공중 보건 등, 예외적 사유에 한해서만 '최대 6개월간'의 임시 국경 통제를 허용한다. 그러나 최근 들어 이민자 유입을 이유로 국경 통제 기간을 반복 연장하며 사실상 국경을 상시 통제하는 국가가 늘고 있다. 2024년 9월부터 폴란드·체코·오스트리아 등, 9개국과의 국경을 맞닿아 있는 독일에 이어 폴란드도 최근 국경에서의 자체 검문 강화에 돌입했다. 즉 폴란드 국경 수비대가 출동해 불법 이민 단속을 이유로 이웃 국가인 독일과 리투아니아 국경에서 검문을 시행했다.

다른 유럽 국가에서도 비슷한 상황이 벌어지고 있다. 반이민 정서를 바탕으로 보수·극우 정당이 약진하면서 국경을 걸어 잠그고, 이민자 단속을 강화하는 추세다. 한편 네덜란드·프랑스·룩셈부르크·독일과 국경을 맞댄 벨기에는 서유럽 주요 국가로 이동하는 이민자와 난민들의 주요 경유지로 꼽힌다. 영국으로 향하려다 발이 묶인 난민들이 아예 정착하는 경우도 적지 않다. 이에 따라 벨기에 정부는 2024년 2월 이민 억제를 국정 최우선 과제로 제시했다.

네덜란드도 최근 들어 난민의 임시 체류 자격을 5년에서 3년으로 단축하고, 신규 망명 허가를 무기한 중단하는 법안을 하원에서 통과시켰다. 이미 체류 허가를 받은 난민에게도 배우자나 자녀, 부모 등 가족을 네덜란드로 초청할 수 있는 요건을 대폭 강화할 방침이다. 한편 유럽 각국들의 이러한 조치에 불법 이민의 주요 통로로 활용되는 망명 신청 건수도 줄어들고 있다. EU 집행위원회 보고서에 따르면, 2025년 상반기 EU 회원국과 노르웨이, 스위스에 접수된 망명 신청은 전년 같은 기간보다 23퍼센트 감소했다. 특히 독일이 이웃나라 프랑스나 스페인과 비교할 때, 1년 전보다 43퍼센트 대폭 줄었다.

쉥겐(Schengen) 조약(유럽 내 무비자 통행을 규정한 국경 개방 조약)

쉥겐 조약은 유럽 내 가입국 간 국경을 통과할 때, 여행과 통행의 편의를 위해 비자와 세관 심사를 생략해 자유로운 인적·물적 이동을 보장하는 제도다. 유럽연합 국가들 사이의 '거주이전 국경'을 없앰으로써 유럽연합을 단순한 경제공동체 차원을 넘어서는 '생활공동체' 수준으로 발전시키는 데 큰 역할을 담당했다. 쉥겐 조약(유럽연합 통합의 근간)은 유로화와 함께 '하나의 유럽'을 이끄는 축이다. 이 조약에 따라 유럽연합 회원국 시민들은 어느 나라에 가더라도 교육 및 취업 기회 면에서 현지인들과 동등한 권리를 갖는다.

유럽연합 내 단일 시장의 토대를 마련한 쉥겐 조약은 1985년 6월 룩셈부르크 남부 '쉥겐' 마을에서 맺어졌다. 프랑스, 서독, 베네룩스 3국(벨기에·네덜란드·룩셈부르크)이 출입국 관리 정책을 단일화해 통행 제한을 없애자는 취지로 체결했다. 실제로 시행에 들어간 건 10년 뒤인 1995년부터다. 5개국 합의로 시작된 이 조약에는 현재 대부분의 유럽연합 회원국과 유럽연합 미가입국들이 가입되어 있다. 조약 가입국 간에는 국경 검문이 철폐됐다. 즉 유럽 각국이 공통의 출입국 관리 정책을 사용함으로써, 국경 시스템을 최소화해 국가간 통행에 제한이 없게 한다.

참고문헌

강다솜 외 3인, 『찾았다, 프랑스! MZ세대가 바라보는 프랑스-한국』, 다사랑, 2023.

김광우, 『프랑스 미술 산책』, 미술문화, 2023.

김달권, 『프랑스의 아름다운 마을들』, 렛츠북, 2022.

김새환, 『프랑스 뮤지컬 읽기』, 학문사, 2022.

김지현, 『역사, 문화, 정체성의 교차로: 북아프리카 프랑스어 문학과 프랑스어』, 서강대, 2024.

김호영, 『시간은 다른 얼굴로 되돌아온다 네오 클래식 무비 1990~2007』, 문학동네, 2023.

르 코르뷔지에, 김경후 옮김, 『르 코르뷔지에 건축 작품집 세트』, 엠지에이치북스, 2021.

마르크 블랑팽 · 장 폴 쿠슈, 송재영 옮김, 『프랑스 문화와 예술』, 중원문화, 2023.

마리안 테벤, 전경훈 옮김, 『프랑스의 음식문화사』, 니케북스, 2023.

몰리 슈스터, 배혜정 옮김, 『팬 하나로 다 되는 프랑스 가정식 오븐 요리 메인 요리부터 디저트까지』, 다독다독, 2022.

미레유 길리아노, 박미경 옮김, 『프랑스 여자는 늙지 않는다』, 흐름출판, 2023.

박단, 『프랑스의 문화전쟁』, 책세상, 2022.

배영달, 『와인 인문학 – 프랑스 편』, 라이릿, 2024.

백경선, 『파노라마 프랑스문화』, 다사랑서원, 2022.

쑨이멍, 박지민 옮김, 『파리 골목마다 백년 가게』, 빅허그, 2024.

신동훈 외 15인, 『프랑스 문화 올림픽』, 다사랑, 2024.

오정경, 『일러스트 프랑스 자수』, 경향BP, 2022.

올리커·임채익, 『프랑스 클래식 디저트』, 올리커, 2022.

이상빈, 『프랑스 지방문화 대서양에서 지중해까지』, 아트레이크 ArtLake, 2022.

이선우, 『영화로 읽는 프랑스 문화』, 지성공간, 2021.

이지현, 『프랑스 교육처럼』, 지우출판, 2022.

이창용, 『미술관을 빌려드립니다: 프랑스』, 더블북, 2022.

조르주 페렉, 김호영 옮김, 『보통 이하의 것들』, 녹색광선, 2023.

줄리아 차일드 외 2인, 김현희·마효주 옮김, 『프랑스 요리의 기술』, 클, 2021.

프랑수아 레지스 고드리, 강현정 옮김, 『미식 잡학 사전 프랑스』, 시트롱마카롱, 2022.

함혜리, 『프랑스, 예술로 여행하기』, 파람북, 2025.

황헌, 『와인잔에 담긴 인문학』, 시공사, 2021.

Carole Edwards · Grace Stockton-Bliard, *The ABCs of French Culture An unconventional guide to French behavior*, Indy Pub, 2024.

Jean Azais, *Annuaire international des lettres et des arts de langue ou de culture française*, Hachette Livre Bnf, 2021.

Margaret Mead · Rhoda Metraux, *Themes in French Culture : A Preface to a Study of French Community*, Berghahn, 2021.

Matthias Kern, *L'Esthétique populiste : <l'Amour du Peuple> dans la culture française de l'entre deux guerres*, De Gruyter, 2021.

이숙은 한양대학교 문과대학 불어불문학과 학사와 일반대학원 불어불문학과 석사(불문학) 학위를 받았고, 프랑스 빠리 Institut Catholique de Paris와 Institut Parisien에서 수학하였으며, 한양대학교 일반대학원 불어불문학과 박사(불문학) 학위를 받았다. 현재 한양대학교에서 '프랑스 언어와 문화'를 가르치고 있으며, 2008년 5월에는 한양대학교 'Best Teacher'상을 수상했다. 프랑스 현대 부조리극과 사무엘 베케트(Samuel Beckett) 작품들을 전공하였으며, 프랑스 문화와 사상을 널리 알리는 데 주력하고 있다.

테마로 읽는 프랑스 문화

펴낸날 2026년 1월 10일 초판 1쇄
지은이 이숙은 ● **펴낸이** 이기정
펴낸곳 한양대학교출판부 ● **출판등록** 제4-7호(1972.2.29)
주소 서울 성동구 왕십리로 222 ● **전화** 02.2220.1432-4 ● **팩스** 02.2220.1435
홈페이지 press.hanyang.ac.kr ● **이메일** presshy@hanyang.ac.kr
편집·본문디자인 김민지 ● **표지** 안광일 ● **인쇄** 네오프린텍

ISBN 978.89.7218.854.4 (93920)